21世纪法学系列教材

诉讼法系列

U0362597

刑事诉讼法学

（第五版）

主　编　王国枢

副主编　陈一云

撰稿人　（以姓氏笔画为序）

　　　　王存厚　王国枢　孔庆云

　　　　陈一云　李学宽　武延平

北京大学出版社

PEKING UNIVERSITY PRESS

图书在版编目(CIP)数据

刑事诉讼法学/王国枢主编. —5 版. —北京:北京大学出版社,2013.7
(21 世纪法学系列教材)

ISBN 978 - 7 - 301 - 22769 - 5

Ⅰ. ①刑…　Ⅱ. ①王…　Ⅲ. ①刑事诉讼法 - 法的理论 - 中国 - 高等学校 - 教材　Ⅳ. ①D925.201

中国版本图书馆 CIP 数据核字(2013)第 148196 号

书　　　　名:	刑事诉讼法学(第五版)
著作责任者:	王国枢　主编
责 任 编 辑:	邓丽华
标 准 书 号:	ISBN 978 - 7 - 301 - 22769 - 5/D·3368
出 版 发 行:	北京大学出版社
地　　　　址:	北京市海淀区成府路 205 号　　100871
网　　　　址:	http://www.pup.cn
新 浪 微 博:	@北京大学出版社
电 子 信 箱:	law@pup.pku.edu.cn
电　　　　话:	邮购部 62752015　发行部 62750672　编辑部 62752027
	出版部 62754962
印　　刷　　者:	北京宏伟双华印刷有限公司
经　　销　　者:	新华书店

730 毫米×980 毫米　16 开本　21.75 印张　409 千字
1998 年 6 月第 1 版　2003 年 9 月第 2 版
2010 年 1 月第 3 版　2012 年 8 月第 4 版
2013 年 7 月第 5 版　2018 年 5 月第 5 次印刷

定　　　　价: 36.00 元

第五版说明

　　《刑事诉讼法学》（第四版）面世后，最高人民法院公布了《关于适用〈中华人民共和国刑事诉讼法〉的解释》（共548条）；最高人民检察院公布了经第二次修订的《人民检察院刑事诉讼规则》（试行）（共708条）；公安部公布了经过修订的《公安机关办理刑事案件程序规定》（共376条）；最高人民法院、最高人民检察院、公安部、国家安全部、司法部、全国人大常委会法制工作委员会发布了《关于实施刑事诉讼法若干问题的规定》（共40条）。上述解释、规则或规定，同样是进行刑事诉讼活动的依据，与《刑事诉讼法》已同时生效实施。在《刑事诉讼法学》（第四版）的内容中，对上述解释、规则或规定的体现，在某些方面尚不够充分具体，故需作必要补充，出第五版。

　　第五版修订的执笔人和分工如下：

　　陈一云：第十、十二、二十、二十一章；

　　武延平：第八、十一、十三、十四、二十二章；

　　王国枢：第一、二、三、四、五、六、七、九、十五、十六、十七、十八、十九章。

第四版修订说明

2012 年 3 月 14 日第十一届全国人民代表大会第五次会议,通过了《关于修改〈中华人民共和国刑事诉讼法〉的决定》,对《中华人民共和国刑事诉讼法》进行了全面、系统的修改。这是继 1996 年后对《中华人民共和国刑事诉讼法》的第二次修改,变动较多,涉及的内容多达 111 条。故本教材也必须相应地进行修改、补充,出修订版。

参与修订的执笔人和分工如下:

陈一云:第十、十二、二十、二十一章;

武延平:第八、十一、十三、十四、二十二章;

王国枢:第一、二、三、四、五、六、七、九、十五、十六、十七、十八、十九章。

目　录

第一章　刑事诉讼和刑事诉讼法概述

第一节　刑事诉讼的概念

刑事诉讼是诉讼的一种。诉讼俗称打官司，是专指国家司法机关依法处理案件的活动。案件的性质不同，诉讼的内容和形式也不同。诉讼有刑事诉讼、民事诉讼和行政诉讼。刑事诉讼是国家司法机关处理刑事案件的活动，即国家司法机关在当事人和其他诉讼参与人的参加下，依法揭露犯罪、证实犯罪和惩罚犯罪分子的活动。民事诉讼是国家司法机关处理民事案件，依法解决民事权利义务纠纷的活动。行政诉讼则是国家司法机关处理行政案件，依法解决主管行政机关根据其职权所作的行政行为是否符合法律规定和应否予以维护的活动。这三种诉讼既有共同点，也有重要差别。

无论是刑事诉讼，还是民事诉讼、行政诉讼，由于它们都是诉讼，所以就必然有如下共同点：

首先，诉讼之所以会发生、会引起，都是因为有可以通过诉讼加以解决的某种事实存在，如某商店被盗，某兄弟三人因继承遗产争执不下，某公民对某主管行政机关的罚款决定不服，等等。没有可以通过诉讼加以解决的某种事实存在，诉讼也就不会发生。

其次，诉讼必须有当事人，即通常所说的案件的原告和被告。案件的一方当事人作为原告向国家司法机关提出控告，案件的另一方当事人成为被告并受到司法机关的追究，诉讼才能成立。在刑事诉讼中对这个问题的理解当然不能简单化，因为无论是在封建专制时期的纠问式诉讼中，还是在以国家追诉为主的现代刑事诉讼中，处于"原告"诉讼地位的控诉一方，并不一定就是案件的受害者本人或者仅仅代表受害者利益的其他人。同时，有些刑事案件，在开始侦查阶段可能还没有明确具体的被告人。但是，任何诉讼都必然有追诉者和被追诉者，有控告人和被告人，这一点是共同的。

再次，诉讼必须有国家的司法机关参加、主持进行和对案件作出裁决。没有司法机关也就没有诉讼。任何事件、纠纷，如果不是经由司法机关并按照特定程序调查处理的，就不能称之为诉讼。所以，要经由司法机关，要由司法机关主持进行和对案件作出裁决，这也是任何诉讼得以成立的一个基本条件。

另外，诉讼也要有其他诉讼参与人参加。其他诉讼参与人，即证人、鉴定人等是否参加,固然不是诉讼能否成立的不可缺少的条件,但是,除司法机关和当事人外,一般也都会有其他诉讼参与人参加,这也是刑事诉讼、民事诉讼和行政诉讼的一个共同特点。

最后,诉讼应当依法进行。任何诉讼过程,都应该是执行法律、应用法律的过程。刑事诉讼是这样,民事诉讼和行政诉讼也是这样。

刑事诉讼同民事诉讼、行政诉讼的最主要、最明显的差别,就是它们所要解决的实体问题和所依据的实体法不同。刑事诉讼所要解决的实体问题是犯罪和刑罚问题,是被告人的刑事责任问题。民事诉讼和行政诉讼则不解决这类问题。刑事诉讼所依据的实体法是规定犯罪与刑罚的法律,民事诉讼和行政诉讼所依据的实体法则是规定财产关系、人身关系等方面内容的法律和调整行政关系的法律。

正是由于存在上述差别,所以它们在解决实体问题时所采取的方式、方法和依据的程序法也互不相同。进行刑事诉讼必须依据刑事诉讼法,进行民事诉讼必须依据民事诉讼法,进行行政诉讼必须依据行政诉讼法。刑事诉讼法规定的刑事诉讼程序,既不同于民事诉讼法规定的民事诉讼程序,也不同于行政诉讼法规定的行政诉讼程序。

比如,我国刑事诉讼有公诉与自诉之分,在民事诉讼和行政诉讼中则没有这种区分。刑事诉讼中的公诉案件,即杀人、抢劫、放火、强奸、贪污等一类案件,在法院审判前,要经过侦查和提起公诉这样两个大的诉讼阶段,要经过检察机关,其中大部分案件还要经过公安机关。而这在民事诉讼和行政诉讼中都是不存在的。

再比如,在刑事诉讼中,凡公诉案件都必须由国家的公诉机关即检察机关向法院提起诉讼,而不是由案件的受害人或其他有关人作为当事人的一方,以个人名义向法院提起诉讼。作为刑事诉讼当事人的另一方即被告人,就其刑事问题可以委托或者要求法院为其指定辩护人,但却不能委托或者要求法院为其指定刑事诉讼代理人。

又比如,在刑事诉讼中,可以根据案情的需要依法采取逮捕、搜查、通缉等措施,在民事诉讼和行政诉讼中则绝不允许采用这类方法。

刑事诉讼既可以是指法院的审判、公诉机关的起诉和侦查机关的侦查等活动的总称,也可以是单指法院对刑事案件的审判活动。前者是对刑事诉讼的广义解释,后者是对刑事诉讼的狭义解释。了解对刑事诉讼的狭义解释,也有一定的意义。因为所谓诉讼,必须具备当事人双方(即原告、被告)和听取当事人双方争辩是非曲直的裁判者等条件,始能成立。而这些条件的具备,只有在法院审判阶段才有可能。另外,按照传统的刑事诉讼法律关系说,刑事诉讼法律关系的形成不能缺少原告、被告和法院这三个诉讼主体,没有这三个诉讼主体,刑事诉讼法律关系就不能说已经形成,刑事诉讼当然也就不能成立,等等。所以,对刑事诉讼的这种狭义解释,有时对说明某些问题还是有参考价值的。但是必须明确,我们现在讲刑事诉讼,一般都是指广义的刑事诉讼。

刑事诉讼作为国家的一种专门活动,它同国家的性质是紧密联系在一起的。不同性质的国家,其刑事诉讼的性质也互不相同。我国是社会主义国家,我国的刑事诉讼也应该是社会主义性质的。人民法院、人民检察院和公安机关进行刑事诉讼,应当始终以保护人民、打击犯罪,维护社会主义的社会秩序,维护全国各族人民的根本利益为最高宗旨。

第二节　刑事诉讼的历史类型

一、刑事诉讼历史类型的概念

刑事诉讼的历史类型是以某种标准为依据,对历史上存在过的和现代的刑事诉讼所作的划分或分类。标准不同,分法也就不可能相同。现在主要有两种分法:一种是以刑事诉讼的阶级实质为标准进行划分,一种是以刑事诉讼的表面特征为标准进行划分。以刑事诉讼的阶级实质为标准,就是以刑事诉讼维护的社会制度性质和阶级利益为标准。用这样的标准划分刑事诉讼,刑事诉讼的历史类型可分为:奴隶制社会的刑事诉讼、封建社会的刑事诉讼、资本主义社会的刑事诉讼和社会主义的刑事诉讼。以刑事诉讼的表面特征为标准,就是以诉讼的提起,法官和当事人在诉讼中的地位和相互关系以及审判的方式、方法等为标准。用这种标准划分刑事诉讼,刑事诉讼的历史类型有弹劾式、纠问式和混合式。

为了便于理解和研究,可以将以阶级实质为标准对刑事诉讼的分类,称为刑事诉讼本质的历史类型,将以表面特征为标准对刑事诉讼的划分,称为刑事诉讼形式的历史类型。刑事诉讼形式的历史类型,又可称为刑事诉讼模式、刑事诉讼结构或刑事诉讼的主义,如是英美法系的刑事诉讼模式还是大陆法系的刑事诉讼模式,是弹劾主义的还是纠问主义的,是职权主义的还是当事人主义的,等等。

刑事诉讼形式的历史类型同刑事诉讼本质的历史类型常常是一致的,就是说,有什么样的刑事诉讼本质,也就会有什么样的与其相适应的刑事诉讼形式。比如奴隶制社会的刑事诉讼,其形式是弹劾式的;封建专制时期的刑事诉讼,其形式是纠问式的;资本主义社会的刑事诉讼,其形式是混合式的。但是也必须注意,刑事诉讼的形式同其本质有时也并不完全一致,比如封建社会初期,许多国家的刑事诉讼形式就仍是弹劾式的。今天,社会主义国家的刑事诉讼同资本主义国家的刑事诉讼,在本质上是根本对立的,但在形式上,却存在许多相同之处。

因此,刑事诉讼本质的类型同刑事诉讼形式的历史发展,并不是完全同步的。也就是说,刑事诉讼的本质虽然已经发生根本变化,但是其形式却可能依然是旧的或者是尚未发生根本变化的。

二、刑事诉讼本质的历史类型

(一)奴隶制社会的刑事诉讼

奴隶制社会的刑事诉讼是维护奴隶占有制的社会秩序的工具,它公开保护奴隶主享有种种特权,同时对广大奴隶实行野蛮、残暴的镇压,这就是奴隶制社会刑事诉讼的最基本、最主要的特点。

首先,奴隶主违法犯罪可以不受法律惩罚,可以减免刑罚,可以不亲自参加诉讼,所谓"礼不下庶人,刑不上大夫","凡命夫命妇不躬坐狱讼"等。而广大奴隶则不享有作为一个人所应具有的基本权利。奴隶主对奴隶可以任意处置,可以出卖、交换,可以处死。列宁说:奴隶制社会的基本的事实是不把奴隶当人看待,奴隶不仅不算是公民,而且不算是人。罗马法典把奴隶看成是一种物品。关于杀人的法律是把奴隶除外的,更不用说其他保护人身的法律了。法律只保护奴隶主,唯有他们才是有充分权利的公民。……奴隶主享有一切权利,而奴隶按法律规定却是一种物品,对他不仅可以随便使用暴力,就是把他杀死,也不算犯罪。[①] 在这种社会制度下,广大奴隶不可能是刑事诉讼所要保护的在法律上具有人格的人,而只能是刑事诉讼的客体,是刑事诉讼要惩罚和镇压的对象。奴隶制社会刑事诉讼的这个最基本特点,所有奴隶占有制国家都存在,无一例外。

其次,奴隶制社会的最高司法机关是国君、天子,他们掌握着生杀予夺的最高国家权力。我国奴隶制社会的商朝和周朝的国君、天子,不仅是中国奴隶制社会的最高立法和行政机关,而且也是最高司法机关。重大案件要向他们报告,由他们对案件作出裁决。他们对案件的裁决,当然也就是国家对案件作出的最高和最后的裁决。关于这方面的情况,在《尚书·盘庚》、殷墟甲骨文的卜辞和《礼记·王制》中都有记载。比如《尚书》中有商王自称"惟予一人有佚罚"的记载;卜辞中有"贞,王闻惟辟","贞,王闻不惟辟"的记载等。

再次,奴隶制社会的证据制度,从审查判断证据的标准或原则角度讲,一般都实行过神明裁判或神示的证据制度。我国奴隶制社会也同样存在过神明裁判或神示的证据制度。如一些古籍中有关于用廌(一种所谓神羊)触不直的记述等。此外,我国奴隶制社会在听讼决狱方面,还实行"五听"或"五辞"的方法,即以五声听狱讼,求民情。所谓"五听"是:一曰辞听,二曰色听,三曰气听,四曰耳听,五曰目听。"五听"是法官认定证据是否确实、充分的一种方法。法官听当

---

① 《列宁全集》第29卷,人民出版社1963年版,第436页。

事人说话是否语无伦次,观察当事人脸色是否正常,喘息出气急缓粗细,听话是否容易发生错觉,眼睛是否有神,从而辨别可信程度,推断是非曲直。"五听"是法官在进行推断,它与神明裁判或神示显然不同。所以,我国奴隶制社会的证据制度,可以说是既有神明裁判或神示,又有法官推断(通过"五听"作出的判断)的证据制度。

最后,奴隶制社会的刑事诉讼形式或模式是弹劾式。根据一些文献的记载,我国奴隶制社会的刑事诉讼形式也可以说基本上是弹劾式。如《周礼》等就有"两造具备,师听五辞","以两造禁民讼"等记载。这些记载说明,我国奴隶制社会刑事诉讼的形式,也同样具有弹劾式诉讼的一些基本特点。

（二）封建社会的刑事诉讼

封建社会的刑事诉讼是掌握在地主阶级手中的、为维护封建社会的统治秩序服务的一种工具。它的最显著的特点,是对封建地主阶级享有的种种特权的竭力维护和对广大农民的残酷镇压。我国西汉时期的法律,对封建权贵有"有罪先请"的规定,即封建社会的官吏、贵族犯罪,要上报,要请示皇帝。而经过"上请"以后,一般都会得到减、免。隋唐以后的法律,同样有类似的规定。如《唐律》中就有"请"、"减"、"赎"、"免"等规定。能享有这些特权的人,当然只有皇亲国戚、贵族官僚们。

封建社会的最高司法机关是皇帝。封建社会的皇帝,特别是封建专制时期的皇帝,是名副其实的全国最高统治者,掌握着国家的一切最高权力。我国自秦汉至明清,历代皇帝都是集立法权、行政权和司法权于一身的,是国家的最高统治者,也是国家的最高司法机关,不仅拥有对案件处理的最后裁决权,而且还常常亲自听讼、治狱。如《汉书·刑法志》中有"秦始王昼断狱,夜理书"的记载,《宋史·刑法志》中有宋太宗"常躬听断,在京狱有疑者,多临决之"的记载等。

封建社会的刑事诉讼特别重视被告人的口供,广泛采用刑讯的方法。司法机关在处理案件时,虽然也会注意其他各种证据,但是经常和真正受到重视的却是口供。口供被看成是"证据之王",是最有价值的证据。在实行法定证据制度的国家,具备一定形式条件的口供,被看成是完善的或完全的证据,仅凭这种口供即可定案。在我国封建专制社会的刑事诉讼中,被告人的口供更是受到格外重视,一向强调"罪从供定",定案必须有口供,没有口供一般不会定案。刑讯即用肉刑或变相肉刑进行审讯的方法,同重口供是密不可分的。只重视口供,不重视其他证据,也就必然迷信刑讯。封建社会的刑讯适用范围很广,即不仅可以用于讯问当事人,而且可以用于讯问证人,我国封建专制时期的刑讯是有名的。马克思说过,实体法却具有本身特有的必要的诉讼形式。例如中国法里面一定有答杖,和中世纪刑律的内容连在一起的诉讼形式一定是拷问。① 封建社会的官老爷坐堂问案时,大堂上都会摆有刑具,都要进行拷问。在诉讼中不刑讯,不拷问,倒会成为罕见的奇怪的现象。

在证据制度方面,欧洲一些国家曾经盛行过法定证据制度,即证据的证明力均由法律预先规定,法官在评定证据的价值时,必须以法律的预先规定为依据,不能自由判断。这种证据制度在我国的封建社会从未实行过。我国的《唐律》虽然也有"据众证定罪"的规定,即"三人以上明证其事,始告定罪",如果有五人,"若三人证实,二人证虚"则不能定罪这样的具有法定证据特征的规定,但这只是极个别的情形,从总体上讲,我国封建社会的证据制度绝不是什么法定证据制度。特别重视口供,一直强调"罪从供定",这应是我国封建社会证据制度的一个突出特点。同时也注意其他证据的收集和运用,更一直沿袭"五听"的方法,而且法官根据"五听"对证据价值和案件事实作出的判断还往往具有决定作用,这也应是我国封建社会证据制度的一个不容忽视的特点。所以,从审查判断证据的标准的角度讲,我国封建社会的证据制度可以说是"供断相符"的证据制度。就是说,没有口供不行;有了口供,如果同法官对案件事实作出的推断不符也不行。

封建专制时期的诉讼形式是纠问式,我国自秦汉以后的封建专制刑事诉讼形式的历史,可以说是一部典型的纠问式诉讼史。诉讼的进行并非必须有告诉人告诉后才能开始,司法机关依其职权,只要怀疑可能有某种犯罪事实存在,就可以主动追究,主动进行搜查、审讯。最终即使并未查证属实,被怀疑犯有某种罪行的人,也往往难逃牢狱之苦,乃至杀身之灾。特别是处于社会底层的普通黎民百姓,一旦遭此灾祸,就更难以逃脱和洗刷。在这种制度下,被告人实际上并没有什么诉讼权利可言,唯一能享受到的实际"权利"就是接受拷问。疑罪常常作有罪处理,无罪也常常被屈打成招。以有罪推定思想为指导,以及重口供、迷信刑讯等,是造成冤狱的重要原因,也是我国封建社会纠问式诉讼的弊病和特点。

（三）资本主义社会的刑事诉讼

首先,资本主义社会的刑事诉讼是为资本主义制度服务的工具。针对资本主义诉讼的这一本质特征,马克思曾经说过:审判程序只是执刑的准备。如果审判程序想超出这一点,它就会被人封住嘴巴。② 所以,从阶级本质上看,为资本主义制度服务,为钱袋利益服务,这是一切资本主义国家刑事诉讼的主要特点。

其次,由于资产阶级在法律上规定了禁止刑讯和法律面前人人平等、无罪推

---

① 《马克思恩格斯全集》第 1 卷,人民出版社 1956 年版,第 178 页。

② 同上书,第 177 页。

定、法官独立、审判公开以及被告人享有辩护权等诉讼原则,因此,资本主义社会的刑事诉讼同封建社会的刑事诉讼相比较,前者当然具有突出的优越性。

另外,资产阶级刑事诉讼的形式和评定证据证明力时所依据的原则或标准,也已不同于封建社会。封建专制社会普遍采用的纠问式诉讼模式和欧洲一些国家曾经实行过的法定证据制度,已经远远不能适应资本主义发展的需要,法定证据制度和纠问式诉讼模式的不民主性和不科学性,已经暴露得日益明显,受到社会各界日益猛烈的抨击。所以,资产阶级在取得政权后,为巩固和发展资本主义,顺应历史潮流,对刑事诉讼形式和证据制度等均进行了划时代的变革。资本主义各国均废止了纠问式诉讼模式,同时也均确立了混合式的诉讼模式。资产阶级两大法系即英美法系和大陆法系的诉讼模式虽然也存在重大差别,但这种差别是同属于混合式中的差别,而不是混合式与非混合式的差别。在审查判断证据方面,资产阶级用自由心证或内心确信代替了法定证据制度。

我国没有经历过资本主义这样一个历史阶段。中华人民共和国成立前,我国是半殖民地半封建性质的社会。半殖民地半封建社会的刑事诉讼,总的讲,是服务于大地主、大资产阶级和帝国主义在华利益的一种工具。它既有资产阶级民主的诉讼原则和口号的点缀,有封建法西斯主义的特性,同时也有司法半殖民地化的标志,如存在"领事裁判权"一类丧权辱国的诉讼制度等。当时的国民党统治区,按照其公布和施行的刑事诉讼法的要求,刑事诉讼的侦查、起诉阶段与审判阶段应当分开,被告人也应当享有辩护权,审判也应当依法公开等等。但是实际上实行的却是"有条(金条)有理,无法(法币)无天",是特务横行,秘密处决,"宁可错抓九十九个,不让一人漏网,宁可错杀一千,不能错放一个"的法西斯式的白色恐怖。所以,我国半殖民地半封建社会的刑事诉讼是个大杂烩,是封建主义、资本主义和法西斯主义等多种因素混杂在一起的刑事诉讼。

(四)社会主义社会的刑事诉讼

社会主义社会的刑事诉讼是保护人民利益、维护社会主义统治秩序的工具。在社会主义创建初期,刑事诉讼的主要任务是:镇压、惩罚少数剥削者的反抗,巩固无产阶级专政。当剥削阶级已在全国范围内被基本消灭后,刑事诉讼的主要任务是:打击犯罪,惩罚各种犯罪分子,保护人民,保障社会主义建设事业的顺利进行。

社会主义刑事诉讼继承历史上一切先进的、民主的、科学的、符合广大人民群众利益的法律思想和诉讼原则,同时在总结人民自己的司法工作经验的基础上,还提出了新的法律思想和新的诉讼原则。许多同刑事诉讼有关的优秀文化遗产,已被批判地继承和吸收。公民在法律上一律平等,被告人在诉讼中享有辩护权,以及审判公开等思想和诉讼原则,在社会主义的刑事诉讼中均有充分体现和反映。社会主义刑事诉讼所独有的思想和原则,如关于刑事诉讼的本质和任务的思想,关于依靠群众的原则和思想,关于分工负责,互相配合,互相制约的原则和思想等等,则反映和体现了社会主义刑事诉讼同资本主义刑事诉讼的区别。

在审查判断证据方面,社会主义国家的刑事诉讼坚持以辩证唯物主义的认识论为指导,反对先入为主、主观臆断和单凭口供定案,强调调查研究,尊重客观事实,服从客观事实,强调司法工作人员的主观认识必须符合客观实际,一切证据都必须经过查对核实后才能作为定案的根据。对社会主义国家刑事诉讼中审查判断证据的原则或标准,有概括为社会主义内心确信的,有概括为实事求是的,也有概括为客观验证的,等等。我们倾向客观验证的说法。即评定证据是否确实、充分或者案件事实是否真实的原则,只能是客观验证,只能是根据一定数量的证据,根据这些证据是否能够互相补充、印证和协调一致,是否能够清楚地说明案件事实,以及是否能够对这些证据和它们所证明的案件事实提出有事实根据的、有道理的和对定罪量刑有实际意义的怀疑。简而言之,所谓客观验证就是证明案件事实的各个证据之间是否能够验证无疑,能验证无疑的,案件事实就可以认定,否则就不能认定。

社会主义刑事诉讼的模式同资本主义刑事诉讼模式大体近似,可以说都是混合式。但是,由于这两种刑事诉讼的阶级实质不同,所以彼此之间也存在重要差异。

三、刑事诉讼形式的历史类型

(一) 弹劾式

诉讼作为国家的一种专门活动,是随着国家的出现而产生的。人类社会最早的国家类型是奴隶制国家。奴隶制国家的诉讼形式或模式是弹劾式。

弹劾式诉讼的最主要特点是"不告不理",是"没有告诉人也就没有法官"。就是说,诉讼的进行主要是依靠当事人双方的积极性,诉讼是否提起完全取决于受害人,受害人不告,刑事诉讼程序也就不会开始。

法官在诉讼中处于消极仲裁者的地位,对犯罪的追诉或控诉职能同审判职能是分开的。法官只负责审判,只负责听取当事人双方提供的情况,审查判断证据,认定案件事实和作出裁决,而不负责对犯罪的追诉,即不执行控诉职能。在开庭审理前,法官一般不进行任何调查或侦查;在审理过程中,法官一般也不主动传唤证人或者强制当事人中的某一方提出证据。法官对案件的裁决,主要是依据当事人双方在法官面前的陈述、辩论和所提供的证据。对案件的处理,需要依靠神明裁判时,就会采用决斗等办法并根据所谓神示的结果作出判决。

当事人双方在法庭上的地位和权利是平等的,可以进行对质和辩论。这里讲的地位和权利的平等,当然是仅就诉讼形式而言的,如果从阶级实质的角度讲,处于不同社会地位的人,他们在法庭上的地位和权利也不可能是真正平等的。正如前面已经讲过的,"凡命夫命妇不躬坐狱讼",凡大夫以上的官吏贵族及其妻子,即使打官司,也不需要亲自出庭参加诉讼,而是由其吏属代理。所以,仅就诉讼形式而言的这种法庭上的地位和权利平等,也主要是指具有同样阶级地位、同样社会地位的人的平等。

弹劾式诉讼形式下的审判一般都是公开的,也都是通过言词辩论的形式进行的。

（二）纠问式

纠问式诉讼的最大特点是国家官吏依其职权主动地追究犯罪。刑事诉讼程序的开始和发展,已不是主要取决于受害人,而是取决于司法机关,取决于握有国家司法权的官吏。就是说,在纠问式诉讼中不是实行"不告不理"的原则,而是实行主动追究、不告也理的原则。因此,对于犯罪事件和犯罪嫌疑人,即使没有受害人告诉,国家的司法官吏也有权在其职责范围内主动追诉和审判。比如进行现场勘验、尸体勘验、对嫌疑人进行审讯等。

在纠问式诉讼形式下,实际上无所谓诉讼当事人,即无论是原告还是被告实际上都不具有现代法律意义上的当事人的诉讼地位。被告人（包括嫌疑人）在诉讼中只是被拷问、被追究的对象,是只承担义务、不享受权利的刑事诉讼客体。受害人同被告人虽有某些差异,但实际上也只是告发者,在诉讼中也不具有现代法律意义上的诉讼当事人的地位和权利。唯一能在诉讼中享有各种权利的,只有国家的司法机关和拥有司法权的官吏。在纠问式诉讼中,控诉职能和审判职能是不分的,均由行使审判权的国家司法机关和司法官吏统一掌握,既不存在只负责控诉而不负责审判的机关,也不存在只负责审判而不负责控诉的机关。法官集审判权、起诉权和侦查权于一身,既有权对案件进行审判,也有权对案件进行侦查和追诉。

纠问式诉讼的另一个重要特点,是它同野蛮的刑讯、拷问始终紧密地联系在一起,可以说,纠问式诉讼的历史也就是一部刑讯、拷问史。法官不仅可以拷问被告人、嫌疑人,而且可以拷问证人和受害人。刑讯、拷问是获取证据的主要方法,也是审判案件的主要方式。

纠问式诉讼一般都是秘密进行的。不仅法庭审判前的调查活动是秘密的,就是法庭审判一般也不公开,而且也不通过言词辩论的方式进行。法官进行审判活动的主要内容就是拷问被告。法庭审判一般不会允许无关人旁听,也根本不存在当事人双方在法庭上展开辩论的程序。

（三）混合式

混合式是既有弹劾式诉讼的许多特点,又有纠问式诉讼某些特征的一种诉讼形式。正因为它兼有弹劾式和纠问式这两种诉讼形式的特点,所以它又被说成是对这两种诉讼形式的折中。所以,混合式又可称为折中式。

在混合式诉讼形式下,刑事诉讼分为两个大的阶段,即法庭审判前的侦查追诉阶段和法庭审判阶段。这两大诉讼阶段界限分明,各有各的特点,不能混淆。侦查追诉的机关同审判机关不同,侦查追诉阶段要解决的问题和解决问题的方式、方法,同审判阶段也有所不同。

法庭审判前的侦查、起诉阶段,纠问式的特点有所体现。在混合式的侦查、起诉阶段,一般不存在"不告不理"或者没有告诉人就没有诉讼的问题。因为在混合式诉讼中,均实行国家追诉为主的原则,对于关系国家、社会利益的犯罪,即使没有受害人的告诉,没有一般群众的检举揭发,国家专门机关发现后也必须立案侦查,主动进行追诉。被告人在侦查、起诉阶段,虽然也享有诉讼权利,也不能被作为诉讼的客体对待,但是,由于在侦查、起诉阶段还谈不上双方当事人可以对等地进行辩论等问题,所以被告人在这个诉讼阶段的地位、应享有的权利以及与追诉者之间的关系等,同法庭审判阶段相比,差别还是比较明显的。另外,混合式的侦查、起诉过程,一般都不公开,不通过辩论的方式进行。

在审判阶段,弹劾式诉讼的特点体现得比较充分。混合式诉讼的法庭审判,也是实行"不告不理"的原则。如果没有告诉人的追诉,法院也不能径直受理案件和对案件进行审判。混合式诉讼中的审判职能和控诉职能是分开的,法官只负责审判,不负责控诉,不具有控诉职能。当事人双方在法庭上的诉讼地位是对等的,都是诉讼主体,都享有与其地位相应的诉讼权利,也都承担有诉讼义务。被告人也是刑事诉讼法律关系的主体,也同样享有诉讼主体应享有的充分的权利,如有权要求传唤新的证人到庭,有权要求调取新的证据,有权对执行控诉职能一方的主张和根据进行反驳、同控诉一方进行辩论,等等。被告人在诉讼中的这种主体地位,同在纠问式诉讼中只是处于被追诉、被拷问地位的被告人,显然是不同的。另外,混合式诉讼中的法庭审判都是采用言词辩论和直接讯问等方式、方法,同时,一般都是公开进行的。

当今世界各国的刑事诉讼形式基本上是混合式。在资本主义国家,资本主义两大法系即英美法系与大陆法系之间,在刑事诉讼形式方面,除大体相同外,也还存在某些重要差异。

英美法系国家刑事诉讼形式的重要特点之一,是其法庭审理所采取的方式,与大陆法系国家的法庭审理方式存在重要差异。英美法系国家法庭审理所采取的方式是交叉询问,即由检察官和辩护律师对彼此传唤到庭的证人,交替进行所谓"主询问"和"反询问"的方式。在进行交叉询问的过程中,法官一般只是处于主持者和指挥者的地位,而不是处于审问者的地位。法官主要是控制和指挥法庭的活动,控制询问和辩论的范围,而不是负责在法庭上讯问被告,调查核实证据,查明和证实案件事实。法庭的调查和辩论始终是在控诉人和辩护人之间进行。控、辩双方之间的对抗、辩论等特点体现得比较充分。

大陆法系国家法庭的审理方式与英美法系国家法庭的审理方式显然不同。大陆法系国家的法官在法庭审理过程中，是处于审问者的地位，特别是在法庭调查阶段，法官始终是依其职权审讯被告人、询问证人和查对核实各种证据的审问者。在法庭上，调查证据、讯问被告和询问证人，是法官的职责，而不是检察官和辩护律师的职责。检察官和辩护律师经法官同意后，虽然也可以对证人、鉴定人直接发问，但是这种发问只能作为对法官审讯的一种补充。

另外，大陆法系国家的法庭在开庭审理前就能了解全部案件事实和证据材料，同时可以在庭审前讯问被告，可以对证据进行查对核实工作。而英美法系国家的法官，在开庭审理前只能了解起诉书中所列举的事实，对案件的证据材料并不清楚，同时也不能对被告人进行庭审前的讯问等。

正是由于存在上述一些重要差别，所以理论上有人把大陆法系国家的刑事诉讼形式称作职权主义的诉讼形式或审问式的诉讼形式，把英美法系国家的刑事诉讼形式称作当事人主义的诉讼形式，是辩论式或彻底辩论式的诉讼形式。

当然，这是总的情况，即总的讲，属于不同法系的国家，其刑事诉讼形式也存在重要差异。但是，具体到每个国家，情况就不一定完全是这样，就是说，有些国家所采取的刑事诉讼形式同其所属的法系也并不完全一致。比如日本，它属于大陆法系，但是第二次世界大战后，由于受美国的影响，其刑事诉讼形式发生了重大变化。现在日本的刑事诉讼形式，既以大陆法系的职权主义为背景，同时又有浓厚的当事人主义色彩。如实行起诉状一本主义，取消法官在开庭前的预审等。所以，今天日本的刑事诉讼形式或模式既不属于典型的大陆法系的职权主义，也不属于典型的英美法系的当事人主义，而是介于两者之间的、依然保留有许多职权主义痕迹的当事人主义的混合式。

第三节　刑事诉讼法的概念

刑事诉讼法是国家的统治阶级按照自己的意志制定的有关刑事诉讼程序的法律规范的总称。

对于刑事诉讼法的这个概念可以进一步作如下说明：

第一，我们这里讲的刑事诉讼法是指广义的刑事诉讼法。就是说，它不仅包括像《中华人民共和国刑事诉讼法》这样的法律，而且还包括其他各种法律（如《中华人民共和国律师法》等）中有关刑事诉讼程序的规定。

广义的刑事诉讼法是相对狭义的刑事诉讼法而言的，狭义的刑事诉讼法是专指名称叫刑事诉讼法的法律，它不包括其他法律中有关刑事诉讼程序的规定。

学理上对狭义和广义的刑事诉讼法还有另外的解释，比如认为狭义的刑事诉讼法是专指规定法院审判程序的法律，广义的刑事诉讼法是既规定审判程序，又规定侦查程序、起诉程序和执行程序的法律。也有的认为应该称名称叫刑事诉讼法的法律为形式的刑事诉讼法,称一切有关刑事诉讼程序的法律规定或法律规范为实质的刑事诉讼法。

现在人们讲刑事诉讼法,也往往只是讲专门的刑事诉讼法典。但是,作为比较科学的概念,对刑事诉讼法还是应该从其实质内容上去理解,而不应该仅仅从其名称、形式上去理解。如果仅仅从名称、形式上去理解,那么不仅在中国清末以前的几千年的社会里从没有过刑事诉讼法,就是从中华人民共和国成立到1979年《刑事诉讼法》的颁布施行前的近三十年的时间里,也没有过刑事诉讼法。这显然是违背历史事实的。

可以这样说,任何一个国家,只要有刑事诉讼,也就必然有关于刑事诉讼程序的若干规则。这些规则有成文的,也有不成文的。

中国古代,很早就有狱讼。战国时期李悝著的《法经》六篇中就有关于刑事诉讼程序的规定。这以后,中国历代封建王朝的法律中也都有关于刑事诉讼程序的内容,只是清末变法以前一直没有过名称叫刑事诉讼法的专门法典而已。

我国《刑事诉讼法》是1979年7月1日由第五届全国人民代表大会第二次会议通过,7月7日公布,1980年1月1日起施行的。在这以前,即从中华人民共和国成立到1979年7月1日这段时间里,当然也不存在名称叫刑事诉讼法的专门法典,但是有关刑事诉讼程序的法律规范却是一直有的。比如中华人民共和国成立不久就颁布施行过《中华人民共和国人民法院暂行组织条例》、《中央人民政府最高人民检察署暂行组织条例》及《各级地方人民检察署组织通则》等法律规范,这当中就有关于刑事诉讼程序的若干规定。所以,如果就法律的实质内容而言,绝不能说中华人民共和国的刑事诉讼法是1979年7月1日以后才有的。

第二,刑事诉讼法是刑事程序法,是规定犯罪案件应当怎样处理、刑事诉讼应当怎样进行的法律。比如某地发生一起某公民被抢劫的案件,该公民应当到哪里告状?国家机构中的哪个机关应当受理此案?对实施抢劫行为的人应当怎样调查处理?实施抢劫行为的人成为被告后享有哪些诉讼权利?负责审查处理此案的国家机关和被告人、受害人及其他诉讼参与人在诉讼中都处于什么地位?彼此之间是一种什么关系?等等,均属于审查处理犯罪案件的程序问题。规定这类问题的法律就是刑事程序法。

程序法是相对实体法讲的。实体法是规定实质性权利、义务的法律,程序法是规定程序性权利、义务的法律。刑事诉讼法、民事诉讼法和行政诉讼法均属于程序法,刑法和民法都属于实体法。刑事诉讼法、民事诉讼法和行政诉讼法都是诉讼程序法,所以它们之间有许多相似乃至相同之处,如都要规定法院审理案件的方式、方法,规定当事人的诉讼权利和义务,等等。但是,由于刑事诉讼法是规定处理犯罪案件的程序法，民事诉讼法是规定处理民事案件即民事权利、义务纠纷案件的程序法，行政诉讼法是规定处理行政争议案件的程序法，所以它们之间也存在许多差异。比如，只有刑事诉讼法才规定有侦查程序、审查决定是否提起公诉程序及死刑复核程序等。

第三，刑事诉讼法同样是统治阶级的利益和意志的反映和体现，同样是为维护统治阶级的统治秩序服务的。刑事诉讼法的这一本质特点，在有对抗阶级存在的社会里表现得尤为突出。马克思在揭示资本主义国家刑事诉讼程序的本质时曾经说过："审判程序只不过是一支负责把敌人押解到牢狱里去的可靠的护送队，它只是执刑的准备。如果审判程序想超出这一点，它就会被人封住嘴巴。"①所以，阶级社会的刑事诉讼法不可能不反映这个社会的阶级本质和特性。

我国《刑事诉讼法》和其他法律中有关刑事诉讼程序的规定，是全中国各族人民的利益和意志的反映和体现，它既根本区别于一切剥削阶级国家的刑事诉讼法，也不完全雷同于其他社会主义国家的刑事诉讼法。

1996 年 3 月 17 日第八届全国人民代表大会第四次会议通过了《关于修改〈中华人民共和国刑事诉讼法〉的决定》，对 1979 年 7 月 1 日通过的《刑事诉讼法》作了较大修改，于 1997 年 1 月 1 日起施行。修改后的《刑事诉讼法》同 1979 年《刑事诉讼法》相比，如果仅从编、章、节的体例上看，并无多大变化，即基本仍是原来的编、章、节。原来编、章、节的标题和排列顺序是：第一编总则。第一章指导思想、任务和基本原则；第二章管辖；第三章回避；第四章辩护；第五章证据；第六章强制措施；第七章附带民事诉讼；第八章期间、送达；第九章其他规定。第二编立案、侦查和提起公诉。第一章立案；第二章侦查（第一节讯问被告人，第二节询问证人，第三节勘验、检查，第四节搜查，第五节扣押物证、书证，第六节鉴定，第七节通缉，第八节侦查终结）；第三章提起公诉。第三编审判。第一章审判组织；第二章第一审程序（第一节公诉案件，第二节自诉案件）；第三章第二审程序；第四章死刑复核程序；第五章审判监督程序。第四编执行。修改后的《刑事诉讼法》，在编、章、节的题目和排列顺序上只有如下几处变化：第一编第一章的标题改为任务和基本原则，第四章的标题改为辩护与代理；第二编第二章侦查中，增加了一般规定（作为第一节）和人民检察院对直接受理的案件的侦查（作为第十节），第二节的标题改为讯问犯罪嫌疑人；第三编第二章第一审程序中，增加了简易程序（作为第三节）；另外，在第四编执行之后，增加了附则（只 1条）。表现在条文内容上，1979 年《刑事诉讼法》是 164 条，修改后的《刑事诉讼法》为 225 条。除附带民事诉讼，期间、送达和死刑复核程序等几章的条文内容没有变动外，其他各章的条文内容均有变化。除增加的新条文外，对原来的许多

---

① 《马克思恩格斯全集》第 1 卷，人民出版社 1956 年版，第 177 页。

条文内容也有所修改。

2012 年 3 月 14 日第十一届全国人民代表大会第五次会议通过了《关于修改〈中华人民共和国刑事诉讼法〉的决定》。这是对 1979 年《刑事诉讼法》的第二次修改,是又一次全面、系统的修改。

在附则前,新增加一编为第五编:特别程序(含四章:第一章未成年人刑事案件诉讼程序;第二章当事人和解的公诉案件诉讼程序;第三章犯罪嫌疑人、被告人逃匿、死亡案件违法所得的没收程序;第四章依法不负刑事责任的精神病人的强制医疗程序)。在第二编第二章侦查中,将扣押从搜查一节中分出来,单列一节,为查封、扣押物证、书证;另新增一节,为技术侦查措施。经过第二次修改的《刑事诉讼法》的法律条文,从 225 条增加至 290 条。

2012 年的这次修改,主要体现了以下指导思想:

(1)坚持从我国基本国情出发,循序渐进地推进我国刑事诉讼制度的完善。

(2)坚持统筹处理好惩治犯罪与保障人权的关系。

(3)坚持着力解决在惩治犯罪和维护司法公正方面存在的突出问题。

本教材讲的《刑事诉讼法》,一般指的就是经过第二次修改的、于 2013 年 1 月 1 日起施行的《中华人民共和国刑事诉讼法》。

第四节　刑事诉讼法同刑法的关系

刑事诉讼法和刑法都是进行刑事诉讼的法律依据,所不同的只是前者解决刑事诉讼的程序问题,后者解决刑事诉讼的实体问题。进行刑事诉讼应当采用什么样的方式、方法和步骤,参与诉讼的人应当享有哪些诉讼权利,承担哪些诉讼义务等,应当以刑事诉讼法为依据。关于被告人的行为是否构成犯罪,对于什么样的行为应当给予刑事处罚,应当给予怎样的刑事处罚等,则要以刑法为依据。

进行刑事诉讼始终离不开刑事诉讼法,同时也离不开刑法。刑事诉讼一开始是立案阶段。应当由谁负责立案,立案应当办理哪些手续,立案后应当立即进行哪些工作等等,这是程序问题。但是,应不应当立案,是否存在构成犯罪的事实,是否需要追究刑事责任,则属于实体问题。在诉讼进入到审判阶段后,一样会同时遇到这两方面的问题。审判分审判前的准备,开庭审判,法庭调查、辩论和评议,宣判等步骤,这是程序问题。而审查被告人是否有罪,应当定什么罪名,是否科处刑罚,有无从轻或者从重情节等,则又是实体问题。所以,刑事诉讼始终都要通过某种程序表现出来,始终都要紧紧围绕被告人的刑事责任这个实体问题进行。刑事诉讼的过程既是适用刑事诉讼法的过程,也是适用刑法的过程。

刑事诉讼法同刑法的关系是刑事程序法同刑事实体法的关系,是相互依存,相辅相成,缺一不可的关系。如果只有刑法而没有刑事诉讼法,刑法的规定就不能得到正确的实施,刑法的任务也就不可能实现。刑事诉讼法之所以不可缺少,其原因之一就是因为它具有使刑法的任务能够得以实现的重要作用。只有规定什么行为是犯罪和对于各种犯罪行为应当给予怎样的刑事处罚等内容的法律,却没有规定应当由谁负责追究犯罪及如何追究犯罪、证实犯罪和惩罚犯罪分子等内容的法律,那么关于犯罪和刑罚的法律规定的实现,便只能是一句空话。反之也是一样,即刑事诉讼法也同样离不开刑法。因为如果连什么行为是犯罪行为,什么行为不是犯罪行为,什么行为应该受到刑事处罚,什么行为不应该受到刑事处罚等都不明确,定罪量刑根本没有标准,那么即使有刑事诉讼法,它的作用也不可能得到正确的发挥。所以,有刑事诉讼法,同时也必须有刑法,否则也是不可想象的。

为了说明程序法同实体法之间的这种密切关系,人们常常引用马克思的下述一段话,他说:"实体法却具有本身特有的必要的诉讼形式。""审判程序和法二者之间的联系如此密切,就像植物的外形和植物的联系,动物的外形和血肉的联系一样。审判程序和法律应该具有同样的精神,因为审判程序只是法律的生命形式,因而也是法律的内部生命的表现。"①关于刑事诉讼法同刑法的关系,清朝末年的沈家本也曾说过类似的话,他认为:"法律一道,因时制宜,大致以刑法为体,以诉讼法为用,体不完无以标立法之宗旨,用不备无以收行法之实功。二者相因,不容偏废。"②所以,实体法、刑法应当受到重视,程序法、刑事诉讼法也同样应当受到重视。

另外,刑事诉讼法同刑法的关系还应当是平等、并列的关系。它们都是国家的基本法,彼此独立、自成系统,在刑事诉讼中各自发挥各自的独特作用。刑法不从属于刑事诉讼法,刑事诉讼法也不从属于刑法。所以,它们之间的关系,只能是具有同等地位和同等作用的两个不同法律部门之间的关系,即平等、并列关系。

思考题

1. 什么叫刑事诉讼?
2. 什么是刑事诉讼法?
3. 刑事诉讼的历史类型是以什么标准划分的?
4. 弹劾式诉讼同纠问式诉讼的主要区别是什么?
5. 刑事诉讼法同刑法是什么关系?

---

① 《马克思恩格斯全集》第 1 卷,人民出版社 1956 年版,第 178 页。
② 转引自《自修大学》(政法专业)1985 年第 2 期,第 36 页。

第二章　刑事诉讼法的目的和任务

第一节　刑事诉讼法的目的

刑事诉讼法的目的是制定与适用刑事诉讼法的出发点和追求的结果。《刑事诉讼法》第 1 条中规定的，"为了保证刑法的正确实施，惩罚犯罪，保护人民，保障国家安全和社会公共安全，维护社会主义社会秩序"，就是我国刑事诉讼法的目的。

保障刑法的正确实施与惩罚犯罪、保护人民、保障国家安全和社会公共安全及维护社会主义社会秩序，是有机地联系在一起的。要惩罚犯罪、保护人民、保障国家和社会公共安全及维护社会主义社会秩序，就必须保证刑法的正确实施；而惩罚犯罪，保护人民等目的的实现，则应当是保证刑法正确实施的必然结果。

刑法的正确实施需要刑事诉讼法的保证。只有依靠刑事诉讼法的运作，刑法的惩罚犯罪、保护人民的目的和用刑罚同一切犯罪作斗争的任务才能得以实现。所以，刑事诉讼法不能离开刑法，而刑法的正确实施，也绝离不开刑事诉讼法的保证。

刑事诉讼法是程序法，所以刑事诉讼法的目的不能被理解为只是保证惩罚犯罪，同时刑事诉讼法保护人民的目的，也不能被理解为仅仅是指惩罚犯罪的结果。刑事诉讼法作为一种程序法，它在保护人民方面，不仅要保护人民的根本利益、长远利益，也要保护人民的具体利益、眼前利益；不仅要保护人民的整体利益，也要保护每个公民的合法权益，这其中也包括所有诉讼参与人的合法权益，包括犯罪嫌疑人、被告人的合法权益。保护犯罪嫌疑人、被告人等诉讼参与人的合法权益，就是要保障他们依法享有的各种权利，特别是依据宪法享有的基本公民权利，不受非法侵犯。如果需要对公民的基本权利加以某种限制，必须有正当理由并根据有关法律进行。

第二节　刑事诉讼法的根据

刑事诉讼法的根据是指刑事诉讼法的立法根据和法律渊源。《中华人民共和国刑事诉讼法》的立法根据和法律渊源是《中华人民共和国宪法》。

宪法是国家的根本大法，是母法，具有最高法律效力。宪法和刑事诉讼法的关系是根本大法与具体部门法的关系,是母法与子法的关系。刑事诉讼法及其他各部门法的制定,都必须以宪法为根据,体现宪法的基本精神,符合宪法的有关规定,否则就不能成立,更不能加以实施。

《刑事诉讼法》的所有内容都是《宪法》的基本精神和有关规定的具体化。同时由于《刑事诉讼法》中的许多内容与《宪法》序言的内容以及《宪法》的第1、2、3、4、5、27、28、33、37、38、39、40、41、53、123 至 135 条等规定,有更为直接明显的关系,所以对《宪法》序言和上述各条的规定也有更为直接的具体体现和反映。如《刑事诉讼法》关于强制措施及搜查的规定,就是《宪法》第 37 条和第 39 条的规定,即中华人民共和国公民的人身自由不受侵犯;任何公民,非经人民检察院批准或者决定或者人民法院决定,并由公安机关执行,不受逮捕;禁止非法拘禁和以其他方法非法剥夺或者限制公民的人身自由,禁止非法搜查公民的身体;中华人民共和国公民的住宅不受侵犯;禁止非法搜查或非法侵入公民的住宅等规定的具体体现。又如《刑事诉讼法》第 11 条和第 183 条及有关辩护的各条规定,就是《宪法》第 125 条的规定,即人民法院审理案件,除法律规定的特别情况外,一律公开进行,以及被告人有权获得辩护的规定的具体体现,等等。

第三节　刑事诉讼法的任务

刑事诉讼法的任务是刑事诉讼法应当具有的功能和作用,或者说,是应有的作为和应完成的事项。我国《刑事诉讼法》的任务,《刑事诉讼法》第 2 条已明确规定,即"中华人民共和国刑事诉讼法的任务,是保证准确、及时地查明犯罪事实,正确应用法律,惩罚犯罪分子,保障无罪的人不受刑事追究,教育公民自觉遵守法律,积极同犯罪行为作斗争,维护社会主义法制,尊重和保障人权,保护公民的人身权利、财产权利、民主权利和其他权利,保障社会主义建设事业的顺利进行"。根据这条规定,我国《刑事诉讼法》的任务,应当是如下几个方面:

一、从程序上保证准确、及时地查明犯罪事实,正确应用法律,惩罚犯罪分子,保障无罪的人不受刑事追究

我国《刑事诉讼法》的这项任务是最直接、也是最具体的。从大的方面讲,刑事诉讼法的这项任务,就是要从程序上保障严肃与谨慎相结合或不枉不纵的方针,能在刑事诉讼活动中得到全面切实的贯彻。

严肃与谨慎相结合或不枉不纵,是我们国家在同犯罪作斗争过程中一贯坚持实行的方针。刑事诉讼法的任务,就是要从程序上保障公、检、法机关进行刑事诉讼,既不冤枉无辜,也不放纵犯罪,既要准确、及时地查明犯罪事实,正确应用法律,惩罚犯罪分子,又要保障无罪的人不受刑事追究。

　　惩罚犯罪分子和保障无罪的人不受刑事追究,这是刑事诉讼法最直接、最具体的一项任务的两个方面,互相作用、互为实现的条件和保障。就是说,这两方面中的任何一方面任务的实现,都不可能不以另一方面任务的实现为条件,如果其中的某一方面任务没有完成,那么另一方面任务的实现也就失去了保障。惩罚犯罪分子是重要的,保障无罪的人不受刑事追究也同样重要。因此,刑事诉讼法这项任务的两个方面,都应当受到足够的重视。

　　为实现不枉不纵,既能惩罚犯罪分子,又能保障无罪的人不受刑事追究,刑事诉讼法必须首先从程序上保证准确、及时地查明犯罪事实,正确应用法律。能够准确、及时地查明犯罪事实,并能正确地应用法律,那么其结果就必定是犯罪分子受到应得的惩罚,无罪的人不会受到刑事追究。反之,如果不能准确、及时地查明犯罪事实,或者不能正确地应用法律,犯罪分子就不会受到应得的惩罚,甚至会永远逍遥法外;而被追诉的人或被告人,就有可能受到不适当的处理,或者根本无罪的人却受到刑事追究,甚至造成冤、假、错案,伤害无辜。所以,为保障做到不枉不纵,既能惩罚犯罪分子,又能使无罪的人不受刑事追究,就必须首先从程序上保证准确、及时地查明犯罪事实,正确应用法律。

　　查明犯罪事实必须准确、及时。所谓准确,就是犯罪事实清楚,证据确实、充分,没有差错。所谓及时,就是要有时间的限制和要求,要在法定的时间内尽快办案,不无故拖延时间。准确和及时都是重要的,也不可偏废。只有准确而没有及时,准确的目标也难以达到。因为不及时就难以收集到与犯罪案件有关的各种证据,因而也就难以准确地查明犯罪事实。同时也只有及时,才能比较容易地查获犯罪分子,制止犯罪,教育群众,防止和减少损失,扩大办案效果,充分显示法制的威力,有效地维护社会治安和保持社会稳定。但是,及时也绝不能离开准确,如果离开准确,及时也势必失去其实际意义,而且会造成放纵犯罪分子或者冤枉好人的后果。及时与准确之间,准确应当是前提、是重点,及时应当服从准确。另外,及时也应当是合法的,是符合法定的程序、制度的。就是说,应当依法从快,应当在合法的前提下提高办案效率,抓紧时间办案、结案。

　　在查明犯罪事实的基础上,还要保障正确地应用法律。这里讲的正确应用法律,主要是指要正确适用刑法和其他法律中有关定罪量刑的规定,即主要是指正确应用刑事实体法。从程序上保障正确应用法律,就是要从程序上保障公、检、法机关在适用法律时,不受外来的非法干扰,同时防止和减少自身的徇私舞弊、主观片面和武断专横。在准确、及时地查明犯罪事实后,能否正确地应用法律,就成为能否实现不枉不纵,既惩罚了犯罪分子,又没有使无罪的人受到刑事追究的关键。所以,正确应用法律和准确、及时地查明犯罪事实,都是惩罚犯罪分子和保障无罪的人不受刑事追究的前提,同时也都是刑事诉讼法最直接、最具体的任务中的有机组成部分。

二、尊重和保障人权

尊重和保障人权,作为刑事诉讼法的一项具体任务,就是要求在刑事诉讼过程中,对所有参加诉讼活动的人,以及由于采取某些措施,某些方法、手段(如拘留、逮捕、搜查、扣押、技术侦查措施等)而涉及的其他人的一切合法权利,都应当予以尊重和保障。其中,对犯罪嫌疑人、被告人依法享有的各种权利的尊重和保障,则应当予以特别强调,特别关注。

犯罪嫌疑人、被告人在刑事诉讼中处于特殊地位,是被追究、被追诉的对象,查明犯罪事实、适用法律,都要紧紧围绕犯罪嫌疑人、被告人的刑事责任问题,各种强制措施也都是针对犯罪嫌疑人、被告人的。所以,尊重和保障犯罪嫌疑人、被告人的人权,当然理应是这项任务的核心或重点。

现代刑事诉讼无不既重视诉讼的结果,也重视诉讼的形式、诉讼的过程。诉讼结果的公平、正义或实体正义固然重要,但诉讼的形式、诉讼的过程即所谓程序的公平、正义,也绝不能忽视。而是否实现了程序公平、正义,也往往是以犯罪嫌疑人、被告人的人权是否得到尊重和保障为主要标准来衡量和评判的。比如在诉讼过程中对犯罪嫌疑人、被告人采用最明显、最野蛮的侵犯人权的方式、方法——刑讯,所谓程序的公平、正义,当然也就无从谈起。因此可以这样说,没有对犯罪嫌疑人、被告人人权的尊重和保障,也就没有程序的公平、正义。

现在凡奉行人人无论何时何地都具有法律上人格的理论和制度的国家,都把犯罪嫌疑人、被告人视为刑事诉讼法律关系主体,也就是权利主体,而不是只承担义务的法律关系客体。犯罪嫌疑人、被告人是刑事诉讼法律关系主体并依法享有权利这一点,也正是近现代刑事诉讼与中世纪封建纠问式诉讼的一项重大区别。

在尊重和保障人权问题上,还要强调对被害人、特别是公诉案件被害人,给予足够的关注。公诉案件的被害人虽然有当事人的身份,但并不具有原告人的诉讼地位。案件的追诉权由检察机关行使,由检察人员依法提起公诉,出庭支持公诉,以及一审裁判后决定是否提起抗诉等。法律确定被害人具有当事人身份后,对其诉讼权利和其他权利的尊重和保障固然已经得到加强。但是,被害人毕竟是事实上与案件具有直接利害关系的一方当事者,诉讼的结果关乎其切身利益。所以,进一步强调对被害人人权的尊重和保障,不仅关系到实体的公平、正义,也会对实现程序公平、正义以及社会的和谐与稳定发挥重要作用。

三、教育公民自觉遵守法律,积极同犯罪行为作斗争

这是我国《刑事诉讼法》的又一项重要任务,同时也是我国《刑事诉讼法》的一个重要特点。

　　刑事诉讼法是刑事程序法,无论是在保障公、检、法机关准确、及时地查明案情,正确运用法律揭露犯罪、证实犯罪和惩罚犯罪分子的过程中,还是在规范所有诉讼参与人的诉讼行为的过程中,都会同时给公民以某种法制的教育,增强公民的法制观念,增强公民运用法律武器同犯罪行为作斗争和维护自身合法权益的积极性、自觉性。

　　刑事诉讼法的这项教育任务的实现,还有赖于人民法院、人民检察院和公安机关结合办案所进行的法制宣传活动。人民法院、人民检察院和公安机关在办理刑事案件过程中,应当根据案件的具体情况,采取适当的方式、方法,开展法制宣传活动,扩大办案的社会效果,使更多的公民从中受到教育。

　　刑事诉讼法的这项任务完成得如何,对于预防犯罪、减少犯罪和制止犯罪,以及刑事诉讼活动的进行等,都会产生重要影响。因此,对刑事诉讼法的这项教育任务,也应给予重视。

四、维护社会主义法制,保护公民的人身权利、财产权利、民主权利和其他权利,保障社会主义建设事业的顺利进行

　　我国的社会主义法制是一个系统工程,是一个整体,刑事诉讼法作为其中的一部分,应当体现我国整体社会主义法制的精神,同整个社会主义法制体系协调一致,并通过自身特有的具体任务的完成,为进一步加强和完善我国的社会主义法制发挥应有的作用。

　　保护公民的人身权利、财产权利、民主权利和其他权利,同样是刑事诉讼法应有的功能和作用,而刑事诉讼法这项任务的实现,也同样是要以保障准确、及时地查明犯罪事实,惩罚犯罪分子,保障无罪的人不受刑事追究等特有的具体任务的完成为基础或前提的。

　　保障社会主义建设事业的顺利完成,作为刑事诉讼法任务中的一项内容,它体现了刑事诉讼法与其他法律部门的一致性,体现了我国各法律部门之间的共性。

思考题

　　1. 应当怎样正确理解我国刑事诉讼法的目的?

　　2. 我国刑事诉讼法的任务是什么?

第三章　刑事诉讼中的人民法院、
人民检察院和公安机关

第一节　人 民 法 院

人民法院是审判机关,或者说人民法院是代表国家行使审判权的司法机关。狭义的司法机关就是指法院。无论过去和现在,在解释司法机关的含义时,它首先都是指法院。

我国《宪法》第123条规定:"中华人民共和国人民法院是国家的审判机关。"在我国,只有人民法院能代表国家行使审判权,审判案件,其他任何机关、团体和企事业单位均没有这种权力。

在刑事诉讼中,人民法院是刑事诉讼法律关系的主要主体或主要诉讼主体。进行刑事诉讼不能没有法院,不能没有法院对指控犯有某种罪行的被告人的审判。在审判阶段,人民法院始终居于主导地位,负责主持和指挥全部诉讼活动,并对案件作出裁决。人民法院享有重要的和广泛的诉讼权利,同时也承担较多的诉讼义务。所以,人民法院应当是刑事诉讼法律关系的主要主体或主要诉讼主体。

依据传统的法学理论,凡是在刑事诉讼中享有某种诉讼权利并承担某种诉讼义务的人,都应该是诉讼主体。但是由于他们各自在诉讼中所处的地位,所起的作用,以及同案件事实的关系和诉讼权利、义务内容的不同,他们彼此之间也存在明显差异。就是说,有的主体在诉讼中处于非常重要的地位,具有非常重要的作用,同时享有更广泛的诉讼权利和承担更多的义务;有的主体则不是这样。有的主体在诉讼中执行控诉职能、辩护职能或者审判职能,有的主体参加诉讼则没有这方面的任务。有的主体同案件事实有直接具体的利害关系,案件的处理结果对他将产生重要影响;有的主体同案件之间并不存在这种关系。另外,无论从狭义的刑事诉讼还是广义的刑事诉讼的角度讲,有些主体都是不可缺少的;有些主体则不一定。正是鉴于上述情况和原因,所以对刑事诉讼的主体还可以再作进一步的划分,即有的可以称为主要主体,有的可以称为非主要主体。比如人民法院、人民检察院、公安机关、自诉人和被告人等应该是主要刑事诉讼主体,证人、鉴定人等则应属于非主要刑事诉讼主体。

我国人民法院有自己独立的组织系统,即有最高人民法院、地方各级人民法院和专门人民法院。地方各级人民法院又分为高级人民法院、中级人民法院和基层人民法院。专门人民法院则有军事法院、铁路运输法院等。人民法院分别由各级人民代表大会产生,对人民代表大会负责,受人民代表大会监督。在人民法院系统内部上下级之间,在进行诉讼活动中,也是监督关系,而非行政机关上下级之间那种领导与被领导的关系。

人民法院在刑事诉讼中,有权直接受理自诉案件和裁定驳回自诉;有权向有关国家机关、团体、企事业单位和公民个人进行调查;有权进行勘验、检查、扣押、鉴定、查询和冻结;有权审理和裁判一切自诉案件和公诉案件;有权决定法庭开庭的时间、地点;有权决定法庭辩论的开始和终结;有权决定是否延期审理;有权决定是否调取新的证据或通知新的证人到庭;有权决定宣告判决的地点和方式;有权裁判被告人有罪或无罪,也有权重判或轻判;有权依据审判监督程序对案件进行再审,也有权决定维持已生效的裁判,等等。

但是必须注意,法院的上述诉讼权利必须严格依法行使,绝不允许违反有关法律规定。同时还应明确,法院在诉讼中享有的权利,一般地说也都是它应尽的职责和义务。作为代表国家专门行使审判权的人民法院,依法审判案件,进行调查,决定再审等等,这既是它的权利,也是它应尽的职责和义务。所以,当客观实际和法律要求人民法院应当行使某项诉讼权利时,它必须行使,绝不能放弃。如果应该做而未做,应该行使的权利而未行使,这是失职的表现,情节严重的还应当受到追究。人民法院在对待诉讼权利问题上的这一特点,显然是有别于当事人及其他诉讼参与人的。

另外,人民法院进行刑事诉讼必须忠于事实真相,忠于法律,忠于人民的利益。对于事实和法律,对于人民的利益,人民法院只有服从的义务,而绝无违背的权利。

人民法院进行刑事诉讼还必须切实保障诉讼参与人依法行使其享有的各项诉讼权利,不得以任何借口加以限制或剥夺。比如诉讼参与人使用本民族语言文字进行诉讼的权利,被告人可以获得辩护人帮助的权利等等,人民法院都有义务给予切实保障。

第二节　人民检察院

人民检察院是我国的法律监督机关,也可以说人民检察院是代表国家行使检察权或者法律监督职能的司法机关。

检察权或检察职能同法律监督职能或法律监督权的内容是完全一致的。检察权指的就是对国家工作人员和其他公民违法犯罪的检察,对侦查工作、审判工作及刑罚执行工作的检察等。法律监督职能具体指的也是上述内容,只是角度不同而已。从法律监督的角度讲,则可以把上述内容分别表述为侦查监督、审判监督等等。

代表国家行使检察权或法律监督职能,这是人民检察院独有的权利和职能,也是人民检察院区别于人民法院,更有别于公安机关和其他国家机关的主要方面。人民检察院的工作,从刑事诉讼的角度讲,主要是立案侦查贪污、渎职等案件,审查决定是否批准逮捕,审查决定提起公诉或不起诉,派员出席法庭支持公诉,以及在进行这些工作的同时,注意发现有无违法情况、采取措施予以纠正等。所有这些工作都是检察权的内容,也都是法律监督职能的内容。人民法院不具有这种权利或职能,公安机关和其他国家机关也不具有这种权利或职能。公安机关(含国家安全机关,下同)当然也有对刑事案件的立案侦查权,但在立案管辖的范围上是有区别的。依法应由检察机关立案侦查的案件,公安机关是无权对其进行立案侦查的。

在我国,人民检察院属于司法机关。人民检察院在国家机构中的地位同人民法院很相似。人民检察院同样由各级人民代表大会产生,对人民代表大会负责,受人民代表大会监督。人民检察院不隶属于政府,不是行政机关的一部分,也不是权力机关的一部分。人民检察院的工作主要是处理案件,进行司法活动。所以,人民检察院一直是被作为司法机关对待的。

同人民法院一样,人民检察院也有自己独立的组织系统,即中央有中华人民共和国最高人民检察院,地方有地方各级人民检察院,另外还有专门人民检察院。地方各级人民检察院又分为省、自治区、直辖市人民检察院;省、自治区、直辖市人民检察院分院,自治州和省辖市人民检察院;县、市、自治县和市辖区人民检察院。专门人民检察院有军事检察院、铁路运输检察院等。最高人民检察院领导地方各级人民检察院和专门人民检察院的工作,上级人民检察院领导下级人民检察院的工作。

人民检察院也是刑事诉讼法律关系的主要主体或主要诉讼主体。这当然主要是就公诉案件而言的。在公诉案件中,人民检察院始终处于非常重要的地位。即使是由公安机关或国家安全机关负责立案侦查的案件,由于人民检察院有侦查监督权,因此在这类案件的立案侦查阶段,人民检察院的作用也是不容忽视的。从刑事诉讼法律关系的角度讲,人民检察院也是不能缺少的。在法院审判公诉案件阶段,人民检察院是绝不能缺少的主要诉讼主体之一。因为如果没有人民检察院代表国家提起公诉,人民法院对公诉案件的审判就无从谈起;如果没有人民检察院执行控诉职能,那种必须同时具备审判、控诉和辩护这三方面诉讼职能的刑事诉讼也就不能成立。在对案件进行审查决定是否提起公诉的阶段,人民检察院更是不可缺少的一方,因为只有人民检察院才有权决定提起公诉,所以,人民检察院也同样是刑事诉讼法律关系的主要主体或主要诉讼主体。

人民检察院有权依法对贪污、渎职和侵犯公民民主权利等案件进行立案侦查;有权审查决定批准逮捕,也有权决定不批准逮捕;有权审查决定提起公诉,也有权作出不起诉的决定;有权对尚未发生法律效力的一审裁判按照第二审程序提出抗诉,也有权对已发生法律效力的裁判按照审判监督程序提出抗诉,等等。

人民检察院在刑事诉讼中享有的上述权利,也是其应尽的职责和义务,也必须严格依照法律的有关规定办事。应当立案侦查的不立案侦查,应当抗诉的不抗诉等等,也是失职的行为,也是违反法律要求的。

另外,人民检察院进行刑事诉讼必须忠于事实真相,忠于法律,忠于人民的利益。对当事人及其他诉讼参与人的诉讼权利必须切实予以保障,不得侵犯。人民检察院是国家的法律监督机关,保障诉讼参与人的诉讼权利和保障法律能够得到统一、正确的实施,对其更有特殊的意义,更应格外予以重视。

第三节　公安机关

公安机关是国家的行政机关,是各级人民政府的组成部分,是各级政府中专门负责治安、保卫工作的部门。

公安机关又是国家的侦查机关,负责大多数刑事案件的立案侦查工作,进行刑事诉讼活动,负责追究犯罪,实质上也就是在执行追诉或控诉职能。公安机关的控诉职能,其表现形式同检察机关的提起公诉和出庭支持公诉是有区别的,但是同公安机关在刑事诉讼中分工负责的工作内容和实际所起的作用是相符的,所以应该属于广义的控诉职能的范畴。从公安机关负责侦查工作、执行控诉职能的意义上讲,公安机关又具有司法机关的性质,又属于我国司法组织体系的一个重要组成部分。

公安机关均设置在各级人民政府之中。中央人民政府即国务院设有公安部;省、自治区、直辖市的人民政府设有公安厅(局);地区行政公署和自治州、省辖市的人民政府设有公安局(处);县、自治县和不设区的市的人民政府设有公安局,市辖区的人民政府设有公安分局。公安机关隶属于同级人民政府,受同级人民政府的领导,同时受上级公安机关的领导。

公安机关在刑事诉讼中,也是刑事诉讼法律关系的主要主体或主要诉讼主体,这主要是从这样一种意义上讲的,即公安机关在刑事诉讼中,不仅同样享有重要的和广泛的诉讼权利,承担较多的诉讼义务,而且在由公安机关负责立案侦查的诉讼阶段,公安机关还始终处于指挥者和主持者的地位,是这个阶段刑事诉讼得以成立和刑事诉讼法律关系得以形成的不可缺少的重要方面。没有公安机关,这些案件的立案侦查就无从谈起,刑事诉讼也就不会开始。所以,广义地讲,公安机关也应该是刑事诉讼法律关系的主要主体或主要诉讼主体。

为了保障公安机关能够及时有效地维护国家利益、集体利益和公民个人的合法权益,制止、预防和打击犯罪,法律规定其有权进行勘验、搜查、扣押、通缉和询问证人、讯问犯罪嫌疑人等活动;有权采用拘留、监视居住、取保候审和拘传等强制措施;有权根据检察院的批准、决定或法院的决定执行逮捕;有权决定立案侦查和撤销案件;有权对侦查终结的案件提出起诉或不起诉的意见;有权对人民检察院作出的不批准逮捕或不起诉的决定提出复议、复核的要求,等等。

公安机关享有的上述诉讼权利同样具有职责和义务的性质,同样必须严格遵守各项法律规定。公安机关的立案侦查属于司法活动,立案侦查的过程也是适用法律、应用法律的过程。凡是法律规定应当立案侦查的,公安机关均必须积极主动地进行,否则就是失职,是有法不依、执法不严的表现。在行使侦查权,决定应否立案侦查的问题上,公安机关自身必须严格依法办事,领导机关对公安机关下达指示时也必须有法律根据。

在我国,同公安机关性质相同的还有国家安全机关。国家安全机关是1983年第六届全国人民代表大会第一次会议决定设立的。同年9月2日,第六届全国人民代表大会常务委员会第二次会议通过了《关于国家安全机关行使公安机关的侦查、拘留、预审和执行逮捕的职权的决定》。1993年2月22日,第七届全国人大常委会第三十次会议通过了《中华人民共和国国家安全法》。现行的《刑事诉讼法》,对国家安全机关的职权也作了明确规定。根据上述法律规定,国家安全机关是国家安全工作的主管机关。国家安全机关和公安机关按照国家的职权划分,各司其职,密切配合,维护国家安全。国家安全机关在国家安全工作中依法行使侦查、拘留、预审和执行逮捕以及法律规定的其他职权。

国家安全机关的组织设置是:中央人民政府即国务院下设有国家安全部;省、自治区、直辖市人民政府内设有国家安全局;一些省辖市的人民政府内也设有国家安全局等。国家安全局是人民政府的组成部分,受人民政府领导,同时接受其上级国家安全机关的领导。

作为侦查机关的国家安全机关,在刑事诉讼中专门行使侦查权,执行控诉职能。在由它负责立案侦查的诉讼阶段居于主导地位,享有重要的和广泛的诉讼权利,也承担较多的诉讼义务,所以,它也是刑事诉讼法律关系的主要主体或主要诉讼主体。

国家安全机关进行刑事诉讼也必须严格依法办事,必须忠于事实真相,忠于法律,忠于人民的利益。

思考题

1. 人民法院在刑事诉讼中处于什么地位? 有哪些权利和义务?
2. 人民检察院在刑事诉讼中的地位有哪些特点?
3. 公安机关在刑事诉讼中有哪些权利和义务?

第四章 诉讼参与人

第一节 诉讼参与人

诉讼参与人是参加刑事诉讼活动,享有一定诉讼权利,并承担一定诉讼义务的司法人员以外的人。

在我国的刑事诉讼中,诉讼参与人这个概念具有特定的含义。它所包括的人员具有特定的范围,不能仅从字义上去理解,即不能简单解释为,凡是参加诉讼活动的人都可以称之为诉讼参与人。比如侦查人员、检察人员和审判人员都是依法参加刑事诉讼活动的人,但是却不能称他们为诉讼参与人。

我国刑事诉讼中诉讼参与人的概念之所以会有上述特点,简而言之,就是因为《刑事诉讼法》第106条第4项对诉讼参与人的范围有明确、具体的规定。而《刑事诉讼法》之所以会这样规定,其理由则主要是把代表国家行使侦查权、检察权或审判权的司法工作人员同参加刑事诉讼活动的其他人区别开来。司法工作人员参加诉讼的任务、目的、地位、作用等,均有别于其他参加诉讼活动的人,所以不能将他们混同,不能把他们都简单地称为"诉讼参与人"。

根据我国《刑事诉讼法》第106条第4项的规定,刑事诉讼的诉讼参与人是指当事人、法定代理人、诉讼代理人、辩护人、证人、鉴定人和翻译人员。

所有诉讼参与人都应该是刑事诉讼法律关系的主体或诉讼主体。但是,如前所述,由于不同的诉讼参与人在诉讼中的地位、作用以及权利、义务和同案件事实有无利害关系等方面存在差异,所以,对诉讼参与人这种诉讼主体,还可以作进一步的划分。有些诉讼参与人即当事人应当属于主要诉讼主体,有些诉讼参与人即证人、鉴定人等应当属于非主要诉讼主体。

无论是当事人还是证人、鉴定人等,他们在诉讼中有一些相同的权利和义务。比如都有权对侦查人员、检察人员和审判人员侵犯公民合法的诉讼权利和有人身侮辱的行为提出控告;有权向司法工作人员了解同必须由自己承担的诉讼义务有关的某些情况;有权使用本民族的语言文字进行诉讼(翻译人员应当除外,因为他们参加诉讼的任务,就是为不通晓当地通用语言文字的人做翻译);有义务遵守各项法律的规定,服从侦查人员、审判人员的指挥等。

诉讼参与人又有当事人和非当事人即其他诉讼参与人之别,当事人和非当事人还有原告、被告和证人、鉴定人等之区分,所以,诉讼参与人之间在诉讼权利、义务方面也有许多不同之处。比如只有当事人才享有申请回避权,只有被告人才享有最后陈述权,等等。

第二节　当　事　人

我国刑事诉讼中的当事人,是在诉讼中处于追诉(原告)或被追诉(被告)的地位,执行控诉(起诉)或辩护(答辩)职能,并同案件事实和案件处理结果具有切身利害关系的诉讼参与人。我国《刑事诉讼法》第 106 条第 2 项规定,我国刑事诉讼法中的当事人是指被害人、自诉人、犯罪嫌疑人、被告人、附带民事诉讼的原告人和被告人。

当事人是一个对偶性概念,应该有彼此相对应的双方。在诉讼中,当事人应该包括原告和被告,包括因发生争执、纠纷而诉诸司法机关的同案件事实有直接具体利害关系的双方。

我国刑事诉讼的当事人具有以下特点:

(1) 在刑事诉讼中处于追诉(原告人)或被追诉(被告人)的地位,执行控诉(起诉)职能或辩护(答辩)职能;

(2) 同案件事实有直接具体的切身利害关系,案件的处理结果对其有直接影响;

(3) 属于诉讼参与人的范畴,即应该是司法工作人员以外的诉讼参加人。

以上三个特点或三个条件必须同时具备,缺一不可。特别是对于原告一方,更是如此。比如只在诉讼中处于追诉(原告人)地位,但是如果同案件事实之间并无直接具体的利害关系,也不属于诉讼参与人的范畴,就不能称之为当事人。我国刑事诉讼的当事人不包括公诉人。首先,公诉人在刑事诉讼中实际处于原告一方的地位,并且独立地执行控诉职能,但是公诉人作为国家追诉权的具体执行者,同案件事实之间并不存在直接具体的切身利害关系。公诉人参加刑事诉讼不是基于私人利益受到了犯罪行为的直接侵害,而是基于职责的要求,是代表国家在追究犯罪,保护国家和人民的利益,其中也包括被害人的合法权益。公诉人参加刑事诉讼的这一特点,同基于个人利益而提起诉讼、追究犯罪的原告人是有原则区别的。

其次,公诉人作为国家法律监督机关的代表,他参加刑事诉讼的任务和目的,不仅是在于追究犯罪,支持公诉,而且还在于监督法院的审判活动是否合法,在于维护法律的统一、正确实施、维护所有诉讼参与人其中也包括被告人的合法权益。公诉人参加诉讼的这一特点,也是当事人双方所不具备的。

再次,公诉人虽然在诉讼形式上是处于原告一方的地位,但其实际所享有的诉讼权利同作为当事人的另一方的被告人是不平等或不对等的。比如在法庭上,公诉人有权查对核实证据,查明案件事实真相,有权依法讯问被告人等。作为一方当事人的被告人,则不享有此类对等的诉讼权利。

最后,公诉人同审判人员之间,在参加诉讼的任务和目的,在诉讼中的地位和作用等方面所具有的共同点或相似之处,要多于公诉人同自诉人、被告人等当事人在这些方面的共同点或相似之处。公诉人同审判人员之间,只是分工不同,职责不同,而在实现刑事诉讼的任务和目的等根本问题上,则完全是一致的,都是在依法打击犯罪,保护人民,行使国家的司法权。所以,从实质上看,把公诉人同审判人员并列比把公诉人同自诉人、被告人等并列并称之为当事人更为适宜。

我国刑事诉讼法规定的当事人,都是法律关系的主要主体。被害人、自诉人、犯罪嫌疑人、被告人是刑事诉讼法律关系的主要主体,附带民事诉讼的原告人和被告人是附带民事诉讼法律关系的主要主体。他们在各自的诉讼法律关系中都是不可缺少的,都是属于主要的诉讼参与人或主要诉讼主体,因此他们都享有广泛的诉讼权利,同时也承担较多的诉讼义务。

申请回避权,这是当事人都依法享有的诉讼权利。同时由于当事人也属于诉讼参与人的范畴,所以凡是诉讼参与人应该享有的权利,当事人也应该享有,如有权用本民族语言文字进行诉讼等。

当事人也承担有较多的诉讼义务,如应当如实陈述案情和提供证据,不许伪造、隐匿或毁灭证据;对公、检、法机关依法进行的诉讼活动,应当给予配合,不得拒绝;以及应当执行公、检、法机关依法作出的决定、裁决等。

当事人与当事人之间在诉讼地位、作用等方面也不完全相同,有的还是相互对立的。比如自诉案件中的自诉人同被告人的诉讼地位就是相互对立的。附带民事诉讼的原告人同附带民事诉讼被告人的诉讼地位也是相互对立的。所以,虽然他们都属于当事人的范畴,但是由于在诉讼地位和作用等方面还存在有差异,他们各自所具有的诉讼权利和义务也不尽相同。

(一) 被害人

被害人是直接遭受犯罪行为侵害的人。直接遭受犯罪行为侵害的人,既包括自诉案件的被害人,也包括公诉案件的被害人,但这里讲的被害人,是专指公诉案件的被害人,不包括自诉案件的被害人,因为自诉案件的被害人通常也就是自诉人。

被害人有权向公、检、法机关报案或控告;对不立案的决定不服,有权申请复议;有权依法对公安机关或人民检察院不予追究被告人刑事责任的案件,直接向人民法院起诉;对不起诉的决定有权依法提出申诉;有权提起附带民事诉讼;有权委托诉讼代理人;有权参加法庭调查、辩论;有权请求人民检察院对一审判决提出抗诉;有权对已生效裁判提出申诉等。

（二）自诉人

自诉人是以个人名义直接向人民法院提起诉讼，要求追究被告人刑事责任的一方当事人。自诉人通常也就是该案件的被害人。自诉人有权提起附带民事诉讼；有权委托诉讼代理人；有权参加法庭调查、辩论；有权撤诉或同被告人自行和解；有权对一审裁判提出上诉；有权对已生效裁判提出申诉等。

（三）犯罪嫌疑人

犯罪嫌疑人是侦查起诉阶段被怀疑犯有某种罪行，并被依法追究刑事责任的当事人。犯罪嫌疑人是公诉案件在侦查、审查起诉阶段，对被追诉对象的称谓。如果该犯罪嫌疑人被起诉，则应称为被告人。犯罪嫌疑人有权拒绝回答与本案无关的提问；有权了解讯问笔录记载的内容；有权在被侦查机关第一次讯问或采取强制措施之日起委托辩护人；有权申请补充鉴定或重新鉴定；有权对自己是否犯有被指控的罪行及罪行轻重进行申辩和解释等。

（四）被告人

这里讲的被告人是指刑事被告人，即被有起诉权的公民个人或机关指控犯有某种罪行，并被起诉到人民法院的当事人。被告人在刑事诉讼中处于被追诉的地位，他有权获得辩护，也有权依法拒绝辩护人继续为其辩护和另行委托辩护人为其辩护；有权参加法庭调查、辩论；有权在法庭辩论结束后作最后陈述；有权了解法庭笔录记载内容，并有权请求补充或者改正；有权对一审裁判提出上诉；有权对已生效的裁判提出申诉等。自诉案件的被告人还有权提起反诉。

（五）附带民事诉讼的原告人

附带民事诉讼的原告人是向司法机关提起附带民事诉讼，要求被告人赔偿其因犯罪行为而造成的物质损失的人，是附带民事诉讼当事人的一方。附带民事诉讼的原告人通常也就是被害人本人，但有时也可能是其他人，如被害人的法定代理人、近亲属或其他因犯罪行为侵害而遭受物质损失的人。附带民事诉讼的原告人有权放弃、改变诉讼请求，有权委托诉讼代理人等。

（六）附带民事诉讼的被告人

附带民事诉讼的被告人是对犯罪行为造成的物质损失依法负有赔偿责任并被司法机关传唤应诉的一方当事人。附带民事诉讼的被告人一般都是刑事被告人本人，但有时也可能是其他人，如被告人的父母等。附带民事诉讼的被告人享有委托诉讼代理人等诉讼权利。

第三节　其他诉讼参与人

这里讲的其他诉讼参与人指的是当事人以外的诉讼参与人。这些参加诉讼的人，或者同案件事实之间不存在直接、具体的利害关系，或者不处于原告、被告的诉讼地位,或者这两个条件都不具备,因此他们不是当事人,而是当事人以外的诉讼参与人。

根据我国《刑事诉讼法》第106条第4项的规定,其他诉讼参与人应当包括法定代理人、诉讼代理人、辩护人、证人、鉴定人和翻译人员。

就整个刑事诉讼活动讲,其他诉讼参与人不是必不可少的参加者。有些案件可能自始至终没有某种其他诉讼参与人参加,比如没有鉴定人、翻译人员参加等。没有其他诉讼参与人参加,并不影响刑事诉讼活动的进行。另外,在诉讼权利、义务方面,其他诉讼参与人与当事人也有重要区别。总的讲,其他诉讼参与人属于非主要诉讼参与人,是刑事诉讼法律关系的非主要主体。

其他诉讼参与人作为诉讼参与人的一部分,他们当然也享有每个诉讼参与人都应当享有的诉讼权利,承担每个诉讼参与人都应当承担的诉讼义务。比如,对审判人员、检察人员或侦查人员侵犯公民合法的诉讼权利的行为、有人身侮辱行为都有权提出控告等。此外,他们彼此之间在诉讼地位、作用和诉讼权利、义务等方面也存在差异,也各有自己的一些特点。

（一）法定代理人

法定代理人是依照法律规定对被代理人负有专门保护义务的人。根据我国《刑事诉讼法》第106条第3项的规定,法定代理人是指被代理人的父母、养父母、监护人和对被代理人负有保护责任的机关、团体的代表。

法定代理人如果依法参加诉讼,应属于其他诉讼参与人的范畴。但他在诉讼中享有与被代理人相同的某些重要诉讼权利,如申请回避权、上诉权等。法定代理人享有这些诉讼权利具有独立的法律性质,即在行使这些权利时,即使被代理人不同意,也不影响其法律效力。另外,在有些案件中,法定代理人是不可缺少的诉讼参与人。正因为如此,所以也可以把法定代理人列入主要诉讼主体或刑事诉讼法律关系的主要主体的范畴。

（二）诉讼代理人

诉讼代理人是受被代理人的委托或法院的指定依法参加诉讼的人。

诉讼代理人不同于法定代理人和辩护人,他有自己独立的诉讼地位和作用。

诉讼代理人只有受委托或指定参加诉讼后,才具有代理人的资格。诉讼代理人只能以被代理人名义并在其授权的范围内进行诉讼。如果没有被代理人的授权或同意,诉讼代理人代替被代理人进行的诉讼活动,就不具有法律效力。

诉讼代理人在诉讼中主要是享有被代理人的某些诉讼权利。诉讼代理人如果是律师,则负有给被代理人以法律上的帮助等义务。

（三）辩护人

辩护人是依法接受委托或指定参加诉讼并为犯罪嫌疑人、被告人进行辩护的诉讼参与人。辩护人可以是律师,可以是被告人的亲友、监护人,也可以是人民团体或者犯罪嫌疑人、被告人所在单位推荐的人。

辩护人依法享有广泛的诉讼权利，如可以了解案情，同在押的犯罪嫌疑人、被告人会见和通信等。辩护人进行辩护必须根据事实和法律，不能歪曲事实、曲解法律，更不允许弄虚作假，或者帮助犯罪嫌疑人、被告人隐匿证据、销毁证据等。

（四）证人

证人是直接利害冲突双方以外的向司法机关提供自己感受到的案件情况的诉讼参与人。证人是由案件事实本身决定的，在这一点上，他同被告人及被害人是一样的，既不能由人们随意指定，也不能为其他人所代替。证人只能是自然人，而不能是法人。因为证人必须自己了解有关案件的情况，并亲自向司法机关提供。证人一般应当出庭作证，并在法庭上接受公诉人、被害人和被告人、辩护人双方的询问、质证。证人如果有意作伪证或隐匿罪证时，也只能由他自己承担责任。法人则不具备这些条件，所以法人不能作证人。另外，根据《刑事诉讼法》第60条第2款的规定：生理上、精神上有缺陷或者年幼，不能辨别是非、不能正确表达的人，也不能作证人。当然，如果生理上、精神上有缺陷或者年幼，但是还具有辨别是非和正确表达能力的人，则可以作证人。

证人有权查阅询问笔录并要求依法加以修正或补充，有权要求对其因作证而受到的经济损失给予适当补偿等。证人也有义务出庭作证，以及如实陈述其知道的有关案件情况等。

（五）鉴定人

鉴定人是受司法机关聘请或指定后凭借自己的知识和技能对案件事实的某个专门性问题提出书面鉴定意见的诉讼参与人。鉴定人不能同案件有利害关系。担任过本案的侦查人员、检察人员和审判人员，以及充当过证人、辩护人或者同案件有利害关系者，应当回避，不能担任本案的鉴定人。

鉴定人有权了解为正确进行鉴定所需要的有关案件情况；同一专门性问题由两个以上鉴定人鉴定时，有权共同写出一个鉴定意见，也有权分别写出各自的鉴定意见；有权要求补充鉴定或重新鉴定，也有权根据鉴定结果重新提供鉴定意见。鉴定人有义务出席法庭，并有义务回答有关人依法提出的问题；鉴定人必须客观全面地反映鉴定过程和结果，不得隐瞒或编造假情况，如果故意提供虚假鉴定意见，应当负法律责任。

（六）翻译人员

翻译人员是受司法机关聘请或指定在诉讼中从事语言文字翻译工作的诉讼参与人。翻译人员也不能同本案有利害关系。凡是依法应当回避的，也必须回避。

翻译人员为了正确地进行翻译，有权了解同翻译内容有关的案件情况；有权查阅记载其翻译内容的笔录。如果笔录同实际翻译内容不符,有权要求修正或补充。翻译人员应按语言文字的原意如实进行翻译,不得隐瞒、歪曲或伪造,如果有意弄虚作假,也应负法律责任。

思考题

1. 我国刑事诉讼法关于当事人的规定有哪些特点?

2. 当事人有哪些诉讼权利和义务?

3. 被告人有哪些诉讼权利和义务?

4. 被害人的诉讼地位有哪些特点? 被害人有哪些诉讼权利和义务?

5. 何谓法定代理人? 何谓诉讼代理人? 二者在诉讼权利、义务上有何不同?

第五章　刑事诉讼的基本原则

第一节　刑事诉讼基本原则的概念、内容和意义

我国刑事诉讼的基本原则,是人民法院、人民检察院和公安机关等进行刑事诉讼时,必须遵守的基本行为准则或基本行为规范。

我国《刑事诉讼法》明确规定了我国刑事诉讼的各项基本原则。其中有些原则,在我国《宪法》、《人民法院组织法》和《人民检察院组织法》里,也有明文规定。

我国《刑事诉讼法》规定的基本原则,虽然也参考、借鉴了历史上和其他国家的有关经验,吸收了其中的某些合理因素,但就总体上讲,主要还是对中华人民共和国成立以来的司法实践经验的总结和概括。

刑事诉讼的基本原则主要是对公、检、法等机关的要求,比如依靠群众,以事实为根据,以法律为准绳,分工负责、互相配合、互相制约等,就都是要求公、检、法等机关进行刑事诉讼时必须遵守的基本行为准则。其他一些原则,如有权获得辩护,有权用本民族语言文字进行诉讼等,对有关的诉讼参与人来说,这是他们享有的诉讼权利,他们可以放弃。但是,对公、检、法等机关来说,法律要求他们承担的相应的责任和义务,却不能放弃,而只能认真地履行。所以可以讲,刑事诉讼的基本原则主要是对公、检、法等机关的要求,是公、检、法等机关进行刑事诉讼时必须遵守的基本行为准则。

刑事诉讼的基本原则在刑事诉讼法学的研究中,虽然也常常被列入刑事诉讼基本理论的范畴,但是必须明确,凡是刑事诉讼法等法律中明文规定的基本原则,都当然具有法律规范的性质,而且是基本的法律规范。

基本原则在一般情况下应当是普遍适用的,例外只能是极少数或个别的情况,而且有关每项基本原则的例外,都应当由法律明文规定。

根据我国《宪法》、《刑事诉讼法》、《人民法院组织法》和《人民检察院组织法》的规定,刑事诉讼基本原则的内容应当是:侦查权、检察权、审判权由专门机关行使;分工负责,互相配合,互相制约;独立行使审判权、检察权;法律监督;未经法院判决不得确定任何人有罪;严格遵守法定程序;不追究刑事责任不能追诉;以事实为根据,以法律为准绳;依靠群众;审判公开;两审终审;对一切公民在适用法律上一律平等;保障诉讼参与人诉讼权利;有权用本民族语言文字进行诉

讼;有权获得辩护;追究外国人犯罪适用我国刑事诉讼法和国际司法协助等。

在我国《刑事诉讼法》的任务和基本原则中,还规定有人民陪审员陪审的制度(第13条)。但是,我们没有把它列入基本原则。因为我国《刑事诉讼法》第178条第1款规定,基层人民法院、中级人民法院审判第一审案件,应当由审判员三人或者由审判员和人民陪审员共三人组成合议庭进行,但是基层人民法院适用简易程序的案件可以由审判员一人独任审判。(《刑事诉讼法》1996年修改前的规定是:基层人民法院、中级人民法院审判第一审案件,除自诉案件和其他轻微的刑事案件可以由审判员一人独任审判以外,应当由审判员一人、人民陪审员二人组成合议庭进行。)另外,我国现行的《人民法院组织法》第10条第2款中,也明确规定有这方面的内容,即人民法院审判第一审案件,由审判员组成合议庭或者由审判员和人民陪审员组成合议庭进行(《人民法院组织法》修改前,在第10条第2款中规定的相关内容是:人民法院审判第一审案件,由审判员和人民陪审员组成合议庭进行)。根据这些有关审判第一审案件合议庭组成的规定,有没有人民陪审员参加,均不影响合议庭组成的合法性,人民陪审员陪审制度的属性已经发生了重大变化,即它作为刑事诉讼的基本原则的属性已不复存在。

刑事诉讼基本原则是我国刑事诉讼法最基本的内容,是我们自己的司法实践经验的总结和概括,因此,它对于集中体现我国刑事诉讼法的性质和主要特点;保障办案质量,实现刑事诉讼法的目的和任务;准确理解刑事诉讼法关于各项具体程序的规定;以及解决执行刑事诉讼法过程中遇到的具体的法律适用问题等,均具有重要的意义。

第二节　侦查权、检察权、审判权由专门机关行使的原则

我国《刑事诉讼法》第3条第1款规定:"对刑事案件的侦查、拘留、执行逮捕、预审,由公安机关负责。检察、批准逮捕、检察机关直接受理的案件的侦查、提起公诉,由人民检察院负责。审判由人民法院负责。除法律特别规定的以外,其他任何机关、团体和个人都无权行使这些权力。"这款规定以及第4条(国家安全机关依照法律规定,办理危害国家安全的刑事案件,行使与公安机关相同的职权)和第290条(军队保卫部门对军队内部发生的刑事案件行使侦查权。对罪犯在监狱内犯罪的案件由监狱进行侦查。军队保卫部门、监狱办理刑事案件,适用本法的有关规定),是侦查权、检察权、审判权由专门机关行使原则的法律依据。

侦查权、检察权、审判权由专门机关行使的原则,主要包括两方面内容:

（1）明确了公、检、法三机关在行使国家的侦查权、检察权、审判权方面的职责分工。

侦查权是搜集证据，揭露、证实犯罪，查获犯罪分子和采用强制性措施的权力。有权行使侦查权的除公安机关、国家安全机关和人民检察院外，还有军队保卫部门和监狱。当然，它们之间在行使侦查权方面是有明确分工的。

检察权是对法律的执行与遵守进行专门监督的权力。检察权包括有侦查权。检察权在刑事诉讼中的表现，主要是批准逮捕，提起公诉，对人民法院、公安机关的诉讼活动实行法律监督，以及对部分刑事案件的立案侦查等。检察权只能由人民检察院行使。

审判权是对案件进行审理和判决的权力。审判权在诉讼中居于最重要的地位，因为它将最终决定被告人的命运和诉讼的结果。审判权只能由人民法院行使。

侦查权、检察权、审判权由专门机关行使的原则要求，公、检、法机关进行刑事诉讼，应当根据法律规定的职责分工，各负其责，各司其职，在行使权力方面不能互相混淆，不能包办代替。

（2）公、检、法和法律特别规定的机关或部门以外的其他任何机关、团体和个人，都无权行使侦查权、检察权、审判权。

这里讲的其他任何机关，是指公、检、法和法律特别规定的机关或部门以外的各级各类国家机关，包括中央和地方的权力机关、行政机关等。这里讲的团体，是指政党、群众组织和社会团体。这里讲的个人，是指一切公民个人，包括从国家领导人到普通公民的一切个人。公、检、法和法律特别规定的机关或部门以外的其他任何机关、团体和个人，都无权行使侦查权、检察权、审判权，如果行使就是违法犯罪行为，对于这种行为，任何公民都有权予以抵制、揭发和控告，要求有关部门追究其法律责任。

侦查权、检察权、审判权由专门机关行使，这既是法律赋予他们的权力，也是法律要求他们应尽的职责和义务。当发生了犯罪案件，依法应当由他们处理时，他们必须依法处理，并应尽职尽责，忠于职守。

在刑事诉讼中实行侦查权、检察权、审判权由专门机关行使的原则，其意义主要在于维护正常的社会秩序，保障法律的统一和正确实施，保护公民的人身自由及其他合法权益免遭非法侵犯。因为这项原则明确了公、检、法三机关在刑事诉讼中的职权分工，同时明确了侦查权、检察权、审判权只能由熟悉法律、有丰富司法实践经验的专门机关行使，其他任何机关、团体和个人都无权行使。一旦发现犯罪，这些专门机关便能顺利、有效地开展工作，制止犯罪，侦破案件，惩罚犯罪分子，同时能够防止因非专门机关行使司法权而造成的混乱，因此，实行这项原则有利于法律的统一和正确实施，有利于维护正常的社会秩序和公民的合法权益。

第三节 分工负责,互相配合,互相制约的原则

分工负责,互相配合,互相制约原则的法律依据,是我国《宪法》第135条和《刑事诉讼法》第7条的规定,即人民法院、人民检察院和公安机关进行刑事诉讼,应当分工负责,互相配合,互相制约,以保证准确有效地执行法律。

分工负责,互相配合,互相制约,这是调整公、检、法三机关之间关系的一项基本原则。

所谓分工负责,就是要求公、检、法三机关依据法律规定的职权,各尽其职,各负其责,严格按照法律规定的职权分工进行刑事诉讼,不允许互相代替和超越职权,更不允许任何一个机关独自包办。所谓互相配合,就是要求公、检、法三机关通力协作,互相支持,互通信息,共同完成刑事诉讼法规定的任务。所谓互相制约,就是要求公、检、法三机关在刑事诉讼中,能互相约束,依据法律规定的职权对有关问题、有关决定,提出自己的主张和意见,防止可能出现的偏差并要求纠正已经出现的错误。

分工负责是互相配合、互相制约的基础和前提,互相配合、互相制约是分工负责的结果和必然要求。没有分工负责,谈不上互相配合、互相制约;没有互相配合、互相制约,分工负责也势必失去其意义。至于互相配合与互相制约之间,则应是辩证统一、相辅相成的关系,是制约中体现配合、配合中有制约的关系。

公、检、法机关进行刑事诉讼,必须全面贯彻分工负责,互相配合,互相制约的原则,不可偏废。在某种形势下,根据实际情况特别强调某一个方面,比如特别强调配合,或者特别强调制约,这都是可以的,而且有时还是很必要的。但是,即使是在这种情况下,也不可偏废,不能只有其中的某一个方面,而忽视或丢掉另一方面。

分工负责,互相配合,互相制约本身不是目的,所以不能为分工而分工,为配合而配合,为制约而制约。无论分工负责,还是互相配合、互相制约,都应该有个明确的目的,这个目的就是保证准确有效地执行法律。时刻牢记这一目的,从这一目的出发,为这一目的服务,分工负责、互相配合、互相制约才能沿着正确的方向发挥其应有的积极作用,否则就会出现偏差,甚至会走到歧路上去。

分工负责,互相配合,互相制约是保证准确有效地执行法律的三个相互联系的必要条件。分工负责有利于提高办案质量,防止主观片面。互相配合可以使公、检、法三机关互通情况,通力协作,保证准确及时地惩罚犯罪和有效地保护人民。互相制约能够及时发现和纠正错误,保证做到不错不漏,不枉不纵。所以,正确实行分工负责,互相配合,互相制约的原则,既可以充分发挥公、检、法三机关各自的功能,保证顺利完成惩罚犯罪和保护人民的共同任务;同时又可以防止

任何一个机关武断专横和滥用职权,防止和减少错误,防止和减少冤、假、错案。

第四节　独立行使审判权、检察权的原则

独立行使审判权、检察权原则的法律依据是我国《宪法》、《人民法院组织法》、《人民检察院组织法》、《刑事诉讼法》的有关规定。

我国《宪法》第 126 条和《人民法院组织法》第 4 条规定:人民法院依照法律规定独立行使审判权,不受行政机关、社会团体和个人的干涉。我国《宪法》第 131 条和《人民检察院组织法》第 9 条规定:人民检察院依照法律规定独立行使检察权,不受行政机关、社会团体和个人的干涉。我国《刑事诉讼法》第 5 条规定:人民法院依照法律规定行使审判权,人民检察院依照法律规定行使检察权,不受行政机关、社会团体和个人的干涉。

根据上述法律规定,独立行使审判权、检察权原则的含义和要求应当是:

(1) 人民法院、人民检察院进行诉讼、处理案件,必须依法办事,除服从法律外,不服从任何机关、社会团体和个人有关处理具体案件的指示、命令。

(2) 任何行政机关、社会团体和个人都不得干涉人民法院、人民检察院的审判、检察工作。这里讲的干涉,是指于法无据的干预活动,如以言代法、以权压法等。至于国家权力机关和也属于行政机关的公安机关,依法对人民法院、人民检察院的审判、检察工作实行制约,当然不属于干涉的范畴。

(3) 人民法院、人民检察院作为一个组织整体,集体对审判权、检察权的行使负责。就是说,独立行使审判权、检察权的主体是人民法院、人民检察院,是人民法院、人民检察院依法独立行使审判权、检察权,而不是某一个人,不是审判人员或检察人员个人独立行使审判权或检察权。

我国的独立行使审判权、检察权原则,不同于资本主义国家的司法独立。资本主义国家的司法独立是资产阶级三权分立原则的组成部分,属于资本主义政治制度的重要内容。我国的独立行使审判权、检察权,同立法权、行政权并非鼎立关系,也不是政治原则,而是一种工作原则,是指人民法院、人民检察院在依法独立行使审判权、检察权时,不受非法干涉。

因此,必须明确,独立行使审判权、检察权,并非审判、检察工作完全独立,不受任何领导、监督和制约。

实行独立行使审判权、检察权的原则,对于保障人民法院、人民检察院充分发挥其在加强法制方面的特有作用,对于防止和杜绝行政机关、社会团体和个人对审判、检察工作的干涉,以及树立和维护社会主义法制的威信等,都具有十分重要的意义。

第五节　法律监督的原则

我国《刑事诉讼法》第 8 条规定:人民检察院依法对刑事诉讼实行法律监督。法律监督原则就是对这条规定的概括。这项原则或这条规定,是 1996 年对《刑事诉讼法》修改后增加的内容。

人民检察院的法律监督有狭义和广义之分。狭义的法律监督主要应当是指人民检察院对人民法院和公安机关等实施某种诉讼行为或不实施某种诉讼行为是否合法的监督。广义的法律监督,不仅包括狭义的法律监督,而且还包括诸如审查批准逮捕、提起公诉及对直接受理的案件的侦查等依法应当由人民检察院负责的其他活动。广义的法律监督与检察或检察权的含义是相同的,它应包括人民检察院作为国家的法律监督机关依法拥有的各种职权。

本节所讲的法律监督原则,亦即我国《刑事诉讼法》第 8 条规定的法律监督,应当是指狭义的法律监督。

法律监督原则要求,人民检察院在刑事诉讼中,有权利也有义务对人民法院和公安机关等实施或不实施某种诉讼行为是否合法实行监督;同时要求人民检察院在实行法律监督时,必须严格遵守有关法律规定,必须严格依法实行监督。

人民检察院在刑事诉讼中依法实行法律监督的内容,主要有:

(1) 对公安机关立案侦查的监督。如《刑事诉讼法》第 111 条规定,人民检察院认为公安机关对应当立案侦查的案件而不立案侦查的,或者被害人认为公安机关对应当立案侦查的案件而不立案侦查、向人民检察院提出的,人民检察院应当要求公安机关说明不立案的理由。人民检察院认为公安机关不立案理由不能成立的,应当通知公安机关立案,公安机关接到通知后应当立案。

(2) 对人民法院审判的监督。如《刑事诉讼法》第 203 条规定,人民检察院发现人民法院审理案件违反法律规定的诉讼程序的,有权向人民法院提出纠正意见。

(3) 对执行的监督。如《刑事诉讼法》第 265 条规定,人民检察院对执行机关执行刑罚的活动是否合法实行监督,如果发现有违法的情况,应当通知执行机关纠正。

人民检察院在刑事诉讼中依法实行法律监督的表现形式,主要是向有违法情况的机关提出纠正意见,有违法情况的机关接到纠正违法的意见的通知后,应当立即纠正或者立即说明情况和理由。法律要求在向有违法情况的机关提出纠正意见时,应当以人民检察院的名义,并应严格履行相应的审查批准手续。

实行法律监督原则,要注意与分工负责,互相配合,互相制约原则的区分,特别是与互相制约的区分。法律监督原则与互相制约的差异,主要表现为以下三个方面：

（1）互相制约只存在于人民检察院与人民法院或公安机关，在处理同一案件的程序上相互联系和转换的过程中。而法律监督原则，则不仅存在于处理同一案件的程序上相互联系和转换过程中，而且存在于程序上并不发生相互联系和转换的整个刑事诉讼过程中。

（2）互相制约是双向的，即人民检察院应当而且能够制约人民法院或公安机关，公安机关或人民法院也应当和能够制约人民检察院。而法律监督原则却是单向的，即只有人民检察院对人民法院和公安机关的法律监督。反过来，人民法院和公安机关则不能对人民检察院也实行法律监督。

（3）制约和监督的结果也往往不同。互相制约的结果往往取决于有最终决定权的一方，特别是在有争议的情况下，一般只能取决于有权作出最终决定的一方。监督则不然，监督的结果，一般是接受监督的一方根据人民检察院的意见进行纠正，或者说明情况和理由。

人民检察院在刑事诉讼中依法实行法律监督，是《刑事诉讼法》修改后增加的一条原则。实行这项原则，对于保障人民法院和公安机关等严格按照有关法律规定进行刑事诉讼，保障诉讼参与人的诉讼权利，以及维护法律的尊严和权威等，均具有重要意义。

第六节　未经法院判决不得确定任何人有罪的原则

未经法院判决不得确定任何人有罪原则的法律依据，是我国《刑事诉讼法》第12条的规定，即未经人民法院依法判决，对任何人都不得确定有罪。

这项原则，也是1996年我国《刑事诉讼法》修改后增加的内容。它的主要含义和要求，应当是：

（1）只有法院有确定某人有罪或犯有某种罪行的权力。除法院外，其他任何机关、团体和个人都没有这种权力。此前，由于实行免予起诉制度，人民检察院可以通过作出免予起诉决定的形式，从法律上确定被追诉的人有罪。现在新增加这样一条规定，从我国刑事诉讼的实际情况讲，显然也是与取消免予起诉制度相呼应的。它明确了人民法院的审判权，不仅包括判处刑罚权，而且也当然包括只有人民法院才有确定有罪权。因此，不仅依法应当对被告人判处刑罚的案件，要一律交由人民法院审判，就是只确定被告人有罪但免除刑罚的案件，也必须一律交由人民法院审判。

（2）在人民法院的发生法律效力的判决宣告前，不能在法律上确定任何人有罪，或者说，不能在法律上将任何人作为有罪的人或罪犯对待。

（3）人民法院的一切判决都必须是依法作出的。不管是有罪判决还是无罪判决，都必须严格遵守刑法、刑事诉讼法等有关法律规定，必须符合有关法律规定的要求。

未经法院判决不得确定任何人有罪的原则，是否就是国际通行的那种无罪推定原则，在理论上尚存在争议。认为它不是国际通行的那种无罪推定原则，是有道理的，因为它们之间毕竟还存在差异，如在我国刑事诉讼中，犯罪嫌疑人、被告人并不享有沉默权等。但是，从《刑事诉讼法》第 12 条规定所应体现的基本精神上看，也可以讲，它实质上就是无罪推定原则。

无罪推定原则的含义，较为普遍的说法应当是：任何人，在未经法院依法作出的确定判决或生效判决宣告有罪前，都应当被推定为无罪。

无罪推定思想是意大利的贝卡利亚于 1764 年，在其名著《犯罪与刑罚》中明确提出来的。他在该书中写道：在没有作出有罪判决以前，任何人都不能被称为罪犯，在尚未决定被告人确实违反了他应遵守的条件以前，社会就不能不对他加以保护。任何人当他的罪行没有得到证明的时候，根据法律他应当被看做是无罪的人。

无罪推定原则被规定在法律上，一般都认为是从 1789 年的法国《人权宣言》开始的。该《宣言》第 9 条规定：任何人在被宣判有罪之前都被推定为无罪。这个《人权宣言》于 1791 年被收入法国第一部宪法。此后，世界诸多国家的法律，均对无罪推定原则有所规定或体现。现在，一些国际公约，如 1948 年联合国大会通过的《世界人权宣言》，1966 年通过的《公民权利和政治权利国际公约》等，都有无罪推定的内容。人们对无罪推定原则的含义和要求的理解，主要的依据，就是上述的著作、法律和公约。

无罪推定是可以反驳、可以推翻的法律上的推定。但是必须要有确实、充分的证据，并依法证明无罪的对立面即有罪成立，才能推翻，否则，无罪的推定就当然地应当成立，并应在法律上得到确认。

实行未经法院判决不得确定任何人有罪的原则或无罪推定原则，对于增强人们的法制观念，进一步完善法制；保障人民法院统一行使审判权；保障犯罪嫌疑人、被告人的合法权益免遭侵犯；以及促进文明司法、民主司法和防止有罪推定等，均有重要意义。

第七节　有权获得辩护的原则

有权获得辩护的原则，规定在我国《宪法》和《刑事诉讼法》中。《宪法》第 125 条规定："被告人有权获得辩护。"《刑事诉讼法》第 11 条规定："被告人有权获得辩护，人民法院有义务保证被告人获得辩护。"

根据上述法律规定,有权获得辩护原则的基本内容,应当包括两个方面:

其一,犯罪嫌疑人、被告人在刑事诉讼中享有辩护权。

所谓辩护权,就是犯罪嫌疑人、被告人针对指控进行申辩和辩解,说明自己无罪、罪轻或者认为应当减轻、从轻、免除处罚,以维护自己合法权益的权利。

辩护权是犯罪嫌疑人、被告人在刑事诉讼中依法享有的最重要的诉讼权利,他们享有的其他诉讼权利,都同辩护权密切相关。辩护权如果得不到保障,其他诉讼权利的行使,也不可能得到保障。

辩护权是宪法和法律专门赋予犯罪嫌疑人、被告人的。所有刑事案件的犯罪嫌疑人、被告人,都毫无例外地享有辩护权。

辩护权可以由犯罪嫌疑人、被告人自己行使,也可以依法委托辩护人帮助共同行使。在侦查、起诉阶段,犯罪嫌疑人始终有权为自己辩护,还有权委托辩护人。在审判阶段,被告人除自己行使辩护权外,还有权依法与辩护人一起共同行使辩护权。

其二,人民法院及公安、检察机关有义务保证犯罪嫌疑人、被告人行使辩护权。

人民法院有义务保证被告人获得辩护,人民检察院和公安机关同样有义务保证犯罪嫌疑人、被告人行使辩护权。(1)从传讯犯罪嫌疑人或传唤被告人到案时起,就应告知其享有辩护等诉讼权利。(2)在侦查、起诉、审判各阶段,应当允许犯罪嫌疑人、被告人进行申辩和解释,并应认真听取。(3)在法律规定的时限内,告知犯罪嫌疑人、被告人有权委托辩护人。犯罪嫌疑人、被告人在押期间要求委托辩护人的,公、检、法机关应当及时转达其要求。(4)对符合法律援助条件的犯罪嫌疑人、被告人,没有委托辩护人的,公、检、法机关应当通知法律援助机构指派律师为其提供辩护。(5)应当认真分析研究犯罪嫌疑人、被告人及其辩护人的辩护意见,对其中正确部分应当予以采纳。

实行有权获得辩护原则的意义,主要在于保障犯罪嫌疑人、被告人的合法权益,体现社会主义刑事诉讼的公平、合理和民主精神。有原告才有被告,有控诉才有辩护,这两方面在刑事诉讼中都是不可缺少的。如果只有控诉或者只有指控,而没有辩护或者不允许辩护,只打一面官司,这是武断专横,是违背社会主义民主原则的。

另外,实行有权获得辩护的原则,还有助于公安、司法机关客观全面地查明案件事实,正确适用法律,防止出现偏差和错误。兼听则明,偏听则暗。特别是在审判阶段,既有控诉,又有辩护,既有原告人一方的详细陈述,又有被告人一方的充分辩解,这对于人民法院客观全面地了解案情,防止先入为主、偏听偏信和主观臆断等,具有重要作用。

第八节　有权用本民族语言文字进行诉讼的原则

我国《刑事诉讼法》第9条规定了这项原则的具体内容。我国《宪法》在"人民法院和人民检察院"一节中,对这项原则的具体内容用更妥当、更合适的言词作了更明确的规定。《宪法》第134条规定:各族民族公民都有用本民族语言文字进行诉讼的权利。人民法院和人民检察院对于不通晓当地通用的语言文字的诉讼参与人,应当为他们翻译。在少数民族聚居或者多民族共同居住的地区,应当用当地通用的语言进行审理;起诉书、判决书、布告和其他文书应当根据实际需要使用当地通用的一种或者几种文字。

根据上述法律规定,有权用本民族语言文字进行诉讼的原则,应当包括如下三方面内容:

(1) 各民族公民,凡是涉及诉讼的,不管是当事人还是其他诉讼参与人,都享有用本民族语言文字进行诉讼的权利,都有权用本民族的语言文字回答问题,发表意见,书写证言、鉴定意见、上诉书、申诉书及其他诉讼文书。

(2) 如果诉讼参与人不通晓当地通用的语言文字,人民法院、人民检察院和公安机关都有义务指定或者聘请翻译人员为他们翻译,都有义务为各民族公民行使这项诉讼权利创造条件,提供保障。

(3) 在少数民族聚居或者多民族共同居住的地区,应当用当地通用的语言进行审理,同时应当根据实际需要使用当地通用的一种或者几种文字,制作起诉书、判决书、布告和其他文书。

用本民族语言文字进行诉讼,对各族公民来说,这是他们依法享有的一项诉讼权利,而对于人民法院、人民检察院和公安机关来说,依法保障各民族公民行使这项权利,则是应尽的职责和义务。对于不通晓当地通用语言文字的诉讼参与人,不管他们属于哪个民族,都应为他们翻译,为他们行使这项权利提供切实的保障。

我们的国家是个多民族的国家。在这个多民族的社会主义大家庭里,各民族无论大小,在政治上、经济上和法律上都应一律平等,这是党和国家在民族问题上的一个总原则、一项坚定不移的政策。这个原则和政策精神反映在刑事诉讼中,它的一个重要方面,就是实行各民族公民都有权用本民族语言文字进行诉讼的原则。这条原则不仅规定在《刑事诉讼法》中,而且规定在国家的根本大法《宪法》中。因此,如果违反这条原则,限制或者剥夺某个民族公民享有的这项诉讼权利,那就不仅是违反了刑事诉讼法,而且违反了宪法。

语言文字是人们表达思想、发表意见和交流情况的工具,是人们参加诉讼活动的必备手段。各民族公民都有权用本民族语言文字进行诉讼,也就是各民公民都有权使用最便于表达他们自己思想愿望的语言文字工具和手段。有了这个条件,各民族公民参加诉讼,发表意见,提供情况,了解诉讼的进程和案件的处理结果,以及维护自身的实体权利和诉讼权利等,也就更容易,更方便。因此,实行各民族公民都有权用本民族语言文字进行诉讼的原则,除可以体现我国各民族一律平等的原则精神外,还有以下意义:可以保障各民族公民平等地行使诉讼权利,切实维护各民族公民的合法权益;可以保障司法机关准确、及时地查明案件事实和正确地处理案件;可以进一步密切司法机关同各民族群众的关系,便于司法机关对各民族群众进行法制宣传教育,也便于各民族群众对司法机关实行监督。

第九节　保障诉讼参与人诉讼权利的原则

我国《刑事诉讼法》第 14 条规定:"人民法院、人民检察院和公安机关应当保障犯罪嫌疑人、被告人和其他诉讼参与人依法享有的辩护权和其他诉讼权利。诉讼参与人对于审判人员、检察人员和侦查人员侵犯公民诉讼权利和人身侮辱的行为,有权提出控告。"

根据这条法律规定,保障诉讼参与人诉讼权利的原则应当包括如下内容:

（1）人民法院、人民检察院和公安机关对所有诉讼参与人依法享有的各种诉讼权利,都应当给予保障。

保障诉讼参与人诉讼权利的内容,比保障犯罪嫌疑人、被告人行使辩护权的内容要更广泛。诉讼参与人都依法享有与其诉讼地位相应的诉讼权利。而这些诉讼权利能否得以行使,关键就在于公、检、法机关能否依法给予保障。所以法律要求,对诉讼参与人依法享有的诉讼权利,人民法院、人民检察院和公安机关必须给予保障。

要保障诉讼参与人的诉讼权利,首先必须告知他们享有哪些权利,同时要为他们行使这些权利创造条件。另外,对他们依法享有的诉讼权利,不能以任何借口加以限制、侵犯或剥夺。

（2）对犯罪嫌疑人、被告人辩护权的保障予以特别强调。

将犯罪嫌疑人、被告人从诉讼参与人中单列出来予以强调,是由其在诉讼中所处的特殊地位等因素决定的。这同刑事诉讼法关于尊重和保障人权的任务中,要特别强调对犯罪嫌疑人、被告人人权的尊重和保障的道理是一样的。将辩护权从犯罪嫌疑人、被告人依法享有的诉讼权利中单列出来加以强调,则如同在有权获得辩护原则中所阐述的,辩护权是犯罪嫌疑人、被告人依法享有的所有诉讼权利中最为重要的,是对诉讼过程和诉讼结果真正能产生实际影响和作用的一项权利,理应格外予以重视。

（3）诉讼参与人有权对侵犯公民权利的行为提出控告，即诉讼参与人对于审判人员、检察人员和侦查人员侵犯公民诉讼权利和人身侮辱的行为，有权提出控告。

按照法律规定的字义讲，诉讼参与人不仅对侦查、审判人员侵犯自己诉讼权利和人身侮辱的行为，有权提出控告，而且对侦查、审判人员侵犯其他公民诉讼权利和人身侮辱的行为，也有权提出控告。

对于诉讼参与人的这类控告，公、检、法机关应当根据《刑事诉讼法》有关条文规定的精神，先予以接受，然后再根据情况移送有关单位处理。

实行保障诉讼参与人诉讼权利的原则，可以使犯罪嫌疑人、被告人及其他所有参加刑事诉讼活动的公民的辩护权及其他诉讼权利和人格尊严免遭侵犯，同时也会有助于公、检、法机关正确文明地进行刑事诉讼，使整个诉讼活动都能在保障诉讼参与人诉讼权利的条件下进行。

第十节　对一切公民在适用法律上一律平等的原则

对一切公民在适用法律上一律平等的原则，是对我国《刑事诉讼法》第6条中的规定，即"对于一切公民，在适用法律上一律平等，在法律面前不允许有任何特权"的规定的概括。

这项基本原则的含义是：对于国家的法律人人都必须毫无例外地遵守，人人都必须毫无例外地依法办事，对任何人都不能歧视，同时禁止任何人谋求不遵守法律，甚至超越于法律之外，或者凌驾于法律之上的特权。

在刑事诉讼中贯彻这项原则，就是要求公、检、法机关办理刑事案件，不受民族、种族、性别、职业、社会出身、宗教信仰、教育程度、财产状况、居住期限等因素的影响，对一切公民的合法权益都依法给予保护，对一切公民的违法犯罪行为都依法予以追究。

对一切公民在适用法律上一律平等，同法律规定范围内的区别对待即法律本身规定或者要求的区别对待，并不矛盾。因为这种区别对待的根据和标准就是法律，是在依法办事，而非受地位、职权、社会出身、财产状况等因素影响的结果。

对一切公民在适用法律上一律平等，这是广大人民群众的强烈愿望和要求，因此，在刑事诉讼中实行这项原则，对于进一步激发广大人民群众的爱国热情，更广泛地调动人民群众建设社会主义的积极性，使广大群众更加拥护国家的各项法律制度，支持各项法律制度的贯彻执行等，均有重要意义。

另外，在刑事诉讼中实行这项原则，也有利于反对和防止封建特权。法律面前人人平等同不受法律约束的特权是针锋相对的。法律上公开维护特权，这是奴隶社会和封建社会法律制度的特点。在资本主义社会,法律上虽然标榜人人平等,但实际上是在维护资产阶级的特权。我们是社会主义国家,我们的最高纲领和最终目的是彻底消灭阶级,消灭剥削和压迫,实现共产主义。因此,绝不能允许适用法律因人而异,不能允许只享受权利不尽义务,只受法律保护不受法律约束的特权合法存在。

第十一节　严格遵守法定程序的原则

我国《刑事诉讼法》第 3 条第 2 款规定:"人民法院、人民检察院和公安机关进行刑事诉讼,必须严格遵守本法和其他法律的有关规定。"严格遵守法定程序原则,就是对这款法律规定的概括。

"本法"当然就是我国《刑事诉讼法》。"其他法律的有关规定",则应是其他法律中有关刑事诉讼程序的规定。

严格遵守法定程序,就是要求公、检、法机关,必须严格按照刑事诉讼法和其他法律中有关刑事诉讼主体的权利、义务以及进行刑事诉讼的顺序、步骤、方式、方法等规定,进行刑事诉讼,不得违反,否则就是违法。违反实体法是违法,违反程序法同样是违法。要依法办事,要执法必严,违法必究等,对程序法应当同样适用。

刑事诉讼法和其他法律中有关刑事诉讼程序的所有规定,都应严格遵守。刑事诉讼法的目的和任务、刑事诉讼的基本原则等规定,应当严格遵守,有关侦查、起诉、审判等程序的各项具体规定,也应当严格遵守。在贯彻执行严格遵守法定程序原则的要求中,不存在哪些规定应当遵守,哪些规定可以不遵守的问题。

首先,进行刑事诉讼是否严格遵守法定程序,是一个国家是否真正实行法治的重要标志。实行法治不能没有程序,不能离开程序,否则,实行法治就没有保障。刑事诉讼法和其他法律的有关规定是规范刑事诉讼活动、规范同犯罪作斗争的程序法,如果没有这样的程序法,或者离开这个程序法,所谓依法同犯罪作斗争或者依法进行刑事诉讼,就只能是一句空话。因此,严格遵守法定程序原则的意义,首先就在于保障公、检、法机关能够依法同犯罪作斗争,依法进行刑事诉讼。

其次,刑事诉讼法和其他法律的有关规定,同宪法的关系最密切。严格遵守法定程序、依法进行刑事诉讼,对于贯彻落实宪法的有关规定,如宪法关于公民的人身自由不受侵犯,公民的人格尊严不受侵犯,公民的住宅不受侵犯,以及禁止非法拘禁、非法搜查等规定,具有十分重要的作用。因此,对于严格遵守法定程序的意义,应当从能够保障宪法有关规定得到贯彻落实的高度来认识。

再次,只有严格遵守法定程序,才能保证准确、及时地查明案件事实,保障办案质量,保障顺利实现刑事诉讼的任务和目的。我国的刑事诉讼法和其他法律中有关刑事诉讼程序的规定,主要是我们自己司法实践经验的总结,同时也吸收了历史上和其他国家司法工作的有益经验,总的讲,是符合刑事诉讼活动客观规律的,是比较科学的。按照这些法律规定进行刑事诉讼,可以从程序上保证准确、及时地查明案件事实,保障办案质量,保障实现刑事诉讼的任务和目的。

最后,也只有严格遵守法定程序,才能充分体现出我国刑事诉讼的先进性和民主性。作为社会主义国家,我们进行刑事诉讼的方式、方法等,应该充分体现社会主义的文明,应该更科学、更合理,在打击犯罪和减少犯罪、预防犯罪,以及教育公民增强法制观念等方面,应该能收到更大更好的社会效果。

第十二节　不追究刑事责任不能追诉的原则

不追究刑事责任不能追诉的原则是对我国《刑事诉讼法》第 15 条规定的概括。

《刑事诉讼法》第 15 条规定:"有下列情形之一的,不追究刑事责任,已经追究的,应当撤销案件,或者不起诉,或者终止审理,或者宣告无罪:

(一)情节显著轻微,危害不大,不认为是犯罪的;

(二)犯罪已过追诉时效期限的;

(三)经特赦令免除刑罚的;

(四)依照刑法告诉才处理的犯罪,没有告诉或者撤回告诉的;

(五)犯罪嫌疑人、被告人死亡的;

(六)其他法律规定免予追究刑事责任的。"

从上述法律规定中可以看出,不追究刑事责任不能追诉原则包括这样两个方面的内容,即不追究刑事责任的情形和对有不追究刑事责任情形的案件的处理。

不追究刑事责任的情形,法律规定有六种:

(1)情节显著轻微,危害不大,不认为是犯罪的。这种情形,显系被指控的事实是存在的,只是由于情节显著轻微、危害不大,不认为是犯罪而已。不认为是犯罪亦即不构成犯罪。对不构成犯罪的行为当然不能追究刑事责任,也当然不能追诉。

(2)犯罪已过追诉时效期限的。这是指犯罪嫌疑人、被告人的行为虽已构成犯罪,但已过了法定的追诉时效期限,因而不再对行为人追究刑事责任。

确定犯罪嫌疑人、被告人的犯罪行为是否已经过了法定追诉时效期限,应当以《刑法》的有关规定为准。

对已过法定追诉期限的犯罪不追究刑事责任,符合我国刑罚的目的,有利于社会安定,也有利于司法机关集中精力打击现行犯罪活动。

(3)经特赦令免除刑罚的。这种情形也是存在犯罪事实,只是由于国家已颁布特赦令免除刑罚,所以才不再追诉。

特赦是对受罪刑宣告的特定犯罪人免除刑罚的一种赦免制度。实行特赦大都是在审判后的执行期间,在罪行宣告前一般不实行特赦。

经特赦令免除刑罚的犯罪分子,不论其刑罚已执行一部分还是完全没有执行,都等同于刑罚已执行完,以后无论何时,都不能因为没有执行或者没有执行完,而重新再次追诉。这当中也包括不能按审判监督程序再次追诉。

(4)依照刑法告诉才处理的犯罪,没有告诉或者撤回告诉的。这种情形具体指的就是《刑法》第246条第1款、第257条第1款、第260条第1款和第270条规定的犯罪。对于这类犯罪,如果被害人没有提出控告,或者被害人虽已提出控告,但在法院宣告判决前又撤回告诉的,就不能追诉或者不能继续追诉。法律之所以这样规定,是因为对这类犯罪的起诉权已交给被害者本人行使,被害者本人不提起诉讼或者已经撤回诉讼,法院也就无权追究或者继续追究被告人的刑事责任。

《刑法》规定,如果被害人因受强制、威吓无法告诉的,人民检察院和被害人的近亲属也可以告诉。对于这样的告诉,人民法院也应当受理。如果被害人已经能自由表达自己的意志,在法院宣告判决前又明确表示反对告诉或者要求撤回告诉的,法院应当中止审理,允许撤回告诉。

另外,根据其他有关规定,被害人是无行为能力人或者限制行为能力人以及由于年老、患病、聋、哑、盲等原因不能亲自告诉的,其近亲属也可以代为告诉。

代为告诉的公民应当提供与被害人关系的证明和被害人不能亲自告诉的原因的证明。

(5)犯罪嫌疑人、被告人死亡的。这种情形如果存在,一般应终止诉讼。即使有确实、充分的证据足以证明其行为已经构成犯罪,也不能再追究刑事责任,不能再继续追诉。因为他应负的刑事责任,只能由他自己承担,其他任何人都不能代替,也不应当受到株连,这也就是所谓刑事责任的严格的个人性质。犯罪嫌疑人、被告人已经死亡,再继续追究其刑事责任已无实际意义,所以,一般应终止诉讼。

如果被害人要求赔偿因犯罪行为而造成的物质损失,或者犯罪嫌疑人、被告人的近亲属要求明确犯罪嫌疑人、被告人是否有罪,公、检、法机关应当根据实际情况决定诉讼应否继续进行下去,应否依法宣告有罪或者无罪。如果根据已有证据材料,能够确认被告人无罪的,应当依法宣告被告人无罪。

(6)其他法律规定免予追究刑事责任的。这包括刑法等各种法律的规定。

只要这些法律是现行的、有效的,其中关于免予追究刑事责任的规定,就都是公、检、法机关决定不追诉或者不继续追诉的准绳和依据。

不追究刑事责任不能追诉原则包括的另一方面内容,是对有不追究刑事责任情形的案件的处理。

根据法律规定,只要有不追究刑事责任的六种情形中的任何一种情形,就不追究刑事责任,同时也就不能追诉。

如果在刑事诉讼开始前,就已经发现有法定不追究刑事责任的某种情形,则不能立案,也不应当立案。

对于在立案后的诉讼过程中发现有法定不追究刑事责任的某种情形的案件,应当采取措施终止诉讼。采取什么措施终止诉讼,应视处于什么诉讼阶段而定。诉讼阶段不同,终止诉讼的措施也会有所不同。

在侦查阶段,应当撤销案件。侦查阶段撤销案件,就是撤销原来的立案决定和对犯罪嫌疑人已经采取的强制措施,终止侦查程序。

在审查起诉阶段,对于公安机关移送起诉的案件,如果发现有法定不追究刑事责任的某种情形,人民检察院应当作出不起诉的决定,终止诉讼。

在审判阶段,对于情节显著轻微、危害不大,不认为是犯罪的,人民法院应当作出判决,宣告无罪;对于告诉才处理的案件,被害人撤回告诉的,可以裁定准许撤诉并结案;对于有其他法定不追究刑事责任情形的案件,应当根据不同情况,裁定终止审理,或者宣告无罪。实行不追究刑事责任不能追诉的原则,其意义主要在于保障国家的追诉权能够得到统一正确的行使,防止扩大追诉范围,保障依法不应当受到刑事追究的人不被追诉和判罪。

第十三节　以事实为根据,以法律为准绳的原则

我国《刑事诉讼法》第 6 条中规定,公、检、法机关进行刑事诉讼,必须以事实为根据,以法律为准绳。

必须以事实为根据,就是必须以查对属实的证据和凭借这些证据认定的案件事实为根据。所谓案件事实,就是案件发生的时间、地点,作案的手段、原因,造成的危害后果,以及作案人的年龄、精神状态等事实。这些案件事实必须是以证据为基础的,必须是客观上确实存在的事实,而不能是人们的主观想象、猜测或认识、看法等"事实"。

必须以法律为准绳,就是必须以刑法等法律的规定为标准和衡量的尺度,定罪量刑,处理案件。法律规定该怎样办就怎样办,该怎样处理就怎样处理,服从法律,忠实于法律。比如符合法律规定,依法应当判有罪的,不能判无罪,应当判无罪的,也不能判有罪;依法应当从轻的,不能从重,依法应当从重的,也不能从

轻,等等,这就是以法律为准绳。

以事实为根据和以法律为准绳二者联系紧密,缺一不可。不以事实为根据就不可能正确适用法律,以法律为准绳就失去意义;不以法律为准绳,即使以真实可靠的案件事实为根据,也不可能正确处理案件,正确定罪量刑。因此,公、检、法机关进行刑事诉讼,必须全面地贯彻这项原则。

以事实为根据,以法律为准绳,是刑事诉讼活动中始终离不开的两个方面,同其他各项刑事诉讼基本原则均有密切关系,而且在刑事诉讼基本原则中处于核心的地位。因此,实行以事实为根据,以法律为准绳的原则,对于贯彻落实其他各项刑事诉讼基本原则,保障不枉不纵和客观公正地处理案件,以及真正树立起法制的权威,并受到广大人民群众的尊重、信任和拥护等,均具有重要意义。

第十四节 依靠群众的原则

依靠群众原则的法律依据也是我国《刑事诉讼法》第6条中的规定,即人民法院、人民检察院和公安机关进行刑事诉讼,必须依靠群众。

依靠群众绝不是把案件交由群众去办,而是要求公、检、法机关进行刑事诉讼,必须坚持群众路线,必须深入群众,向群众作调查,听取群众的意见和建议,接受群众的监督,取得群众的支持和帮助,并应采取适当的方式、方法扩大办案效果,反对"关门主义"和"神秘主义"。

依靠群众原则在我国《刑事诉讼法》第50条、第82条等规定中,均有具体体现,即必须保证一切与案件有关或者了解案情的公民,有客观地充分地提供证据的条件,除特殊情况外,并且可以吸收他们协助调查;对正在实行犯罪或者在犯罪后即时被发觉的,通缉在案的,越狱逃跑的,或者是正在被追捕的人,任何公民都可以立即扭送公安机关、人民检察院或者人民法院处理;等等。

刑事诉讼法之所以把依靠群众列为一项基本原则,这首先是由我们国家的性质决定的。我们的国家是人民民主专政的社会主义国家,我们的事业是广大人民群众亲自参加的社会主义事业,人民是我们国家的主人,是社会主义事业取得胜利的力量源泉和基本保证。因此,依靠群众,实行群众路线,这是包括刑事诉讼在内的各项工作都应当实行的根本工作路线,根本工作方法。

其次,依靠群众,这也是我们所坚持的唯物史观的必然要求和重要体现。唯物史观认为,人民是历史的主人,只有人民才是创造世界历史的动力。正是从这一观点出发,我们国家的一切工作人员都应当自觉地把自己看成是人民的勤务员,相信群众,依靠群众,并努力为人民群众服务。

再次,依靠群众,实行群众路线,这是我国公安、司法工作长期保持的优良传统。比如携卷下厂、下乡,利用群众生产闲余时间调查访问,了解案情,听取群众的意见和建议,就地审理,就地解决问题等。这些优良传统同时也是我国刑事诉讼独自具有的一些特点,应当继续坚持和发扬。

最后,实行依靠群众原则,这也是刑事诉讼活动本身的要求。因为公、检、法机关进行刑事诉讼,也只有依靠群众,才能准确、及时地打击犯罪,惩罚犯罪,才能有效地防止发生错误。犯罪分子总是少数,总要生活在群众的汪洋大海之中,任何犯罪活动都不可能完全避开群众,不为群众所察觉。同时公、检、法机关揭露犯罪、证实犯罪和惩罚犯罪分子的活动进行得是否正确,是否依法进行刑事诉讼,群众看得也最清楚。因此,只要相信群众,依靠群众,再复杂的案情也不难查清,工作中即使出现了错误,也比较容易被发现和得到纠正。

在刑事诉讼中实行依靠群众的原则,还可以使群众从参加刑事诉讼活动的过程中,受到教育、锻炼,取得经验、教训,这对于动员群众积极同违法犯罪行为作斗争,从根本上确立和保持良好的社会秩序,预防和减少犯罪等,均会有重要作用。

第十五节　审判公开的原则

审判公开原则的法律依据是我国《宪法》第 125 条中的规定和《刑事诉讼法》第 11 条中的规定。

《宪法》第 125 条规定:"人民法院审理案件,除法律规定的特别情况外,一律公开进行。"《刑事诉讼法》第 11 条规定:"人民法院审判案件,除本法另有规定的以外,一律公开进行。"

审判公开的含义是:人民法院开庭审理案件的过程和判决的宣告,都公开进行,允许公民旁听,允许新闻界依法公开采访、公开报道。就是说,法院开庭审判案件,除休庭评议这个程序是秘密进行的以外,其他审判程序即宣布开庭、法庭调查、法庭辩论、被告人最后陈述和判决的宣告,均公开进行,不仅向当事人和其他诉讼参与人公开,而且向其他公民公开,向社会公开。

这里讲的公民,当然是指中国公民。外国公民或无国籍人要到法院旁听审判或采访,应当向我国主管外事部门提出申请,由外事部门与人民法院共同商定后,凭人民法院的旁听证进入法庭旁听或采访。

审判公开原则适用于绝大多数刑事案件,只是对于《刑事诉讼法》规定的少数案件,由于存在特殊情况,即由于牵涉到国家机密、个人隐私和妇女、未成年人的权益,如果公开审理,会损害国家利益,损害有关妇女和未成年人等的权益,并会产生不良的社会影响和副作用,所以才不允许公开审理。

不公开审理,就是法院开庭审理案件的过程,依法不向当事人及其他诉讼参与人以外的公民公开,不向社会公开,不允许新闻界采访、报道。但是必须明确,不公开审理案件的判决,在宣告时也必须像宣告公开审理案件的判决一样,公开进行。

根据《刑事诉讼法》第183条和第274条的规定,有关国家秘密或者个人隐私的案件不公开审理;涉及商业秘密的案件,当事人申请不公开审理的,可以不公开审理。审判的时候被告人不满18周岁的案件,不公开审理。但是,经未成年被告人及其法定代理人同意,未成年被告人所在学校和未成年人保护组织可以派代表到场。

对于依法应当公开审判的案件,人民法院在开庭审理前,必须在法律规定的期间,并采取可以使群众知道的适当方式、方法,向群众、向社会公布将要审理的案件的案由、被告人的姓名及开庭的时间和地点,以便群众有可能前来旁听。人民法院是否做到了这一点,是衡量其是否依法贯彻审判公开原则的重要标志。

公开审判案件不一定都有人出席旁听。所以必须明确,公开审判还是不公开审判,并不是以有无群众旁听或有无新闻记者采访、报道为标志。依法应当公开审判的案件,即使开庭时无人出席旁听,但只要法院在开庭前已采用适当方式、方法依法公布了该案件的案由等事项,对该案件的审判就是公开的,并且符合审判公开原则的要求。

对案件的审判既然公开进行,就应当允许群众前来旁听,允许新闻界采访、报道,在保证审判能够顺利进行的前提下,为前来旁听者提供方便。因审判场所、安全保卫等客观因素所限发放旁听证的,应当作出必要的说明和解释。如果通过电视、互联网等媒体对人民法院公开审理案件直播、转播的,要经由高级人民法院批准后进行。

审判公开是我国审判制度的核心。实行审判公开可以使法院的审判活动置于广大人民群众的直接监督之下。因此,实行审判公开原则具有十分重要的意义:

首先,实行审判公开,可以带动合议、辩护、回避等各项制度的贯彻执行,使这些制度能真正发挥其应有的作用。

其次,实行审判公开,有助于人民法院客观全面地查明案情和正确地处理案件,提高办案质量,防止和减少冤、假、错案。

再次,实行审判公开,可以密切法院同群众的关系,增强审判人员的责任感,防止发生违法乱纪现象。

另外,实行审判公开,可以充分发挥审判的教育作用,扩大办案的效果和影响,教育犯罪分子认罪服法,教育广大群众积极同犯罪作斗争,预防犯罪,减少犯罪。

第十六节　两审终审的原则

我国《刑事诉讼法》第 10 条规定："人民法院审判案件,实行两审终审制。"

所谓两审终审制,简言之,就是一个案件最多经过两级法院的审判即告终结的制度。

几审终审,是只适用于法院审判的审级制度。我国法院的组织设置分四级,即最高人民法院、高级人民法院、中级人民法院和基层人民法院,而人民法院的审级则为两级(专门人民法院按相当于地方各级人民法院,即基层、中级或者高级人民法院的组织级别设置,审级也是两级)。除基层人民法院只能作为第一审级法院审判案件外,中级以上的各级人民法院,都可以依法作为第一审级的法院审判案件,也可以依法作为第二审级的法院审判案件。所以,我国的两审终审制,也可以称为四级两审终审制。

两审终审原则的含义、内容和要求是:除最高人民法院以外的其他各级人民法院,按照第一审程序对案件审理后所作出的判决、裁定,尚不能发生法律效力、交付执行;只有在法定期限内,有上诉权的人没有提出上诉,同级人民检察院也没有提出抗诉,一审的判决、裁定才发生法律效力,交付执行。如果在法定期限内,有上诉权的人提出了上诉或者同级人民检察院提出了抗诉,案件就应当由上一级的人民法院按照第二审程序进行审理,二审审理后所作出的判决、裁定就是终审的判决、裁定,除依法还必须经过核准程序的案件外,二审判决、裁定宣告后,立即发生法律效力,交付执行。

由于是否提起上诉是当事人的权利,以及还有死刑复核程序,所以在刑事诉讼进行过程中,有些案件实际并不需要经过两审就发生法律效力、交付执行;而有些案件,即使经过两审终审后,也不能立即发生法律效力、交付执行。因此,对于我国的两审终审制,还需要明确以下几个问题:

(1) 两审终审只适用于地方各级人民法院和专门人民法院审判的第一审案件,而不适用于最高人民法院审判的第一审案件。最高人民法院是全国最高审判机关,经它审判的一切案件,宣判后都立即发生法律效力、交付执行。所以,最高人民法院审判案件,第一审也是终审,对于最高人民法院作出的一切裁判,都不存在可以上诉或者可依照第二审程序提出抗诉的问题。

(2) 必须有合法的上诉或抗诉。合法的上诉或抗诉是开始第二审程序必须具备的前提。如果不存在这个前提,即在法定期限内,有上诉权的人没有提出上诉,同级人民检察院也没有提出抗诉,地方各级人民法院和专门人民法院的一审判决、裁定,也发生法律效力、交付执行,而不应当再两审终审。

(3) 判处死刑的案件,凡应依法核准的,必须依法经过死刑复核程序核准后,判处死刑的裁判,才能发生法律效力、交付执行。就是说,对于这类案件的裁判,即使是经过第二审后确定的,如果没有依法经过核准,也不能发生法律效力,不能交付执行。

实行两审终审原则完全符合我们国家的实际情况。因为在我国,凡属公诉案件,在人民法院审判前,都已经过公安机关的侦查和人民检察院审查决定起诉这样两个大的诉讼阶段,或者人民检察院的侦查和决定提起公诉两个阶段。人民法院收到案件后,再经过两级法院分别按照第一审程序和第二审程序的审判,实践证明,基本上都能得到正确处理。同时由于我国幅员辽阔,交通不便,也不宜实行更多的审级。当然也不宜实行一审终审的原则,因为这也不利于切实保障案件质量和当事人的诉讼权利。所以实行两审终审制比较符合我国当前实际情况,既可以保障当事人的诉讼权利、保证案件质量,又可以方便群众,节省人力和物力。

第十七节　追究外国人犯罪适用我国刑事诉讼法的原则

追究外国人犯罪适用我国刑事诉讼法原则的法律依据,是我国《刑事诉讼法》第16条的规定,即:"对于外国人犯罪应当追究刑事责任的,适用本法的规定。对于享有外交特权和豁免权的外国人犯罪应当追究刑事责任的,通过外交途径解决。"

外国人(含无国籍人和国籍不明的人)犯罪,主要是指外国人在中华人民共和国领域内的犯罪,但同时也应包括外国人在中华人民共和国领域外对我们国家和公民的犯罪。

对在我国领域内的外国人犯罪,应当依照我国刑事诉讼法的规定处理;对在我国领域外的外国人对我们国家和公民的犯罪,凡根据我国刑法有关规定应当追究刑事责任的,也同样应当适用我国刑事诉讼法的规定。

适用我国刑事诉讼法的规定,就是上述外国人犯罪案件由我国公安、司法机关管辖,由我国公安、司法机关按照我国刑事诉讼法规定的原则、制度和程序进行处理。

如果我们国家缔结或者参加的国际条约中,有关于刑事诉讼程序具体规定的,除我国声明保留的条款外,在处理外国人犯罪案件时,也应当适用该国际条约中的有关规定。

对于外国人犯罪应当追究刑事责任的,适用我国刑事诉讼法,这是一条原则,所以除特殊情况外,一般都是适用的。

所谓特殊情况,具体指的就是对于享有外交特权和豁免权的外国人犯罪应当追究刑事责任的,不受我国司法管辖,我国公安、司法机关不能按照我国刑事诉讼法的规定立案侦查、起诉和审判,而只能通过外交途径解决。对享有外交特权和豁免权的外国人犯罪,通过外交途径解决,这是保证某些从事外交工作的外国人执行职务的需要,同时也是国际惯例和国与国之间平等互惠原则的要求。我国驻在外国或到外国访问或途经外国的享有外交特权和豁免权的人,也会受到同等对待。

根据我国 1986 年 9 月 5 日公布施行的《外交特权与豁免条例》的规定,享有外交特权和豁免权的外国人是指:各国驻中国使馆的外交代表及与其共同生活的配偶和未成年子女;途经中国的外国驻第三国的外交代表及与其共同生活的配偶和未成年子女;来中国访问的外国国家元首、政府首脑、外交部长及其他具有同等身份的官员等。

实行追究外国人犯罪适用我国刑事诉讼法的原则,既能体现和维护我国的司法主权,保护我们国家和公民的利益,维护我国的法律尊严,又可以妥善处理我国与外国的关系,防止因对刑事案件处理不当而影响我国同其他国家之间平等正常的交往。

第十八节　国际司法协助的原则

国际司法协助原则的法律依据,是我国《刑事诉讼法》第 17 条的规定,即根据中华人民共和国缔结或者参加的国际条约,或者按照互惠原则,我国司法机关和外国司法机关可以相互请求刑事司法协助。

这里讲的国际司法协助,当然是指国际刑事司法协助,是国与国之间,根据缔结、参加的国际条约或互惠原则,相互请求和相互帮助完成与刑事诉讼有关的某种事项的互助合作行为。

国际司法协助是国与国之间的协助。在我国,具体实施这种互助合作行为的部门,一般是人民法院、人民检察院及公安和司法行政机关。

我国与外国进行刑事司法协助的根据是,我国与外国缔结的双边条约或共同参加的国际条约。如果没有这样的条约,则应根据互惠原则进行,即应根据对彼此都有利、并且互相对等的原则,在协助的条件、内容和手续等方面,都是互利的、对等的前提下进行。我国与外国缔结的条约或共同参加的国际条约(除保留意见的条款外),对我国与相关国家都有法律上的约束力,我国与其他相关国家都应当遵守。对于根据互惠原则进行的刑事司法协助,只要符合互利、对等的前提,也同样应严肃对待,认真履行提供协助的义务,或者行使请求协助的权利。

国际刑事司法协助是一切与刑事诉讼事宜有关的协助,它既有审判阶段的协助,也有侦查、执行等阶段的协助。具体讲,国际刑事司法协助的内容,主要有:送达刑事诉讼文书;代为调查取证,即代为询问证人、被害人、被告人及代为搜查、鉴定、勘验、检查等;移交书证、物证及赃款、赃物等。国际刑事司法协助的内容,不得有损害被请求国的主权、安全和社会公共利益的情况,如果有,被请求国理所当然地要予以拒绝。对于不符合互惠原则的司法请求,也可以予以拒绝。拒绝进行司法协助的一方,应当将拒绝的理由通知被拒绝的一方。

我国与外国在互相请求和提供刑事司法协助时,有条约关系并且对联系途径和办法有明确规定的,应当按照条约的规定进行联系和移交材料。没有条约关系或者条约中对联系途径和办法未作明确规定的,则应通过外交途径办理。通过外交途径办理的具体做法,一般是:由请求国的司法机关将请求书交本国外交机关转被请求国的外交机关,再由被请求国的外交机关将请求书交给其本国有管辖权的司法机关。被请求国提供协助,同样应按照上述途径和做法办理。另外,我国与外国缔结的司法协助条约中,还有允许互相通过本国派驻在另一方国家的外交或领事代表机关,直接向另一方境内的本国公民送达诉讼文书和调查取证的。当然,采用这种直接送达诉讼文书和调查取证的做法,必须遵守条约的有关规定,并且不得违反驻在国的法律。

在请求给予刑事司法协助时,请求书及所附文件,均应附有被请求国通用的文字或者国际条约规定的其他文字的文本。对请求代办的事项必须叙述准确、清楚,所附材料必须齐全。被请求国对于不符合上述要求、难以代为办理的请求,应当告知请求国予以补充。

我国地方各级司法机关,如果需要向外国提出刑事司法协助请求,一般应逐级上报中央一级司法机关审查、办理,不能自行直接联系、办理。

实行国际司法协助原则,对于促进我国与外国的刑事司法合作,加强我国与外国共同预防、制止和惩罚犯罪的斗争等,均有重要意义。

思考题

1. 什么是我国刑事诉讼的基本原则？它应包括哪些内容？

2. 侦查权、检察权和审判权由专门机关行使原则的内容和意义是什么？

3. 进行刑事诉讼为什么必须依靠群众？

4. 进行刑事诉讼为什么必须遵守法定程序？

5. 应当怎样正确理解和贯彻以事实为根据、以法律为准绳的原则？

6. 对一切公民在适用法律上一律平等原则的要求和意义是什么？

7. 应当怎样正确理解和贯彻公、检、法三机关分工负责,互相配合,互相制约的原则？

8. 有权用本民族语言文字进行诉讼原则的要求和意义是什么？

9. 什么是两审终审原则？

10. 为什么要实行审判公开？审判公开的具体要求是什么？

11. 被告人有权获得辩护原则的要求和意义是什么？

12. 应怎样正确理解和贯彻保障诉讼参与人诉讼权利的原则？

13. 不追究刑事责任不能追诉原则具体包括哪几种法定情形？为什么只要具有其中某一种情形就不能追诉？

14. 实行追究外国人犯罪适用我国刑事诉讼法原则有什么意义？

15. 应怎样正确理解和贯彻人民法院、人民检察院依法独立行使审判权、检察权的原则？

16. 法律监督原则的含义是什么？它与互相制约的区别主要表现在哪些方面？

17. 未经法院判决不得确定任何人有罪原则的含义和要求是什么？它与无罪推定原则有何关系？

18. 应当怎样正确理解和执行国际司法协助的原则？

第六章 管 辖

第一节 刑事诉讼的管辖概述

刑事诉讼的管辖,是人民法院、人民检察院和公安机关,在直接受理刑事案件方面和人民法院组织系统内部在审判第一审刑事案件方面的分工或权限范围的划分。

关于公、检、法三机关的分工问题,在我国《刑事诉讼法》第 3 条中已有明确规定,即侦查权、检察权、审判权分别由公、检、法机关依法行使。但这条规定所能解决的,只是公、检、法三机关在行使国家权力方面的总的分工。至于具体到某个犯罪案件,是由公安机关直接受理,还是由人民检察院直接受理? 或者是既不要经由公安机关,也不要经由人民检察院,而是应当由人民法院直接受理? 以及对犯罪案件的审判,是由普通法院负责进行,还是应当由专门法院负责进行? 如果由普通法院进行,应当是哪一级、哪个地区的法院? 等等。像这些问题,如果只是明确了公、检、法三机关在行使国家权力方面的总的分工,尚不能完全得到解决。因此,还需要有管辖的规定,还需要明确那些案件应当由哪个机关直接受理和应当由哪个法院负责进行审判。

刑事诉讼的管辖分立案管辖和审判管辖两大类。在审判管辖下面,又分普通法院的审判管辖和专门法院的审判管辖等。

立案管辖和审判管辖的关系,因公诉案件和自诉案件而有所不同,这也是刑事诉讼中的管辖制度和民事诉讼中的管辖制度的重要区别之一。

对于自诉案件,人民法院的立案管辖和审判管辖,都是审判权的具体落实,它们是重合的,即合二而一的。

对于公诉案件,这两种管辖的关系,实质上是侦查权、起诉权、审判权相互关系的反映,因而呈现出比较错综复杂的情况。

首先,公安机关、检察机关的立案管辖和人民法院的审判管辖,并不是同时发生的,而是一先一后,发生在不同的诉讼阶段。

其次,立案管辖并不必然导致或引起审判管辖。因为有的案件经过侦查或审查起诉阶段,诉讼已终结,并不进入审判程序,当然也就不产生审判管辖问题。

管辖问题是一个比较复杂的问题。这是由犯罪案件这个客观事物本身所具有的复杂性,以及司法机关的设置、分布等实际情况决定的。

　　《刑事诉讼法》在总结我国司法机关多年实践经验的基础上,对管辖问题作了 10 条规定(从第 18 条到第 27 条)。这 10 条规定虽然很概括,但它却科学地解决了有关立案管辖、审判管辖中涉及的许多问题,形成了具有中国特色的管辖体系。

　　对管辖问题,法律上予以明确规定,尽管是比较概括的,但也是很必要的。因为只有在这方面的分工明确,才能使案件的处理同各个部门、同各级法院以及各类法院的具体任务和实际情况更相适应,才能充分发挥每个部门、每个单位应有的作用,及时有效地惩罚犯罪,保证各类案件都能得到正确的处理。同时,可以防止诉讼拖延和互相推诿,防止因管辖不明而使案件迟迟得不到处理,问题得不到及时解决。

第二节　立案管辖

一、立案管辖的概念和划分依据

　　立案管辖,是人民法院、人民检察院和公安机关在直接受理刑事案件上的分工。换言之,就是解决哪类犯罪案件,应由公、检、法哪个部门最先接受并处理、立案侦查或立案审理的问题。

　　划分立案管辖的依据,主要有以下几点:

　　(1) 犯罪案件的性质和严重、复杂程度。案件的性质和严重、复杂程度在客观上是存在差别的。比如有危害国家安全、恐怖活动案件同其他刑事案件的差别;在其他刑事案件中,又有杀人、放火等案件同贪污、渎职,以及虐待、侮辱、诽谤等案件的差别;就是同类性质的案件,比如同属于虐待性质的案件,也会有严重、复杂程度的差别。这些差别,是划分立案管辖的主要依据。

　　(2) 有利于准确及时地查明案情,有利于同犯罪作斗争。案件由哪个部门直接受理、立案侦查或立案审理,这同能否保证准确及时地查明案情,有效地保护国家、集体的利益和公民个人的合法权益,都具有极为密切的关系。比如杀人、抢劫、盗窃等案件,由公安机关立案侦查就最为适宜。再比如由受害者告诉才处理的案件,都有明确的原告和被告,案件情况一般比较清楚,因此,这类案件一律经公安或检察机关立案侦查,并由人民检察院负责起诉,显然是大可不必的。

　　(3) 同公、检、法三机关在刑事诉讼中的具体任务和职责(或诉讼职能)相适应。公诉案件的大部分应当由公安机关直接受理,立案侦查。人民检察院也要直接受理一部分案件,亲自立案侦查,但范围比较小。人民法院直接受理的案件,只能是自诉案件。

二、人民法院直接受理的案件

人民法院直接受理的案件,就是应当由人民法院立案审理,而不需要经过公安机关或人民检察院立案侦查,也不需要人民检察院提起公诉的案件。这类案件,根据我国《刑事诉讼法》第 18 条第 3 款和第 204 条的规定,只能是自诉案件,它包括:(1) 告诉才处理的案件;(2) 被害人有证据证明的轻微刑事案件;(3) 被害人有证据证明对被告人侵犯自己人身、财产权利的行为应当依法追究刑事责任,而公安机关或人民检察院不予追究的案件。

告诉才处理的案件,根据我国《刑法》的规定,应当是指:第 246 条第 1 款规定的侮辱、诽谤罪;第 257 条第 1 款规定的暴力干涉婚姻自由罪;第 260 条第 1 款规定的虐待罪;以及第 270 条规定的非法占有代为保管财物罪和非法占有他人遗忘物、埋藏物罪。

被害人有证据证明的轻微刑事案件。这类案件,在性质上必须属于轻微刑事案件,同时被害人还必须有证据能够证明被告人确实实施了被指控的犯罪行为。否则,即使属于轻微刑事案件,人民法院也不会立案审理。根据最高人民法院的规定,被害人有证据证明的轻微刑事案件,具体是指下列犯罪案件:故意伤害罪;重婚罪;遗弃罪;妨害通信自由罪;非法侵入他人住宅罪;生产、销售伪劣商品罪(严重危害社会秩序和国家利益的除外);侵犯知识产权罪(严重危害社会秩序和国家利益的除外);属于《刑法》分则第四、五章规定的,对被告人可能判处 3 年有期徒刑以下刑罚的其他轻微刑事案件。对于上述 8 种轻微刑事案件,被害人直接向人民法院起诉的,人民法院应当依法受理,对于其中证据不足、可由公安机关受理的,应当移送公安机关立案侦查。被害人向公安机关控告的,公安机关应当受理。

被害人有证据证明对被告人侵犯自己人身、财产权利的行为应当依法追究刑事责任,而公安机关或人民检察院不予追究的案件,显然原本属于公诉案件,只是由于公安机关或人民检察院不予追究,所以被害人才有权直接向人民法院起诉,人民法院也才有权利和责任直接受理。从理论上讲,这类案件的范围很广,它既包括公安机关或人民检察院不立案侦查或撤销的案件,也包括人民检察院决定不起诉的案件。对于这类案件,只要被害人有证据证明被告人实施了侵犯其人身或财产权利的行为,并且依法应当追究刑事责任,被害人就有权直接向人民法院起诉,人民法院也就应当立案审理。

三、人民检察院直接受理的案件

人民检察院直接受理的案件,是指应当由人民检察院立案侦查的案件,即通常所说的自侦案件或人民检察院自行立案侦查的案件。

根据我国《刑事诉讼法》第 18 条第 2 款的规定,应当由人民检察院直接受理的案件是指:贪污贿赂犯罪,国家工作人员的渎职犯罪,国家机关工作人员利用职权实施的非法拘禁、刑讯逼供、报复陷害、非法搜查的侵犯公民人身权利的犯罪以及侵犯公民民主权利的犯罪。另外,该款还规定,对于国家机关工作人员利用职权实施的其他重大的犯罪案件,需要由人民检察院直接受理的时候,经省级以上人民检察院决定,也可以由人民检察院立案侦查。

从上述法律规定中可以看出,应当由人民检察院直接受理的案件,主要有以下四类:

(1)贪污贿赂罪。《刑法》将贪污贿赂罪专列一章,其中包括贪污罪,行贿罪,挪用公款罪,巨额财产来源不明罪等。另外,还应包括《刑法》其他章节中,明确规定按照分则第八章贪污贿赂罪的规定定罪处罚的犯罪。

(2)渎职罪。《刑法》把渎职罪专列为一章。根据《刑法》的规定,渎职罪的主体应为国家机关工作人员,如国家机关工作人员实施的滥用职权、玩忽职守罪,泄露国家秘密罪,枉法追诉、包庇、裁判罪,私放人犯罪等。

(3)国家机关工作人员利用职权实施的侵犯公民人身权利罪。这类犯罪,应当只限于国家机关工作人员利用职权实施的非法拘禁罪,刑讯逼供罪,报复陷害罪和非法搜查罪,以及监管人员殴打、体罚、虐待被监管人罪。

(4)国家机关工作人员利用职权实施的侵犯公民民主权利罪。如非法剥夺宗教信仰自由罪,侵犯少数民族风俗习惯罪,破坏选举罪等。

另外,对于国家机关工作人员利用职权实施的其他重大的犯罪案件,人民检察院也可以依法直接受理。但是必须明确,这类由国家机关工作人员利用职权实施的犯罪案件,属于上述四类案件以外的其他犯罪案件,而且是重大的犯罪案件。同时还必须明确,对于这类案件,在一般情况下,是不应当由人民检察院直接受理的,只是由于需要,而且必须经省级以上人民检察院决定,才可以直接受理、立案侦查。

四、公安机关直接受理的案件

公安机关直接受理的案件,就是应当由公安机关立案侦查的案件。

根据我国《刑事诉讼法》第 18 条第 1 款的规定,除法律另有规定外,刑事案件的侦查均由公安机关进行。

法律另有规定的情况,应当包括我国《刑事诉讼法》第 4 条关于国家安全机关依法办理危害国家安全的刑事案件,行使与公安机关相同的职权的规定;第290 条关于军队保卫部门对军队内部发生的刑事案件行使侦查权,对罪犯在监狱内犯罪的案件由监狱进行侦查的规定等。所以,根据现有的法律规定,除应当由人民法院、人民检察院、国家安全机关及军队保卫部门和监狱依法直接受理的刑事案件外,其他刑事案件应当一律由公安机关立案侦查。

公安机关是国家的治安保卫机关,它在刑事诉讼中担负的主要职责就是侦查破案。在长期同犯罪作斗争的过程中,它已积累了丰富的经验,而且拥有重要的侦查手段,所以,法律规定由公安机关直接受理的刑事案件的数量最多,涉及的范围也最广。如杀人、放火、抢劫、盗窃、强奸、走私、诈骗、贩卖毒品、组织卖淫、偷越国(边)境等,都由公安机关立案侦查。

对于既有依法应由公安机关立案侦查的犯罪,又有依法应由人民检察院立案侦查的犯罪的案件,如果涉嫌主罪属于公安机关管辖,由公安机关为主侦查,人民检察院予以配合;如果涉嫌主罪属于人民检察院管辖,由人民检察院为主侦查,公安机关予以配合。

第三节 审判管辖

一、审判管辖的概念

人民法院是国家的审判机关,它代表国家行使审判权。无论是公诉案件还是自诉案件,都要由人民法院进行实体上的审理。由于我国的法院组织系统内部存在着级别、地域、职权范围的不同,因此,就必然存在着公诉机关或自诉人应该向哪一级中的哪一个法院提出起诉的问题。审判管辖就是解决这一问题的。所以,所谓审判管辖就是指人民法院组织系统内在审判第一审刑事案件上的分工。

审判管辖包括普通管辖和专门管辖。普通管辖又分级别管辖和地区管辖。我国《刑事诉讼法》只对普通管辖中的级别管辖和地区管辖作了具体规定。

二、级别管辖

级别管辖是指上、下级法院之间即最高人民法院和地方各级人民法院之间在审判第一审刑事案件上的权限分工。

根据我国《刑事诉讼法》第 19 条至第 22 条的规定,各级人民法院之间在审判第一审刑事案件上的权限分工如下:

最高人民法院管辖全国性的重大刑事案件;

高级人民法院管辖全省(或直辖市、自治区)性的重大刑事案件;

中级人民法院管辖除由最高人民法院和高级人民法院管辖以外的危害国家安全、恐怖活动案件,可能判处无期徒刑、死刑的普通刑事案件;

基层人民法院管辖不属于上级法院管辖的普通刑事案件。

从以上分工可以看出,我国《刑事诉讼法》对审判级别管辖的规定,有这样几个特点:

（1）既考虑案件的性质，也考虑刑期和社会的影响。

这与仅按罪名划分级别管辖的标准（即把刑法中规定的某几种罪名——列举出来确定由哪一级法院管辖的办法），以及单纯以刑期作为划分的标准，是有所不同的。《刑事诉讼法》只是从大的方面区分了案件的性质（如危害国家安全、恐怖活动案件同其他刑事案件之区分），同时结合刑罚的轻重和社会影响的大小，对审判的级别管辖作了划分。

（2）绝大多数案件的第一审由基层和中级人民法院审判，而且主要是由基层人民法院审判。

从实际情况看，基层人民法院完全能正确处理的一般性的普通刑事案件，总是占多数，同时基层人民法院具有同犯罪地接近，便于查对核实证据，便于群众参加诉讼等有利条件，所以大量的普通刑事案件第一审的任务，主要是由基层人民法院承担。

高级人民法院和最高人民法院，主要是负责审判监督。特别是最高人民法院，要对全国各种法院实行监督。同时最高人民法院还担负着死刑复核的任务。因此，它们不可能、也不应当过多地承担对第一审刑事案件的审判。

（3）只对中级人民法院管辖的第一审刑事案件作了比较具体的规定，而对其他法院的管辖的规定则比较概括。

《刑事诉讼法》之所以这样规定，是因为基层人民法院的管辖已不需要再具体，同时也是为了给予高级人民法院和最高人民法院以更大的机动权。

（4）结合了原则性和灵活性。

一般情况下，各级法院都应按《刑事诉讼法》第 19 条至第 22 条所确定的范围管辖，但在必要时，法律也允许变通。如第 23 条规定：上级人民法院在必要时，可以审判下级人民法院管辖的第一审刑事案件；下级人民法院认为案情重大、复杂，需要由上级人民法院审判的第一审刑事案件，可以请求移送上一级人民法院审判。

实践中，上级人民法院认为有必要审理下级人民法院管辖的第一审刑事案件，应当向下级人民法院下达改变管辖决定书，并书面通知同级人民检察院、被告人的羁押场所和当事人。

下级人民法院认为案情重大、复杂或者可能判处无期徒刑、死刑的案件，以及其他需要请求移送上一级人民法院审判的第一审刑事案件，应当在案件审理期限届满 15 日以前书面请求移送。上级人民法院应当在接到移送申请 10 日以内作出决定。不同意移送的，向该下级人民法院下达不同意移送决定书，由该下级人民法院依法审判；同意移送的，书面通知同级人民检察院，并向该下级人民法院下达同意移送决定书，该下级人民法院应当通知同级人民检察院和当事人，并将全部案卷材料退回同级人民检察院。

另外,人民检察院认为可能判处无期徒刑、死刑而向中级人民法院提起公诉的刑事案件,中级人民法院受理后,认为不需要判处无期徒刑以上刑罚的,可以依法审理,不再交基层人民法院审理。

基层人民法院受理的公诉案件,认为需要判处无期徒刑、死刑的,经合议庭报请院长决定后,报请移送中级人民法院审判。

中级人民法院对基层人民法院报请移送的案件,经审查后,按照下列情形分别处理:(1)认为不够判处无期徒刑、死刑的案件,决定不同意移送;(2)认为可能判处无期徒刑、死刑的案件,决定同意移送。

三、地区管辖

地区管辖指的是同级人民法院之间在审判第一审刑事案件上的权限分工。

划分地区管辖所依据的是以犯罪地为主,以被告人居住地为辅的原则。之所以要以犯罪地为主划分地区管辖,主要是因为:

(1)便于保护和勘验现场,便于搜集和查对核实证据,迅速查明案情,正确地处理案件;

(2)便于当事人和其他诉讼参与人参加诉讼活动;

(3)便于犯罪地附近的群众参加旁听公开审判的情况,便于结合为大家所熟悉的事例对群众进行法制宣传教育,同时还可以就地平息民愤;

(4)便于系统了解和分析研究犯罪地所属地区的犯罪情况,从而采取相应措施加强防范和更有效地同犯罪作斗争。

对于什么是犯罪地可以有狭义和广义两种解释。如果作狭义解释,犯罪地就是构成某一罪名的犯罪的主要行为的实施地或完成地。不作为的犯罪,其犯罪地就是被告人应该作为的地点。如果作广义的解释,犯罪地则还应包括犯罪的预备地、结果地,以及这一犯罪案件曾涉及的其他地区,如盗窃案件的各个销赃地等。我国《刑事诉讼法》对什么是犯罪地并未作具体解释,但根据有关司法解释和相关文件的规定,对犯罪地应作广义解释,即:犯罪地包括犯罪行为发生地和犯罪结果发生地。犯罪行为发生地,包括犯罪行为的实施地以及预备地、开始地、途经地、结束地等与犯罪行为有关的地点;犯罪行为有连续、持续或者继续状态的,犯罪行为连续、持续或者继续实施的地方都属于犯罪行为发生地。犯罪结果发生地,包括犯罪对象被侵害地、犯罪所得的实际取得地、藏匿地、转移地、使用地、销售地。针对或者利用计算机网络实施的犯罪,用于实施犯罪行为的网站服务器所在地、网络接入地以及网站建立者或者管理者所在地,被侵害的计算机信息系统及其管理者所在地,以及犯罪过程中犯罪分子、被害人使用的计算机信息系统所在地等。

另外,被告人的居住地也是划分地区管辖的一个依据,但它是辅助性的,即一般应由犯罪地的法院管辖,如果犯罪地难以确定,或者虽能确定但由居住地法院审判也不难查对核实案情,并且也不需要送回犯罪地法院审判以平息民愤的案件,才可以由被告人居住地法院管辖。所以我国《刑事诉讼法》第 24 条规定:刑事案件由犯罪地的法院管辖。如果由被告人居住地法院管辖更为适宜的,可以由被告人居住地法院管辖。

被告人的居住地,包括被告人的户籍所在地、经常居住地。经常居住地与户籍地不一致的,经常居住地为其居住地。经常居住地为被告人被追诉前已连续居住一年以上的地方,但住院就医的除外。

几个同级人民法院按照犯罪地原则对某个案件都有管辖权时,依我国《刑事诉讼法》第 25 条的规定,这个案件应由最初受理的法院审判。另外该条还规定,必要时,也可将案件移送主要犯罪地法院审判。

所谓主要犯罪地,一般应该是指数个罪行中的主要罪行的犯罪地。但是同时它也应包括一种罪行的某个主要事实情节的犯罪地,比如犯罪行为的实施地,或者犯罪行为所造成的结果地等。所谓必要的时候,一般应从是否有利于准确及时地查明案情、正确地处理案件,以及是否有利于同犯罪作斗争和有关群众参加诉讼活动等方面来考虑确定。

发生在中华人民共和国领域外的中国船舶内的犯罪案件,由该犯罪发生后该船舶最初停泊的中国口岸所在地的人民法院管辖。发生在中华人民共和国领域外的中国航空器的犯罪,由犯罪发生后该航空器在中国最初降落地的人民法院管辖。

中国公民在驻外的中国使馆内的犯罪,由该公民主管单位所在地或者原户籍所在地的人民法院管辖。中国公民在中华人民共和国领域外的犯罪,由其入境地或者离境前居住地的人民法院管辖;被害人是中国公民的,也可由被害人离境前居住地的人民法院管辖。外国人在中华人民共和国领域外对中华人民共和国国家或者公民犯罪,根据《中华人民共和国刑法》应当受处罚的,由该外国人入境地、入境后居住地或者被害中国公民离境前居住地的人民法院管辖。对中华人民共和国缔结或者参加的国际条约所规定的罪行,中华人民共和国在所承担条约义务的范围内,行使刑事管辖权的,由被告人被抓获地的人民法院管辖。

同级人民法院之间如果在管辖问题上有争议,应当协商解决,或者请示上级人民法院指定管辖。根据我国《刑事诉讼法》第 26 条的规定,上级人民法院可以指定下级人民法院审判管辖不明的案件,也可以指定下级人民法院将案件移送其他法院审判。

有管辖权的人民法院因案件涉及本院院长需要回避等原因,不宜行使管辖权的,上一级人民法院可以管辖,也可以指定其他下级人民法院管辖。

上级人民法院指定管辖的,应当将指定管辖决定书分别送达被指定管辖的人民法院及其他对管辖权有争议的人民法院。

四、专门管辖

专门管辖是专门法院同普通法院之间及专门法院之间在审判第一审刑事案件上的权限分工。

专门管辖也应包括各专门法院系统内的级别管辖和地区管辖。但我们这里讲的专门管辖不涉及这方面的内容。

(一) 军事法院管辖的刑事案件

军事法院管辖的刑事案件,主要是现役军人(含军内在编职工,下同)犯罪的案件,包括现役军人犯军人违反职责罪的案件及其他各种犯罪案件。

现役军人实施的其他各种犯罪案件,是指除军人违反职责罪以外的其他各种犯罪,包括现役军人在部队营区外即地方上的犯罪。

现役军人和非军人共同犯罪的,应当分别由军事法院和地方人民法院或其他专门法院管辖;如果涉及国家军事秘密,则全案均应由军事法院管辖。

如果是非军人、随军家属在部队营区犯罪的;军人办理退役手续后犯罪的;现役军人入伍前犯罪的(需与服役期内犯罪一并审判的除外);退役军人在服役期内实施了军人违反职责罪以外的犯罪的,都应由地方人民法院管辖。

(二) 铁路运输法院管辖的刑事案件

铁路运输法院管辖的刑事案件主要是:铁路运输系统公安机关负责侦破的刑事案件,以及与铁路运输有关的经济犯罪等案件。

在国际列车上发生的刑事案件,按照我国与相关国家签订的有关管辖协定执行。没有协定的,由犯罪发生后列车最初停靠的中国车站所在地或者目的地的铁路运输法院管辖。

铁路运输法院与地方法院对案件管辖发生争执的,暂由地方法院受理。

思考题

1. 刑事诉讼管辖的概念和意义是什么?
2. 何谓立案管辖?划分立案管辖的依据是什么?
3. 什么叫审判管辖?刑事诉讼法关于审判级别管辖的规定有哪些特点?
4. 划分地区管辖所依据的原则是什么?
5. 人民法院直接受理哪些案件?
6. 人民检察院直接受理哪些案件?
7. 何谓专门管辖?军事法院、铁路运输法院分别管辖哪些刑事案件?
8. 对管辖有争议的案件应当如何处理?

第七章 回　避

第一节　回避的概念和意义

刑事诉讼中的回避是规定同案件有某种利害关系或其他特殊关系的侦查、检察和审判等人员不得参与处理本案的一项诉讼制度。

回避是一项比较古老的诉讼制度。今天，人们对于回避制度的认识，以及法律关于回避的规定，又都前进了一步。但是，在诉讼中为什么要设立回避制度，以及什么人应当回避等，今天人们的认识和法律规定同历史上人们对回避的认识和法律规定，也仍然有许多近似乃至相同之处。

法律明确规定回避制度，绝不只是因为它是一项古老的并为当今世界各国所普遍适用的诉讼制度，而是因为在诉讼中实行这样一项制度，确实有其不可忽视的重要意义。

首先，只有实行回避制度，才能更有效地保障侦查人员、检察人员和审判人员秉公执法，客观公正地进行诉讼、处理案件，才能更有效地防止侦查、检察和审判等人员因受个人感情、恩怨、利害或成见等因素的影响而先入为主或徇私舞弊，出入人罪。

其次，实行回避制度，使参加承办和处理案件的人员同案件处理结果均无利害关系，这对于维护司法机关的威信，增强司法机关就案件作出的裁判及其他决定的权威性，也有重要意义。

另外，实行回避制度也体现了诉讼的民主性。因为法律允许当事人依据有关规定申请侦查、检察和审判等人员回避，并把它看成是包括被告人在内的当事人享有的一项诉讼权利，所以，现代诉讼中的回避制度又具有诉讼民主的意义。

对回避制度必须重视，并应认真贯彻执行。违反回避制度，依法应当回避而未回避的，其性质应属于严重违反刑事诉讼法的情形，或者属于违反法律规定的诉讼程序、可能影响案件正确处理的情形。

第二节　回避的理由和人员范围

我国刑事诉讼中的回避是有理由、有法律根据的回避。如果没有法律根据、没有理由，也就不存在必须回避的问题。

根据我国《刑事诉讼法》第 28 条的规定,回避的理由是:

(1)是本案的当事人或者是当事人的近亲属的。

本人是本案的当事人,或者是当事人的夫、妻、父、母、子、女、同胞兄弟姐妹的,不能担任承办和处理本案的侦查人员、检察人员和审判人员,也不能担任本案的书记员、鉴定人和翻译人员。

(2)本人或者他的近亲属和本案有利害关系的。

本人及其近亲属虽然不是本案的当事人或者当事人的近亲属,但是本人或者其近亲属却同本案有利害关系,即同案件事实、案件的当事人或其近亲属有某种牵连,案件的处理结果会对他们产生某种影响的,也不能担任本案的侦查、检察、审判人员以及书记员、鉴定人和翻译人员。比如本案当事人的未婚妻、未婚夫及其父、母、同胞兄弟姐妹等,就属于本人或者他的近亲属和本案有利害关系的人,所以他们应当回避。

(3)担任过本案的证人、鉴定人、辩护人、诉讼代理人的。

担任过本案的证人、鉴定人、辩护人或者诉讼代理人,由于所处的诉讼地位和所承担的诉讼义务等原因,容易形成对案件的某种固定看法,因此,为防止先入为主和主观片面,这些人也应当回避。

(4)与本案当事人有其他关系,可能影响公正处理案件的。

与本案当事人有其他关系,又可能影响公正处理案件的侦查人员、检察人员和审判人员,也应当回避。与本案当事人有其他关系,当然是指与当事人有除上述三种情形之外的某种关系。而这种关系,可以涉及很广的范围,如曾在一个学校里学习,曾在一个单位里工作,曾住在同一个里弄或者一个自然村等等,都可以说成是与本案当事人有其他关系。所以只是有这类关系,尚不能成为侦查、审判等人员应当回避的理由,还必须同时具备可能影响公正处理案件的情形,才能成为应当回避的理由。

以上就是依据《刑事诉讼法》第 28 条规定应当回避的四条理由或四种情形。这四种情形中每一种情形都是应当回避的充分理由。就是说,只要有其中的一种情形,侦查、检察和审判等人员就应当回避。

《刑事诉讼法》第 28 条关于应当回避的情形的规定,没有"但书"和例外,没有可以灵活、不回避也可以的意思。这里的"应当",同《刑事诉讼法》其他条款中的"应当"的意思和要求是一样的,就是要求一定要这样做,如果不这样做,就是违法,就是违反了法律规定的诉讼程序。

另外,《刑事诉讼法》第 29 条规定,审判人员、检察人员、侦查人员不得接受当事人及其委托的人的请客送礼,不得违反规定会见当事人及其委托的人。审判人员、检察人员、侦查人员违反前款规定的,应当依法追究法律责任。当事人及其法定代理人有权要求他们回避。这是 1996 年《刑事诉讼法》修改后增加的一条规定。对这条规定,也应当理解为是审判人员、检察人员、侦查人员必须回避的理由,即只要接受了当事人及其委托的人的请客送礼或者违反规定会见当事人及其委托的人的,就应当回避。因为对有这种情形的侦查、检察、审判人员应当依法追究法律责任。而已经是依法被追究法律责任的人,如果仍允许其承办该案件,显然是不合适的,当事人和其他诉讼参与人不会信任,执法的严肃性和权威性也势必要受到严重损害。

关于接受当事人及其委托的人的请客送礼或者违反规定会见当事人及其委托的人,应当回避的规定,也适用于书记员、翻译人员和鉴定人。

根据我国《刑事诉讼法》第28条和第31条的规定,回避适用于下列人员:

(1)审判人员。既包括直接负责审判本案的审判员和人民陪审员,也包括对本案有权参与讨论和作出处理决定的法院院长、副院长、庭长、副庭长和审判委员会的所有成员。

(2)检察人员。既包括直接负责本案的审查批准逮捕和审查决定起诉的检察员,也包括对本案有权参与讨论和作出处理决定的检察长、副检察长和检察委员会的所有委员。

(3)侦查人员。既包括直接负责本案侦查工作的公安机关和检察机关的侦查人员,也包括对本案有权参与讨论和作出处理决定的检察长、副检察长、检察委员会委员和公安机关负责人。

(4)书记员。凡在侦查、起诉或审判阶段担任记录工作的书记员,都应包括在内。

(5)翻译人员。既包括在法庭审判时担任翻译工作的人员,也包括在侦查、起诉阶段讯问被告人和询问证人、被害人时担任翻译工作的人员。

(6)鉴定人。凡担任本案某个专门问题的鉴定工作并提供鉴定意见的人,都应包括在内。

根据我国《人民法院组织法》和《人民检察院组织法》的有关规定,审判人员应当包括法院院长、副院长、审判委员会委员、庭长、副庭长、审判员(含助理审判员)和在法院执行职务的人民陪审员;检察人员应当包括检察长、副检察长、检察委员会委员和检察员(含助理检察员)。如果把回避适用的人员范围仅仅限于直接负责承办案件的侦查员、检察员和审判员,而不包括也参加本案的讨论和处理,并具有决定权的人员,是不符合回避制度的本意和宗旨的,也是违反有关法律规定的。

第三节　回避的程序

回避要求的提出有两种情况:一种情况是侦查、检察和审判等人员,依据有关法律规定,认为自己不应当参与本案的处理而提出回避要求;另一种情况是当事人及其法定代理人等对审判等人员提出回避要求。前一种情况,可以简称为自动要求回避或自行回避;后一种情况,可以简称为申请回避。

根据刑事诉讼法的规定,审判人员、检察人员、侦查人员等如果有法定应当回避的某一种情形,应当自行回避。如果有应当回避的情形而不自行回避的,当事人及其法定代理人等有权提出申请,要求他们回避。有权提出申请回避要求的,除当事人及其法定代理人外,还有辩护人、诉讼代理人。为了切实保障认真实行回避制度,保障当事人及其法定代理人能充分地行使申请回避权,《刑事诉讼法》规定,辩护人、诉讼代理人可以依照有关规定要求回避、申请复议。

不管是自行回避,还是申请回避,都应当讲明理由,并应立即依法上报。在回避的要求未经批准和同意之前,任何人都无权自行决定回避或者驳回回避申请。比如在法庭上,如果当事人依法提出回避的申请,审判人员就应当立即上报,而不能自行决定予以驳回。

对回避的要求依法上报后,诉讼程序的进行一般也应随之暂时停止。比如在法庭审理阶段,可以宣布暂时休庭或决定延期审理等。但是如果回避要求的提出是在侦查阶段,对案件的侦查活动却不能因此而停止。这是因为侦查工作有其一定的特殊性,情况往往比较紧急,所以为了及时有效地制止犯罪,破获案件,保护国家和集体利益以及公民的合法权益免遭侵害,法律明确规定,对侦查人员的回避作出决定前,侦查人员不能停止对案件的侦查。

根据我国《刑事诉讼法》第30条第1款和第31条的规定,审判人员、检察人员、侦查人员的回避,应当分别由院长、检察长、公安机关负责人决定;院长的回避由本院审判委员会决定;检察长和公安机关负责人的回避,由同级人民检察院检察委员会决定。书记员、翻译人员和鉴定人的回避,应当根据其所处诉讼阶段等具体情况,分别由院长、检察长或公安机关负责人决定。

上述有权决定应否回避的个人和组织,对回避的要求应当立即审查并迅速作出是否同意的决定。对于具有法定应当回避情形的人员,即使本人并未自动提出回避要求,当事人及其法定代理人等也并未申请要求他们回避,有权决定回避的个人和组织发觉后,也应进行审查并作出应否回避的决定。这种回避可以称为指令回避。

对于自行提出回避要求的审判、检察、侦查等人员,如果当事人及其法定代理人等并未申请要求他们回避,有关自行回避的情况,即自行回避的理由和是否同意其回避等情况,无须向当事人及其法定代理人等宣告。但是,如果回避的要求是当事人或其法定代理人等提出的,对回避的申请作出是否同意的决定后,就应当向他们宣告。对于不同意回避申请即驳回申请回避的决定,当事人或其法定代理人等还有权申请复议一次。对于申请复议的处理决定作出后,也应当向当事人或其法定代理人等宣告。但是,在审查处理复议申请期间,一般不应当影响诉讼程序的重新开始和继续进行。

思考题

1. 实行回避制度有何意义?
2. 应当回避的理由或根据是什么?
3. 回避适用于哪些人员?

第八章 辩护与代理

第一节 我国辩护制度的基本内容和
辩护人参加诉讼的意义

辩护制度是指犯罪嫌疑人、被告人对指控他们的犯罪事实,自己或者委托他人依法进行辩护,证明自己无罪、罪轻,或者应当从轻或者减轻处罚的制度。它是犯罪嫌疑人、被告人有权获得辩护原则的具体化和制度化,是现代国家法律制度中的重要组成部分,是保护公民人身权利的有效措施。辩护制度是否健全与完善,是刑事诉讼程序民主化、科学化程度的重要标志。

一、我国辩护制度的基本内容

我国辩护制度的内容包括有辩护权、辩护种类、辩护方式、辩护人的范围、辩护人的责任、辩护人的权利与义务等。概括地讲,可归纳为以下三个方面:

(1) 犯罪嫌疑人、被告人有自行辩护的权利。任何人从他被指控犯罪时起,就享有自行辩护的权利。自行辩护就是犯罪嫌疑人、被告人本人对控诉进行反驳、申辩和解释,说明自己无罪或罪轻,应当减轻或免除刑事责任。犯罪嫌疑人、被告人的自行辩护权,不受诉讼阶段的限制,即不论在侦查阶段、审查起诉阶段,还是审判阶段,都享有自行辩护的权利。

辩护权是犯罪嫌疑人、被告人最基本的诉讼权利,没有辩护权,犯罪嫌疑人、被告人的其他诉讼权利,就会失去存在的价值。法律赋予犯罪嫌疑人、被告人自行辩护的权利,也是诉讼民主化的重要体现。

(2) 犯罪嫌疑人、被告人有权获得辩护人的帮助。《刑事诉讼法》第 33 条规定,犯罪嫌疑人自被侦查机关第一次讯问或者采取强制措施之日起,有权委托辩护人。在侦查期间,只能委托律师作为辩护人。被告人有权随时委托辩护人。《刑事诉讼法》第 34 条还规定,犯罪嫌疑人、被告人因经济困难或者其他原因没有委托辩护人的,本人及其近亲属可以向法律援助机构提出申请。对符合法律援助条件的,法律援助机构应当指派律师为其提供辩护。犯罪嫌疑人、被告人是盲、聋、哑人,或者是尚未完全丧失辨认或者控制自己行为能力的精神病人,没有委托辩护人的,人民法院、人民检察院和公安机关应当通知法律援助机构指派律师为其提供辩护。犯罪嫌疑人、被告人可能被判处无期徒刑、死刑而没有委托辩护人的,人民法院、人民检察院和公安机关应当通知法律援助机构指派律师为其提供辩护。被告人有权获得辩护人的帮助,不仅是被告人享有辩护权的一项重要内容,而且是整个辩护制度的主要组成部分。

辩护人和犯罪嫌疑人、被告人都属于行使辩护权的一方,但辩护人辩护和犯罪嫌疑人、被告人自行辩护又有不同,它们的主要区别是:第一,犯罪嫌疑人、被告人是当事人,是被指控犯罪,被追究刑事责任的人。犯罪嫌疑人、被告人自行辩护是犯罪嫌疑人、被告人为自身利益而进行辩护。辩护人不是当事人,不处于被指控、被追究的地位,他进行的辩护,不是为自身利益,而是为维护他人的合法利益而进行的辩护。第二,辩护是犯罪嫌疑人、被告人的权利,他可以行使,也可以放弃。对辩护人来讲,特别是辩护律师,辩护是他的职责,应当认真履行,不得随意放弃。第三,犯罪嫌疑人、被告人自行辩护不受诉讼阶段的限制,在整个诉讼过程中,都享有自行辩护的权利。辩护人的辩护必须在法律规定的阶段进行,还须有合法的委托或指派。

鉴于两者的上述区别,所以两种辩护既不能混淆,也不能相互代替。犯罪嫌疑人、被告人的自行辩护权不能因辩护人参加诉讼而取消。辩护人的辩护也不能因犯罪嫌疑人、被告人自行辩护而受到限制。

(3)公安司法机关有义务保障犯罪嫌疑人、被告人获得辩护。在刑事诉讼中,公安司法机关始终处于主导地位,诉讼参与人的诉讼权利能否有效地、正确地行使,关键在于公安司法机关的保障和指导。从主体之间的权利与义务关系讲,犯罪嫌疑人、被告人享有权利,同时也就意味着公安司法机关要对犯罪嫌疑人、被告人承担相应的义务。因此,我国刑事诉讼法在规定犯罪嫌疑人、被告人享有辩护权的同时,也相应规定公安司法机关有保证犯罪嫌疑人、被告人获得辩护的义务。比如在对犯罪嫌疑人、被告人进行讯问或审判时,应当告知他有申辩的权利;人民检察院自收到移送审查起诉的案件材料之日起3日以内,应当告知他有委托辩护人的权利;被告人是盲、聋、哑人而没有委托辩护人的,人民法院、人民检察院和公安机关应当通知法律援助机构指派律师为其提供辩护,等等。

二、辩护人参加诉讼的意义

根据《刑事诉讼法》第32条、第33条的有关规定,犯罪嫌疑人、被告人除自己行使辩护权以外,还可以委托辩护人为自己辩护;对特定的犯罪嫌疑人、被告人,人民法院、人民检察院和公安机关还应当通知法律援助机构指派律师为其提供辩护。

辩护人参加诉讼,是贯彻我国辩护制度,保护公民的合法权利,加强社会主义法制的重要体现,也是保证案件正确处理的有效措施。具体讲,其意义主要是：

（1）有利于人民法院正确处理案件，防止主观片面。刑事案件的情况是复杂的，审判人员要查清案件事实，除进行深入的调整研究外，还要认真听取控告与辩护双方的意见。但是，由于犯罪嫌疑人、被告人处于被控告的地位，一般讲他们的心理上和精神上都有很大压力，他们中的许多人由于被羁押，行动自由受到限制，再加上缺乏法律知识，不知道如何进行辩护，所以常常会出现有理说不出、有理说不清的情况，这对审判人员全面了解情况、正确认定案件事实是不利的。有辩护人参加诉讼，特别是辩护律师参加诉讼，就可以弥补这个不足，帮助犯罪嫌疑人、被告人充分阐述有利于自己的事实和理由。这对于侦查人员、检察人员、审判人员全面了解情况，查明案件事实，正确适用法律，防止偏听偏信，避免和减少错误，都是非常有益的。

（2）有利于保护犯罪嫌疑人、被告人的合法权益，有利于各项法律制度的贯彻执行。犯罪嫌疑人、被告人在诉讼中处于被追究的地位，由于许多犯罪嫌疑人、被告人不懂法律，不知道自己在诉讼中有哪些权利，不知道如何行使这些权利，当别人侵犯了他的合法权利时，也不知道如何处理等等，这就不仅会影响犯罪嫌疑人、被告人依法行使和维护其诉讼权利，而且还有可能影响法律的正确实施。有辩护人，特别是辩护律师参加诉讼，就可以帮助犯罪嫌疑人、被告人充分行使诉讼权利，有效地维护犯罪嫌疑人、被告人的合法利益。同时，有辩护人参加诉讼，还可以促使司法人员增强责任心，认真执行法律，严格依法办事。

（3）有利于更好地实现刑事诉讼的教育任务。被告人在法庭上除自己辩护外，还有辩护人为他辩护，把有利于他的事实和理由全部讲出来，人民法院在予以充分考虑后实事求是地作出处理，就容易使犯罪分子心服口服，认罪服法，接受改造。在辩护人的参加下，控诉一方和辩护一方经过充分辩论，还能使旁听群众全面了解案情，分清是非，弄清什么是违法，什么是合法，应当支持什么，应当反对什么，从而提高法制观念，提高守法和同犯罪作斗争的自觉性和主动性。所以辩护人参加诉讼，这完全是全面贯彻辩护制度的需要，是保护公民的合法权益，保证正确处理案件和全面实现刑事诉讼任务的需要。

犯罪嫌疑人、被告人为自己辩护是犯罪嫌疑人、被告人行使辩护权的基本形式。所谓基本形式，就是说从立案开始到案件审结的整个诉讼过程中，犯罪嫌疑人、被告人都可以自己进行辩护。而且犯罪嫌疑人、被告人委托了辩护人以后，自己仍然可以辩护。

犯罪嫌疑人、被告人委托辩护人和人民法院、人民检察院和公安机关通知法律援助机构为其指派律师辩护，这是保障被告人充分行使辩护权的重要形式。不论犯罪嫌疑人、被告人自己辩护，还是他人协助辩护，都是犯罪嫌疑人、被告人依法行使辩护权，公安机关、人民检察院和人民法院，都必须依法给予保障。

第二节　辩护人的范围和辩护的种类

一、辩护人的范围

根据《刑事诉讼法》第 32 条的规定,犯罪嫌疑人、被告人可以委托下列人员充当辩护人,出席法庭为自己辩护:

(1) 律师可以充当辩护人。律师是指依法取得律师执业证书,为社会提供法律服务的执业人员。已取得律师资格但未取得执业证书并经注册登记的,不能以律师身份履行辩护职责。《律师法》第 11 条规定:"公务员不得兼任执业律师。""律师担任各级人民代表大会常务委员会组成人员的,任职期间不得从事诉讼代理或者辩护业务。"《律师法》第 41 条还规定:曾担任法官、检察官的律师,从人民法院、人民检察院离任后两年内,不得担任诉讼代理人或者辩护人。公安警察院校的教师有的具有律师资格,鉴于他们不是实际执法人员,为了增加他们的实践知识,提高教学质量,他们可以以律师的身份担任辩护人,但在执行律师职务时,不得穿着民警制服。

(2) 人民团体或者犯罪嫌疑人、被告人所在单位推荐的人,也可以充当辩护人。法律这样规定,可以弥补我国当前律师人数不足,更有效地保护犯罪嫌疑人、被告人的合法权益。实践也已证明,效果良好。不论是人民团体推荐的人,还是犯罪嫌疑人、被告人所在单位推荐的人,充当辩护人时,要经过犯罪嫌疑人、被告人的同意。因为辩护权是犯罪嫌疑人、被告人的权利,要不要委托辩护人,委托谁做他的辩护人,要由他自己决定。其他任何单位或个人都无权代替。公安机关、人民检察院、人民法院对上述辩护人,不需要审查批准,只要犯罪嫌疑人、被告人有同意的意思表示即可。但是对涉及国家秘密的案件,不论是人民团体推荐的人,还是犯罪嫌疑人、被告人所在单位推荐的人,都要经过公安机关、人民检察院或者人民法院的审查同意,否则,不能充当辩护人。

(3) 犯罪嫌疑人、被告人的监护人、亲友,也可以接受委托充当辩护人。监护人是指对未成年人或精神有障碍的人负有监护义务的人,比如未成年人的父母、养父母等。亲友是指其近亲属和近亲属以外的其他亲戚、朋友。这些人依法都可以充当犯罪嫌疑人、被告人的辩护人。

《律师法》第 13 条规定,没有取得律师执业证书的人员,不得以律师的名义从事法律服务业务;除法律另有规定的外,不得从事诉讼代理或者辩护业务。

辩护人是专为犯罪嫌疑人、被告人进行辩护的人,又是帮助司法机关正确处理案件的人,因此,充当辩护人应当是有条件的,不是任何人在任何条件下,都可以充当辩护人。根据《刑事诉讼法》第 32 条规定和司法实践经验,下列人员不能充当辩护人：

（1）正在被执行刑罚或者依法被剥夺、限制人身自由的人，不能充当辩护人。因为担任辩护人要出席法庭参加辩论，依法享有一定的诉讼权利和承担一定的诉讼义务。正在被执行刑罚的人，或者依法被剥夺、限制人身自由的人，他们的人身自由受到了限制，无法行使辩护的职权，因此他们不能充当辩护人。

（2）本案的证人不能同时充当本案的辩护人。这是因为证人同辩护人，在辩护地位和责任上都是矛盾的。当他作为证人证明被告人无罪的时候，如果他又是辩护人，他的证言的可信性必然要受到怀疑。当他作为证人证明被告人有罪时，这种行为又同他作为辩护人的责任根本对立。因此，证人同辩护人这两种身份不能由一个人同时兼有。否则，证言和辩护词将同时失去其可能应有的价值。本案鉴定人也不能同时兼任本案辩护人，其理由与上述证人不能同时担任辩护人的理由基本相同。

（3）同犯罪嫌疑人、被告人的犯罪活动有牵连的人，也不能充当辩护人。因为这种人充当辩护人，可能利用辩护人同犯罪嫌疑人、被告人联系的机会，进行串供、订立攻守同盟等活动，给顺利进行审判造成困难。

（4）现职的公安人员、检察人员、审判人员以及任期内的人民陪审员，也不能充当辩护人。因为公安人员、检察人员、审判人员（含任期内的人民陪审员）是代表国家同犯罪作斗争的专职人员，如果他们充当辩护人，在诉讼中特别是在法庭上为被告人进行辩护，同他们的身份不一致，对保证客观、公正的审判也会产生不利的影响，因此他们不能充当辩护人。审判人员和法院其他工作人员从人民法院离任后两年内，不得以律师身份担任辩护人，也不得担任原任职法院所审理案件的辩护人（但作为被告人的监护人、近亲属进行辩护的除外）。审判人员和人民法院其他工作人员的配偶、子女或者父母，不得担任其任职法院所审理案件的辩护人（但作为被告人的监护人、近亲属进行辩护的除外）。

（5）无行为能力或限制行为能力的人，也不能充当辩护人。辩护人参加诉讼后，要进行一系列的诉讼活动，无行为能力或者是限制行为能力的人无法进行这些活动，当然也就无法充当辩护人。

此外，外国人和无国籍人，也不得担任辩护人。

涉及国家秘密的案件，犯罪嫌疑人、被告人委托律师以外的人（包括犯罪嫌疑人、被告人的亲友、监护人）担任辩护人时，要经过公安机关、人民检察院或者人民法院审查同意，否则不能充当辩护人。

根据《刑事诉讼法》第32条的规定，一名犯罪嫌疑人、被告人可以委托两名辩护人为其辩护。这两名辩护人可以是两个律师，也可以是两个其他公民，也可以是一名律师，一名其他公民。犯罪嫌疑人、被告人委托两名辩护人时，必须明确主辅关系，以便辩护人之间发生矛盾时，易于处理。

二、辩护的种类

辩护的种类是从不同的角度对辩护所作的类别划分。辩护通常有以下几种分类：

（一）委托辩护和指派辩护

这是从辩护人是怎样产生的角度来划分的。委托辩护就是犯罪嫌疑人、被告人委托律师或者其他公民充当辩护人出庭为其辩护。多数情况下，犯罪嫌疑人、被告人都会委托辩护人。

委托辩护又分三种情形：（1）自诉案件的被告人依法有权随时委托辩护人，即被告人知道有人在法院起诉自己后，就可以委托辩护人为自己辩护。（2）公诉案件的犯罪嫌疑人，自被侦查机关第一次讯问或者采取强制措施之日起，可以委托辩护人，在侦查阶段只能委托律师作为辩护人。（3）人民法院开庭审判 10 日以前，被告人未委托辩护人的，人民法院应当告知其有权委托辩护人，或者通知法律援助机构为其指派律师辩护。

指派辩护是人民法院、人民检察院和公安机关对一些特定案件的犯罪嫌疑人、被告人或者某些特殊犯罪嫌疑人、被告人，在他们没有委托辩护人时，通知法律援助机构为其指派律师，出庭辩护。指派辩护应当具备法定的条件。《刑事诉讼法》第 34 条规定："犯罪嫌疑人、被告人因经济困难或者其他原因没有委托辩护人的，本人及其近亲属可以向法律援助机构提出申请。对符合法律援助条件的，法律援助机构应当指派律师为其提供辩护。犯罪嫌疑人、被告人是盲、聋、哑人或者是尚未完全丧失辨认或者控制自己行为能力的精神病人，没有委托辩护人的，人民法院、人民检察院和公安机关应当通知法律援助机构指派律师为其提供辩护。犯罪嫌疑人、被告人可能被处无期徒刑、死刑，没有委托辩护人的，人民法院、人民检察院和公安机关应当通知法律援助机构指派律师为其提供辩护。"高级人民法院复核死刑案件，被告人没有委托辩护人的，法院应当通知法律援助机构指派律师为其提供辩护。在共同犯罪案件中，其他被告人已委托辩护人；有重大社会影响案件；人民检察院抗诉案件；被告人的行为可能不构成犯罪等案件，人民法院也可以通知法律援助机构指派法律为其辩护。

法律援助机构根据公、检、法机关的通知，为犯罪嫌疑人、被告人指派了辩护律师，犯罪嫌疑人、被告人坚持自己行使辩护权，拒绝指派的辩护人为他辩护的，公安机关、人民检察院、人民法院可以准许，并记录在案。但被告人是聋、哑、盲人或者是尚未完全丧失辨认或者控制自己行为能力的精神病人或者是可能被判处无期徒刑、死刑的除外。对后者不准许拒绝指派辩护，有利于保护被告人的合法权益，有利于保障诉讼的顺利进行。

（二）律师辩护和非律师辩护

这是从辩护人不同身份的角度来划分的。由律师充当辩护人的,就是律师辩护。由律师以外的其他公民充当辩护人的,就是非律师辩护。

律师作辩护人和非律师辩护人,在诉讼中的地位和任务都是相同的,都是在为犯罪嫌疑人、被告人辩护,依法保护犯罪嫌疑人、被告人的合法权益。但是,由于他们的身份不同,在诉讼中享受的权利就不完全一样。如根据《刑事诉讼法》第37、38条的规定,辩护律师可以同在押的犯罪嫌疑人、被告人会见和通信。其他辩护人也可以同在押的犯罪嫌疑人、被告人会见和通信,但必须经人民法院、人民检察院许可。辩护律师自人民检察院对案件审查起诉之日起,可以查阅、摘抄、复制本案的案件材料。其他辩护人也可以查阅、摘抄、复制上述材料,但必须经人民法院、人民检察院许可。未经许可,律师以外的其他辩护人不能行使上述职权。这也就是说,非律师辩护人在了解案件情况上,同律师辩护人相比,要受到较多的限制。这主要是因为非律师辩护人,可能同犯罪嫌疑人、被告人有亲属关系或其他利益关系,如犯罪嫌疑人、被告人的亲友、监护人充当辩护人时,他们同案件处理结果就有利害关系。因此,为了防止泄露国家秘密和其他应当保守秘密的情况,保证诉讼的顺利进行,非律师辩护人在享受诉讼权利方面,同律师辩护人应当有所区别。

（三）多人辩护和一人辩护

这是从一个犯罪嫌疑人、被告人同时有几个辩护人为其辩护的角度来划分的。一个犯罪嫌疑人、被告人同时有两个或两个以上的辩护人为其辩护的是多人辩护,一个犯罪嫌疑人、被告人只有一个辩护人为其辩护的是一人辩护。在我国的司法实践中,所谓多人辩护,实际也就是两人辩护,因为一个犯罪嫌疑人、被告人最多也只能有两个辩护人为其辩护。

（四）共同辩护和个别辩护

这是从一个辩护人同时为同一案件的几个犯罪嫌疑人、被告人进行辩护的角度划分的。一个辩护人同时为一个案件的两个以上犯罪嫌疑人、被告人进行辩护的为共同辩护。一个辩护人只为有多名犯罪嫌疑人、被告人案件中的一个犯罪嫌疑人、被告人进行辩护的是个别辩护。

共同辩护只能发生在共同犯罪案件中。根据最高人民法院、最高人民检察院和公安部的有关规定,一个辩护人不得为两名以上的同案犯罪嫌疑人、被告人辩护,因为他们之间难免有利害冲突。

第三节　辩护人的任务和地位

一、辩护人的任务

辩护人是重要的诉讼参与人。概括地说,辩护人的任务就是依法为犯罪嫌疑人、被告人进行辩护,维护其合法权益。具体讲,可以分以下几个方面:

(1) 依法为犯罪嫌疑人、被告人进行辩护,这是辩护人的首要任务。辩护人通过参加诉讼活动,特别是参加法庭审理活动,根据事实和法律,充分阐述犯罪嫌疑人、被告人无罪、罪轻或者应当从轻、减轻、免除刑罚的材料和意见,维护犯罪嫌疑人、被告人的诉讼权利和其他合法权益,同时帮助公安司法机关全面查清案情,正确处理案件。辩护人绝对不能在诉讼中特别是在法庭上,讲述不利于犯罪嫌疑人、被告人的事实和理由。如果辩护人以实事求是为由,在法庭上揭露被告人的罪行或讲述不利于被告人的事实和理由,是同辩护人的任务相矛盾的,也是同我国辩护制度的宗旨相违背的。

辩护人为犯罪嫌疑人、被告人进行辩护,必须以事实为根据,以法律为准绳,依法保护犯罪嫌疑人、被告人的诉讼权利和其他权益。犯罪嫌疑人、被告人的非法利益不能保护。

辩护人为了顺利地完成辩护任务,必须提前做好准备,比如了解案情,会见犯罪嫌疑人、被告人,进行必要的调查访问,写好辩护词和发言提纲等。

(2) 维护犯罪嫌疑人、被告人的合法权益,对侵犯犯罪嫌疑人、被告人合法权益的行为,依法要求纠正。为了保证犯罪嫌疑人、被告人在诉讼过程中有充分的申辩机会,保证审判公正、合法地进行,刑事诉讼法赋予犯罪嫌疑人、被告人一系列权利,比如有申请回避的权利,在法庭上有对证据发表意见、进行辩论和最后陈述的权利,有对一审判决不服在法定时间内提出上诉的权利等。辩护人有责任帮助犯罪嫌疑人、被告人依法正确行使这些权利。当犯罪嫌疑人、被告人的这些权利受到剥夺或者限制时,辩护人应当依法要求制止或者纠正,必要时可以向有关部门提出控告。

(3) 为犯罪嫌疑人、被告人提供法律上的帮助。这主要是指辩护律师,当其被委托或者被指派担任辩护人以后,应当解答犯罪嫌疑人、被告人提出的法律问题,为犯罪嫌疑人、被告人代写法律文书等,给犯罪嫌疑人、被告人以法律上的帮助。

(4) 结合办案进行法制宣传。辩护人进行法制宣传的主要对象是犯罪嫌疑人、被告人。犯罪嫌疑人、被告人由于不懂法律,往往存在各种思想顾虑,比如怕受更重的惩罚而不敢交待自己的全部罪行,或者把犯罪行为看成是一般错误,或者为了尽快结案而承认一些不实的指控,等等。辩护人应当针对犯罪嫌疑人、被告人的思想顾虑,从政策上、法律上耐心地进行宣传教育,帮助他们端正态度,实事求是地对待自己的问题。同时,还应当帮助有罪的犯罪嫌疑人、被告人正确分析犯罪的原因,吸取教训,明确今后的努力方向。

二、辩护人的诉讼地位

辩护人特别是辩护律师,在诉讼中处于专门维护犯罪嫌疑人、被告人合法权益的地位。辩护人的这种诉讼地位包含两层意思:一是辩护人是犯罪嫌疑人、被告人合法权益的维护者,即他维护的只是在诉讼中依照法律应当维护的犯罪嫌疑人、被告人的权益,而不是犯罪嫌疑人、被告人的所有利益,更不是法律规定应限制或者剥夺的权益。二是辩护人是犯罪嫌疑人、被告人合法权益的专门维护者。这是辩护人不同于公诉人及审判人员的主要方面。公诉人和审判人员也有依法维护犯罪嫌疑人、被告人合法权益的义务,但他们不是专门维护者,即维护犯罪嫌疑人、被告人的合法权益,不是他们的专门任务。他们是国家控诉权、审判权的行使者,是在行使国家控诉权、审判权的过程中,同时维护犯罪嫌疑人、被告人的合法权益。辩护人则不同,他的诉讼职能就是依法为犯罪嫌疑人、被告人辩护,维护其合法权益,除此之外,再没有别的职能。所以在刑事诉讼中,只有辩护人是犯罪嫌疑人、被告人合法权益的专门维护者。辩护人的诉讼地位,同公诉人的控诉地位是相对应而存在的。没有控诉就没有辩护。两者诉讼职能各不相同,不能互相混淆。辩护人只能依法为犯罪嫌疑人、被告人辩护,陈述对犯罪嫌疑人、被告人有利的事实情节和理由,不能对犯罪嫌疑人、被告人进行控诉。辩护律师和公诉人的诉讼地位是平等的,都是依法执行职务,都要对案件事实和法律负责,他们进行诉讼活动的目的都是为了使案件得到正确处理。

辩护人对审判人员来讲,是一种协助与配合的关系。这种协助与配合,是通过辩护来实现的,也就是通过辩护人陈述有利于被告人的事实和理由来实现的。

辩护人作为犯罪嫌疑人、被告人合法权益的维护者,同犯罪嫌疑人、被告人同属于执行辩护职能的一方。他们的共同任务就是维护犯罪嫌疑人、被告人的合法权益。但是,辩护人并不是被告一方的当事人,因为犯罪嫌疑人、被告人作为刑事责任的承担者和证据来源,具有严格的个人性质,任何人不能代替。辩护人同犯罪嫌疑人、被告人之间是一种委托与被委托的关系,犯罪嫌疑人、被告人有权选择自己认为适合的人担任自己的辩护人。犯罪嫌疑人、被告人如果认为被委托的辩护人辩护不力,可以拒绝他继续为自己辩护,并且可以另行委托新的辩护人。可以担任辩护人的人也有接受或者不接受委托的自由。辩护律师如果认为犯罪嫌疑人、被告人有隐瞒重大罪行的情形,接受委托后也可以拒绝担任辩护人为其辩护。辩护人接受委托后,应当认真履行职责,积极为被告人辩护,不能无故拒绝辩护。

从上述可以看出,辩护人既不从属于人民检察院、人民法院,也不从属于犯罪嫌疑人、被告人,而是具有独立诉讼地位的诉讼参与人。

由于辩护人特别是辩护律师,是依法维护犯罪嫌疑人、被告人合法权益的,所以在辩护时必须忠于事实真相,忠于国家法律,站在国家和人民的立场上,依法为犯罪嫌疑人、被告人进行辩护。他既要保护国家和人民的利益,又要保护犯罪嫌疑人、被告人的合法权益。这也是我们国家的律师同资本主义国家的律师的重要区别。

第四节 辩护人的权利和义务

一、辩护人的权利

辩护人是刑事诉讼中重要的诉讼参与人。为了保证他们能顺利地完成辩护任务,法律赋予他们一系列的诉讼权利,这些权利主要有:

(1)辩护人有权根据事实和法律,独立进行辩护。辩护人根据自己对事实的认定和对法律的理解,独立进行辩护,其他任何机关(包括人民法院、人民检察院)、团体和个人,都无权干涉。辩护人在辩护之前,要听取犯罪嫌疑人、被告人的意见和要求,有些诉讼行为,比如为被告人的利益而提出上诉等,还要征得被告人的同意,方能进行,以便更好地保护被告人的合法利益。但在辩护时,辩护人完全有权独立进行,不受被告人意愿的约束。被告人不承认的事实,不同意的控诉理由,辩护人可以为他辩护,也可以不为他辩护;被告人承认的事实,表示同意的控诉理由,辩护人也可以提出自己的意见和看法。

(2)在侦查阶段,辩护律师可以为犯罪嫌疑人提供法律帮助;代理申诉、控告;变更强制措施;向侦查机关了解犯罪嫌疑人涉嫌的罪名和案件有关情况,并可以提出意见。

(3)辩护律师可以同在押(含被监视居住)的犯罪嫌疑人、被告人会见和通信。其他辩护人经人民法院、人民检察院许可,也可以同在押的犯罪嫌疑人、被告人会见和通信。

律师按照规定要求会见在押犯罪嫌疑人、被告人时,看守所应当及时安排,至迟不得超过48小时。但在侦查期间要求会见危害国家安全犯罪、恐怖活动犯罪、特别重大贿赂犯罪案件的犯罪嫌疑人,应当经侦查机关许可。

律师会见在押犯罪嫌疑人、被告人,可以向其了解案件有关情况,并为其提供法律咨询。

律师会见犯罪嫌疑人、被告人时不被监听。

（4）案件自移送人民检察院审查起诉之日起，辩护律师有权查阅、摘抄、复制本案的案卷材料。其他辩护人经人民法院、人民检察院许可，也可以查阅、摘抄、复制上述材料。在此期间，辩护律师还可以向犯罪嫌疑人、被告人核实有关证据。

（5）辩护人认为在侦查、审查起诉期间，公安机关、人民检察院收集的证明犯罪嫌疑人、被告人无罪或者罪轻的证据材料未提交的，有权申请人民检察院、人民法院调取。

（6）辩护律师经证人或者有关单位和个人的同意，可以向他们收集与本案有关的材料，也可以申请人民检察院、人民法院收集、调取证据，或者申请人民法院通知证人出庭作证。辩护律师经人民检察院或者人民法院许可，并且经被害人或者其近亲属、被害人提供的证人同意，可以向他们收集与本案有关的材料。

（7）辩护人有参加法庭调查和法庭辩论的权利。法庭调查阶段，辩护人在公诉人讯问被告人后，经审判长许可可以向被告人发问；经审判长许可，可以对证人、鉴定人发问；法庭审理中，辩护人有权申请新的证人到庭，调取新的物证，申请重新鉴定或者勘验。法庭辩论阶段，辩护人可以对证据和案件情况发表意见，并且可以和控诉方开展辩论等。

（8）经被告人同意，有提出上诉的权利。《刑事诉讼法》第216条规定，被告人的辩护人，经被告人的同意，可以提出上诉。这是辩护人维护被告人合法权利的重要手段，也是保证案件正确处理的有效措施。

（9）有要求公安、司法机关依法解除强制措施的权利。根据《刑事诉讼法》第97条的规定，犯罪嫌疑人、被告人及其法定代理人、近亲属或者辩护人，对于人民法院、人民检察院或者公安机关采取强制措施法定期限届满的，有权要求解除强制措施。人民法院、人民检察院或者公安机关应当予以释放、解除取保候审、监视居住或者依法变更强制措施。

（10）有拒绝辩护的权利。根据《律师法》第32条第2款的规定：律师接受委托后，没有正当理由的，不得拒绝辩护或代理。但委托事项违法，委托人利用律师提供的服务从事违法活动或者委托人隐瞒事实的，律师有权拒绝辩护或者代理。律师遇到这种情况，应教育委托人改正错误。如委托人坚持错误不改的，受委托的律师有权拒绝为其辩护。

（11）根据《刑事诉讼法》第47条的规定，辩护人认为公安机关、人民检察院、人民法院及其工作人员阻碍其依法行使诉讼权利的，有权向同级或者上一级人民检察院申诉或者控告。

辩护人的权利特别是辩护律师的权利是实现辩护人辩护任务的基本保障，没有这些权利的有效实施，就谈不上有效辩护，也就无法保护被告人的合法权益。

二、辩护人的义务

辩护人在享受诉讼权利的同时,也必须履行相应的诉讼义务,这些诉讼义务主要有:

(1)辩护人特别是辩护律师,在接受委托或者指派后,就有义务为犯罪嫌疑人、被告人提供优质的法律服务,维护委托人的合法权益,并负责到底,除有法定情形外,不得拒绝辩护。

(2)根据《刑事诉讼法》第46条的规定,辩护律师对在执业活动中知悉的委托人的有关情况和信息,有权予以保密。所谓"有关情况和信息"是指委托人的商业秘密、个人隐私和其他不愿对外公开的情况。"有权予以保密"是指辩护律师不仅不能主动向外泄露委托人的保密事项,就是有人(包括司法人员)主动问及时也有权保守秘密拒绝回答,只有这样才能维系律师与当事人之间的信任关系,也是律师制度得以存在的基础。但是,律师为委托人或者他人保守的"秘密"不是无限的,而是有限的,《刑事诉讼法》第46条又规定,这些"秘密"如果涉及准备或者正在实施危害国家安全、公共安全以及严重危害他人人身安全的犯罪的,应当及时告知司法机关,这些情况和信息不属于律师保密的范围。这样就把律师的职业秘密与保护国家和人民利益有机结合起来。

律师不得在同一案件中为双方当事人担任代理人,不得代理与本人或者其他近亲属有利益冲突的法律事务。

(3)根据《刑事诉讼法》第40条的规定,辩护人收集到的有关犯罪嫌疑人不在犯罪现场、未达到刑事责任年龄、属于依法不负刑事责任的精神病人的证据,应当及时告知公安机关和人民检察院,防止造成不必要的司法资源浪费。

(4)根据《刑事诉讼法》第42条和《律师法》第40条的规定,辩护人在执业活动中不得有下列行为:帮助犯罪嫌疑人、被告人隐匿、毁灭、伪造证据或者串供,威胁、引诱证人作伪证,以及进行其他干扰司法机关诉讼活动的行为;私自接受委托、收取费用,接受委托人的财物或者其他利益;利用提供法律服务的便利牟取当事人争议的权益;接受对方当事人的财物或者其他利益,与对方当事人或者第三人恶意串通,侵害委托人的权益;违反规定会见法官、检察官、仲裁员以及其他有关工作人员;向法官、检察官、仲裁员以及其他工作人员行贿、介绍贿赂或者指使、诱导当事人行贿,或者以其他不正当方式影响法官、检察官、仲裁员以及其他有关工作人员依法办理案件;故意提供虚假证据或者威胁、利诱他人提供虚假证据,妨碍对方当事人合法取得证据;煽动、教唆当事人采取扰乱公共秩序、危害公共安全等非法手段解决争议;扰乱法庭、仲裁秩序,干扰诉讼活动的正常进行。

(5)接到人民法院的开庭通知后,应当按时出庭,履行辩护的职责,不能无故缺席。

第五节　律师的辩护活动和律师辩护的意义

一、律师的辩护活动

在刑事诉讼中,律师参加诉讼为犯罪嫌疑人、被告人进行辩护,是辩护的主要形式。特别是随着我国法律建设的进一步完善,人民的法制观念进一步增强,律师为犯罪嫌疑人、被告人辩护将会越来越多。律师要当好辩护人,根据实践经验,应当做好以下几方面的工作:

（一）受理案件

律师应当由其所在的律师事务所统一接受委托,并办理委托手续。律师事务所应开具《辩护委托书》。该委托书需经委托人签名后才能有效。《辩护委托书》应一式三份,一份交委托人,一份连同律师事务所有关接受委托的证明文件送交受理该案的人民法院,一份留律师事务所备查。如果是人民法院指派律师为被告人辩护的,经指派后该律师即具有某被告人辩护人的资格。

律师在接受当事人委托或法律援助机构指派后,应当本着对当事人负责,对国家法律负责的精神,认真履行职责,不能马虎搪塞。

（二）了解案情,调查取证

进行必要的调查,全面了解案情,是成功辩护的基础。律师了解案情主要从以下几方面进行:（1）查阅案卷有关材料和证据,这是全面了解案情的主要形式。（2）会见犯罪嫌疑人、被告人。通过会见,听取他们的陈述和意见,进一步了解案情,弄清案件中的疑点,了解犯罪嫌疑人、被告人的认罪态度,有的放矢地对他们进行思想教育和法制宣传。（3）进行必要的调查取证。为了弄清有利于犯罪嫌疑人、被告人的事实,可以进行必要的调查和取证。根据刑事诉讼法的规定,律师依法可以向有关单位或个人进行调查。调查必须向被调查人或单位出示律师执业证和律师事务所开具的信件,并说明来意。

在调查取证,掌握案件情况的基础上,应当明确辩护要点、辩护的理由和根据,并写出辩护词。

（三）出庭辩护

出庭辩护是辩护人为被告人进行辩护的中心环节,也是律师依法维护被告人合法权益的关键阶段。因此辩护律师必须做好出庭辩护工作。

在开庭阶段,律师要注意维护被告人所享有的诉讼权利,比如,审判长是否告知被告人有申请审判人员回避的权利等。

在法庭调查阶段,律师要注意听取公诉人宣读起诉书;注意听取审判人员、公诉人对被告人、证人、鉴定人的发问;注意被告人、证人等对问题的回答。对重点问题要作记录,对疑点或矛盾点,随时拟出发问提纲。经审判长许可,可以向证人、鉴定人发问。必要时,律师有权申请法庭通知新的证人到庭,调取新的物证,申请重新鉴定或勘验。辩护律师应当通过这些活动,使对被告人有利的各种事实和证据,在法庭上都调查清楚,同时也为后面的辩护打下基础。

在法庭辩论阶段,律师的主要任务是,阐明自己对案件的看法,依法维护被告人的合法权益,有理有据地与控诉方进行辩论。律师要完成这个任务,首先必须认真听取公诉人、被害人的发言,对他们在事实、证据、适用法律等方面的不同意见要作好记录,以备答辩。其次是发表辩护词。辩护词必须以事实为根据,以法律为准绳,有理有据地分析被告人被指控的罪行不能成立或者证据不足或者适用法律有错误,提出有利于被告人的事实和理由。再次是针对被害人提出的反驳意见,根据事实、证据和法律进行辩论。辩论必须围绕案件主要问题进行,不能纠缠细枝末节,不能强词夺理。

在被告人最后陈述阶段,律师应当注意法庭是否保障被告人充分陈述。如果遇到阻挠或限制,律师应当提出意见,要求法庭依法保障被告人的陈述权。被告人在陈述过程中,如果提出新的事实和新的证据,律师可以要求法庭调取新的物证,通知新的证人到庭,或者重新鉴定、勘验。

宣判后,律师还可以会见被告人,听取他对判决的意见。如果被告人不服第一审判决,要求上诉的,律师应当为其提供法律方面的帮助。如果被告人不上诉,辩护律师认为判决不正确应当上诉的,可以向他说明判决不正确的地方和理由。被告人如果接受律师的意见,即可上诉。如果被告人不接受律师的意见,不同意上诉,律师不能擅自代被告人上诉。

二、律师辩护的意义

根据法律规定,刑事案件中的犯罪嫌疑人、被告人不仅可以请律师辩护,依法还有权自行辩护,同时也可以委托律师以外的人为其辩护。这是辩护制度的重要内容,也是保护犯罪嫌疑人、被告人合法权益不可缺少的条件。但是,由被告人自己辩护或者由律师以外的人辩护,均有一定的局限性,比如缺少法律知识、没有辩护经验等。而律师参加诉讼为犯罪嫌疑人、被告人进行辩护,则具有自己的特点,可以弥补被告人自己辩护或者其他辩护人辩护的不足。(1)律师作为专业法律工作者,参加诉讼依法为被告人进行辩护,保护被告人的合法权益,是他的职责。律师一般都能从自己的职业道德和责任出发,认真履行辩护职责,充分发挥辩护人应有的作用。(2)律师在执行辩护职能时,依法享有广泛的诉讼权利,比如直接查阅案卷有关材料,直接会见被告人,依法向有关单位和个人进行调查等。这些权利是律师以外的辩护人所没有的。因此,辩护律师比其他辩护人更能全面、具体地了解案情,在法庭上也就比其他辩护人更能提供有力的辩护理由和中肯的意见,更好地维护被告人的合法权益。(3)辩护律师比其他辩护人更熟悉法律,有更多的辩护经验,更能有效地为被告人辩护。(4)律师辩护有组织上的保证,有纪律上的约束。律师担任辩护人,要由律师事务所统一接受委托,要受律师事务所的监督,同时也会依法得到律师事务所的支持,使辩护工作的质量更有保障。(5)律师具有专门业务知识,并受到社会的信赖。因此律师辩护有利于宣传社会主义法制,促使犯罪分子坦白交待,认罪服判,对于预防和减少犯罪,改造犯罪分子等,都有重要作用。

第六节　刑事法律援助

　　刑事法律援助制度是国家在进行刑事诉讼活动中,对因经济困难或者其他因素,通过一般意义上的法律救济难以保障自身权利的社会弱者,减免收费,提供法律帮助的一项法律保障制度。刑事法律援助制度是法律援助制度的重要组成部分。它对保障刑事诉讼的公平、公正,有效保护人权,实现社会正义有着重要作用。

一、刑事法律援助的范围

　　刑事法律援助的范围是指刑事法律援助所包括的对象,法律援助对象的多少与国家经济发展的水平和法制状况密切相关。根据我国的实际情况,《刑事诉讼法》第34条对刑事法律援助的范围作了规定:(1)犯罪嫌疑人、被告人因经济困难或其他原因没有委托辩护人的,本人及其近亲属可以向法律援助机构提出申请。对符合法律援助条件的,法律援助机构指派律师为其提供辩护。(2)被告人是盲、聋、哑人或者是尚未完全丧失辨认或者控制自己行为能力的精神病人,没有委托辩护人的,人民法院、人民检察院和公安机关应当通知法律援助机构指派律师为其提供辩护。(3)被告人可能被判处无期徒刑、死刑而没有委托辩护人的,人民法院、人民检察院和公安机关应当通知法律援助机构指派律师为其提供辩护。最高人民法院对刑事法律援助的对象又作了具体规定,最高人民法院《关于适用〈中华人民共和国刑事诉讼法〉的解释》第42条规定:对具有下列情形而没有委托辩护人的被告人,人民法院应当通知法律援助机构指派律师为其提供辩护:(1)盲、聋、哑人;(2)尚未完全丧失辨认或者控制自己行为能力的精神病人;(3)可能被判处无期徒刑、死刑的人。第43条规定,具有下列情形之一,被告人没有委托辩护人的,人民法院可以通知法律援助机构指派律师为其提供辩护:(1)共同犯罪案件中,其他被告人已经委托辩护人;(2)有重大社会影响的案件;(3)人民检察院抗诉的案件;(4)被告人的行为可能不构成犯罪;(5)有必要指派律师提供辩护的其他情形。

　　《法律援助条例》(以下简称《条例》)对刑事法律援助的范围又作出了进一步

规定,《条例》第 11 条规定,刑事诉讼中有下列情形之一的,公民可以向法律援助机构申请法律援助:(1) 犯罪嫌疑人在被侦查机关第一次讯问后或者采取强制措施之日起,因经济困难没有聘请律师的;(2) 公诉事件中的被害人及其法定代理人或者近亲属,自案件移送审查起诉之日起,因经济困难没有委托诉讼代理人的;(3) 自诉案件的自诉人及其法定代理人,自案件被人民法院受理之日起,因经济困难没有委托诉讼代理人的。《条例》第 13 条规定,公民经济困难的标准,由省、自治区、直辖市人民政府根据本行政区域经济发展状况和法律援助事业的需要规定。申请人住所地的经济困难标准与受理申请的法律援助机构所在地的经济困难标准不一致的,按照受理申请的法律援助机构所在地的经济困难标准执行。

二、刑事法律援助的机构

法律援助制度在我国是一项建立不久的制度。2003 年 9 月 1 日《法律援助条例》公布之前,没有建立全国统一性的法律援助机构。在一些大、中城市虽有法律援助工作,但具体做法是各种各样的,比如有的城市的司法行政部门设立法律援助机关,并设立公职律师专门从事法律援助工作。有的城市规定律师每年必须完成一定的法律援助工作,费用由承办律师承担。有的规定律师事务所对经济困难的当事人减免收费,承办援助工作的律师由律师事务所给予适当补贴等;2003 年《法律援助条例》公布实施,该《条例》明确规定,法律援助是政府的责任。县级以上人民政府应当采取积极措施推动法律援助工作的开展。国务院司法行政部门监督管理全国的法律援助工作。县级以上地方各级人民政府的司法行政部门监督管理本行政区域的法律援助工作。直辖市、设区的市或者县以上人民政府司法行政部门根据需要确定本行政区域的法律援助机构。法律援助机构负责受理、审查法律援助申请,指派或者安排人员为符合条例规定的公民提供法律援助。此后,全国县级以上政府陆续建立法律援助机构。

三、刑事法律援助的程序

《法律援助条例》对法律援助的程序包括申请程序、审批程序、实施程序和申请被拒绝后的救济程序都作了具体规定。根据规定,犯罪嫌疑人、被告人申请法律援助的,应当向审理案件的人民法院所在地的法律援助机构提出申请。被羁押的犯罪嫌疑人的申请由看守所在 24 小时内转交法律援助机构。申请法律援助所需提交的有关证件、证明材料由看守所通知申请人的法定代理人或者近亲属协助提供。若申请人为无民事行为能力或者限制民事行为能力的人,由其法定代理人代为提出申请。公民申请代理、刑事辩护的法律援助应当提交下列证件、证明材料:(1) 身份证或者其他有效的身份证明,代理申请人还应当提交有代理权的证明;(2) 经济困难证明;(3) 与所申请法律援助事项有关的案件材料。申请应当采取书面形式,填写申请表。以书面形式提出申请确有困难的,可以口头申请,由法律援助机构工作人员或者代为转交申请的有关机构工作人员作书面记录。

法律援助机构收到法律援助申请后,应当进行审查;认为申请人提交的证件、证明材料不齐全的,可以要求申请人作出必要的补充或者说明,申请人未按要求作出补充或者说明的,视为撤销申请;认为申请人提交的证件、证明材料需要查证的,由法律援助机构向有关机关、单位查证。对符合法律援助条件的,法律援助机构应当及时决定提供法律援助;对不符合法律援助条件的,应当书面告知申请人并说明理由。

申请人对法律援助机构作出的不符合法律援助条件的通知有异议的,可以向主管该法律援助机构的司法行政部门提出,司法行政部门应当在收到异议之日起 5 个工作日内进行审查,经审查认为申请人符合法律援助条件的,应当以书面形式责令法律援助机构及时对该申请人提供法律援助。

由人民法院通知法律援助机构指派律师提供辩护的案件,人民法院在开庭 10 日前将指派辩护通知书和起诉书副本送交其所在地的法律援助机构;人民法院不在其所在地审判的,可以将指派辩护通知书和起诉书副本送交审判地的法律援助机构。法律援助机构应当指派律师事务所安排律师或者安排本机构的工作人员办理法律援助案件。也可以根据其他社会组织的要求,安排其所属人员办理法律援助案件。对人民法院指派辩护的案件,法律援助机构应当在开庭 3 日前将确定的办事人员名单回复通知的人民法院。办理法律援助案件的人员,应当遵守职业道德和执业纪律。提供法律援助不得收取任何财物。根据《法律援助条例》第 23 条的规定:办理法律援助案件的人员遇有下列情形之一的,应当向法律援助机构报告;法律援助机构经审查核实的,应当终止该项法律援助:(1) 受援人员经济收入状况发生变化,不再符合法律援助条件的;(2) 案件终止审理或者已被撤销的;(3) 受援人又自行委托律师或者其他代理人的;(4) 受援人要求终止法律援助的。除此之外,接受法律援助的人员应当对受援人负责到底,不得随意终止援助。

第七节　刑事诉讼中的代理

一、刑事诉讼代理的概念和意义

刑事诉讼中的代理,是指刑事诉讼中特定的诉讼参与人,依法委托代理人参加诉讼,代行自己的全部或部分诉讼权利的一种诉讼制度。根据《刑事诉讼法》的规定,公诉案件的被害人、自诉案件的自诉人、刑事附带民事诉讼中的原告人和被告人,以及刑事申诉案件中的申诉人,依法都可以委托代理人参加诉讼。刑事诉讼中的代理人可以是律师,也可以是律师以外的其他公民。但是,正在被执行刑罚,或者依法被剥夺、限制人身自由的人,不能充当代理人。

刑事诉讼中的代理可分为两种:一是法定代理。法定代理是基于法律规定而产生的代理。二是委托代理。委托代理是基于被代理人的委托、授权而产生的代理。不同的诉讼代理,其代理人的范围、权利和义务等也不相同。但他们也有共同点,这就是所有代理人都必须在代理权限范围内进行活动;代理人在权限范围内的诉讼行为,与委托人自己的诉讼行为具有同等的法律效力;代理人合法代理的法律后果都由被代理人承担。

刑事诉讼中的代理人,是以被代理人的名义参加诉讼的。他的职责是,在受委托的权限范围内,维护委托人的合法权益。

委托人有权改变委托内容或者解除代理权,代理人也可以依法拒绝代理,从而导致代理权限的变更或解除。根据《律师法》第 32 条规定,委托人可以拒绝律师为其继续代理,也可以另行委托律师担任代理人。律师接受委托后,无正当理由的不得拒绝代理,但委托事项违法,委托人利用律师提供的服务从事违法活动,或者委托人隐瞒事实的,律师有权拒绝代理。代理权变更或解除,应当及时用书面形式通知管辖的人民法院。诉讼期间,委托人要求解除代理后另行委托代理人的,人民法院应当允许。但案件已经合议并作出代理的,一般不宜再变更委托。

刑事诉讼中的代理,是一项重要的诉讼制度,它有利于保护自诉人、公诉案件被害人、附带民事诉讼中的当事人等的合法权益;有利于人民法院正确认定案件事实,依法公正处理案件;有利于宣传法制,提高群众的法制观念;有利于体现刑事诉讼的公平和公正。

二、刑事诉讼代理的种类

根据《刑事诉讼法》的规定,我国刑事诉讼中委托代理的种类有:(1) 接受公诉案件被害人的委托,担任被害人的诉讼代理人;(2) 接受自诉案件自诉人的委托,代理自诉人参加诉讼;(3) 在刑事自诉案件中,担任提起反诉的被告人的代理人;(4) 接受附带民事诉讼原告人或被告人的委托,担任附带民事诉讼原告人或被告人的诉讼代理人;(5) 接受申诉人的委托,担任刑事申诉人的代理人。

(一) 公诉案件中被害人的代理

公诉案件中被害人的代理,是指律师或其他公民接受公诉案件中被害人及其法定代理人或者近亲属的委托,担任被害人的代理人参加诉讼。

根据《刑事诉讼法》第 44 条的规定,公诉案件的被害人及其法定代理人或者近亲属,自案件移送审查起诉之日起,有权委托诉讼代理人。人民检察院自收到移送审查起诉的案件材料之日起3日以内,应当告知被害人及其法定代理人或者近亲属有权委托诉讼代理人。从这一规定中可以看出:(1)公诉案件被害人委托代理人,可以由被害人本人委托,也可以由他的近亲属或法定代理人委托,其他人无权为被害人委托代理人。(2)被害人的法定代理人或者近亲属委托的代理人是被害人的代理人,而不是被害人法定代理人或者近亲属的代理人。(3)被害人委托诉讼代理人是从案件移送审查起诉之日开始的,就是说公诉案件在侦查阶段,被害人不能委托代理人。案件移送起诉之后,包括一审、二审都可以随时委托代理人。

根据《律师法》的规定,代理的事务如果与律师本人或者其近亲属有利益冲突的,则该律师不能担任代理人。

根据法律规定,被害人的代理人在诉讼中只能代理行使法律赋予被害人全部或部分的诉讼权利。被害人在诉讼中的权利主要有:(1)在起诉阶段,有权向检察人员反映对案件的意见。对不起诉的案件被害人如果不服,有权向上一级人民检察院提出申诉,或者直接向人民法院起诉。(2)在法庭上公诉人宣读起诉书后,被害人可以就起诉书指控的犯罪事实进行陈述,经审判长许可,可以向被告人、证人、鉴定人发问。对在法庭上出示或宣读的物证、证人证言、鉴定结论、勘验、检查笔录等证据,可以发表意见。(3)被害人有权申请通知新的证人到庭,调取新的物证,申请重新鉴定或勘验。(4)有权参加法庭辩论。(5)被害人不服地方各级人民法院的一审判决,可以依法请求人民检察院提出抗诉。(6)被害人由于被告人的犯罪行为而遭受物质损失的,依法可以提起附带民事诉讼等。被害人的这些诉讼权利,也就是被害人的代理人的代理范围。每个案件的具体代理范围,要以委托代理协议中的规定为依据,可以是全权代理,也可以是部分代理。

律师接受被害人委托后,首先要了解案件情况,弄清对被害人有利和不利的各种情节。对于不清的事实,代理律师可以向司法人员询问或要求补充调查。弄清案情后要写代理词。代理词应从认定犯罪事实、证据、定性、犯罪行为给被害人直接造成的各种危害和损失等方面阐述,叙述要清楚,文字要简练。开庭时要代替被害人出庭,宣读代理词,代理被害人行使所委托的各项诉讼权利,保护被害人的合法权益。

(二)自诉案件的代理

自诉案件的代理,是指在刑事自诉案件中,律师或其他公民接受自诉人或其法定代理人的委托,作为代理人参加诉讼。根据《刑事诉讼法》第44条规定,自诉案件的自诉人及其法定代理人,有权随时委托诉讼代理人。根据这一规定,自诉案件中有权委托诉讼代理人的是自诉人或者自诉人的法定代理人。其他人包括自诉人的近亲属不能为自诉人委托代理人,这一点与公诉案件被害人委托代理人是不同的。根据《刑事诉讼法》第45条的规定,律师、自诉人的监护人、亲友等,都可以充当代理人,但是正在被执行刑罚或者依法被剥夺、限制人身自由的人,不能充当代理人。因为他们的人身自由权利被剥夺,无法行使诉讼代理的权利。律师不得在同一案件中为双方当事人担任代理人。

自诉案件中自诉人的代理人的诉讼地位,与公诉案件中被害人的代理人的诉讼地位是不同的。前者有自己的特点,即自诉案件中自诉人是一方当事人,在诉讼中行使控诉职能。但是当被告人对其提起反诉后,自诉人又成了被告人,享有了辩护权。与此同时,自诉人委托的代理人,也可以接受被告人(原自诉人)的委托做他的辩护人,即由行使控诉职能转到行使辩护职能,事实上是一身二任。同样自诉案件被告人提起反诉,由于其诉讼地位的变化,原来委托的辩护人也可以成为自诉人(原被告)的代理人,即由行使辩护职能转到行使控诉职能,也是一身二任。这种特点,公诉案件中被害人的代理人是不具有的。

在司法实践中,充当自诉案件自诉人的代理人大多数是律师。律师在担任自诉人的代理人时,要做好以下工作:

第一,把好收案关。

刑事自诉案件的自诉人委托代理人时,一般是在法院未受理之前。在这种情况下,是否接受自诉人的委托,首先要认真听取委托人对案件的叙述,查看有关证据,分析被告人的行为是否构成犯罪,然后根据不同情况决定接受代理或者不接受代理或者告知到有管辖权的部门去控告或起诉。

第二,办理委托手续。

接受代理的要办理委托手续。首先要签订委托合同。委托合同要注明刑事自诉委托合同。委托合同必须明确代理权限,以免在诉讼中因权限不清无法代理。合同一式四份,交受理该案的法院一份,委托人一份,律师事务所留底一份,承办律师一份。

第三,代写诉状。

接受委托后,承办律师要代自诉人写自诉状。自诉状的内容包括以下几项:

(1)首部。写明原、被告人姓名、性别、年龄、民族、籍贯、职业、住址等。

(2)请求。有附带民事诉讼的,要与刑事诉讼分开写。

(3)事实和理由部分。抓住主要问题叙述清楚,观点要明确,证据、理由讲充分。

(4)结论部分。高度概括被告人的犯罪事实,明确法律依据,重申诉讼请求。

(5)附注部分,注明证据情况,证人名单和其他需要注明的事由。

第四,调查。

代理律师依照刑事诉讼法的规定,可以收集、查阅与本案有关的材料。可以

到人民法院查阅检察院不起诉而被害人起诉后,人民检察院移送到人民法院的
有关案卷材料,了解案情。

第五,开庭前与委托人交换意见。

(1)原授予的代理权限是否有变化。

(2)通过阅卷和调查,发现起诉的事实与证据不符,需要更正起诉事实的,
要与委托人协商更正。如果委托人不同意更正,承办的律师要依法说明情况。

(3)通过阅卷和调查,发现诉讼请求不妥,要与委托人协商更正诉讼请求。

(4)通过阅卷和调查,发现自诉人有制造伪证、弄虚作假的情况,要告知委
托人应负的法律责任,劝其纠正。如果委托人坚持己见,可协商终止代理关系。

(5)通过阅卷和调查,发现原起诉的事实有重大出入,不构成犯罪,应劝委
托人撤诉,另寻正确解决问题的办法。

(6)在阅卷、调查的基础上,列出发问提纲,告知委托人陈述应注意的问题。

第六,确定代理意见,撰写代理词。

确定代理意见,一般应从以下几方面考虑:(1)维护起诉的事实方面;
(2)维护起诉的定性方面;(3)维护自诉人其他合法权益方面。

要写好代理词。代理词是对起诉书全面展开的论述,要论点明确,逻辑性
强;客观、全面,重点突出;通俗易懂,用词恰当,又留有余地。

第七,出庭支持控告。

出庭支持控告活动,是律师代理自诉案件的关键阶段,一定要做好法庭各个
阶段的工作。在法庭准备阶段,代理人要注意庭审程序是否合法。在法庭调查
阶段,要代读自诉状,注意听取审判人员、辩护人的问话,回答审判人员就证据方
面的问题的发问,有目的地向被告人、证人等发问,注意对庭审证据的质证等。
在法庭辩论阶段,要发表自诉代理词,针对被告一方的辩护进行答辩。在法庭调
解阶段,代理律师要根据案件具体情况和被告人的态度,在保护被代理人的合法
权益,坚持依法办事的前提下,积极配合法院,促成和解。在宣判阶段,要认真听
取裁判的内容。宣判后要征求自诉人对裁判的意见,根据不同情况,进行不同的
工作,或说服不要上诉,或讲明应当上诉的理由等。

(三)反诉案件的代理

在刑事自诉案件中,被告人依法可以提起反诉。反诉的当事人同样可以请
代理人。

反诉案件的代理人,一般都具有双重身份,既是被告人的辩护人,又是反诉
的诉讼代理人。因此,必须办理双重委托手续,明确代理权限。

接受反诉委托的律师,首先要审查反诉是否符合反诉条件。对于不符合反
诉条件的,要说服其不要提出反诉或者撤诉。对于符合反诉条件的反诉案件,代
理律师要代写反诉状。反诉状一般分两部分,前半部分是对自诉状的反驳,后半

部分是论证反诉的事实和理由,提出反诉的根据。在审理过程中,代理律师既要保护被代理人的合法权益,也可以根据事实和法律,促成双方通过调解解决问题。对于经过调查,反诉事实不能成立的,代理律师要向反诉人讲明法律规定,劝其撤回反诉。

(四) 附带民事诉讼的代理

律师在附带民事诉讼中的代理,实质上是民事诉讼代理。但附带民事诉讼代理人不同于纯民事诉讼代理人,前者代理可能身兼数职,比如既担任被告人的辩护人,又担任反诉中反诉人的代理人等。因此,承办律师必须弄清各种代理的权限,以及各种代理人在诉讼中的地位,避免相互混淆,代理不清。

律师在附带民事诉讼代理中,要注意以下问题:

(1) 代理附带民事诉讼,应当注意坚持原、被告平等的原则,平等地保护双方当事人合法的民事权益,而不能因为被告人可能是犯罪分子,就不保护他的合法民事权益。

(2) 担任附带民事诉讼原告人代理人的律师,要注意追究被告人的刑事和民事两种责任。

(3) 担任附带民事诉讼代理人的律师,既要积极保护被代理人的合法权益,又要从实际出发,使赔偿合情合理。

(五) 刑事申诉的代理

根据《刑事诉讼法》的规定,当事人及其法定代理人、近亲属对已发生法律效力的判决、裁定,可以向人民法院或者人民检察院提出申诉。律师作为法律工作者,接受委托人委托代为申诉,是理所当然的。律师代为申诉,可以更好地保护当事人的合法权益,可以帮助司法机关及时纠正有错误的判决或裁定。通过律师的法律宣传,还可以减少无理缠诉。

申诉的情况比较复杂,所以律师在代理时应当慎重。首先要弄清案情,了解申诉人的申诉是否有道理,毫无道理的申诉不能代理。

接受委托后,要认真研究判决、裁定书的内容,在认定事实、适用法律和定性上有无问题,之后要向申诉人了解情况和申诉的理由。必要时还可向有关人员调查。在全面弄清情况的基础上写出申诉书,送交有关司法机关。有关司法机关对申诉作出决定后,不论是决定再审,还是驳回申诉,代理工作即告结束。

思考题

1. 我国辩护制度包括哪些基本内容?

2. 哪些人可以充当辩护人? 哪些人不能充当辩护人?

3. 辩护人的任务是什么?

4．辩护人在诉讼中处于什么地位？

5．辩护律师有哪些权利和义务？

6．辩护律师应当做好哪些工作？

7．律师应当怎样做好自诉案件的代理工作？

8．律师应当怎样做好附带民事诉讼的代理工作？

第九章　证　据

第一节　证据的概念和意义

一、证据的概念

《刑事诉讼法》第48条规定:可以用于证明案件事实的材料,都是证据。证据包括:(1) 物证;(2) 书证;(3) 证人证言;(4) 被害人陈述;(5) 犯罪嫌疑人、被告人供述和辩解;(6) 鉴定意见;(7) 勘验、检查、辨认、侦查实验等笔录;(8) 视听资料、电子数据。证据必须经过查证属实,才能作为定案的根据。这是法律对什么是证据,以及刑事诉讼证据种类和作为定案根据的证据的规定。

根据这条规定,并结合刑事诉讼实际,可以从理论上将刑事诉讼证据表述为:刑事诉讼证据是侦查、检察、审判等人员依法收集和查对核实的,同刑事案件有关并能证明案件真实情况的一切事实材料。它具体包括:物证、书证、证人证言等。

对刑事证据这个概念作进一步的分析,可以说,刑事诉讼证据具有如下三个特点:

(1) 客观性。就是刑事诉讼证据必须是客观上确实存在的事实材料,是与客观实际的真实情况相符合的事实和材料。比如是有这件事,有这种情况,有这种现象,有这个物品,有这个痕迹等等。所有这些事实材料,即这些情况、痕迹等,都必须是能够看得见或听得到或摸得着的事实和材料;是可以对其进行查对或查证的事实和材料;是经得住科学检验的事实和材料。

刑事诉讼证据的这个客观性特点,当然也意味着刑事诉讼证据这种事实材料,是独立于负责处理本案的侦查、检察和审判人员主观意识之外的,并且是不以这些司法人员的主观意志为转移的客观存在。

与刑事诉讼证据客观性特点相对立的,是那些迷信邪说、幻觉、错觉、谎言、假象、主观臆想等虚幻或虚假的情况。所有这些虚幻或虚假的情况,都不是客观上确实存在的事实或者都不是与客观实际的真实情况相符合的事实,因此,必须把它们排除在刑事诉讼证据之外。

(2) 相关性(关联性)。就是刑事诉讼证据与刑事案件事实之间必须存在某种联系,同时必须对证明刑事案件事实具有某种实际意义。

证据是客观存在的事实材料,但并非所有的客观事实都是证据。证据的相关性就是指作为证据的事实材料必须是同刑事案件有关联,对证明案情有实际意义的事实材料。显而易见,同案件没有关联和不能证明案件真实情况的事实材料,自然也就不能成为刑事诉讼的证据。

刑事诉讼证据同刑事案件事实之间的联系,可能是直接的,也可能是间接的;可能是必然的,也可能是偶然的。刑事诉讼证据对刑事案件事实的实际证明意义,有决定性的,也有辅助性的,有对案件主要事实的,也有对案件次要事实的。但是,不管是哪种联系和具有什么样的实际证明意义,它们也都必须是客观的,即也都必须是客观上确实存在有某种联系或某种实际证明意义。如果所谓的联系或证明意义,并不是事实,并不具有客观性,当然也不应当成为刑事诉讼证据。

(3)法律性(合法性)。就是作为刑事诉讼的证据,必须符合有关法律规定的要求。

首先,证据必须是用合法的方式收集到的与案件有关联的事实材料,用非法手段收集证据是法律所严格禁止的。

其次,所有证据都必须依法进行查证,只有经查证属实的证据,才能作为定案的根据。

再次,证据的法律性的含义还包括证据必须是以合法的证据形式表现出来的事实材料。任何证据事实都是通过一定的形式表现出来的,离开一定的表现形式,证据事实就不可能存在。《刑事诉讼法》第 48 条中规定了物证、书证、证人证言等八种证据表现形式。因此,在刑事诉讼中,只有以这八种合法的形式表现出来的证据事实才具有证据的资格。

客观性和相关性是证据的本质属性。具有客观性,证据才能真实地反映案件的实际情况;具有相关性,证据才可能对证明案件真实情况有意义。法律性则是客观性和相关性的保障。实践证明,只有严格按照法律的规定进行证据的收集和审查判断活动,才能保证证据具有准确地反映案件有关事实情况的品质。

在诉讼理论界,另一种观点认为,证据的特点只包括客观性和相关性,而不包括法律性。证据是否存在,并不取决于司法人员是否按照法定程序加以收集和审查。如果把"依法收集和审查"也作为证据本身的基本特征之一,那么,尚未经司法人员按程序收集到的、更未经审查认定的可供查明案情真相的事实材料,就必然会被排除在证据之外。这实际上就等于否定了证据是客观存在的事实材料这一本质的特征。依照法定程序收集和审查证据,属于证据的收集和审查问题,不应同证据本身的特征混为一谈。

上述"三性说"和"两性说"是理论上的争论。但不管是"两性说"还是"三性说",显然都不否认证据必须依法收集、依法查证。

二、证据的意义

刑事诉讼中的立案、侦查、批捕、起诉、第一审审判、第二审审判、死刑复核、再审等一系列诉讼环节，首先都是围绕着调查研究证据，查清案件事实，从而正确处理案件这个中心问题进行的。如果没有证据，整个刑事诉讼活动就不可能依次正常地进行，也不可能成功地实现刑事诉讼的任务和目的。可以说，无证据即无刑事诉讼。证据的重要意义可以具体概括为如下几个方面：

（1）证据是认定案件事实的唯一根据和正确适用法律的基础。

侦查人员、检察人员和审判人员在承办案件之后，首先面临的问题就是查清案件的真实情况。由于犯罪事实都是过去发生的，因此，只有以犯罪活动遗留的痕迹、映像等为依据，才能使主观认识符合案件的客观实际，即只有掌握了充分确实的证据，才有可能正确地认识案件的真实情况。

其次，证据是正确适用法律的基础。只有以充分、确实的证据为基础，才能查清案情，从而也才能以法律为准绳，正确定罪量刑。没有充分、确实的证据证明案件的真实情况，正确适用法律就失去了基础。当然，要正确适用法律，做到定罪准确、量刑适当、不枉不纵，还必须对法律和有关的刑事政策有深入的理解。然而，足以证明案件真实情况的充分、确实的证据，则是正确处理案件的最根本的依据。只有将对案件的处理建立在坚实的证据基础上，才能保障法律的正确适用。所谓要办成铁案，首先就要有铁证。无铁证，绝无铁案。

总之，证据是认定案情的唯一根据，是正确处理案件的基础。而这一点，也正是刑事诉讼证据的最重要的意义。

（2）证据是揭露和制服犯罪分子的有力武器。

一般情况下，犯罪分子都是想方设法掩盖自己的罪行，逃避刑罚的处罚。司法人员依靠和正确地运用证据，可以打消犯罪分子逃避惩处的幻想，促使其坦白交待自己的罪行。

（3）证据是进行社会主义法制教育的生动材料。

事实胜于雄辩。司法机关处理案件时，只有做到证据充分确实，事实清楚，才能够使群众信服，从而起到维护社会主义法制尊严的作用。同时通过具体的证据材料，还可以使人们更深刻地了解法律，了解诉讼，懂得应当怎样依法维护自己的合法权益，以及应当怎样依法同犯罪作斗争。

第二节　法定的证据种类

法定的证据种类，是指法律按照证据事实的存在和表现形式，对证据所作的具体分类。根据《刑事诉讼法》第 48 条的规定，证据有以下八种：（1）物证；

（2）书证；（3）证人证言；（4）被害人陈述；（5）犯罪嫌疑人、被告人供述和辩解；（6）鉴定意见；（7）勘验、检查、辨认、侦查实验等笔录；（8）视听资料、电子数据。

只有对各种证据的概念和特点具有明确的认识，才能深刻地理解它们，并在实际工作中正确地加以运用。

一、物证

物证（狭义的物证）是能够证明案件真实情况的物品或物质痕迹。刑事诉讼中的物证可以概括地分为如下几类物品或物质痕迹：

（1）犯罪工具，如杀人的凶器、盗窃时撬锁的工具等；

（2）犯罪行为直接侵占的物质对象，如盗窃、抢劫、抢夺、诈骗、贪污的赃款、赃物等；

（3）由犯罪行为所产生的非法物品，如非法制造的枪支、弹药、毒品，伪造的国家证券等；

（4）犯罪行为产生的痕迹，如杀、伤人的血迹，被破坏的门窗上遗留下的撬压痕迹等；

（5）表现犯罪社会危害性后果的物品，如被毁坏的机器、仪器，被焚毁或炸毁的建筑物、尸体等；

（6）犯罪人在预备犯罪、实施犯罪的各种场所遗留的表现其个人特征的痕迹或物品，如犯罪人的指纹、脚印、衣物等；

（7）在犯罪过程中或犯罪后，犯罪人为掩盖罪行、对抗侦查伪造的各种物品或痕迹；

（8）其他可供查明案件真实情况的物品和物质痕迹。

犯罪分子只要实施犯罪行为，就会对其周围的环境产生一定的影响，留下一定的痕迹，即使犯罪分子毁灭证据，也会留下新的痕迹。因此，在大量的案件中，物证都是可以收集到的证据。

物证（指狭义的物证）是以其存在、外部特征和性能等对案件起证明作用的。这是物证区别于其他证据的一个最显著的特点。同时，由于物证是客观存在的物品或物质痕迹，只要对物证及时提取并妥善加以保全，它就具有了极强的稳定性。而证人证言、被告人供述和辩解以及被害人陈述，即使在被收集到之后，仍然可能由于各种主观因素而发生变化。在司法实践中，证人否定他以前的证言、被告人翻供等现象就时有发生。所以，从这个意义上讲，物证比各种人证具有更强的稳定性，也更客观。

任何一个物证都不能单独反映犯罪事实是否确实存在以及谁是犯罪人。这是物证的又一个特点。但是，物证能够说明对案件有重大意义的某些情况，为查清案情提供线索,能够同其他证据一起成为正确认识案情和适用法律的根据。另外,经查证属实的物证还具有印证其他证据的真实可靠性的作用。

二、书证

书证是以其记载或表达的思想内容证明案件真实情况的文字材料和其他载体。

书证也是一种容易收集到的证据,经过查证属实,对于正确认识案情和适用法律也具有程度不同的重要意义。实践中,一些实施犯罪行为的人,往往出于某种动机而愿意留下一些文字记录。如犯有贪污罪行的人,详细记录每笔贪污款项、行贿人姓名等;犯有抢劫、盗窃罪行的团伙,其中的主犯或其他人,详细记录每次作案的时间、地点,抢劫或盗窃财物的种类、数额及销赃、分赃情况等。像这样的书证,就有可能直接说明案件的主要事实,为迅速查明案情起到决定性作用。

书证和狭义物证也有类似之处,即只要及时收集和妥善保管,也有较强的稳定性,不会在诉讼过程中因受某种主观因素影响而发生变化。

另外,书证对狭义物证、证人证言等其他各种证据的真实可靠性,同样能起到印证的作用。

书证属于广义的物证。广义的物证包括书证,狭义的物证不包括书证。但是必须明确,并不是所有的书面材料都必然是书证,有些书面文件不是以其记载或表达的思想内容,而是以其存放地点或外部特征等对案件起证明作用的,这样的书面文件就不是书证,而是狭义的物证。例如,犯罪分子遗失在犯罪现场的书籍,其内容虽然同案件无关,但却有证据意义。它虽然是书面材料,却不是书证,而是狭义的物证。也有些书面材料,可能既是书证,又是狭义的物证。即这种书面材料不仅其记载或表达的思想内容有证据价值,而且其外部特征等也有证据价值。

书证的载体,除多为纸张等书面材料外,还有竹板、木板、布面等。反映书证内容的,一般是书写的或刻划的或印制的文字,但也可能是具有某种特定含义的符号、图形等。

三、证人证言

证人证言是证人就其直接或间接感受到的有关案件事实的某些情况向侦查人员、检察人员、审判人员所作的陈述。

证人是指通过参加刑事诉讼活动以外的途径了解有关案件的真实情况,同时又独立于犯罪行为之外的第三者。所谓独立于犯罪行为之外的第三者的含义是:证人既不能是犯罪行为的实施者,也不能是犯罪行为的受害者。同时,证人对案件情况的了解也不是通过参加诉讼活动的途径实现的。承办案件的侦查人员、检察人员、审判人员以及属于其他诉讼参与人的辩护人、鉴定人、翻译人员等是通过参加诉讼活动的途径而了解有关案件的真实情况的,因而,他们不是证人。

证人是独立的诉讼参与人,而且具有人身不可替代性。除法律规定的特殊情况外,凡是知道有关案件真实情况的人都有义务如实地向司法人员提供证言,并按法定程序出庭作证。

证人证言是通过回忆对保留在证人意识中的有关案件情况的印象的叙述。有关案件情况的印象在正常人的意识中,往往能够保留一个比较长的时期,而不像物证那样,如果不及时收集,就会由于各种自然原因或者其他原因而发生变化甚至毁灭。证人证言的这个特点,无疑有利于证据的收集。

另外,目睹犯罪活动的证人证言,能够反映包括犯罪人是谁在内的犯罪主要事实,此种证据经过查证属实,当然十分有利于司法机关准确、迅速地查清案情。

任何犯罪活动都是在一定的社会环境中进行的。犯罪活动被周围的人部分或全部、直接或间接地感觉到,是一个普遍的现象。同时随着我国广大人民群众同犯罪斗争的思想觉悟水平不断提高,了解案件情况的人一般都会积极、主动地向司法机关提供情况,所以,证人证言在许多案件中也都是能够收集到的。证人证言是刑事诉讼中一种最普遍的证据。

四、被害人陈述

被害人陈述是被害人就案件事实的有关情况向侦查人员、检察人员或审判人员所作的陈述。

被害人与证人同犯罪行为的关系是有根本区别的。被害人是直接遭受犯罪行为侵害的人,不像证人那样独立于犯罪行为之外。被害人同犯罪行为的特殊关系客观地决定了被害人也具有人身不可替代性。另外,从诉讼地位角度讲,被害人与证人也是有显著区别的。在自诉案件中,被害人一般就是自诉人,属于诉讼当事人的一方;在公诉案件中,被害人也是当事人,与公诉人一起执行控诉职能,属于控诉一方。而证人则不是当事人,而是属于其他诉讼参与人。

总之,由于被害人同犯罪行为之间存在特殊关系,被害人的人身不可替代性和被害人的特殊的诉讼地位,从而决定了被害人的陈述是一种不同于证人证言的具有独立诉讼意义的证据。

在被害人的人身直接受到犯罪行为侵犯的案件中,比如凶杀未遂、伤害、强奸、抢劫等案件中,被害人的陈述能够对犯罪过程的各种细节以及犯罪人的身体、行为等个人特征作出明确说明。此种证据对于迅速查明案情有特殊重要意义。

五、犯罪嫌疑人、被告人供述和辩解（口供）

犯罪嫌疑人、被告人供述是指犯罪嫌疑人、被告人向侦查人员、检察人员或审判人员承认犯有某种罪行所作的交待。犯罪嫌疑人、被告人辩解是指犯罪嫌疑人、被告人向侦查人员、检察人员或审判人员提出的否认犯罪或反驳控诉的申辩和解释。

犯罪嫌疑人、被告人是当事人之一，是任何刑事诉讼都不可缺少的独立的诉讼参与人。总的讲，没有犯罪嫌疑人、被告人，也就没有诉讼。所以，口供理所当然地应该受到重视。同时，犯罪嫌疑人、被告人是受追诉的对象，处于特殊的诉讼地位，刑事诉讼的结果可能使其受到刑罚的处罚。这就决定了口供具有常常是虚假的或虚假成分与真实成分并存的特点，对口供必须采取慎重的态度，不能轻信。

由于犯罪嫌疑人、被告人对于自己是否进行了犯罪以及出于何种动机、为达到何种目的、用何种手段进行了何种犯罪行为是最清楚的，因此，口供经过查证属实之后，无疑可以成为定案的强有力的证据之一。

六、鉴定意见

鉴定意见是鉴定人受司法机关的指定或聘请，就案件的某些专门性问题进行鉴定后制作的书面意见。

常见的鉴定有：（1）法医鉴定，如确定人身伤害情况和死亡原因等；（2）司法精神鉴定，如确定被告人、证人、被害人的精神状态等；（3）刑事技术鉴定，如确定脚印、指纹、书法和弹痕的同一性等；（4）其他技术鉴定，如确定生产事故的原因和后果等。

鉴定人是具有专门知识的人。没有专门知识的人不能作为鉴定人。

鉴定人虽然也是独立于犯罪行为之外的第三者，但是鉴定人并不等于证人。鉴定人和证人的区别主要是：鉴定人对案件有关情况的了解是通过参加刑事诉讼的途径实现的。另外，鉴定人提供的证据不是他感受到的有关案件的某个事实，而是凭借专门知识对案件某个专门问题提出的看法。证人提供的证据则是证人对他了解的案件事实的陈述。所以，鉴定意见也是同证人证言有明显区别的一种独立的诉讼证据。

鉴定意见是凭借专门知识，利用科学方法作出的，一般说来，具有其他证据所没有的科学性。鉴定意见经过司法人员查证属实后可以作为认定案情的有力根据。同时，鉴定意见还是使其他一些证据实际发挥作用的必要条件。比如，凶杀案件现场提取的血迹、指纹，如果不经鉴定，就无法确认它是死者留下的还是凶犯或者其他人留下的，从而也就无法发挥证据的作用。另外，鉴定意见还可以印证其他证据的真实可靠程度。

七、勘验、检查、辨认、侦查实验等笔录

勘验、检查笔录是侦查人员依法对同犯罪有关的场所、物品、人身、尸体等进行勘验或者检查的情况的记载。

勘验、检查笔录是固定勘验、检查内容的文字形式,是一种书面材料,但不是书证。书证是司法人员收集到的客观存在的以其内容证明案件真实情况的书面材料或其他载体;而勘验、检查笔录则是司法人员依法制作的有关勘验、检查情况的书面材料,这就是书证和勘验、检查笔录的明显区别。

另外,从内容上看,勘验、检查笔录是对犯罪有关的场所、物品、人身、尸体等进行勘验、检查情况的记录,而书证的内容则可能反映有关案件的各种事实,包括犯罪人是谁在内的犯罪主要事实。

勘验、检查笔录对于判断事件是否为犯罪案件以及犯罪的时间、地点、作案人数、使用工具、作案的方法和过程等一系列问题都具有重要的意义。同时,勘验、检查笔录对于对照、审查其他证据是否真实,也具有重要的作用。

辨认笔录是侦查人员对依法进行的辨认活动情况的记载。

辨认笔录的内容应当包括:辨认的时间、地点,辨认人的姓名、与案件的关系等,对辨认人的询问及辨认人的回答情况,被辨认的对象,被辨认人的基本情况和安排作为被辨认人的人数,被辨认物品的情况及作为被辨认物品的数额,参加辨认活动的见证人情况,辨认的过程及结果等。

主持辨认的侦查人员及参加辨认活动的辨认人、见证人应在辨认笔录上签名或盖章、捺指印。

侦查实验笔录是侦查人员对依法进行侦查实验活动情况的记载。

侦查实验笔录的内容应当包括:侦查实验开始和结束的时间及地点、条件等,侦查实验的目的、要求,侦查实验的方法、过程和结果,参加侦查实验人员的基本情况,如有照片、录像、录音等应一并附上。

参加侦查实验活动的人员应当在笔录上签名、盖章或捺指印。

辨认、侦查实验是侦查中经常采用的方法,辨认、侦查实验的结果和笔录,对于确定犯罪嫌疑人、某些犯罪事实情节和排除某些疑点等,均有重要作用。

除上述笔录外,还有搜查笔录,查封、扣押物证、书证笔录等。

八、视听资料、电子数据

视听资料(也可称之为音像资料)是储存在磁带等物质载体中、能证明案件真实情况的音响、图像资料。

在刑事诉讼实践中,凡能证明案件真实情况的视听资料,一直都被作为诉讼

证据对待。经查证属实的视听资料,同样是定案的一种根据。只是在 1996 年修改前的《刑事诉讼法》中,没有把它单列出来专门作为一种证据。

视听资料确实有其明显不同于书证、狭义物证等证据的特点,比如视听资料的形成过程和储存视听资料的载体都比较特殊,而可以使案件事实的一些情节乃至犯罪行为实施的全过程原样重演或再现,以及使这些情节重演或再现的方式、方法等更是视听资料独自具有的特点。另外,从客观条件上讲,随着科学技术的迅速发展和普及,使得视听资料这种证据被广泛运用的可能性也愈来愈大,因此,修改后的《刑事诉讼法》,将视听资料与书证、狭义的物证等证据区别开来,单列为一种证据,是完全必要的。

视听资料对于准确、迅速地查明案情,具有重要的证据价值。那些能使案件主要事实或犯罪行为实施的全过程原样重演或再现的视听资料,其证据价值的重要性就更为明显。同时视听资料的这种独特作用,也是其他证据所没有的和无法代替的。

电子数据是以计算机为载体储存的各种信息,如电子邮件、电子数据交换、网上聊天记录、网络博客、手机短信、电子签名、域名等。它的最大特点是科技含量较高、科学技术性较强。同时也正因为如此,它的另一特点就是,对其真实可靠性的识别和确定要更困难些。但是在这个信息时代,电子数据被广泛应用,已是不可逆转的趋势。在刑事诉讼中,电子数据这种证据的收集和运用,也越来越受到重视,特别是在计算机犯罪案件中,就更是不可或缺的一种证据。

电子数据之所以和视听资料并列为同一种证据,一般认为,主要是由于这种证据能被人们所感受到的,实际就是通过计算机终端显示器显示出来的数据、图形、文字、符号或其他信息。

第三节　理论上的证据分类

理论上的证据分类,是指学理上按照一定的标准,用两分法对证据所作的不同划分。

按照科学的分类归纳法,从不同的角度对证据进行分类,可以使法律研究人员和司法人员对证据这一社会现象,获得更深入的、更具有理性形态的理解。这不仅有利于对证据的学术研究,而且有利于在司法实践中按照各类证据的不同特点,对证据正确地加以收集、判断和运用。所以,从诉讼理论上对证据进行分类,具有重要的学术和实践意义。

一、人证和物证

从证据的存在和表现形式的角度,可以把证据分为人证和物证两大类。

　　凡是存在于人的头脑中并通过人的语言表述作为存在和表现形式的证据，称为人证。《刑事诉讼法》规定的证人证言、被害人陈述、犯罪嫌疑人、被告人供述和辩解以及鉴定意见，都属于人证。鉴定意见之所以也应划入人证一类，是因为此种证据是鉴定人对有关案件的某个专门问题的看法，这种看法是通过书面意见来表达的人的陈述，而且鉴定人有义务出庭，并接受质询、作进一步解释等。基于同样道理，辨认笔录也应属于人证。

　　凡是以物品形态为存在和表现形式的证据，均称为物证。这里讲的物证，是指广义物证，是与人证相对应的物证。《刑事诉讼法》规定的物证（狭义物证）、书证，以及勘验、检查、侦查实验笔录和视听资料、电子数据等，均属于物证。物证（狭义物证）是指实际存在的物品及物质痕迹，当然应归入物证一类。书证虽然是以其思想内容起证据作用的，但是，它也是以一种物品作为其存在的物质承担者的，因而也是物证。勘验、检查、侦查实验笔录之所以应该归入物证一类，原因就在于它不是对人的陈述的笔录，而是对实际存在的物品和事实的状态和特征的客观的记录。比如，勘验现场后制作笔录，反映的是现场的实际情况，此种证据，从实质上说，仍是以物品作为其存在和表现形式的。视听资料、电子数据同样是以物品形态为其存在和表现形式，所以视听资料、电子数据也应当属于物证。

　　对于人证和物证的划分，不是主观想象的结果，而是以这两类证据客观存在的差异性为基础的。进行这种划分的明显结果之一，就是可以对它们的差异性，即它们各自的特点有明确的了解，从而有利于在司法实践中根据它们的特点进行收集和审查判断。

　　人证只能通过讯问或询问的方法来收集，而物证则主要是通过勘验、检查、搜查和扣押等方式来收集。

　　人证是对于保留在陈述人的意识中有关案件情况的追述，所以人的主观因素就可能对其陈述的真实可靠性产生不同程度的影响。这些主观因素可以概括如下：陈述人的感官的感受能力、记忆能力、表达能力是否正常；陈述人的思想意识、道德品质是否良好，等等。上述这些因素是在审查判断人证时必须加以考虑的。

　　物证的真实可靠性则不受上述主观因素的影响。但是，各种自然因素或其他社会因素则有可能使物证被歪曲，导致失实。因此，在审查判断物证时，证据是否由于自然因素或其他因素的破坏而失实，就是必须加以考虑的问题。而有关案件事实的映像一旦被人感受并被保留在人的意识中之后，一般不会由于自然因素而发生变形、失真。

　　另外，对人证审查判断的方法与物证的审查判断的方法也有所不同。对人证一般是通过与其他证据互相印证、侦查实验、对质以及分析其陈述是否自相矛盾的方法进行审查判断。而物证的审查判断除了用同其他证据互相印证的方法之外,经常使用的方法还有鉴定、辨认等。

总之,进行此种划分无论对学术研究还是对司法实践都有一定的意义。

二、控诉证据和辩护证据(不利被告证据和有利被告证据)

根据证据对犯罪嫌疑人、被告人是否实施了犯罪、罪重还是罪轻等方面所起的不同证明作用,可以把证据区分为控诉证据和辩护证据。

凡是证明犯罪嫌疑人、被告人无罪或罪轻的证据,属于辩护证据;凡是证明犯罪嫌疑人、被告人有罪或罪重的证据,属于控诉证据。辩护证据实际就是有利于犯罪嫌疑人、被告人的证据,控诉证据就是不利于犯罪嫌疑人、被告人的证据。

我国《刑事诉讼法》第50条规定:审判人员、检察人员、侦查人员必须依照法定程序,收集能够证实犯罪嫌疑人、被告人有罪或无罪、犯罪情节轻重的各种证据。可见,证据的这种分类是符合法律规定的精神的。同时,更重要的是,这种分类如实地反映了客观实际。在刑事诉讼的各个阶段,都可能发现有利于犯罪嫌疑人、被告人的证据和不利于犯罪嫌疑人、被告人的证据。特别是在法庭审理阶段,不仅有自诉人或公诉人出庭控诉,而且有被告人出庭受审,并依法运用辩护权、最后陈述权,还有辩护人出庭提出有利于被告人的事实和理由为被告人辩护。这样,有利于被告人的证据和不利于被告人的证据同时提到审判人员面前,就是一个经常出现的现象。正因为这种分类是以客观实际为基础的,所以才具有实际意义。

对证据进行这种分类,有利于客观全面地收集和认定证据,防止主观片面性,防止只注重收集证明犯罪嫌疑人、被告人有罪和罪重的证据,而忽视收集证明犯罪嫌疑人、被告人无罪或罪轻的证据,或者恰恰相反等现象发生。

在学术著作中,也有另外的分法和说法,即把证明犯罪嫌疑人、被告人实施了犯罪行为,其中包括能够证明从重、从轻、减轻及免除刑罚等情节的证据,均统称为有罪证据;把证明犯罪嫌疑人、被告人没有实施犯罪行为的证据,称为无罪证据。

三、原始证据和传来证据

根据诉讼证据的来源,可以把证据分为原始证据和传来证据。

凡是来源于第一手的事实材料,均属于原始证据,如口供、文件的原本等。凡是来源于第二手或第二手以上的事实材料,均属于传来证据,如证人提供的非亲自目睹耳闻的有关案件的情况、文件的抄本等。

原始证据是来源于第一手的事实材料,是对有关案件事实的直接反映;而传来证据是来源于第二手或第二手以上的事实材料,是对案件有关事实的间接反映。所以,原始证据通常会比传来证据更可靠。同时,传来证据的可靠程度往往同它被传闻、转抄的次数成不规则反比。因此,在司法实践中,就应该尽一切可能获得原始证据。

在肯定原始证据比传来证据更为可靠的同时,也应该重视传来证据的作用。传来证据有下列作用:

(1)通过传来证据可以发现并获得原始证据。例如,犯罪目击者甲把所见到的犯罪活动情况告诉了乙,侦查人员开始只掌握乙所提供的传来证据,但是通过询问乙,就可以发现并取得甲所提供的原始证据。

(2)可以运用传来证据检验原始证据的真实可靠程度。在某些具体情况下,也存在具体的传来证据比原始证据更为可靠的现象。例如,犯罪目击者的记忆力如果不强,就可能因时间相隔长久、记忆力不清而提供不出准确反映案件事实的证言,或者犯罪目击人如果受到威胁、收买,也可能提供不出真实的证言。但是,该犯罪目击人如果在过去曾把所见到的犯罪情况如实地告诉了另外的人,那么,该另外的人如实提供的作为传来证据的证言,就可能比犯罪目击人提供的作为原始证据的证言更可靠(当然,在实践中,造成传来证据比原始证据更可靠的原因,并不仅限于上述情况)。上述现象是传来证据具有印证、检验原始证据真实可靠程度的作用的理由。因为,如果凡是原始证据就一定是真实的,或者原始证据绝对比传来证据可靠的话,用传来证据检验、印证原始证据就是毫无道理的了。

(3)在原始证据无法保存的条件下,传来证据是保存证据材料的一种方式。例如,查获的赃物是无法实际保存的易腐物品,就必须用摄影的方式对其进行保存。此种摄影照片也是一种传来证据。

(4)在确实无法取得原始证据的情况下,经过查证属实的传来证据,可以作为认定案情和处理案件的一种根据。例如,文件的原本已经毁灭、遗失或由于某些特殊的原因不能交到侦查、审判机关时,就可以运用原件的抄写本、影印本或复印本。同时,由于传来证据的可靠程度往往是同它被传闻或转抄的次数成反比的,因此,在审判中应尽量收集和采用最接近原始来源的传来证据。

总之,运用原始证据和传来证据的总的原则是:要尽可能获得原始证据。同时,也要重视传来证据的收集和运用。在确实无法取得原始证据的情况下,传来证据经过查证属实,也可以作为定案的一种根据。

四、直接证据和间接证据

(一)直接证据和间接证据划分的标准及概念

以单独一个诉讼证据对案件主要事实的反映程度为标准,可以把证据划分为直接证据和间接证据。

　　刑事案件的主要事实是指犯罪行为是否发生和谁是犯罪行为的实施者。

　　凡能够单独直接说明案件主要事实的证据,是直接证据;凡不能单独直接说明案件主要事实,必须与其他证据联系起来才能说明案件主要事实的证据,是间接证据。

　　尽管直接证据和间接证据有不同的特点,但经过查证属实,它们都可以成为定案的根据,而且对于正确处理案件都具有重要意义。

　　(二) 直接证据的特点

　　直接证据最显著的特点是:单独一个证据就能反映案件的主要事实。这一特点决定了在《刑事诉讼法》规定的八种证据中,证人证言、被害人陈述及书证、辨认笔录和视听资料、电子数据有可能成为直接证据,而口供则一般都是直接证据。

　　证人证言、被害人陈述及书证等有可能是直接证据,但并不一定就是直接证据。就证人证言来说,只有直接或间接了解了案件主要事实的证人(如犯罪行为的目击者)所提供的证言才是直接证据,而了解案件主要事实以外的其他事实的证人证言,就不可能是直接证据。就被害人陈述而言,只有耳闻目睹犯罪分子作案情况或者人身受到犯罪行为直接侵害的被害人的证言,才有可能是直接证据,因为只有在这种情况下,被害人的陈述才可能说明是谁实施了何种犯罪行为。书证和视听资料等也是一样,即也只有能单独说明或反映案件主要事实的,才能成为直接证据,否则也不是直接证据。

　　犯罪嫌疑人、被告人的口供,无论是供述还是辩解,都以他本人是否进行了某种犯罪活动为内容,所以一般都是直接证据。

　　物证(狭义物证)、鉴定意见和勘验、检查、侦查实验笔录,不可能成为直接证据。

　　在大量的案件中,犯罪分子往往采用十分隐蔽的手段,甚至采用科学技术方法进行犯罪。犯罪行为的隐蔽性决定了获取直接证据是比较困难的。这一特点决定了在实践中经常要通过间接证据的收集和运用,才能获得直接证据。

　　直接证据同任何证据一样,必须查证属实才能作为定案的根据。由于直接证据所反映的内容是有关案件主要事实的情况,所以,查证核实直接证据的过程也就是证明案件事实情况的过程。可见,获得直接证据有利于更迅速地弄清案情和处理案件。

　　能够单独直接说明案件主要事实的证据就是直接证据,这是肯定的。但是,不同种类的直接证据又有各自的一些特点。比如,作为直接证据的原始证据和作为直接证据的传来证据相比,从统计学意义上看,前者的真实可靠程度就比后者要高。再比如,作为直接证据的口供和作为直接证据的被害人的陈述,两者所反映的案件事实,在深度和广度上都有所不同。口供可能包括从犯罪动机、目的到犯罪的预备、实施和犯罪的手段、方式以及犯罪后果等在内的犯罪的全过程，同时，口供对于犯罪过程的细节的描述也具有其他直接证据难以达到的具体性；被害人陈述则可能只限于指出犯罪人的各种具体特征，而不能指明犯罪人的更进一步的情况。总之，不同种类的直接证据都有各自的特点。分析研究这些特点，不仅可以加深对直接证据的理解，而且有利于司法人员收集、审查和运用证据。

（三）间接证据的特点和运用

（1）任何一个间接证据，都不能直接和单独地对案件主要事实作出说明，只有把它同案件内其他证据联系起来，经过综合判断，才能说明案件主要事实。这是间接证据最显著的特点。这一特点决定了我国《刑事诉讼法》规定的证据种类中，物证（狭义物证）、鉴定意见和勘验、检查、侦查实验笔录，一般都是间接证据。仅凭它们中的单独一个证据，所能说明的都是带有个别性的、局部性的问题，而案件主要事实则是包括犯罪人是谁在内的犯罪的基本内容。由此可见，物证、鉴定意见和勘验、检查、侦查实验笔录不可能单独对案件主要事实直接作出说明，从而也就决定了上述几种证据一般都是间接证据。

不反映案件主要事实的证人证言、被害人陈述和书证、视听资料等，也是间接证据。

口供一般不会是间接证据。

（2）间接证据一般比直接证据更容易获得。无论犯罪行为多么诡秘和隐蔽，都不可避免地要留下某些物质痕迹；只要犯罪事实存在，它的某些情况就不可避免地会被人们察觉，因此，间接证据一般比直接证据更为容易获得。在司法实践中，运用间接证据来发现、获取直接证据是一种比较普遍的现象。即使在获取了直接证据的情况下，间接证据的作用依然是重要的，它可以印证直接证据是否真实可靠，从而为正确认识案情和适用法律提供不可缺少的依据。

（3）在某些案件中，收集到的证据可能只有间接证据。比如，犯罪人实施犯罪行为十分隐蔽，犯罪活动过程没有任何证人亲眼目睹，犯罪行为直接侵犯的对象不是人而是物，或者虽然是人，但该人已经由于犯罪行为的侵害而死亡，同时，犯罪嫌疑人、被告人又顽固地拒绝供认。这样，可能收集到的证据就只能是间接证据。在这种情况下，只要收集到足够数量的间接证据，经过查证属实，达到充分确实的要求，同样可以依据这些间接证据定罪判刑。

由于间接证据都是对个别的、局部的案件事实的反映，都是一些"片断"，所以，各个证据之间反映犯罪客观过程的联系，就只有通过正确的理性思维来把握，即只有正确地运用推理，才能使作为"片断"的若干间接证据连接起来，形成证据体系或证据锁链，进而证明案件事实。这是运用间接证据的一个显著特点。司法人员必须以唯物辩证法为指导，具体问题具体分析，才能够正确运用推理，如实地反映各个间接证据之间的必然联系。同时,推理也不得违反形式逻辑的规则。形式逻辑的规则是对人们思维形式的科学反映,尽管仅仅遵守形式逻辑的规则不足以保证推理的正确性,但是,违背形式逻辑的规则却必然导致错误的推理。

为了防止以主观臆断代替正确的推理,防止被假象和偶然现象所诱导而得出错误的结论,在只有若干间接证据的情况下,审查判断只由间接证据组成的证据体系并运用其认定案情和定罪量刑时,必须遵循下列规则:

(1) 每个间接证据都必须是客观的、确实可靠的,证据体系中不允许有虚假的证据存在。间接证据的客观性是正确运用推理的最基本的客观基础。

(2) 每个间接证据同案情之间都必须有某种客观联系。只有存在此种联系,才可能对证明案件真实情况有实际意义,也才能保证以间接证据为依据的推理的正确性。

至于哪些事实材料同案件有客观联系,则要根据每个案件的具体情况加以确定。而确定这个问题,往往是十分复杂的过程,需要透过大量表面的、偶然性的现象,才可能找到此种联系。所以,在确定某一事实材料是否同案情具有客观联系时,必须慎重细致,必须进行反复、深入的调查研究,切忌简单草率、主观臆断。

(3) 间接证据之间必须协调一致,不能有矛盾。如果发生矛盾,就说明有的证据材料不真实,必须予以排除,否则不能作为认定案情的根据。

(4) 对若干协调一致的间接证据进行综合分析之后,所得出的结论只能是一个。间接证据必须构成完整严密的证据体系,并能排除一切合理怀疑,从而确凿地得出只能是犯罪嫌疑人、被告人实施了犯罪的结论。

第四节　重证据不轻信口供,严禁刑讯逼供的原则

一、重证据不轻信口供

重证据不轻信口供,是为司法实践所证明的正确的刑事诉讼原则。在总结长期的司法实践经验和教训的基础上,我国《刑事诉讼法》第53条规定:"对一切案件的判处都要重证据,重调查研究,不轻信口供。只有被告人供述,没有其他证据的,不能认定被告人有罪和处以刑罚;没有被告人供述,证据确实、充分的,可以认定被告人有罪和处以刑罚。"

重证据不轻信口供的原则,首先就是要求必须树立牢固的证据观念,重视调查研究,尊重客观事实,重视一切符合客观实际的证据材料。

重证据不轻信口供的原则,是在总结运用口供及其他证据的历史经验教训

并进行科学分析的基础上提出的,其实质在于忠实于客观事实,一切案件的裁判都要以充分确实的证据为根据。这里讲的确实充分的证据,既包括物证、证人证言等证据,也包括口供。就是说,对各种证据都应重视,只要符合客观实际,哪种证据都可以成为定案的根据。

其次,同口供相比较,口供以外的各种证据,即物证、证人证言等,一般会更客观些。而且在刑事诉讼中,司法工作人员首先能够接触和收集到的也往往是这类证据。在定案处理时,口供以外的其他证据更是不可缺少的。所以,在司法实践中,应该特别注意对口供以外的各种证据的收集和运用。

另外,对口供必须采取慎重态度,绝不能轻易相信。一般地说,对待任何证据都不能轻易相信。这里之所以特别提出口供,是因为口供具有非同一般的不可轻信的特性。犯罪嫌疑人、被告人是被指控犯有某种罪行、可能受到刑罚惩罚的人,因此,犯罪嫌疑人、被告人利用虚伪的口供掩盖其罪行,企图逃避惩处,就成为经常出现的现象。同时,犯罪嫌疑人、被告人由于受到犯罪指控,特别是有的犯罪嫌疑人、被告人的人身自由依法受到某种强制措施的限制,在他们的心理上会产生一定的压力。在这种情况下,出于恐惧,出于对"坦白从宽,抗拒从严"政策的错误理解,或出于其他复杂原因,犯罪嫌疑人、被告人也往往可能承认一些不存在的或者不是自己实施的罪行。总之,正是由于犯罪嫌疑人、被告人同诉讼案件的特殊关系和犯罪嫌疑人、被告人在诉讼中所处的特殊地位,造成了口供不如其他证据客观这一实际后果。从实践经验看,口供虚假的可能性比较大,但又可能是真实的,更经常的是有真有假,真假混杂。这就决定了对于口供绝不能轻易相信。在只有被告人供述的情况下,由于没有其他证据证实其是否真实,当然也就不能轻易相信它是真实的并据以定罪判刑。从另一个角度讲,如果仅以口供作为定案的根据,那么,一旦翻供,定案所依据的基础就完全崩溃。这种情况当然不利于维护法律的尊严。而防止这种情况出现的根本方法,显然在于不能仅凭口供定案。我们应以某个案件的证据是否充分确实来确定能否据以定罪判刑,而不应以是否具备了某一种证据或某几种证据来确定能否据以定罪判刑。因此,即使没有被告人的供述,只要其他证据足以排除一切合理怀疑,达到充分确实的要求,同样可以据以定罪判刑。

重证据不轻信口供的原则,不仅适用于单独犯罪的案件,而且适用于共同犯罪的案件。在共同犯罪案件中,只有共同被告人的供述,一般也不能据以定罪判刑;没有共同被告人的供述,只要其他证据充分确实,也可以定罪判刑。

但是,不轻信口供不等于轻视口供。口供也是法律规定的一种证据,经查证属实,同样可以成为定案的根据之一。实际上,口供对于正确处理案件是具有重要意义的:

(1) 经过查证属实的口供,可以比其他证据更有力地、更直接地证明案件的真实情况,特别是犯罪嫌疑人、被告人就实施犯罪的动机、目的及其他细节所作的供述,这方面的作用尤其明显。同时,犯罪嫌疑人、被告人的辩解也有助于司法人员全面地分析案件,防止偏听偏信、先入为主、主观片面。

(2)口供可以进一步印证其他证据的真实程度,也可能为收集对于证明案件真实情况有实际意义的其他证据提供线索。

(3)口供可能为揭发其他犯罪人提供线索。

(4)通过口供还可以分析判断犯罪嫌疑人、被告人对所犯罪行的态度,从而为正确处理案件、正确量刑提供一个依据。

总之,不轻信口供不等于可以忽视口供。相反,由于口供对于正确处理案件具有上述重要意义,因此,在刑事诉讼中应该运用合法手段和正确的策略积极取得口供,并慎重地对其进行审查判断,以利于更客观、更全面地分析认定案情和正确地处理案件。从长期的司法实践来看,没有被告人口供而定罪判刑的案件毕竟只是少数,这说明在绝大多数案件中,是可以用合法手段取得口供的。因此,我们一方面不能轻信口供,另一方面又要充分认识口供对于正确处理案件的重要意义,不轻视口供。对于轻信口供和轻视口供的两种片面性都要加以防止。

二、严禁刑讯逼供

刑讯逼供是使用肉刑或变相肉刑强迫犯罪嫌疑人、被告人招供的一种审讯方式。

在社会主义的中国,刑讯逼供是为法律所严厉禁止的一种取得口供的非法手段。我国《刑事诉讼法》第 50 条中就明确规定了严禁刑讯逼供。同时,为了确保这一禁止性法律规定能够得到严格遵守,我国《刑法》还专门设立了刑讯逼供罪。司法工作人员对犯罪嫌疑人、被告人实行刑讯逼供或者使用暴力逼取证人证言的,处 3 年以下有期徒刑或者拘役。致人伤残、死亡的,以故意伤害罪、故意杀人罪从重论处(参见《刑法》第 247 条)。

我国之所以严厉禁止刑讯逼供,不仅因为刑讯逼供是野蛮落后的审讯方式,为我国人民民主专政和社会主义法律的性质所不容,而且,实践证明,根据刑讯取得的口供定案,是造成冤、假、错案的一个极其重要的原因。

凡是靠刑讯取得的口供,不应作为定案的根据。

三、重证据不轻信口供,严禁刑讯逼供原则的意义

历史上,不论中国还是外国,在奴隶制和封建制的刑事诉讼中,口供都被当作最有价值的证据而加以运用。口供曾被称为"证据之王","具有决定意义的证据",等等。而且对口供的理解,都是指招供,即承认犯罪。只要有口供就定罪判刑是普遍现象。通过严刑拷问逼取口供,是取得证据的合法手段。比如,中国完整保存下来的最早的一部封建法典《唐律》中,就对拷问被告作了十分详尽的规定。"捶楚之下,何求不得。"正是这种通过肉刑逼取口供的野蛮的审讯方式造成了大量冤案,而这种审讯方式也为反动统治者任意出入人罪,残酷镇压人民大开方便之门。

在世界近代史上,德、意、日法西斯掌握政权时期,运用现代化的科学技术,创造了许多新式刑具,残酷拷讯被他们指控为犯罪的人。我国半殖民地半封建社会末期,国民党反动统治者对中国人民实行法西斯专政,在刑事诉讼中,特别是对"政治犯",实际实行的也是最野蛮的严刑拷问的审讯方式。

把口供当作最有效的证据,用通过刑讯的方式取得的口供来定罪判刑,这种现象一直是同反动的政治统治和法律制度紧密联系在一起的,同时也是唯心主义、形而上学思想路线的必然产物。

重证据不轻信口供,严禁刑讯逼供的原则是我国人民民主专政的刑事诉讼制度的一项不可动摇的原则,这一原则从一个角度体现了我国社会主义的法律制度同一切野蛮、反动的法律制度的根本区别。

实事求是是我国根本的思想路线。重证据不轻信口供是实事求是这一思想路线在刑事诉讼中的具体体现之一。我国是社会主义国家,在社会主义的法律制度中,当然不能允许刑讯逼供这种同各种反动的专制统治紧密联系在一起的最野蛮落后的审讯方式继续存在,而必须严厉地加以禁止。

另外,从刑事诉讼的角度看,坚持实行重证据不轻信口供,严禁刑讯逼供的原则,是准确认定案情,正确适用法律的必要条件,而违背这一原则,势必导致对案件的错误处理。

综上所述,坚持重证据不轻信口供,严禁刑讯逼供的原则,是我国的人民民主专政的性质和社会主义的法律性质以及实事求是的思想路线所决定的,是尊重客观事实、正确处理案件所要求的。

只有坚持重证据不轻信口供,才能自觉地摒弃和抵制刑讯逼供;只有严禁刑讯逼供,才能保证重证据不轻信口供的原则得到贯彻执行。

严禁刑讯逼供是司法人员收集证据必须遵守的一项普遍性的准则,不仅适用于对犯罪嫌疑人、被告人的讯问,也适用于对其他诉讼参与人的询问。那种用肉刑或变相肉刑的方法逼取证人证言的做法更是必须严厉禁止的。

第五节　证明对象和证明责任

一、证明对象

证明对象是指必须用证据加以证明的案件事实的范围。研究刑事诉讼的证明对象所要解决的中心问题是恰当地确定证明的范围。明确证明对象,有利于及时、全面地查明案情,避免分散精力或遗漏应该证明的重要情节。

概括地讲,刑事诉讼的证明对象应该包括构成犯罪案件的全部事实情况。最高人民法院《关于适用〈中华人民共和国刑事诉讼法〉的解释》第 64 条把刑事诉讼的证明对象概括地分为下述 10 类:

(1) 被告人、被害人的身份;

(2) 被指控的犯罪是否存在;

(3) 被指控的犯罪是否为被告人所实施;

(4) 被告人有无刑事责任能力,有无罪过,实施犯罪的动机、目的;

(5) 实施犯罪的时间、地点、手段、后果以及案件起因等;

(6) 被告人在共同犯罪中的地位、作用;

(7) 被告人有无从重、从轻、减轻、免除处罚情节;

(8) 有关附带民事诉讼、涉案财物处理的事实;

(9) 有关管辖、回避、延期审理等的程序事实;

(10) 与定罪量刑有关的其他事实。

有必要强调指出,上述所列各类证明对象,只是从理论和司法实践经验的角度对证明对象范围所作的总体性的概括。案件的具体情况不同,证明对象的范围也有所不同。在实际工作中处理具体案件时,必须根据案件的实际情况,具体确定每一个案件的证明对象的范围。既要防止把证明对象的范围定得过宽,把与具体案件无关的情况也列为证明对象,结果影响案件的迅速处理,也要防止不顾案件的实际情况,主观片面地把证明对象的范围定得过窄,使某些应该得到证明的问题没有得到证明,以致造成认定案情和适用法律的失误。当然,上述就证明对象的范围所作的概括和总结,对于确定具体案件的证明范围,无疑具有实际的指导意义。

二、证明责任(举证责任)

证明责任是指对于被告人是否有罪以及犯罪情节轻重,应由谁提出证据并加以证实的责任。

证明责任中的责任,实质是一种负担。这种证明责任由当事人中的原告一方或被告一方承担,并同诉讼主张紧密地联系在一起。

证明责任(也称举证责任)是刑事诉讼理论和实践中的一个具有长久历史的问题。早在罗马法中,就对民事诉讼中的举证责任确定了两条规则:(1) 每一方当事人对其主张的事实有提出证据,加以证明的责任,否认的一方没有举证责任;(2) 双方当事人都提不出证据,则负举证责任的一方败诉。上述规则被适用于刑事诉讼中,就形成了举证责任由控诉一方承担的规则。

在封建专制主义的制度下,实行纠问式诉讼形式,被告人没有任何诉讼权利,却负有提出证据以证明自己无罪的责任。如果被告人不能提出证据证明自己无罪,则要依照当时的法律,对被告人进行严刑拷问,用肉刑强迫其招供认罪。

资产阶级掌握政权之后,刑事诉讼的举证责任问题发生了深刻的变化,而英美法系和大陆法系的国家由于历史传统不同,在确定举证责任的规则问题上又有各自的一些特点。

在英美法系国家的刑事诉讼中,举证责任原则上由控告一方承担,被告人一般不负担证明自己无罪的责任。当法官认为控告一方提出的证据不足以证明犯罪,控告一方又不能提出新的证据说服法官时,被告人便被宣布无罪释放。但是,在被告人反驳控诉的某些情况下,举证责任则转移到被告人身上。同时,在法律推定有罪的情况下,被告人也负有提出证据证明自己无罪的责任,否则就被推定为有罪。由于英美法系国家的刑事诉讼实行当事人主义,所以法官不负有证明责任。

在大陆法系国家的刑事诉讼中,举证责任由控诉一方的检察官承担。检察官主动依照职权收集、提出证据,控诉犯罪。检察官的此种行动不以任何当事人的建议、申请、提供证据为必要条件。被告人不负担证明自己无罪的责任。同时,由于大陆法系国家在刑事诉讼中实行职权主义,因此,理论上有一种观点认为,大陆法系国家的法官,在审判阶段也负有证明责任。

我国刑事诉讼中证明责任的原则,包括下列三个方面的内容:

(1)证明犯罪嫌疑人、被告人有罪的责任,由执行控诉职能的国家专门机关承担,即由人民检察院和公安机关等承担。承担证明犯罪嫌疑人、被告人有罪的责任,就是有提出证据并证实犯罪嫌疑人、被告人有罪的责任,如果不能做到,其后果就是犯罪嫌疑人、被告人无罪的结论当然成立。

人民检察院在刑事诉讼中执行控诉职能,代表国家向人民法院提起公诉,并出庭支持公诉。凡人民检察院提起公诉的案件,在事实方面都必须达到犯罪事实清楚,证据确实、充分的要求。在出庭支持公诉过程中,还要依法讯问被告人,询问证人,向法庭出示证据,证实和论证被告人犯有起诉书中所指控的罪行。所以,人民检察院对公诉案件负有证明责任。《刑事诉讼法》第49条规定,公诉案件中被告人有罪的举证责任由人民检察院承担。

公安机关对其负责立案侦查的案件,负有证明责任。公安机关侦查终结并决定移送起诉的案件,在事实方面也必须达到犯罪事实清楚,证据确实、充分的程度,如果未达到这种程度,人民检察院可以依法退回补充侦查或决定不起诉。

另外,依法应由监狱或军队保卫部门负责侦查的案件,证明这类案件的犯罪嫌疑人、被告人有罪的责任,当然应由监狱或军队保卫部门承担。

（2）自诉案件的自诉人应对控诉承担证明责任。

在自诉案件中,自诉人处于原告的地位,独立地执行控诉职能,对自己提出的指控被告人犯有某种罪行的主张,理应承担证明责任。我国《刑事诉讼法》第49条和第205条规定,自诉案件中被告人有罪的举证责任由自诉人承担;对犯罪事实清楚,有足够证据的自诉案件,应当开庭审判;对缺乏罪证的自诉案件,如果自诉人提不出补充证据,应当说服自诉人撤回自诉,或者裁定驳回。

（3）犯罪嫌疑人、被告人应当如实陈述,但除法律另有规定外,不承担证明自己无罪的责任。

犯罪嫌疑人、被告人不承担证明自己无罪的责任,就是犯罪嫌疑人、被告人对于否认自己有罪、否认指控的答辩,不承担提出证据并加以证实的责任。同时犯罪嫌疑人、被告人依法享有为自己进行辩护的权利。犯罪嫌疑人、被告人为证明自己无罪、反驳控诉等而进行辩解,以及提出有利于自己的事实和理由,都是法律允许行使的诉讼权利,因此,犯罪嫌疑人、被告人当然有权提出证据并证实自己无罪。但是,犯罪嫌疑人、被告人却不应有这样的负担,即如果提不出证据并能证实自己无罪,那么有罪的结论就当然成立的负担。

犯罪嫌疑人、被告人虽然不承担证明自己无罪的责任,但也不享有沉默权、不享有可以拒绝回答与案件有关的问题的权利。我国《刑事诉讼法》第118条规定,犯罪嫌疑人对侦查人员的提问,应当如实回答。法律作这样的规定,有利于准确、及时地查明案情,正确适用法律,防止放纵犯罪或伤害无辜。但是,这绝不意味着法律要求犯罪嫌疑人、被告人承担证明责任。犯罪嫌疑人、被告人如果拒绝如实回答向其提出的与案件有关的问题,或者在侦查和审判过程中一直沉默,仅仅这种行为本身,并不构成犯罪。如果最终证明犯罪嫌疑人、被告人是有罪的,其上述行为应当是从重量刑的一个情节;如果最终没能证明犯罪嫌疑人、被告人有罪,则不能因其没有如实回答或者一直沉默,而要其承担刑事责任。

法律另有规定的除外,具体指的就是我国现行《刑法》第395条第1款的规定。该款规定,国家工作人员的财产或者支出明显超过合法收入,差额巨大的,可以责令说明来源。本人不能说明来源是合法的,差额部分以非法所得论,处5年以下有期徒刑或者拘役,财产的差额部分予以追缴。根据该款规定,犯罪嫌疑人负有说明其明显超过合法收入的那部分财产的来源的责任,如果不能说明来源是合法的,则犯有巨额财产来源不明罪的结论,就将成立。《刑法》的这款规定,就是要求犯罪嫌疑人负证明责任,它应是犯罪嫌疑人、被告人不承担证明自己无罪责任的一个例外。

第六节　证明要求和证明标准

一、证明要求

刑事诉讼的证明要求,是用证据对刑事诉讼证明对象的证明应达到的程度。

刑事诉讼的证明对象包含若干方面。不同的证明对象,其证明要求也会有所不同。刑事诉讼是一个依次向前发展的过程。在这个过程中,不同的诉讼阶段,对相关的证明对象的证明要求,也会存在一定差异。

比如法律对立案的要求是,认为有犯罪事实需要追究刑事责任。法律规定,公、检、法机关依法审查后,认为有犯罪事实需要追究刑事责任的时候,应当立案。从证明的角度讲,认为有犯罪事实需要追究刑事责任,就是用证据证明应当立案所必须达到的程度。

再比如法律关于对有证据证明有犯罪事实,可能判处徒刑以上刑罚的犯罪嫌疑人、被告人,采取取保候审尚不足以防止发生可能实施新的犯罪等社会危险性的,应当予以逮捕的规定,从证明的角度讲,也就是用证据对决定采取逮捕措施的证明应达到的程度。

此外,我国《刑事诉讼法》中关于公安机关侦查终结的案件,应当做到犯罪事实清楚,证据确实、充分的规定;关于人民检察院审查案件时,必须查明犯罪事实、情节是否清楚,证据是否确实、充分的规定;关于人民检察院认为犯罪嫌疑人的犯罪事实已经查清,证据确实、充分的规定等,也都是关于证明要求的规定。

犯罪事实清楚,证据确实、充分,是认定和确定犯罪嫌疑人、被告人有罪时应达到的证明要求,也是刑事诉讼中最严格、层次最高的证明要求。

犯罪事实清楚,应理解为构成犯罪的各种事实情节,或者定罪量刑所依据的各种事实情节,都必须是清楚的,真实的。对具有下列情形之一的,可以确认为犯罪事实已经清楚:(1) 属于单一罪行的案件,查清的事实足以定罪量刑或者与定罪量刑有关的事实已经查清,不影响定罪量刑的事实无法查清的;(2) 属于数个罪行的案件,部分罪行已经查清且足以定罪量刑,其他罪行无法查清的。证据确实、充分,应理解为用以证明定罪量刑所依据的各种事实情节的证据,都必须是确实的、充分的。在某些情况下,有些案件的重要证据已无法取得,如作案工具已无法起获、赃物不知去向等,但只要其他证据已足以定罪量刑,也应被认定证据已确实、充分。另外,证人证言、口供和被害人陈述内容中主要情节一致,只有个别情节不一致且不影响定罪量刑的,也应认定证据已确实、充分,同时也应认定犯罪事实清楚。犯罪事实清楚与证据确实、充分是密不可分的。犯罪事实清楚必须建立在证据确实、充分的基础之上。没有证据确实、充分,就不可能有经得住检验、推敲的犯罪事实清楚。

犯罪事实清楚,证据确实、充分,体现在刑事诉讼实践中,就是要求凡移送提起公诉的案件,凡经审查后决定提起公诉的案件,凡作出有罪判决的案件,包括维持原有罪判决或改判有罪的案件,以及核准死刑的案件等,在事实方面,都必须达到犯罪事实清楚,证据确实、充分的程度,否则,就不能移送起诉,不能提起公诉,更不能作出有罪判决。

法律之所以只规定认定和确定犯罪嫌疑人、被告人有罪应达到的证明要求,没有规定认定和确定无罪或宣告无罪应达到的证明要求,是因为在一般情况下,认定和确定无罪或宣告无罪,都是承担证明责任的专门机关或自诉人,没有以确实、充分的证据证明犯罪嫌疑人、被告人有罪的必然结果。也就是说,证明不了有罪,其结果就是无罪,不需要对无罪进行证明,因此,没有必要规定认定和确定无罪或宣告无罪应达到的证明要求。

当然也有例外。这个例外与证明责任中的例外,都是指的同一种情况,即我国《刑法》第395条第1款规定的巨额财产来源不明罪。由于法律规定,对于明显超过合法收入的那部分差额巨大的财产或支出,要由犯罪嫌疑人、被告人说明来源,如果不能说明来源是合法的,就可以认定和确定犯罪嫌疑人、被告人有罪。所以在这种情况下,也只有在这种情况下,才会发生用证据证明无罪应达到的程度的问题。

法律对这个问题尚无明文规定。但是,根据一般惯例和刑事诉讼实践经验,首先,证明无罪应达到的程度,不能与证明有罪应达到的程度作同样要求,即不能也要求无罪事实清楚,证据确实、充分。因为要求犯罪嫌疑人、被告人承担证明自己无罪的责任,属于证明责任中所应遵循的原则的一个例外,所以,对这类案件的证明要求,也应有其特殊性。

其次,犯罪嫌疑人、被告人对明显超过合法收入且差额巨大的财产或支出的合法来源,应当说清楚,不能含含糊糊,模棱两可。有些情况如果一时说不清楚,应当说出能令人信服的正当理由。

另外,犯罪嫌疑人、被告人应当提出能证明来源是合法的证据,而且该证据所具有的证明力,应当足以使人们对认定和确定有罪必须达到的证明程度,产生有事实根据的和有道理的怀疑,足以使人们相信无罪的可能性很大,或者无罪即来源是合法的可能性,大于有罪即来源是非法的可能性。

二、证明标准

证明标准或审查判断证据的标准,是认定证据是否确实、充分时所依据的原则或尺度。

任何证明或判断都必须依据一定的标准进行，没有标准就没有证明，没有判断。这是思维形式逻辑的一条普遍规律。对证据的审查判断也必须依据一定的标准。所以，确立证明或判断证据的标准就成为证据制度的核心问题之一。

在不同的历史时期、不同性质的法律制度之下，证明或审查判断证据的标准也是不同的。

在奴隶制社会，普遍实行神示证据制度。在神示制度之下，证明的方式主要有水审、火审、宣誓、决斗、卜筮、抽签以及用神兽触人等，而神意的启示就是证明或判断证据的标准。比如，在决斗的证明方式中，让被告和原告双方进行决斗，决斗失败的一方就被认为是神意使其失败的，因而他的陈述不可信。决斗失败的一方就是败诉的一方。

以神的启示作为判断证据的标准是由当时不发达的生产力和低下的科学文化水平所决定的，是建立在对神的迷信的基础之上的，是一种客观唯心主义思想的反映。

在中世纪君主专制时期的欧洲各国，曾盛行过法定证据制度。在法定证据制度之下，法律的预先规定成为判断证据的绝对标准，即一切证据证明力的大小以及对证据的取舍，都是由法律预先明文加以规定，法官在审理案件过程中，不得对证据自由评价和取舍。以法律的预先规定作为判断证据的绝对标准，包含着一些司法实践经验的结晶，比如"一个证据不是证据"等，就有一定的真理性。另外，对于限制封建法官的专横有一定作用。但是，从总体上讲，它只是以法律的专横来代替法官的专横，完全脱离具体案件的实际情况。用法律预先规定的僵死标准来判断证据是唯心主义、形而上学思想在证据制度中的典型表现，是不可能得出符合客观实际的结论的，因而也就不可能客观、全面地查清案情。

资产阶级革命胜利后，资本主义国家用自由心证的证据制度取代了封建时代的法定证据制度。自由心证的证据制度要求，法官在良知和理性的启示下，按照自己的内心确信，自由地判断证据的真伪，决定证据的取舍和裁判案件。1808年，《法兰西刑事诉讼法典》第342条规定："法律不要求陪审官报告他们建立确信的方法；法律不给他们预定一些规则，使他们必须按照这些规则来决定证据是不是完全和充分；法律所规定的是要他们集中精神，在自己良心的深处探求对于所提出的反对被告人的证据和被告人的辩护手段在自己的理性里产生了什么印象。法律不向他们说：'你们应当把多少证人所证明的每一事实认为是真实的。'它也不向他们说：'你们不要把没有由某种笔录、某种文件、多少证人或多少罪证……所决定的证据，认为是充分证实的。'法律只向他们提出一个能够概括他们职务上的全部尺度的问题：'你们是真诚的确信吗？'"①这一法律规定的内容被认为是法官自由心证的古典公式。在大陆法系的资本主义各国，已普遍采用自由心证制度，即以法官的良心、理性作为判断证据的标准。

由于法律传统的独特性，在英美法系各国的法律中，规定了大量的法官判断证据时必须遵循的规则。但是，这些规则主要是被用于解决证据许容性方面的问题的，而对评定证据的证明力却很少加以限制。

以法官抽象的理性和良知作为判断证据的标准，其哲学基础是主观唯心主义，是反科学的。实际上也根本不存在超阶级的理性和良心。在资产阶级法官的理性和良心中，充满了资产阶级的意识和偏见。以资产阶级法官的理性和良心作为判断证据的标准，为法官维护资产阶级利益而任意擅断提供了法律依据。

我国的法律制度是社会主义性质的，这就从根本上决定了在我国的证据制度中，必须根据辩证唯物主义来确定审查判断证据的标准。我国在刑事诉讼中，实际实行的是"客观验证"的标准。这个标准可以表述为"实事求是的客观验证"，或者"客观验证无疑"。所谓"客观验证无疑"，就是证明犯罪事实的各个证据之间能够互相印证、互相说明、互相补充，能够协调一致地得出具有排他性的结论，而且对此结论提不出有事实根据的、有道理和有实际意义的怀疑。"客观验证"是这个标准的核心内容，再冠以"实事求是"，就是要进一步指明，验证必须是客观的、实质性的，必须是从证据材料之间固有的联系中得出的结论，而不能是一些表面现象或一些假想的偶然巧合，更不能是司法人员按照主观需要随意取舍或主观臆造的结果。

证据是否确实、充分，只能依据证据本身互相之间查对核实的情况作出判断和评定。这种判断和评定显然属于人的主观认识，因此，它只能是人们对证据材料是否确实、充分的反映。而这种反映、这种主观认识是否正确，是否真的符合客观实际，也还是要反复考察证据本身，从各个证据之间的反复比较检验中去寻找答案。

上述判断证据的标准，并不排斥在判断证据过程中人的主观能动性的作用。审查判断证据是一个由现象到本质的复杂的认识过程，因此，必须充分发挥司法人员的主观能动性。同时，司法人员只有以唯物辩证法为指导来确定审查判断证据的立场、观点、方法，才能够正确地认识客观事实，自觉地使主观认识符合客观事实，从而也才能正确判断证据的真伪。相反，以各种唯心主义、形而上学的立场、观点、方法来审查判断证据，就不可能自觉地认识客观实际，就会得出错误的结论。但是必须明确，作为检验对证据证明力判断是否正确，对证据是否确

---

① 《法国刑事诉讼法典》（第 353 条），法律出版社 1987 年版，第 109—110 页。

实、充分的判断是否真的符合客观实际的标准,则不是人的主观认识,更不是人们自我标榜的什么观点、什么立场,而是客观事实,是案件现有的各个证据之间相互印证的实际结果,即是否客观验证无疑。是,案件事实就应该认定;否,案件事实就不能认定,就应该继续调查,或者撤销案件,或者宣告无罪。

《刑事诉讼法》第53条中规定:证据确实、充分,应当符合以下条件:(1)定罪量刑的事实都有证据证明;(2)据以定案的证据均经法定程序查证属实;(3)综合全案证据,对所认定事实已排除合理怀疑。

这实际上就是客观验证无疑。符合这些条件的,就应当认定证据已达到确实、充分的程度,否则,就不能认定证据确实、充分。

第七节　收集证据

一、收集证据的任务和意义

收集证据是司法机关的一项基本的诉讼活动。我国《刑事诉讼法》第52条规定:人民法院、人民检察院和公安机关有权向有关单位和个人收集、调取证据。有关单位和个人应当如实提供证据。行政机关是在行政执法和查办案件过程中收集的物证、书证、视听资料、电子数据等证据材料,在刑事诉讼中可以作为证据使用。凡是伪造证据、隐匿证据或者毁灭证据的,必须受法律追究。

收集证据的任务就在于发现、取得和保全为查明案件事实真相所必需的各种证据材料。

没有证据就没有诉讼。充分、确实的证据是正确认定案情和处理案件的基础。没有充分、确实的证据,就无法对案情作出认定,也就谈不上正确适用法律。可见,收集到充分、确实的证据是及时、准确地处理案件,实现刑事诉讼任务的前提。

二、收集证据的一般原则

根据刑事诉讼的特点和司法实践的经验,收集证据应贯彻下列各项原则:

(1)收集证据必须主动、及时。世界上的一切事物都处于不断的变化之中,稳定性只是相对的,证据材料也不例外。犯罪分子为了掩盖罪行,可能破坏现场,毁灭罪证;各种自然因素也可能破坏甚至毁灭犯罪现场或犯罪行为造成的痕迹;保留在人们意识中的有关案件真实情况的各种映像,随着时间的推移,记忆的减弱,也可能逐渐变得淡漠或失真,等等。总之,犯罪发生之后,如果不能及时发现、提取证据,并用有效的方法加以保全,则证据很可能由于各种复杂的原因而被歪曲,甚至被毁灭。所以,为了获得丰富的、真实可靠的证据,就必须主动、及时地收集证据。

（2）收集证据要有目的、有计划。有目的、有计划可以避免盲目性，增强自觉性，从而使收集证据的活动更有成效地进行。当然，绝不能仅凭主观想象来确定目标、制订计划，而应该在对案情有一定了解的基础上，以唯物辩证法为指导，具体问题具体分析，根据实际情况确定目的，制订计划。同时，随着实际情况的发展和变化，也要相应地对原来的计划作必要的修改或重新确定目的和计划，以使目的和计划符合变化了的实际情况。

（3）收集证据要客观全面。所谓要客观，就是要以案件的实际情况作为考察问题的出发点和归宿；要按照客观事物的本来面目去了解它，并如实地加以反映；要尊重客观事实，反对先入为主、主观臆断。所谓要全面，就是既要注意收集能够证明有罪和可能加重被告人罪责的证据材料，也要注意收集证明无罪和可能减轻被告人罪责的证据材料，反对主观片面性。

客观和全面两者之间是相辅相成的关系，只有坚持收集证据活动的客观性，才能做到全面地收集证据；同时，也只有全面地收集证据，才能保证收集证据活动的客观性。

（4）收集证据要深入、细致。所谓要深入，就是收集证据的活动不能停留在表面现象上，而是要透过现象抓住本质，发现并提取真正同案件有关并对查明案件真实情况有实际意义的证据材料。所谓要细致，就是在收集证据的活动中，要坚持严谨的工作作风，注意证据材料的各种细节，注意一切可疑的现象，绝不放过任何蛛丝马迹。司法实践证明，在某种情况下，一些不引人注目的物体或物质痕迹，一些细致入微的现象，在经过认真调查后，可能成为查明案情的重要线索或依据。

（5）依靠群众同利用科学技术手段相结合。广大群众是人民司法机关的力量源泉。一方面，长期的司法实践证明，只有紧密地联系群众，依靠群众，深入群众进行调查研究，才可能及时地发现线索，收集到必要的证据。如果脱离群众，搞神秘主义，则无异于自缚手脚。另一方面，随着科学技术的迅猛发展和整个社会科学水平的提高，以及犯罪分子利用科学技术手段犯罪已经成为一个应当引起足够重视的动向等，都要求司法机关必须特别注意科学技术，在收集证据时必须特别注意运用现代化的科学技术方法，以切实保证能收集到充分确实的证据。

（6）严格遵守法定程序，不得强迫任何人证实自己有罪。侦查人员、检察人员、审判人员必须依照法定程序收集各种证据。我国刑事诉讼法对于讯问犯罪嫌疑人，询问证人、被害人，勘验、检查，搜查，扣押物证、书证，鉴定等收集证据的方法及其程序，都作了十分明确、具体的规定。严格按照法律规定的程序合法地收集证据，不仅有利于切实保障公民的人身权利、民主权利和其他权利不受侵犯，而且有利于发现并取得能够反映案件真实情况的证据，为正确认定案情和适用法律提供可靠的依据。

为了防止以非法手段收集证据,《刑事诉讼法》规定,严禁刑讯逼供和以威胁、引诱、欺骗以及其他非法方法收集证据。

所谓威胁,就是以使被讯问人或被询问人的个人利益受到某种损害相恫吓,迫使其按照办案人员的要求进行陈述。当然,必须划清用威胁方法收集证据同讯问时依法教育被讯问人端正态度,如实地回答问题以及指出抗拒将受到从严惩处这两者之间的原则界限。同时,也必须划清用威胁方法收集证据同询问证人或被害人时依法告知他们应当如实地提供证据、证言和有意作伪证或者隐匿罪证要负法律责任这两者之间的原则界限。

所谓引诱,就是以满足被讯问人或被询问人的某种个人利益为诱饵,使其按照办案人员的愿望进行陈述。另外,通过提问方式来诱导被讯问人或被询问人,使其明白办案人员希望他讲什么,怎样讲,或者不希望他讲什么和不希望他怎样讲的做法,也是引诱。在实际工作中,我们必须把依法对被讯问人进行坦白从宽的教育,促使其如实地陈述同用引诱的方法收集证据的界限划分清楚;同时,也要把对证人、被害人进行必要的启示同用引诱的方法收集证据的界限划分清楚。必要的启示,是为了唤起证人、被害人的记忆,使其实事求是地进行陈述,而引诱则是为了使被询问人按照办案人员的主观愿望进行陈述。

所谓欺骗,是指用编造不能实现的情况的方法,对被讯问人或被询问人进行诱惑或者施加压力,以使其按照办案人员的愿望进行陈述。从实践中看,欺骗往往同威胁、引诱紧密联系在一起。从一个角度看是引诱或威胁,从另一个角度看又是欺骗。

总之,用刑讯逼供、威胁、引诱和欺骗的方法收集证据,是为法律所严格禁止的。在收集证据活动中使用其他任何违反法律和有关政策的方法,都是不允许的。刑讯逼供取得的供述和以暴力、威胁等非法方法收集的被害人陈述、证人证言不能作为定案的根据。只有严格禁止用任何非法方法收集证据,才能够保证一切与案件有关或者了解案情的人,有客观地、充分地提供证据的条件。

另外,《刑事诉讼法》还规定,不得强迫任何人证实自己有罪。这项规定也是对公、检、法机关的一种约束,即禁止或不允许公、检、法机关强迫任何人证实自己有罪。这从另一个角度讲,则是人人都享有的一项权利,对诉讼参与人来说,就是一项诉讼权利,即有权拒绝侦查、检察、审判人员强迫自己证实自己有罪(可以称之为拒绝强迫自证有罪权)。

不得强迫任何人证实自己有罪或者人们不得被强迫作不利于他自己的证言或被强迫承认有罪,已是国际上公认的一项基本人权保障。1966 年联合国大会通过的《公民权利和政治权利国际公约》第 14 条中规定:人们不得被强迫作不利于他自己的证言或被强迫承认有罪。对这项规定,有将其概括为不得强迫自证其罪原则的,也有概括为反对自我归罪特权的,等等。

我国《刑事诉讼法》规定的不得强迫任何人证实自己有罪中的任何人,当然是指所有中国公民。但由于是《刑事诉讼法》中的规定,所以首先应当是指参加刑事诉讼活动的人,特别是犯罪嫌疑人、被告人及被害人、证人等。因为最有可能被强迫证实自己有罪的,是犯罪嫌疑人、被告人,这是由刑事诉讼活动的目的、任务和特点所决定的。被害人,特别是有些案件中可能对事件也负有一定责任或有一定错误的被害人。证人,一般与案件无关,但也会有与案件有某种关联的证人。所以被害人、证人也有可能成为被强迫证实自己有罪的对象。《刑事诉讼法》的这项规定,对他们特别是犯罪嫌疑人、被告人更具实际意义。

不得强迫任何人证实自己有罪的关键,应当是如何正确理解强迫的含义。不得强迫任何人证实自己有罪这项内容,是规定在"严禁刑讯逼供和以威胁、引诱、欺骗以及其他非法方法收集证据"之后,与严禁刑讯逼供等规定的精神是一致的,是严禁刑讯逼供等内容的延伸。因此,这里所讲的强迫,也就是用刑讯等非法的方法使犯罪嫌疑人等自证有罪。用刑讯等非法方法逼取口供、收集证据与不得强迫任何人证实自己有罪中的强迫,其基本精神或基本含义应该是相同的。

不得被强迫自证有罪是犯罪嫌疑人等享有的一项重要诉讼权利,应当依法给予保障,不容侵犯或剥夺,如果受到侵犯或剥夺,也就是发生侦查人员、检察人员或审判人员用非法方法让犯罪嫌疑人等自证有罪的情况时,当事者及其法定代理人、近亲属、诉讼代理人、辩护人等都有权控告、报案或举报。公、检、法机关对这样的控告、报案或举报,都应当接受,并及时转送主管机关处理。《刑事诉讼法》第 55 条规定:人民检察院接到报案、控告、举报或者发现侦查人员以非法方法收集证据的,应当进行调查核实。对于确有以非法方法收集证据情形的,应当提出纠正意见;构成犯罪的,依法追究刑事责任。

(7) 注意证据的固定、保全,注意保守秘密。证据必须及时固定、妥善保全。在收集证据的活动中,对于获得的各种证据材料,必须根据其各自不同的特点,采用不同的方法,及时固定,妥善地加以保全,以使证据在必要的时期内能够保持被发现、被获得时的状态。有些无法长期保存或者不能原物附卷保存的证据,必须拍照或复制模型,并做详细的笔录。同时,为了保证证据的合法性,收集到的各种证据材料都必须具备完备的法律手续。

在收集证据的活动中,对于涉及国家秘密的证据应当保密。一方面,收集证据的司法人员对于涉及国家秘密的证据有保密的责任;另一方面,掌握此种证据的人在未得到有关上级的指示之前,不能擅自提供。对收集证据活动的这一要求,是为了保卫国家安全所必需的。此外,对于涉及商业秘密、个人稳私的证据,也应当保密。《刑事诉讼法》第 52 条第 3 款规定:涉及国家秘密、商业秘密、个人隐私的证据,应当保密。

(8) 保障证人及其他相关人的安全。证人不愿意作证,特别是不愿意出庭作证,主要就是因为有后顾之忧,担心遭到报复。所以,解决证人作证难的问题,关键就是要切实加强对证人的保护。不仅在诉讼过程中,就是诉讼结束后,证人及其他相关人的安全面临威胁,证人等提出申请的,公、检、法机关也应依法采取措施,给予保护。

《刑事诉讼法》第61条、第62条规定:人民法院、人民检察院和公安机关应当保障证人及其近亲属的安全。对证人及其近亲属进行威胁、侮辱、殴打或者打击报复,构成犯罪的,依法追究刑事责任;尚不够刑事处罚的,依法给予治安管理处罚。

对于危害国家安全犯罪、恐怖活动犯罪、黑社会性质的组织犯罪、毒品犯罪等案件,证人、鉴定人、被害人因在诉讼中作证,本人或者其近亲属的人身安全面临危险的,人民法院、人民检察院和公安机关应当采取以下一项或者多项保护措施:

(1) 不公开真实姓名、住址和工作单位等个人信息;

(2) 采取不暴露外貌、真实声音等出庭作证措施;

(3) 禁止特定的人员接触证人、鉴定人、被害人及其近亲属;

(4) 对人身和住宅采取专门性保护措施;

(5) 其他必要的保护措施。

证人、鉴定人、被害人认为因在诉讼中作证,本人或者其近亲属的人身安全面临危险的,可以向人民法院、人民检察院、公安机关请求予以保护。人民法院、人民检察院、公安机关依法采取保护措施,有关单位和个人应当配合。

此外,《刑事诉讼法》第63条还规定:证人因履行作证义务而支出的交通、住宿、就餐等费用,应当给予补助。证人作证的补助列入司法机关业务经费,由同级政府财政予以保障。有工作单位的证人作证,所在单位不得克扣或者变相克扣其工资、奖金及其他福利待遇。

第八节　审查判断证据

一、审查判断证据的任务和意义

审查判断证据是指侦查人员、检察人员和审判人员对收集的证据进行分析研究,鉴别证据的真伪,确定证据的证明力并依据查证属实的证据对整个案件的事实作出结论的活动。

审查判断证据的任务有如下几个相互联系的方面:

（一）审查证据的真实可靠性

证据只有经过查证属实才能作为定案的根据。因此,审查案件证据的真实可靠性,就成为审查判断证据的任务的一个重要方面。

审查证据的真实可靠性,首先要根据每个证据本身所具有的不同特点,具体问题具体分析,有针对性地进行分析研究,查证核实。比如,审查物证,就要查明是否是伪造的;审查被告人口供,就要查清有无对被告人进行刑讯逼供等非法现象存在,被告人的口供是否前后一致,有无矛盾,是否符合情理;审查书证,就要分析书证的来源、书证的内容,等等。其次,要综合分析全案所有的证据之间是否互相吻合,协调一致。对案件每一个证据的查证核实同对案件所有证据进行综合分析这两者之间是相辅相成的关系。只有把对每一个证据的查证核实作为对全案证据进行综合分析的基础,才能保证证据之间的互相吻合、协调一致性是客观真实的,是反映了该案件各个事实情节间的客观联系的。同时,对每一个证据的查证核实,又都必须联系案内其他证据进行分析,只有在对案件所有证据的综合判断中,才能使每一个证据的真实可靠性和证明力得到确认。

（二）审查证据的合法性

证据必须是依据合法程序收集的,否则,即使真实可靠也不能作为处理案件的根据,而应当依法予以排除。

《刑事诉讼法》第54条、第56至58条等明确规定:采用刑讯逼供等非法方法收集的犯罪嫌疑人、被告人供述和采用暴力、威胁等非法方法收集的证人证言、被害人陈述,应当予以排除。收集物证、书证不符合法定程序,可能严重影响司法公正的,应当予以补正或者作出合理解释;不能补正或者作出合理解释的,对该证据应当予以排除。在侦查、审查起诉、审判时发现有应当排除的证据的,应当依法予以排除,不得作为起诉意见、起诉决定和判决的依据。

法庭审查过程中,审判人员认为可能存在《刑事诉讼法》第54条规定的以非法方法收集证据情形的,应当对证据收集的合法性进行法庭调查。当事人及其辩护人、诉讼代理人有权申请人民法院对以非法方法收集的证据依法予以排除。申请排除以非法方法收集的证据的,应当提供相关线索或者材料。

在对证据收集的合法性进行法庭调查的过程中,人民检察院应当对证据收集的合法性加以证明。现有证据材料不能证明证据收集的合法性的,人民检察院可以提请人民法院通知有关侦查人员或者其他人员出庭说明情况;人民法院可以通知有关侦查人员或者其他人员出庭说明情况。有关侦查人员或者其他人员也可以要求出庭说明情况。经人民法院通知,有关人员应当出庭。对于经过法庭审理,确认或者不能排除存在《刑事诉讼法》第54条规定的以非法方法收集证据情形的,对有关证据应当予以排除。

（三）审查案件所有证据组成的证明体系是否足以充分确实地证明案件事实

在审查证据的真实可靠性的基础上，就要进一步分析研究根据案件证据组成的证明体系是否足以排除一切合理怀疑，从而证明对定罪量刑有影响的一切案件事实。只有对所有影响定罪量刑的事实情节都有查证属实的证据证明，才能认定案情。这里要注意防止两个片面性：一是搞繁琐哲学，要求对一些对定罪量刑没有影响的情节也作出证明；一是简单化，在用来证明案件事实的证据尚不足以排除一切合理怀疑的情况下，就认定案情。

在刑事诉讼实践中，个别情况下会出现所谓疑案，即有相当的证据证明被告人有犯罪的重大嫌疑，但是定罪的证据又没有达到充分确实，足以排除一切合理怀疑的程度。在这种情况下，只有依法进行更进一步的调查研究，以获取充分确实的证据。如果经过努力，仍然无法收集到足够的证据，就不能认定被告人有罪，并处以刑罚，而只能按无罪处理。因为，没有充分确实的证据为基础就定罪判刑，是我国法律所不允许的。

审查判断证据是诉讼证明的中心环节和决定性步骤。首先，在收集证据过程中必然伴随着审查判断。只有收集而不进行审查判断，就不知道还应该收集哪些证据材料以及如何收集证据材料，也更难以做到随情况的变化而适时调整对策，使收集证据的工作深入下去。其次，在收集证据的基础上，要最终确定每个证据的真实可靠程度以及对整个案情作出全面、客观的正确认定，只有在证据材料丰富和合乎实际的情况下，经过全面的综合分析、审查判断以后才能做到。

二、对法律规定的各种证据的审查判断

（一）物证、书证的审查判断

对物证、书证应当着重审查以下内容：

（1）物证、书证是否为原物、原件，是否经过辨认、鉴定；物证的照片、录像、复制品或者书证的副本、复制件是否与原物、原件相符，是否由二人以上制作，有无制作人关于制作过程以及原物、原件存放于何处的文字说明和签名；

（2）物证、书证的收集程序、方式是否符合法律、有关规定；经勘验、检查、搜查提取、扣押的物证、书证，是否附有相关笔录、清单，笔录、清单是否经侦查人员、物品持有人、见证人签名，没有物品持有人签名的，是否注明原因；物品的名称、特征、数量、质量等是否注明清楚；

（3）物证、书证在收集、保管、鉴定过程中是否受损或者改变；

（4）物证、书证与案件事实有无关联；对现场遗留与犯罪有关的具备鉴定条件的血迹、体液、毛发、指纹等生物样本、痕迹、物品，是否已作 DNA 鉴定、指纹鉴定等，并与被告人或者被害人的相应生物检材、生物特征、物品等比对；

（5）与案件事实有关联的物证、书证是否全面收集。

据以定案的物证应当是原物。原物不便搬运、不易保存，依法应当由有关部门保管、处理，或者依法应当返还的，可以拍摄、制作足以反映原物外形和特征的照片、录像、复制品。物证的照片、录像、复制品，不能反映原物的外形和特征的，不得作为定案的根据。物证的照片、录像、复制品，经与原物核对无误、经鉴定为真实或者以其他方式确认为真实的，可以作为定案的根据。

据以定案的书证应当是原件。取得原件确有困难的，可以使用副本、复制件。书证有更改或者更改迹象不能作出合理解释，或者书证的副本、复制件不能反映原件及其内容的，不得作为定案的根据。书证的副本、复制件，经与原件核对无误、经鉴定为真实或者以其他方式确认为真实的，可以作为定案的根据。

在勘验、检查、搜查过程中提取、扣押的物证、书证，未附笔录或者清单，不能证明物证、书证来源的，不得作为定案的根据。

在法庭审判阶段，审判人员应该向被告人出示物证，让其辨认。书证要当庭宣读。物证、书证都要听取控辩双方的意见后，才能作为裁判的事实根据。

（二）证人证言的审查判断

证人证言是有思维能力的人对于保留在其意识中的有关案件情况的追述。不仅各种社会的和自然的客观因素，而且证人自身的各种主观因素，都会对证人证言的真实可靠性产生一定的影响。因此，在审查判断证人证言时，就应该对所有可能实际影响证人证言可靠性的各种因素和情况进行全面审查。从理论和实践相结合的角度看，可能影响证人证言真实可靠性的因素和情况主要有下列几种：

（1）证人的生理、心理状况。证人证言的形成过程包括感受、记忆、唤起记忆并表述三个环节，而这三个环节的生理、心理状况对于证言真实可靠性都具有重要的影响。所以，我们在审查判断证人证言时，就必须注意审查证人的感官能力是否正常，有无疾病、缺陷，是否近视、色盲等；证人的记忆能力是否正常；有无可能影响记忆准确性的生理疾病等；证人的表达能力是否正常。生理上、精神上有缺陷或者年幼、不能辨别是非、不能正确表达的人，不能作证人。

（2）证人感受案件事实的方式是直接的还是间接的，即证人是直接耳闻目睹案件事实，还是间接听他人讲述案件事实。一般地说，直接耳闻目睹案件事实的证人证言，比间接听他人讲述案件事实的证人所提供的证言会更可靠。因此，如果证人是通过听他人讲述的方式感受到案件事实的，那么就应该通过该证人找到向他讲述案件事实的人，然后将两者关于案件事实的陈述进行对照、审查。

（3）证人感受案件事实时的客观环境。实践证明，证人感受案件事实时的客观环境，如距离的远近、光线的明暗、是否存在着刮风、下雨、雷鸣电闪等自然现象,对于证人感受案件事实的能力都会有相当重要的影响。许多客观情况都可能造成证人感受的不准确,甚至造成错觉。因此,在审查判断证据时必须结合调查分析证人感受案件事实时的周围环境的各种情况。

(4)某些社会性因素。可能影响证人证言真实可靠性的社会性因素大致可以概括如下:证人同犯罪嫌疑人、被告人有某种亲密或不和的甚至敌对的关系,这可能造成证人有意从有利于犯罪嫌疑人、被告人或不利于犯罪嫌疑人、被告人的角度提供部分不真实,甚至完全不真实的证言;证人受到同犯罪嫌疑人、被告人有亲密关系或者敌对关系的其他人的威胁、利诱,也可能造成证人提供有利于犯罪嫌疑人、被告人或者不利于犯罪嫌疑人、被告人的不真实的证言;证人在司法人员使用刑讯,或者威胁、利诱、欺骗等非法手段的情况下提供证言,这种证言的可靠程度同样值得怀疑。上述这些社会性因素都有可能造成证人证言不真实的结果。因此,在审查判断证人证言时必须加以认真考虑。

根据最高人民法院《关于适用〈中华人民共和国刑事诉讼法〉的解释》,对证人证言应当着重审查以下内容:

(1)证言的内容是否为证人直接感知;

(2)证人作证时的年龄,认知、记忆和表达能力,生理和精神状态是否影响作证;

(3)证人与案件当事人、案件处理结果有无利害关系;

(4)询问证人是否个别进行;

(5)询问笔录的制作、修改是否符合法律、有关规定,是否注明询问的起止时间和地点,首次询问时是否告知证人有关作证的权利义务和法律责任,证人对询问笔录是否核对确认;

(6)询问未成年证人时,是否通知其法定代理人或者有关人员到场,其法定代理人或者有关人员是否到场;

(7)证人证言有无以暴力、威胁等非法方法收集的情形;

(8)证言之间以及与其他证据之间能否相互印证,有无矛盾。

证人证言具有下列情形之一的,不得作为定案的根据:

(1)询问证人没有个别进行的;

(2)书面证言没有经证人核对确认的;

(3)询问聋、哑人,应当提供通晓聋、哑手势的人员而未提供的;

(4)询问不通晓当地通用语言、文字的证人,应当提供翻译人员而未提供的。

证人证言的收集程序、方式有下列瑕疵,经补正或者作出合理解释的,可以采用;不能补正或者作出合理解释的,不得作为定案的根据:

(1)询问笔录没有填写询问人、记录人、法定代理人姓名以及询问的起止时间、地点的；

（2）询问地点不符合规定的；

（3）询问笔录没有记录告知证人有关作证的权利义务和法律责任的；

（4）询问笔录反映出在同一时段，同一询问人员询问不同证人的。

在法庭审理阶段，证人证言必须经过公诉人、被害人和被告人、辩护人双方讯问、质证，听取各方证人证言并经过查证属实后，才能作为裁判的一种根据。

（三）被害人陈述的审查判断

被害人陈述是区别于证人证言的一种具有独特诉讼意义的证据。由于被害人的切身利益直接遭受到犯罪行为的侵害，所以，被害人一般均会积极主动地向司法机关提供证据。同时，那些人身直接受到犯罪行为侵害的人，由于曾经直接接触过犯罪分子，所以不仅能详细叙述犯罪过程的各种情节，而且还常常能指出犯罪分子的年龄、相貌、口音等具体特征，这对于迅速地查明案件情况具有十分重要的意义。

但是，被害人的陈述也有可能部分不真实或者完全不真实。从实践经验来看，造成被害人陈述失实的因素有下列几种：

（1）为了陷害他人或者出于其他原因，编造事实上不存在的犯罪行为。

（2）在人身受到犯罪行为的威胁或侵害时，由于处于高度的精神紧张状态而产生的某些错觉，从而造成陈述失实。

（3）出于对犯罪的痛恨，在其陈述中可能夸大犯罪的严重程度，渲染某些情节，或者避而不谈某些情节，从而造成其陈述的片面性。

（4）也有些被害人，特别是强奸等性犯罪的受害妇女，由于害羞或其他原因，也可能提供不真实的情况，从而掩盖了真正的犯罪行为。

在侦查阶段，必要时也可以采用侦查实验的方法查证被害人的陈述。

在法院开庭审理时，对被害人陈述的审查与认定，参照上文关于证人证言的要求。

（四）犯罪嫌疑人、被告人供述和辩解（口供）的审查判断

由于犯罪嫌疑人、被告人所处的特殊的诉讼地位和他同案件的特殊关系，决定了口供一般比其他陈述证据更可能具有虚假性。影响口供不真实的具体原因可以概括如下：

（1）出于掩盖罪行、逃避惩罚或其他原因而对抗侦查、审判的心理，可能进行完全否认自己犯罪的虚假的辩解。这是造成口供不真实的最主要的、经常起作用的因素。

（2）因受到追诉或被依法采取的强制措施限制了一定的人身自由，而在心理上产生一定的压力，或者对"坦白从宽"政策的错误理解，可能承认一些本来没有的罪行。

(3) 基于哥们义气之类的封建意识,承认一些不是自己实施的罪行,这也是经常会遇到的一种情况。

(4) 审讯人员用刑讯、威胁、利诱、欺骗等非法方法收集口供,也是造成口供失实的重要因素。

根据口供的实际特点,法律明确规定不得轻信口供。

对被告人供述和辩解应当着重审查以下内容:

(1) 讯问的时间、地点,讯问人的身份、人数以及讯问方式等是否符合法律、有关规定;

(2) 讯问笔录的制作、修改是否符合法律、有关规定,是否注明讯问的具体起止时间和地点,首次讯问时是否告知被告人相关权利和法律规定,被告人是否核对确认;

(3) 讯问未成年被告人时,是否通知其法定代理人或者有关人员到场,其法定代理人或者有关人员是否到场;

(4) 被告人的供述有无以刑讯逼供等非法方法收集的情形;

(5) 被告人的供述是否前后一致,有无反复以及出现反复的原因;被告人的所有供述和辩解是否均已随案移送;

(6) 被告人的辩解内容是否符合案情和常理,有无矛盾;

(7) 被告人的供述和辩解与同案被告人的供述和辩解以及其他证据能否相互印证,有无矛盾。

必要时,可以调取讯问过程的录音录像、被告人进出看守所的健康检查记录、笔录,并结合录音录像、记录、笔录对上述内容进行审查。

被告人供述具有下列情形之一的,不得作为定案的根据:

(1) 讯问笔录没有经被告人核对确认的;

(2) 讯问聋、哑人,应当提供通晓聋、哑手势的人员而未提供的;

(3) 讯问不通晓当地通用语言、文字的被告人,应当提供翻译人员而未提供的。

审查被告人供述和辩解,应当结合控辩双方提供的所有证据以及被告人的全部供述和辩解进行。

（五）鉴定意见的审查判断

鉴定意见是利用科学技术方法和凭借专门知识,对与案件有关的物品或物质痕迹等进行鉴定的结果,因而具有其他证据所没有的独特的科学性。但是如果鉴定依据的事实材料本身有问题,或者鉴定时受各种主、客观条件的限制,鉴定意见也可能不准确或错误。因此,也必须由侦查人员、检察人员和审判人员对之进行审查,只有认为确实可靠时,才能采用。

对鉴定意见应当着重审查以下内容:

（1）鉴定机构和鉴定人是否具有法定资质；

（2）鉴定人是否存在应当回避的情形；

（3）检材的来源、取得、保管、送检是否符合法律、有关规定，与相关提取笔录、扣押物品清单等记载的内容是否相符，检材是否充足、可靠；

（4）鉴定意见的形式要件是否完备，是否注明提起鉴定的事由、鉴定委托人、鉴定机构、鉴定要求、鉴定过程、鉴定方法、鉴定日期等相关内容，是否由鉴定机构加盖司法鉴定专用章并由鉴定人签名、盖章；

（5）鉴定程序是否符合法律、有关规定；

（6）鉴定的过程和方法是否符合相关专业的规范要求；

（7）鉴定意见是否明确；

（8）鉴定意见与案件待证事实有无关联；

（9）鉴定意见与勘验、检查笔录及相关照片等其他证据是否矛盾；

（10）鉴定意见是否依法及时告知相关人员，当事人对鉴定意见有无异议。

鉴定意见具有下列情形之一的，不得作为定案的根据：

（1）鉴定机构不具备法定资质，或者鉴定事项超出该鉴定机构业务范围、技术条件的；

（2）鉴定人不具备法定资质，不具有相关专业技术或者职称，或者违反回避规定的；

（3）送检材料、样本来源不明，或者因污染不具备鉴定条件的；

（4）鉴定对象与送检材料、样本不一致的；

（5）鉴定程序违反规定的；

（6）鉴定过程和方法不符合相关专业的规范要求的；

（7）鉴定文书缺少签名、盖章的；

（8）鉴定意见与案件待证事实没有关联的；

（9）违反有关规定的其他情形。

经人民法院通知，鉴定人拒不出庭作证的，鉴定意见不得作为定案的根据。

（六）勘验、检查、辨认、侦查实验笔录的审查判断

依法制作的勘验、检查笔录，一般说来是比较客观的。但是，由于各种主、客观原因，也可能发生错误，所以，同样必须对其进行审查判断。

对勘验、检查笔录应当着重审查以下内容：

（1）勘验、检查是否依法进行，笔录的制作是否符合法律、有关规定，勘验、检查人员和见证人是否签名或者盖章；

（2）勘验、检查笔录是否记录了提起勘验、检查的事由，勘验、检查的时间、地点，在场人员、现场方位、周围环境等，现场的物品、人身、尸体等的位置、特征等情况，以及勘验、检查、搜查的过程；文字记录与实物或者绘图、照片、录像是否

相符;现场、物品、痕迹等是否伪造、有无破坏;人身特征、伤害情况、生理状态有无伪装或者变化等;

（3）补充进行勘验、检查的,是否说明了再次勘验、检查的原由,前后勘验、检查的情况是否矛盾。

勘验、检查笔录存在明显不符合法律、有关规定的情形,不能作出合理解释或者说明的,不得作为定案的根据。

对辨认笔录应当着重审查辨认的过程、方法,以及辨认笔录的制作是否符合有关规定。辨认笔录具有下列情形之一的,不得作为定案的根据:

（1）辨认不是在侦查人员主持下进行的;

（2）辨认前使辨认人见到辨认对象的;

（3）辨认活动没有个别进行的;

（4）辨认对象没有混杂在具有类似特征的其他对象中,或者供辨认的对象数量不符合规定的;

（5）辨认中给辨认人明显暗示或者明显有指认嫌疑的;

（6）违反有关规定、不能确定辨认笔录真实性的其他情形。

对侦查实验笔录应当着重审查实验的过程、方法,以及笔录的制作是否符合有关规定。侦查实验的条件与事件发生时的条件有明显差异,或者存在影响实验结论科学性的其他情形的,侦查实验笔录不得作为定案的根据。

（七）视听资料、电子数据的审查判断

视听资料一般都是人们有意识录制的,而且同科学技术的关系非常密切,因此,对视听资料应当着重审查以下内容:

（1）是否附有提取过程的说明,来源是否合法;

（2）是否为原件,有无复制及复制份数;是复制件的,是否附有无法调取原件的原因、复制件制作过程和原件存放地点的说明,制作人、原视听资料持有人是否签名或者盖章;

（3）制作过程中是否存在威胁、引诱当事人等违反法律、有关规定的情形;

（4）是否写明制作人、持有人的身份,制作的时间、地点、条件和方法;

（5）内容和制作过程是否真实,有无剪辑、增加、删改等情形;

（6）内容与案件事实有无关联。

对视听资料有疑问的,应当进行鉴定。

对电子邮件、电子数据交换、网上聊天记录、博客、微博客、手机短信、电子签名、域名等电子数据,应当着重审查以下内容:

（1）是否随原始存储介质移送;在原始存储介质无法封存、不便移动或者依法应当由有关部门保管、处理、返还时,提取、复制电子数据是否由二人以上进行,是否足以保证电子数据的完整性,有无提取、复制过程及原始存储介质存放

地点的文字说明和签名;

（2）收集程序、方式是否符合法律及有关技术规范;经勘验、检查、搜查等侦查活动收集的电子数据,是否附有笔录、清单,并经侦查人员、电子数据持有人、见证人签名;没有持有人签名的,是否注明原因;远程调取境外或者异地的电子数据的,是否注明相关情况;对电子数据的规格、类别、文件格式等注明是否清楚;

（3）电子数据内容是否真实,有无删除、修改、增加等情形;

（4）电子数据与案件事实有无关联;

（5）与案件事实有关联的电子数据是否全面收集。

对电子数据有疑问的,应当进行鉴定或者检验。

视听资料、电子数据具有下列情形之一的,不得作为定案的根据:

（1）经审查无法确定真伪的;

（2）制作、取得的时间、地点、方式等有疑问,不能提供必要证明或者作出合理解释的。

思考题

1. 什么是刑事诉讼证据?它有哪些特点?

2. 证据有什么意义?

3. 什么是刑事诉讼的证明对象?明确证明对象有何实际意义?

4. 应当怎样理解刑事诉讼中的证明责任?刑事诉讼中的证明责任应当由谁承担?

5. 如何理解重证据不轻信口供的原则?

6. 怎样才能有效地防止和克服刑讯逼供?

7. 实行重证据不轻信口供、严禁刑讯逼供原则有何意义?

8. 证据可以作哪些分类?这些分类对诉讼实践有何意义?

9. 仅有间接证据可否定案?运用间接证据定案应遵循哪些规则?

10. 收集证据的基本要求是什么?

11. 审查判断证据的任务和意义是什么?

12. 应当怎样正确理解和认识审查判断证据的标准问题?

13. 物证的特点是什么?如何审查判断物证?

14. 什么是书证?它与物证有何异同?怎样审查判断书证?

15. 证人证言与被害人陈述有何异同?为什么证人证言可能不实?应当怎样审查判断证人证言?

16. 犯罪嫌疑人、被告人供述和辩解有何特点和作用?司法人员应当怎样正确对待这种证据？

17. 什么是鉴定意见，它与证人证言、书证有何不同？司法人员怎样才能对鉴定意见作出正确判断？

18. 勘验、检查、辨认、侦查实验等笔录同书证的主要区别是什么？审查判断勘验、检查、辨认、侦查实验等笔录时应当注意哪些问题？

19. 对视听资料和电子数据的审查应特别注意哪些问题？

第十章 强制措施

第一节 强制措施的概念、性质和作用

一、强制措施的概念

刑事诉讼中的强制措施,是指公安机关、人民检察院和人民法院在刑事诉讼过程中,为了保障侦查和审判的顺利进行,依法对犯罪嫌疑人、被告人、现行犯的人身自由强行剥夺或者加以一定限制的方法。刑事诉讼法规定的强制措施有五种,即拘传、取保候审、监视居住、逮捕和拘留。刑事诉讼的强制措施有以下特征:

(1)它是公安机关、人民检察院和人民法院行使职权,强行剥夺或者限制犯罪嫌疑人等人身自由的方法。根据刑事诉讼法的规定,采用强制措施,是公、检、法机关的职权。对于上述五种强制方法,除拘留由公安机关采用和人民检察院对直接受理的案件采用外,其他四种公、检、法机关均有权采用。根据《刑事诉讼法》第290条的规定,军队保卫部门对军队内部发生的刑事案件行使侦查权,在其办案过程中,也可采用强制措施。除这些机关外,其他任何机关、团体和个人都无权采用这些强制措施。

(2)它是公安机关、人民检察院和人民法院在刑事诉讼过程中采用的。具体地说,通常都是在立案以后,到人民法院作出判决以前采用的。在立案以前,只有对具有法定情形的现行犯或者重大嫌疑分子,才可予以拘留。人民法院对案件作出判决后,在其发生法律效力时,即应依法付诸实施,已无必要对该案被告人采用强制措施。对于需要收监执行而没有逮捕的罪犯,监狱可以根据人民法院的执行通知书、判决书等文件收押罪犯执行,而不再采用逮捕措施。

(3)它是对犯罪嫌疑人、被告人、现行犯采用的,即其适用对象只能是已被追究刑事责任的人,以及有重大犯罪嫌疑很可能即将对其追究刑事责任的人。对其他诉讼参与人,如自诉人、公诉案件被害人、法定代理人、辩护人等,不能采用强制措施。

(4)它是以保障侦查和审判的顺利进行为主要目的的。采取强制措施剥夺或者限制犯罪嫌疑人等的人身自由,使其难以逃跑、隐藏,难以毁灭、伪造证据,或与同案犯共商对策,从而可以有效地保障侦查和审判的顺利进行。

（5）它必须严格依法采用。强制措施的采用，将剥夺或者限制公民的人身自由，是有关人权的重大问题，所以刑事诉讼法对采用各种强制措施的条件和程序都作了明确规定。公安机关、人民检察院和人民法院必须严格遵守，使各种强制措施在诉讼过程中都能得到正确使用。

只有明确刑事诉讼中强制措施的上述特征，才能了解这种强制措施与其他强制手段的区别，才能阐明其法律性质。

二、强制措施的性质

刑事诉讼中的强制措施，是国家权力的体现，同国家的其他强制方法一样，只要具备法定的条件，就可以对适用对象强行采用。采用刑事诉讼法规定的强制措施，其适用对象的人身自由都依法受到一定限制或者被剥夺，只是强制的方法不同，人身自由受到限制的程度或者被剥夺时间的长短有所不同。例如，对被告人采取拘传的方法，被告人就必须于指定的时间到指定的场所接受讯问，讯问一结束，只要没有对他再采取其他强制措施，其人身自由就完全恢复。对现行犯或者重大嫌疑分子予以拘留时，在法定的拘留期限内，将他们羁押于看守所进行监管，就完全剥夺了人身自由。在刑事诉讼中对犯罪嫌疑人、被告人等采用强制措施，限制或者剥夺其人身自由，使他们不能妨害侦查和审判，不能逃脱应得的惩罚和继续进行犯罪活动。所以，强制措施既有强制性，又具有预防性，是顺利进行刑事诉讼的重要保障，是打击犯罪、同犯罪作斗争的必要手段。

刑事诉讼中的强制措施，同惩罚犯罪的某些刑罚方法，同民事诉讼中的强制措施，既有共同之点，又有重大的区别，不可混淆。

（1）强制措施与管制等刑罚的异同。刑事诉讼中的强制措施以及管制、拘役、有期徒刑和无期徒刑等刑罚方法，都是国家的强制方法，都使其适用对象的人身自由受到限制或者被剥夺，都是用以同犯罪作斗争的有效手段。这些是两者的相同之处。同时，它们又有以下的原则区别：

第一，采取强制措施与适用刑罚的目的不同。前者是为了保障侦查和审判的顺利进行，防止适用对象继续危害社会，是诉讼过程中的保障和防范措施，并不是对犯罪的处罚。后者是对犯罪分子的一种处罚，是为了惩罚和改造犯罪分子，使他们不再犯罪，并警戒社会上可能犯罪的人。

第二，强制措施与刑罚的适用对象和条件不同。前者适用于犯罪嫌疑人、被告人、现行犯，并且需具有刑事诉讼法所规定的采用各种强制措施的条件。后者只适用于其行为已构成犯罪的犯罪分子，而且需要经过审理后确认有罪并应予处罚时才能判处。

第三，有权采取强制措施与有权适用刑罚的机关不完全相同。强制措施除拘留仅公安机关和人民检察院在直接受理的案件中有权采用外，其他各种措施均可由公安机关、人民检察院和人民法院采用。刑罚则只有行使审判权的人民法院有权适用,公安机关和人民检察院认为应当对犯罪嫌疑人定罪处刑的,只能由人民检察院向人民法院提起公诉,由人民法院依法审判。

第四,采取强制措施与适用刑罚依据的法律不同。前者依据的是刑事诉讼法,后者依据的则是刑法的有关规定。当然,按照刑事诉讼法的规定采取强制措施,也不能脱离刑法的规定。例如,决定逮捕时,必须要有证据证明有犯罪事实,并且可能判处徒刑以上的刑罚,这就需要按照刑法的规定来衡量。

根据上述强制措施与管制、拘役、有期徒刑、无期徒刑等刑罚的原则区别,两者虽有相同之处和一定联系,仍是各具不同性质的强制方法。明确它们之间的区别,有利于在实践中正确使用,防止发生"以拘代罚"、"以捕代罚"等违法现象。

(2)刑事诉讼中的强制措施与民事诉讼中的强制措施的异同。两者相同之处是:都是在诉讼过程中可以采用的法定强制方法;都以排除阻碍,保障诉讼活动的顺利进行为主要目的;还有形式相同的强制方法,如拘传、拘留。同时,两者又有以下重大区别:

第一,适用的对象不同。刑事诉讼中的强制措施,适用于犯罪嫌疑人、被告人和现行犯。民事诉讼中的强制措施,除拘传仅适用于被告外,其他措施不仅适用于双方当事人和其他诉讼参与人,而且还可以适用于没有参与诉讼的人(如殴打证人的,以暴力阻碍司法工作人员执行职务的),范围很广。

第二,适用的条件不同。刑事诉讼法对采用各种强制措施的条件分别作了规定,其着眼点是犯罪嫌疑人等罪行的大小和是否可能逃避、干扰侦查和审判,这将在以后各节逐一论述。我国《民事诉讼法》第100条至第103条对民事诉讼中强制措施的适用条件作了规定,指出必须是有人故意实施了妨害民事诉讼的某种行为,例如,必须到庭的被告,经两次传票传唤,无正当理由而拒不到庭;伪造、毁灭重要证据;指使、贿买、胁迫他人作伪证;隐藏、转移、变卖、毁损已被查封、扣押的财产;以暴力、威胁或者其他方法阻碍司法工作人员执行职务等。即使对民事被告,如果他没有实施妨害民事诉讼的行为,尽管其民事违法行为已给原告造成巨大损害,也不能采用强制措施。

第三,有权采用的机关不完全相同。刑事诉讼中的强制措施,除拘留仅公安机关和人民检察院在直接受理的案件中有权采用外,其他措施都可由公安机关、人民检察院和人民法院采用。民事诉讼中的强制措施,只有对民事案件行使审判权的人民法院有权采用。

第四,强制措施的种类不完全相同。刑事诉讼中的强制措施有拘传、取保候审、监视居住、逮捕和拘留五种。民事诉讼中的强制措施则有拘传、训诫、责令退出法庭、罚款和拘留五种。这表明,两者除都有拘传、拘留外,还各有不同的强制方法,以适应各自的需要。

第五,采取强制措施应遵守的程序不同。刑事诉讼中采取强制措施的程序,为刑事诉讼法所规定。民事诉讼中采取强制措施的程序,由民事诉讼法规定。在刑事、民事诉讼中,同样采取拘留的强制方法,应遵守的程序也不同。例如,公安机关在刑事诉讼中拘留人的时候,必须出示拘留证。在采取拘留措施后,应当在 24 小时以内进行讯问,一般还应当在拘留后的 24 小时以内,通知被拘留人的家属;经讯问发现不应当拘留的时候,必须立即释放,发给释放证明。公安机关认为被拘留的人需要逮捕时,应当在法定期限内提请人民检察院审查批准。人民法院在民事诉讼中采取拘留措施时,法律规定的程序是:必须经院长批准;应当用拘留决定书;被拘留人对拘留决定不服的,可以向上一级人民法院申请复议一次,复议期间不停止执行;被拘留的人在拘留期间承认并改正错误的,人民法院还可以提前解除拘留。

明确刑事诉讼与民事诉讼中强制措施的上述区别,既有助于理解刑事诉讼中强制措施的性质,又有利于在实践中对其依法正确使用。

三、强制措施的作用

公安机关、人民检察院和人民法院在刑事诉讼中,依法采取强制措施,将犯罪嫌疑人等的人身自由加以限制或者剥夺,是非常必要的,因为强制措施有以下的重要作用。

(1)可以防止犯罪嫌疑人等逃避侦查和审判。犯罪分子实施犯罪行为后,总是力图逃脱法律的制裁,当其感到可能被追究或者已经受到追究时,就往往逃跑或者隐藏起来,使司法机关不能结案,不能对其定罪判刑。有了强制措施,司法机关可以依法强行限制或者剥夺其人身自由,就能有效地防止他们逃避侦查和审判,保障对其追究刑事责任。

(2)可以排除犯罪嫌疑人等可能进行妨碍迅速查明案情的活动。犯罪分子为了掩盖罪行,逃脱罪责,往往毁灭、伪造证据,与同案犯串供,商定受到追究时的对策。如果他们的这些活动得逞,必然影响收集证据的工作,甚至使侦破活动误入歧途,妨碍迅速查明案件的真实情况,不能有力地打击犯罪。司法机关依据职权及时采取强制措施,就可减少和避免上述情况的发生。这不仅能保障迅速查明案情和诉讼的顺利进行,使犯罪分子难逃应得的惩罚,而且能发挥办案的社会效果。

(3)可以防止犯罪嫌疑人等继续犯罪。许多犯罪分子在实施犯罪以后,并不就此罢手,而是伺机继续犯罪。至于那些恶习很深的惯窃、惯骗等犯罪分子,在未受到惩罚以前,更难轻易停止作恶。有的犯罪分子在其罪行被揭露以后,还可能对检举人、被害人等行凶报复。当司法机关对犯罪分子进行追究时,根据不同情况采取相应的强制措施,限制或者剥夺其人身自由,就能及时地制止和有效地防止其继续犯罪。

(4)可以防止发生自杀等意外事件。有的犯罪分子可能感到自己罪行严重,难逃严厉的惩罚,或者认为自己犯罪后已身败名裂,虽生犹死,就可能畏罪自杀或者以自杀来解脱思想负担。在刑事诉讼中采取强制措施,使被拘留、逮捕的人受到羁押,处于严格的监管之中,就可防止发生自杀等事件。

(5)可以震慑犯罪,鼓励群众积极同犯罪作斗争,加强社会治安。在刑事诉讼中采用强制措施,特别是采用剥夺人身自由的拘留、逮捕,表明发生的犯罪行为已被揭露或者即将被揭露,犯罪人将被依法惩办,这就会使一些可能犯罪的人受到震慑,不敢轻易伸出作恶之手;群众也会受到鼓舞,积极参与同犯罪作斗争,社会治安将会因此而得到加强。

明确了强制措施的重要作用,对那些依法需要采取强制措施的犯罪嫌疑人、被告人和现行犯,公、检、法机关必须严格执法,及时采用,绝不能心慈手软,予以放纵,导致影响侦查、审判的顺利进行和犯罪分子得以继续危害社会的恶果。同时,采用强制措施,又必须考虑到它是对人身自由的限制或者剥夺,涉及公民的名誉、自由等基本权利。有关人权的重大问题,只能慎重从事,绝不能草率对待。为了既能保障侦查和审判的顺利进行,有效地同犯罪作斗争,同时又能切实防止发生滥用强制措施、侵犯公民人身自由的情形,我国《刑事诉讼法》以专章规定了采用各种强制措施的条件和程序。司法机关在办案过程中,决定采用强制措施时,必须严格遵守法律的规定。应该限制被告人人身自由的,就采用拘传等方法;应该剥夺其人身自由的,就需采用拘留、逮捕措施,并办好法律手续。司法机关只有在实际工作中正确地采用,才能充分发挥强制措施的作用。如果违法滥用,造成错拘错捕,侵犯了公民的合法权益,根据我国《宪法》和《国家赔偿法》的有关规定,应当承担赔偿的义务;如果因此而给受害人名誉权、荣誉权造成损害的,还应当在侵权行为影响的范围内,为受害人消除影响,恢复名誉,赔礼道歉。

第二节　拘　　传

一、拘传的概念

拘传是公安机关、人民检察院和人民法院对于未被羁押的犯罪嫌疑人、被告人,强制其到指定的地点接受讯问的一种方法。其特点为:

(1)适用对象为未被拘留或逮捕即未被羁押的犯罪嫌疑人、被告人。已经在押的犯罪嫌疑人、被告人,可以随时提审,无须拘传。

(2)执行拘传的人员对被拘传的人,有权强制其到指定的地点接受讯问,从而使其人身自由受到一定的限制。

拘传与传唤的异同。两者都是司法机关采用的方法,其内容都是告知被拘传和被传唤的人在什么时间到什么地点接受讯问。两者除上述的相同之点外,还有以下的区别:前者具有强制性,对于不愿意接受讯问的犯罪嫌疑人、被告人,可以强制其到场;后者则是要求被传唤人接到传票后自行到指定地点接受讯问,无强制性。另外,拘传仅适用于犯罪嫌疑人、被告人,传唤除用于犯罪嫌疑人、被告人外,还用于其他当事人。

二、拘传的采用

我国《刑事诉讼法》第 64 条规定,人民法院、人民检察院和公安机关根据案件情况,对犯罪嫌疑人、被告人可以拘传。据此,公、检、法机关拘传犯罪嫌疑人、被告人,可以根据案件情况决定。在诉讼实践中,通常是适用于未被羁押、经过传唤没有正当理由而拒不到指定地点接受讯问的犯罪嫌疑人、被告人。如果根据案件情况径行拘传,不先传唤,也是合法的、有效的。决定拘传的时候,办案人员应当填写拘传票或拘传证,写明被拘传人的姓名、住址、拘传理由、应于何时到何处接受讯问等事项,并报单位负责人批准。执行拘传的人员必须持有该文件,并向被拘传人出示,以表明执行拘传有合法的根据,被拘传人必须按时到场接受讯问。对于抗拒拘传的,可以使用戒具。

三、拘传的时限

拘传是强制犯罪嫌疑人、被告人到指定的地点接受讯问,对人身自由的限制是很短暂的。当讯问一结束,拘传的强制力即自行消失,被告人的人身自由就不再受限制。根据我国《刑事诉讼法》第 117 条第 2 款的规定,拘传持续的时间不得超过 12 小时;案情特别重大、复杂,需要采取拘留、逮捕措施的,拘传持续的时间不得超过 24 小时。不得以连续拘传的形式变相拘禁被拘传人。如果在讯问以后,认为需要限制或者剥夺犯罪嫌疑人、被告人的人身自由时,应当依法采取其他强制措施。

第三节　取 保 候 审

一、取保候审的概念

取保候审是公安机关、人民检察院和人民法院责令犯罪嫌疑人、被告人提出保证人或者交纳保证金,以保证其在取保候审期间不逃避侦查和审判,并随传随到的一种强制方法。这种强制方法的特点是:由犯罪嫌疑人、被告人交纳金钱或者请求保证人来向责令取保候审的机关提供担保,即可能有案外人为其承担一定的法律责任;担保的内容是保证犯罪嫌疑人、被告人在取保候审期间不逃避审查,不干扰证人作证,不毁灭、伪造证据或者串供,并随传随到。在诉讼理论中,基于保证人与犯罪嫌疑人、被告人的某种特殊关系,依据其身份和信誉来担保的,称为人保。由犯罪嫌疑人、被告人提供金钱或其他财物来担保的,则称为财产保。

根据我国《刑事诉讼法》第65条和其他有关规定,公安机关、人民检察院和人民法院均有权采用取保候审的方法。

二、取保候审的条件和适用范围

《刑事诉讼法》第65条对取保候审的条件作了明确的规定。其他某些规定也有涉及取保候审的适用条件和范围的。根据这些规定,取保候审的条件和适用范围是:

（1）可能判处管制、拘役或者独立适用附加刑的。

（2）可能判处有期徒刑以上刑罚,采取取保候审不致发生社会危险性的。

（3）患有严重疾病、生活不能自理,怀孕或者正在哺乳自己婴儿的妇女,采取取保候审不致发生社会危险性的。哺乳自己的婴儿,在诉讼实践中以未满1周岁为限。对在流产法定休息期间内的妇女,也可采用取保候审。对具有上述情况的妇女,在逮捕前发现的,就不能决定逮捕,而应依法采用取保候审;在逮捕后才发现的,应变更强制措施,改用取保候审的方法。

（4）已被逮捕羁押的犯罪嫌疑人、被告人,在《刑事诉讼法》规定的侦查羁押、审查起诉、一审、二审的办案期限内不能结案,需要继续查证、审理的。这有利于解决超期羁押和保护犯罪嫌疑人、被告人的合法权益。

（5）第二审人民法院审理期间,已被逮捕的被告人被羁押的时间已等于或超过第一审法院对其判处的刑期的。这可以防止发生被告人被剥夺人身自由的期限超过被判处的刑期的问题。

上述规定表明,取保候审不仅适用于罪轻的犯罪嫌疑人、被告人,也适用于罪重的犯罪嫌疑人、被告人;既适用于未被羁押的人,也适用于被羁押、需要变更强制措施的人。

关于对县级以上各级人民代表大会代表采用取保候审应具备的特殊条件,《中华人民共和国全国人民代表大会和地方各级人民代表大会代表法》（以下简称《人民代表大会代表法》）第32条第2款规定:"对县级以上的各级人民代表大会代表,如果采取法律规定的其他限制人身自由的措施,应当经该级人民代表大会主席团或者人民代表大会常务委员会许可。"这里所讲的"其他限制人身自由的措施",是指本条第1款规定的逮捕、拘留以外的法定的限制人身自由的措施,其中包括取保候审这种强制措施。据此,对县级以上的各级人民代表大会代表采用取保候审,应当事先得到上述组织的许可。

三、取保候审的担保方式和执行机关

根据《刑事诉讼法》第 66 条的规定,公、检、法机关决定采用取保候审时,应当责令犯罪嫌疑人、被告人提出保证人或者交纳保证金。因而由保证人担保或者交纳保证金就是取保候审的担保方式。取保候审均由公安机关执行。

关于保证人担保的方式,首先应明确保证人应当具备的条件。《刑事诉讼法》第 67 条明确规定,保证人必须符合下列条件:(1) 与本案无牵连;(2) 有能力履行保证义务;(3) 享有政治权利,人身自由未受到限制;(4) 有固定的住处和收入。如果犯罪嫌疑人、被告人同时又是附带民事诉讼的被告人,保证人还应当有代偿能力。

其次是保证人的义务。《刑事诉讼法》第 68 条规定保证人应当履行以下义务:(1) 监督被保证人遵守本法第 69 条的规定;(2) 发现被保证人可能发生或者已经发生违反《刑事诉讼法》第 69 条规定的行为的,应当及时向执行机关报告。被保证人有违反本法第 69 条规定的行为,保证人未履行保证义务的,对保证人处以罚款,构成犯罪的,依法追究刑事责任。对取保候审保证人是否履行了保证义务,由公安机关认定,对保证人的罚款决定,也由公安机关作出。在诉讼实践中,对保证人追究刑事责任的,是指他与确已构成犯罪的被保证人串通,协助他逃匿,以及明知他的藏匿地点而拒不将他找回或者拒绝向司法机关提供该地点的。保证人有此情况时,应依据《刑法》有关窝藏罪的规定对其追究刑事责任;有附带民事诉讼的,他还应承担连带赔偿责任。

关于采用保证金担保的方式,《刑事诉讼法》第 70 条已明确规定,取保候审的决定机关应当综合考虑保证诉讼活动正常进行的需要,被取保候审人的社会危险性,案件的性质、情节,可能判处刑罚的轻重,被取保候审人的经济状况等情况,确定保证金的数额。提供保证金的人应当将保证金存入执行机关指定银行的专门账户。

四、被取保候审的人应遵守的规定和违反规定应承担的法律后果

《刑事诉讼法》第 69 条对此作了明确规定。该条第 1 款规定,被取保候审的犯罪嫌疑人、被告人应当遵守的规定是:(1) 未经执行机关批准不得离开所居住的市、县(如果取保候审、监视居住是由人民检察院、人民法院决定的,执行机关在批准犯罪嫌疑人、被告人离开所居住的市、县或者执行监视居住的处所前,应当征得决定机关同意);(2) 住址、工作单位和联系方式发生变动的,在 24 小时以内向执行机关报告;(3) 在传讯的时候及时到案;(4) 不得以任何形式干扰

证人作证;(5) 不得毁灭、伪造证据或者串供。

该条第 2 款还规定,公、检、法机关可以根据案件情况,责令被取保候审人遵守以下一项或者多项规定:(1) 不得进入特定的场所;(2) 不得与特定的人员会见或者通信;(3) 不得从事特定的活动;(4) 将护照等出入境证件、驾驶证件交执行机关保存。由此可见,被取保候审的犯罪嫌疑人、被告人的人身自由是受到多方面限制的。

被取保候审的人如果违反上述规定,将产生该条第 3 款规定的后果,即:已交纳保证金的,没收部分或者全部保证金,决定取保候审的机关还可区别情形,责令犯罪嫌疑人、被告人具结悔过,重新交纳保证金、提出保证人,或者监视居住、予以逮捕。这一规定就切实保障了取保候审应起的作用。被取保候审的人在取保候审期间,如果没有违反上述规定,取保候审结束的时候,对于交纳保证金的,应当退还。

五、采取取保候审的程序

公、检、法机关可以主动采取取保候审,也可以根据《刑事诉讼法》第 95 条的规定,依据犯罪嫌疑人等的申请采取取保候审。公、检、法机关采取取保候审时,承办案件的司法工作人员在报请本机关领导人批准后,即可责令犯罪嫌疑人、被告人提出保证人或者交纳保证金。公、检、法机关对提出的保证人应审查其是否符合法定的条件。对符合法定条件的,还应告知他作为保证人应当履行的义务。保证人同意担保的,应当出具保证书,写明住址,与犯罪嫌疑人、被告人的关系,自愿承担保证义务的内容,并签名或者盖章。犯罪嫌疑人、被告人以交纳保证金方式担保的,应当告知其交到负责执行的公安机关所指定银行的专门账户。决定采用取保候审的机关应当制作取保候审决定书,并向犯罪嫌疑人、被告人宣布,告知其依法应当遵守的规定和违反这些规定应负的法律责任。人民检察院和人民法院决定取保候审的,应将取保候审决定书和取保候审执行通知书送达负责执行的公安机关。由保证人担保的,其保证书也应同时送达公安机关。

另外,《人民代表大会代表法》第 32 条第 4 款还规定:"乡、民族乡、镇的人民代表大会代表,如果被逮捕、受刑事审判,或者被采取法律规定的其他限制人身自由的措施,执行机关应当立即报告乡、民族乡、镇的人民代表大会。"据此,公、检、法机关对上述代表采用取保候审,虽不用事先取得该级人民代表大会许可,但应在采取后立即报告。

在侦查或者审查起诉阶段已经采取取保候审,案件移送至审查起诉或者审判阶段后,受案机关认为需要继续取保候审的,应当在 7 日以内重新作出取保候审决定,并通知执行机关和移送案件的机关。对继续采取保证金方式取保候审的,原则上不变更保证金数额,不再重新收取保证金。继续采取取保候审时,取保候审的期限应当重新计算。

六、取保候审的解除、撤销或变更

《刑事诉讼法》第77条第1款规定,取保候审最长不得超过12个月。第2款又规定,在取保候审期间,不得中断对案件的侦查、起诉和审理。对于发现不应当追究刑事责任或者取保候审期限届满的,应当及时解除取保候审。对于取保候审期限即将届满的,执行机关应当在期限届满15日前书面通知决定机关,由决定机关作出解除取保候审或者变更强制措施的决定,并于期限届满前通知执行机关。执行机关收到决定机关的《解除取保候审决定书》或者变更强制措施的通知后,应当立即执行。如果采取取保候审后,案件已移送到下一个诉讼阶段,取保候审期限即将届满,而受案机关还未作出继续取保候审或者变更强制措施决定的,执行机关应当在期限届满15日前书面通知受案机关。受案机关应当在期限届满前作出继续取保候审或者变更强制措施的决定,并通知执行机关和移送案件的机关。原决定机关收到受案机关变更强制措施的决定后,就应当立即解除取保候审,并将《解除取保候审决定书》、《解除取保候审通知书》送达执行机关。执行机关则应当及时书面通知被取保候审人、保证人。受案机关作出继续取保候审决定的,无论是否变更保证方式,原取保候审均自动解除,不再办理解除手续。根据《刑事诉讼法》第97条的规定,犯罪嫌疑人、被告人及其法定代理人、近亲属或者辩护人,对于公、检、法机关采取强制措施法定期限届满的,有权要求解除强制措施。公、检、法机关对于被采取强制措施法定期限届满的犯罪嫌疑人、被告人应当予以释放、解除取保候审、监视居住或者依法变更强制措施。可见,法定期限届满,是解除取保候审的一项重要依据。《刑事诉讼法》第94条还规定,公、检、法机关如果发现对犯罪嫌疑人、被告人采取强制措施不当的,应当及时撤销或者变更。公、检、法机关决定解除或者撤销取保候审的,应当制作解除或者撤销取保候审决定书,写明解除或者撤销的原因和解除或者撤销取保候审的决定。该决定书应当送达被取保候审的人,同时通知执行机关,并退还保证金;有保证人的,还应送达保证人,解除其保证义务。

取保候审应当变更的情况,在诉讼实践中有:有证据证明有犯罪事实,可能判处徒刑以上刑罚的人,新出现的情况表明,如果不逮捕已不足以防止发生社会危险性的;应当逮捕的人因患有严重疾病而取保候审的,其疾病痊愈时;对因哺乳自己婴儿或因流产而在法定休息期的妇女采用取保候审的,当哺乳期或流产法定休息期届满时;保证人请求撤回保证书,要求解除其保证义务的。依照《刑事诉讼法》第69条第3款规定,被取保候审的人违反应遵守的规定的,也可变更强制措施。变更强制措施既然是采用另一种强制措施,如采用逮捕等,在公、检、法机关宣布变更的强制措施后,原来采用的取保候审自然失去效力,无须再制作撤销决定书,但应通知保证人,使其及时知道已不承担保证义务。

第四节　监视居住

一、监视居住的概念

监视居住是指公安机关、人民检察院和人民法院责令犯罪嫌疑人、被告人在诉讼过程中,应当遵守未经批准不得离开监视居住的住处或指定的居所等法律规定,并由执行机关对其遵守情况进行监督的一种方法。其特点是被监视居住的犯罪嫌疑人、被告人只能在居住的区域内活动,并受到执行机关的监视,所以它是限制人身自由的一种强制方法。

监视居住是限制而非剥夺犯罪嫌疑人、被告人的人身自由,因此,不能以此将他加以拘禁或者变相拘禁。如果在采用监视居住时,将犯罪嫌疑人、被告人关在房间内并派人看守,使其完全失去了人身自由,就是变相拘禁,不符合监视居住的要求。

二、监视居住的条件和适用范围

《刑事诉讼法》第 72 条规定:人民法院、人民检察院和公安机关对符合逮捕条件,有下列情形之一的犯罪嫌疑人、被告人,可以监视居住:(1) 患有严重疾病,生活不能自理的;(2) 怀孕或者正在哺乳自己婴儿的妇女;(3) 系生活不能自理的人的唯一扶养人;(4) 因为案件的特殊情况或者办理案件的需要,采取监视居住措施更为适宜的;(5) 羁押期限届满,案件尚未办结,需要采取监视居住措施的。对符合取保候审条件,但犯罪嫌疑人、被告人不能提出保证人,也不交纳保证金的,可以监视居住。可见,2012 年修改后的《刑事诉讼法》所规定的监视居住的适用条件和范围,与取保候审已不相同。它已成为减少羁押的替代措施。

三、采取监视居住的程序

公、检、法机关决定采取监视居住时,承办案件的司法工作人员在报经本机关领导人批准后,应当制作监视居住决定书。监视居住决定书应写明犯罪嫌疑人、被告人的姓名等身份事项,对其决定监视居住,未经批准不得离开住处或指定的居所,应当接受公安机关执行监视等内容。监视居住决定书应当向犯罪嫌疑人、被告人宣布,并将它和监视居住执行通知书送达负责执行的公安机关。

四、监视居住的执行处所

《刑事诉讼法》第73条规定：监视居住应当在犯罪嫌疑人、被告人的住处执行；无固定住处的，可以在指定的居所执行。对于涉嫌危害国家安全犯罪、恐怖活动犯罪、特别重大贿赂犯罪，在住处执行可能有碍侦查的，经上一级人民检察院或者公安机关批准，也可以在指定的居所执行。但是，不得在羁押场所、专门的办案场所执行。指定居所监视居住的，不得要求被监视居住人支付费用。据此可见，监视居住原则上应在被监视居住人的住处执行。对于指定居所监视居住的，《刑事诉讼法》第73条第2款规定"除无法通知的以外，应当在执行监视居住后24小时以内，通知被监视居住人的家属"，第4款规定："人民检察院对指定居所监视居住的决定和执行是否合法实行监督。"

对于指定居所监视居住的，《刑事诉讼法》第74条还规定，其"期限应当折抵刑期。被判处管制的，监视居住1日折抵刑期1日；被判处拘役、有期徒刑的，监视居住2日折抵刑期1日"。

五、被监视居住人应当遵守的规定

在向被监视居住的犯罪嫌疑人、被告人宣读监视居住决定书后，还应告知他依法应当遵守的规定和违反规定的法律后果。《刑事诉讼法》第75条规定，被监视居住的犯罪嫌疑人、被告人应当遵守以下规定：（1）未经执行机关批准不得离开执行监视居住的处所；（2）未经执行机关批准不得会见他人或者通信；（3）在传讯的时候及时到案；（4）不得以任何形式干扰证人作证；（5）不得毁灭、伪造证据或者串供；（6）将护照等出入境证件、身份证件、驾驶证件交执行机关保存。被监视居住的犯罪嫌疑人、被告人如果违反上述规定，情节严重的，可以予以逮捕。可见，被监视居住的人比被取保候审的人应遵守的规定更严格，违反这些规定可能产生的法律后果，也较后者为重。对于需要予以逮捕的，本条还规定，可以对犯罪嫌疑人、被告人先行拘留。

六、监视居住的执行和期限

根据我国《刑事诉讼法》第72条第3款和其他有关规定，监视居住由公安机关执行。公安机关可以指定被监视居住人住处或者居所所在地派出所具体执行监督考察工作。第76条还特别对监控的内容和方法作了规定，即执行机关对被监视居住人，"可以采取电子监控、不定期检查等监视方法对其遵守监视居住规定的情况进行监督；在侦查期间，可以对被监视居住的犯罪嫌疑人的通信进行监控"。如果发现有违反应遵守的规定的情形，应及时通知作出监视居住决定的机关，以便其审查违反的情节是否严重，研究应否变更强制措施，予以逮捕。

《刑事诉讼法》第 77 条第 1 款规定,监视居住最长不得超过 6 个月。在监视居住期间,同样不得中断对案件的侦查、起诉和审理。

被监视居住的犯罪嫌疑人,在侦查期间只能委托律师作辩护人。

七、监视居住的解除、撤销或变更

可以解除、撤销或变更监视居住的原因与取保候审相同。解除或者撤销监视居住,应当制作决定书,主要写明解除或撤销的理由和决定解除或撤销。本决定书应当送达被监视居住的人,并及时通知执行机关。监视居住变更的,通常是予以逮捕。

第五节　逮　　捕

一、逮捕的概念

逮捕是公安机关、人民检察院和人民法院依法剥夺犯罪嫌疑人、被告人的人身自由、予以羁押,并进行审查的一种最严厉的强制措施。它的基本特点是:强行剥夺人身自由予以监管审查;除了经过讯问,发现不应当逮捕的必须立即释放,以及捕后发现被逮捕人患有严重疾病或者是正在怀孕、哺乳自己婴儿的妇女,可以变更强制措施外,在整个法定办案期限内都要予以羁押。所以,它是最严厉的一种强制措施。

把符合逮捕法定条件的人及时逮捕,在整个办案期限内都予以羁押,严格监管,不仅便于随时提讯,而且可以有效地防止其串供、毁灭罪证、制造伪证、逃跑、自杀和继续犯罪,所以逮捕也是强制措施中最重要的一种方法。

由于人身自由是公民的基本权利,我国《宪法》第 37 条明确规定:"中华人民共和国公民的人身自由不受侵犯。任何公民,非经人民检察院批准或者决定或者人民法院决定,并由公安机关执行,不受逮捕。"为了保证正确地使用逮捕手段,最大限度地防止错捕错押,切实保障公民的人身自由不受非法侵犯,刑事诉讼法对逮捕的条件、提请批准逮捕、审查批准逮捕、执行逮捕、逮捕后的讯问和错捕后的纠正等,都作了规定。公、检、法机关采用逮捕措施,必须严格依法办事,绝不可只着眼于抓起来保险,草率从事。

二、逮捕的条件

根据《刑事诉讼法》第 79 条的规定,逮捕必须具备以下两个或三个条件:

(1) 有证据证明有犯罪事实。这是逮捕的首要条件。这一条件应当包含以下内容:第一,有证据证明发生了犯罪行为。是否有犯罪事实,只能以证据作根据。因此,公、检、法机关在提请、批准或决定逮捕以前,应当进行调查研究,以便收集到能证明发生了犯罪行为的证据。第二,有证据证明该犯罪行为是犯罪嫌疑人、被告人实施的。由于逮捕必须落实到具体的人,当然要求有证据能证明该犯罪行为是何人实施的,否则,就无法采用逮捕措施。第三,证明犯罪嫌疑人实施犯罪行为的证据必须已有查证属实的。只要收集的证据达到了上述要求,就具备了逮捕的首要条件。对于有证据证明犯有数罪中的一罪的,以及实施多次犯罪行为中的一次犯罪行为的,均属于有证据证明有犯罪事实。

（2）可能判处徒刑以上的刑罚。这是指根据有证据证明的犯罪事实,依照刑法的有关规定,可能对犯罪人适用徒刑以上的刑罚。这一条件是要求分清罪行的轻重程度,应当逮捕的只是那些需要判处的最低刑为有期徒刑的犯罪嫌疑人、被告人。对于那些可能判处管制、拘役和可能独立适用罚金、剥夺政治权利、没收财产的,就不符合这一条件,不能逮捕。如果可能判处有期徒刑需要宣告缓刑的,是否也应逮捕? 在诉讼实践中一般是不逮捕。因为这种人不逮捕一般不会危害社会,而且判处有期徒刑缓刑的判决在发生法律效力以后,并不将罪犯收监执行。

根据《刑事诉讼法》第79条第2款的规定,对有证据证明有犯罪事实,可能判处10年有期徒刑以上刑罚的,或者有证据证明有犯罪事实,可能判处徒刑以上刑罚,曾经故意犯罪或者身份不明的,应当予以逮捕,即具备这两个条件的,即应逮捕。

（3）采取取保候审尚不足以防止发生下列社会危险性的。这些危险性是: ① 可能实施新的犯罪的;② 有危害国家安全、公共安全或者社会秩序的现实危险的;③ 可能毁灭、伪造证据,干扰证人作证或者串供的;④ 可能对被害人、举报人、控告人实施打击报复的;⑤ 企图自杀或者逃跑的。这一条件指出应予逮捕的,除了具备前述两个条件外,还应是确有必要逮捕,非捕不足以防止发生列举的社会危险性的。虽然具备了前述两个条件,如果采取取保候审、监视居住等限制人身自由的方法,就足以防止犯罪嫌疑人、被告人逃跑、干扰侦查和审判的顺利进行和继续犯罪,没有必要逮捕的,就应当采取取保候审、监视居住的方法,而不应逮捕。应当逮捕的人虽患有严重疾病,如果罪大恶极,不关押确有社会危险性或有串供、自杀可能的,就不能对其采取取保候审、监视居住的方法,而应逮捕。

以上两个或三个条件,只有同时具备,才应依法逮捕。在每个具体案件中,是否同时具备上述两个或三个条件,需由办理该案件的司法工作人员依据实际情况来确定。

被取保候审、监视居住的犯罪嫌疑人、被告人违反取保候审、监视居住规定,情节严重的,可以予以逮捕(《刑事诉讼法》第79条第3款)。《刑事诉讼法》对逮捕必须具备的条件所作的新规定,是我国司法实践经验的科学总结,是这一法律制度更加严密和不断完善的重要体现。它既有利于准确、及时地打击犯罪分子,又可最大限度地防止错捕错押,保障公民的人身自由。

三、逮捕的提请、批准和决定

（一）公、检、法机关行使逮捕权的分工

我国《宪法》第37条第2款规定："任何公民，非经人民检察院批准或者决定或者人民法院决定，并由公安机关执行，不受逮捕。"《刑事诉讼法》第78条规定："逮捕犯罪嫌疑人、被告人，必须经过人民检察院批准或者人民法院决定，由公安机关执行。"对比这两个规定，内容基本相同，而《宪法》的规定更完整、准确，因为人民检察院对自行侦查的案件，是有权决定逮捕，而不是批准逮捕。上述规定表明，逮捕权只能由公、检、法机关行使，其他任何机关、团体和个人都无权行使；而且在公、检、法机关之间，还有严格的分工，即人民检察院和人民法院有权决定逮捕，有权批准逮捕的机关只是人民检察院，有权执行逮捕的机关则是公安机关。公安机关对自己侦查的案件，认为需要逮捕犯罪嫌疑人的时候，依法应当提请人民检察院审查批准，无权径行逮捕。这是由于公安机关负责大多数刑事案件的侦查工作，并有拘留权，经常需要逮捕犯罪嫌疑人。法律明确要求它提请人民检察院审查批准，可以更有效地保证正确使用这一严厉的强制手段。

（二）提请批准逮捕的程序

《刑事诉讼法》第85条规定："公安机关要求逮捕犯罪嫌疑人的时候，应当写出提请批准逮捕书，连同案卷材料、证据，一并移送同级人民检察院审查批准。必要的时候，人民检察院可以派人参加公安机关对于重大案件的讨论。"在提请批准逮捕书中，应当写明犯罪嫌疑人的姓名、性别、年龄、籍贯、职业、民族、现住址、简历、所犯的罪行和主要证据，认定的罪名，提请批准逮捕的法律依据，最后由公安机关负责人签名或盖章。提请批准逮捕书是公安机关十分重要的一种司法文书，是人民检察院批准逮捕的依据，《刑事诉讼法》第51条将它与起诉书、判决书并列，特别规定它"必须忠实于事实真象。故意隐瞒事实真象的，应当追究责任"。人民检察院在必要时，派人参加公安机关对于重大案件的讨论，可以提前了解案情和公安机关内部对处理该案的各种意见，有利于及时地做好审查工作，作出是否批准逮捕的正确决定，同时也有利于对公安机关的侦查活动是否合法实行监督。

（三）人民检察院对公安机关提请批准逮捕案件的审查、决定

人民检察院对公安机关提请批准逮捕的案件，应当认真进行审查。审查的内容，就是是否具备逮捕的法定条件，特别要着重查明犯罪事实是否有证据证明，证明犯罪事实的证据是否确实，因为这是决定是否逮捕的客观基础和首要条件。在审查中，对已被拘留的人，还可以提审核查其供述和辩解。现在，《刑事诉讼法》第86条第1款已明确规定："人民检察院审查批准逮捕，可以讯问犯罪嫌疑人；有下列情形之一的，应当讯问犯罪嫌疑人：（一）对是否符合逮捕条件有疑问的；（二）犯罪嫌疑人要求向检察人员当面陈述的；（三）侦查活动可能有重大违法行为的。"本条第 2 款还规定："人民检察院审查批准逮捕，可以询问证人等诉讼参与人，听取辩护律师的意见；辩护律师提出要求的，应当听取辩护律师的意见。"这就更有利于查明是否具备逮捕的条件，正确作出是否批准逮捕的决定。在诉讼实践中，人民检察院审查这种案件，都是先由承办的检察人员进行，提出的意见经集体讨论后，再按照《刑事诉讼法》第 87 条的规定，报检察长决定；重大的案件还应当提交检察委员会讨论决定。

《刑事诉讼法》第 88 条规定："人民检察院对于公安机关提请批准逮捕的案件进行审查后，应当根据情况分别作出批准逮捕或者不批准逮捕的决定。"本条中所说的"根据情况"，是指根据查明的是否符合逮捕条件的不同情况，情况不同，作出的决定当然应当不同。

人民检察院对于符合逮捕条件的案件，应即批准逮捕，并制作批准逮捕决定书，然后将决定书连同案卷材料送达公安机关。公安机关依法应当立即执行逮捕，并且将执行情况及时通知人民检察院。

人民检察院对于不符合逮捕条件的，包括犯罪嫌疑人实施的行为尚未构成犯罪，以及虽已构成犯罪但可判处徒刑以下的刑罚或者采取取保候审、监视居住等方法可以防止发生社会危险性的，应当作出不批准逮捕的决定，并制作不批准逮捕决定书。本决定书应着重写明不批准逮捕的理由，然后将它连同案卷材料，送达公安机关。对于需要补充侦查的，应当同时通知公安机关。公安机关在收到不批准逮捕决定书后，应当立即释放在押的犯罪嫌疑人或者变更强制措施，并将执行回执在收到不批准逮捕决定书后 3 日内送达作出不批准逮捕决定的人民检察院。

在诉讼实践中，人民检察院审查公安机关提请批准逮捕的案件，发现有应当逮捕的犯罪嫌疑人而公安机关未提请批准逮捕的，应建议公安机关提请批准逮捕。如果公安机关仍不提请批准逮捕，而其理由又不能成立，人民检察院也可以直接作出逮捕决定，送达公安机关执行。

公安机关提请批准逮捕的人已被拘留的，根据《刑事诉讼法》第 89 条第 3 款的规定，人民检察院应当自接到公安机关提请批准逮捕书后的 7 日以内，作出批准逮捕或者不批准逮捕的决定。根据最高人民检察院的有关规定，犯罪嫌疑人未被拘留的，人民检察院应当在 15 日以内作出是否批准逮捕的决定；重大、复杂的案件，不得超过 20 日。

（四）公安机关对人民检察院不批准逮捕的决定可以要求复议和提请复核

《刑事诉讼法》第 90 条规定："公安机关对人民检察院不批准逮捕的决定，认为有错误的时候，可以要求复议，但是必须将被拘留的人立即释放。如果意见不被接受，可以向上一级人民检察院提请复核。上级人民检察院应当立即复核，作出是否变更的决定，通知下级人民检察院和公安机关执行。"法律要求公安机关在要求复议时,必须立即释放被拘留的人,是切实保障公民的人身自由权不受非法侵犯的需要。为了及时解决对不批准逮捕决定的意见分歧,公安部还规定:要求复议的,应当在 5 日内写出《要求复议意见书》,送交同级人民检察院;提请复核的,应当在 7 日内写出《提请复核意见书》,连同同级人民检察院的《复议决定书》,一并送交上一级人民检察院复核。最高人民检察院还规定,复议应当更换办案人员,并在收到《要求复议意见书》和案件材料后的 7 日以内作出是否变更的决定。复核则应在 15 日以内作出决定。同级和上一级人民检察院经过复议、复核后,应当制作复议决定书或复核决定书,写明复议、复核的结果和作出的决定,并通知公安机关。

（五）人民检察院在审查批准逮捕工作中对公安机关的侦查活动是否合法实行监督

《刑事诉讼法》第 98 条规定:"人民检察院在审查批准逮捕工作中,如果发现公安机关的侦查活动有违法情况,应当通知公安机关予以纠正,公安机关应当将纠正情况通知人民检察院。"人民检察院通过审阅案卷材料,核查证据,讯问犯罪嫌疑人等活动,如果发现公安机关在侦查活动中有违法情况,应当提出纠正意见。这种纠正意见可以口头通知,也可以制作纠正违法通知书送交。如果发现违法情节严重,需要对侦查人员追究刑事责任的,应直接立案查处。

（六）决定逮捕的程序

人民检察院和人民法院都有权自行决定逮捕。

人民检察院决定逮捕的犯罪嫌疑人,主要是自行立案侦查案件中具备逮捕条件的。为了保证正确行使逮捕权,在实际工作中,当需要逮捕犯罪嫌疑人时,先由负责侦查的机构填写逮捕犯罪嫌疑人意见书,连同案卷材料一并送交本院负责审查逮捕的机构审查同意后,再报检察长审查决定或者由检察委员会讨论决定。经审查决定逮捕的,应当制作《逮捕决定书》。该决定书应写明犯罪嫌疑人的姓名等有关身份的事项,所犯的罪名,已决定逮捕等内容,然后送同级公安机关执行逮捕。人民检察院在必要时可以协助执行。经检察长审查决定或者检察委员会讨论决定不予逮捕的,负责侦查的机构还应当根据检察长或者检察委员会的决定,确定是否继续侦查,是否需要采取其他强制措施。犯罪嫌疑人已被拘留的,应当通知公安机关立即释放。对已经作出不予逮捕决定的犯罪嫌疑人,后来又发现需要将其逮捕的,应当报经检察长审查决定或者检察委员会讨论决定,重新办理逮捕手续。

人民法院在办案过程中,无论是对自诉案件的被告人,还是对公诉案件的被告人,只要符合逮捕条件,认为有必要逮捕时,都有权作出逮捕的决定。人民法院决定逮捕的,在经院长批准后,应当制作《逮捕决定书》,并送交公安机关执行逮捕。

（七）批准或决定逮捕县级以上各级人民代表大会代表应当遵守法律的特殊要求

根据我国《宪法》第74条和《人民代表大会代表法》第32条第1款的规定，县级以上的各级人民代表大会代表，非经本级人民代表大会主席团许可，在本级人民代表大会闭会期间，非经本级人民代表大会常务委员会许可，不受逮捕或者刑事审判。据此，依法有必要逮捕县级以上各级人民代表大会的代表时，人民检察院和人民法院只有在得到许可后，才能批准或者决定逮捕。

四、逮捕的执行

（一）逮捕犯罪嫌疑人、被告人，法律规定一律由公安机关执行

公安机关执行逮捕，必须填发逮捕证。逮捕证中应写明经某某人民检察院批准或者决定或者某某人民法院决定，派何人对居住在何地的何人进行逮捕，写明填发的年、月、日，并盖局长印章。执行逮捕的人员至少为二人。根据《刑事诉讼法》第91条第1款的规定，公安机关逮捕人的时候，必须出示逮捕证，以表明是依法行使职权。逮捕证的内容于何时向被逮捕人宣布，应填写在逮捕证上，然后责令其在逮捕证上签名或盖章。被逮捕人拒绝签名或盖章的，应当在逮捕证上注明。任何人都不得阻挠、抗拒公安机关依法执行逮捕。对于抗拒的人，执行逮捕的人员可以依法使用警械和武器制止。

因犯罪嫌疑人、被告人死亡、逃跑或者其他原因，不能执行逮捕或者逮捕未获的，公安机关应当在24小时以内书面通知原批准逮捕的人民检察院或者作出逮捕决定的人民检察院或人民法院。公安机关对于在逃的犯罪嫌疑人，可以发布通缉令，采取有效措施将其追捕归案。

执行逮捕时，需要搜查的，由公安机关填发搜查证。如果遇有紧急情况，不另用搜查证也可以进行搜查。人民检察院和人民法院决定逮捕的，需要搜查时，应当派员与执行逮捕的人共同进行搜查。

被批准或者决定逮捕的人在外地的，负责执行逮捕的公安机关可以派员到外地执行，也可以委托外地的公安机关代为逮捕。根据《刑事诉讼法》第81条的规定，公安机关在异地执行逮捕的时候，应当通知被逮捕人所在地的公安机关，被逮捕人所在地的公安机关应当予以配合。在诉讼实践中，派员到外地执行逮捕时，应携带《批准逮捕决定书》及其副本，以及逮捕证、介绍信和被逮捕人犯罪的主要材料等文件，向被逮捕人所在地的人民检察院送达《批准逮捕决定书（副本）》，由被逮捕人所在地公安机关协助执行逮捕。执行逮捕后，被逮捕人所在地的人民检察院除留存《批准逮捕决定书（副本）》和介绍信外，其他材料、文件均应退还原地公安机关。委托外地公安机关代为逮捕的，应当寄去委托函件、《批准逮捕决定书（副本）》和被逮捕人犯罪的主要材料，由被逮捕人所在地的公

安机关与同级人民检察院联系后执行。执行逮捕后要立即通知委托的公安机关提解被逮捕人。被逮捕人犯罪的主要材料同样应退还原地公安机关。

（二）逮捕后应当在法定时限内通知被逮捕人的家属,并进行第一次讯问

《刑事诉讼法》第91条第2款规定:"逮捕后,应当立即将被逮捕人送看守所羁押。除无法通知的以外,应当在逮捕后24小时以内,通知被逮捕人的家属。"在诉讼实践中还要求通知被逮捕人居住地的公安派出所或公安特派员。人民检察院和人民法院自行决定逮捕的,由它们各自负责通知被逮捕人的家属。人民法院对公诉案件的被告人决定逮捕的,逮捕后还应当通知提起公诉的人民检察院,以便其及时得知案情的变化。

根据我国《人民代表大会代表法》第32条第4款规定,乡、民族乡、镇的人民代表大会代表,如果被逮捕,执行机关应当立即报告该乡、镇的人民代表大会。

《刑事诉讼法》第92条还规定:"人民法院、人民检察院对于各自决定逮捕的人,公安机关对于经人民检察院批准逮捕的人,都必须在逮捕后的24小时以内进行讯问。在发现不应当逮捕的时候,必须立即释放,发给释放证明。"这一规定严格限定了逮捕后第一次讯问被逮捕人的时间,不仅便于及时发现和纠正错捕错押,而且有利于促使被逮捕人如实供述,迅速查明犯罪事实,使案件得到尽快处理。经过讯问,发现不应当逮捕时,都必须立即释放。人民法院或人民检察院决定立即释放的,应填写《决定释放通知书》送交执行逮捕的公安机关,由公安机关填发《释放证明书》,释放被逮捕人。公安机关在讯问后决定立即释放的,除发给《释放证明书》立即释放外,还应当根据《刑事诉讼法》第94条规定,通知原批准逮捕的人民检察院。

根据《刑事诉讼法》第33条和最高人民法院、最高人民检察院、公安部、司法部《关于刑事诉讼法律援助工作的规定》,公安机关、人民检察院在对犯罪嫌疑人进行第一次讯问后或者采取强制措施之日起,在告知犯罪嫌疑人有权聘请律师为其提法律服务的同时,还应告知他如果经济困难,可以向法律援助机构申请法律援助。

2012年修改的《刑事诉讼法》还增加了第93条的规定,即"犯罪嫌疑人、被告人被逮捕后,人民检察院仍应当对羁押的必要性进行审查。对不需要继续羁押的,应当建议予以释放或者变更强制措施。有关机关应当在10日以内将处理情况通知人民检察院"。

五、逮捕的变更或撤销

在诉讼过程中,发现被逮捕人存在某种情形,不宜继续羁押,或者被告人已经第一审人民法院判刑,判决虽未发生法律效力但已不应对其继续羁押的,可以变更逮捕这种强制措施。可以变更的情形有:

（1）患有严重疾病、生活不能自理的；

（2）怀孕或者正在哺乳自己婴儿的；

（3）系生活不能自理的人的唯一扶养人；

（4）案件不能在法定办案期限内办结，采用取保候审或者监视居住的方法对社会没有危险性的；

（5）第一审人民法院判处管制或者宣告缓刑以及单独适用附加刑，判决尚未发生法律效力的；

（6）第二审人民法院审理上诉案件期间，被告人被羁押的时间已到第一审人民法院对他判处的刑期的。

对于具有上述情形的，可以通过采用取保候审或者监视居住的方法变更逮捕措施。人民法院对于具有（4）、（5）两种情形的，还可以决定将被羁押的人释放。

变更逮捕措施或者决定将被羁押的人释放，均应制作相应的司法文书。

逮捕还可以决定撤销。《刑事诉讼法》第94条规定："人民法院、人民检察院和公安机关如果发现对犯罪嫌疑人、被告人采取强制措施不当的，应当及时撤销或者变更。"据此，公、检、法机关采用逮捕措施，如果发现不当，除改用其他措施予以变更外，还可以撤销。公安机关认为应当撤销逮捕的，必须报请作出批准逮捕决定的人民检察院审定。在诉讼实践中，人民检察院在侦查或审查起诉过程中，发现本院决定逮捕或者批准逮捕的人不应当逮捕或者确有错误时，就作出决定撤销原来的逮捕决定或批准逮捕的决定。决定撤销逮捕时，应制作撤销决定书，并送达公安机关，将被羁押的人释放。

六、错误逮捕的赔偿

（一）被错误逮捕取得国家赔偿权人的范围

《宪法》第41条第3款规定："由于国家机关和国家工作人员侵犯公民权利而受到损失的人，有依照法律规定取得赔偿的权利。"为了使《宪法》的这一规定得到有效的执行，切实保障因国家机关和国家工作人员违法行使职权而使合法权益遭到侵犯的受害人可以取得国家赔偿，并促使国家机关依法行使职权，全国人大常委会于1994年5月12日通过了《中华人民共和国国家赔偿法》。这一法律对刑事赔偿所作的规定，就包括错误拘留、错误逮捕的赔偿。受到错误拘留、错误逮捕的人，可以依照《国家赔偿法》的规定行使"取得赔偿的权利"。违法行使职权的司法机关则应依据国家赔偿法履行赔偿的义务。2010年4月29日，全国人大常委会又作出了《关于修改〈中华人民共和国国家赔偿法〉的决定》，在赔偿范围、赔偿程序、赔偿标准方面，较修改前规定得更加科学和完善，更有利于实现立法的目的。

《国家赔偿法》第17条对行使侦查等职权的机关及其工作人员在行使职权

时侵犯人身权的情形作了列举规定,其中就包括因错误逮捕而应予赔偿的情形。该条的第 2 项规定,"对公民采取逮捕措施后,决定撤销案件、不起诉或者判决宣告无罪终止追究刑事责任的",其人身权利遭受侵犯的受害人,就取得了赔偿的权利。《国家赔偿法》第 19 条还规定:"属于下列情形之一的,国家不承担赔偿责任:(一) 因公民自己故意作虚伪供述,或者伪造其他有罪证据被羁押或者被判处刑罚的;(二) 依照《刑法》第 17 条、第 18 条规定不负刑事责任的人被羁押的;(三) 依照《刑事诉讼法》第 15 条、第 142 条第 2 款规定不追究刑事责任的人被羁押的(注:按修改后的《刑事诉讼法》,为第 15 条、第 173 条第 2 款);……(六) 法律规定的其他情形。"所以被错误逮捕而取得赔偿权利的受害人,其范围是有严格限制的。

被错误逮捕的受害人都有权要求赔偿,如果他在羁押中死亡,其继承人和其他有扶养关系的亲属也有权要求赔偿。

(二) 赔偿的程序

赔偿请求人要求赔偿,应当先向赔偿义务机关,即作出逮捕决定的机关递交申请书。申请书应写明的内容有:受害人的姓名等身份事项;具体的要求(受到不同损害的可以同时提出数项要求)、事实根据和理由;申请的年、月、日。赔偿请求人书写申请书确有困难的,也可以口头申请,由赔偿义务机关记入笔录。

我国《国家赔偿法》对刑事赔偿程序的规定,是解决刑事赔偿的法定程序。据此规定,赔偿义务机关应当依法确认是否属于没有犯罪事实而被错误逮捕的。被要求的机关不予确认的,赔偿请求人有权申诉。确认有此情形的,应当自收到申请之日起两个月内依法给予赔偿。逾期不予赔偿或者赔偿请求人对赔偿数额有异议的,赔偿请求人可以自期间届满之日起 30 日内向其上一级机关申请复议。复议机关应当自收到申请之日起两个月内作出决定。赔偿请求人不服复议决定或者复议机关逾期不作出决定的,可以在收到复议决定后的 30 日内或复议期间届满之日起 30 日内,向复议机关所在地的同级人民法院赔偿委员会申请作出赔偿决定。

赔偿义务机关是人民法院的,如果自收到申请之日起逾两个月不予赔偿或者赔偿请求人对赔偿数额有异议,赔偿请求人可以自期间届满之日起 30 日内向其上一级人民法院赔偿委员会申请作出赔偿决定,而不是向其申请复议。

人民法院赔偿委员会在中级以上的人民法院设立,由 3 名以上审判员组成,其成员应为单数。赔偿委员会作出的赔偿决定,是发生法律效力的决定,必须执行。

(三) 赔偿方式

对错误逮捕的赔偿,应以支付赔偿金的方式赔偿,以日为计算单位。我国《国家赔偿法》第 33 条明确规定:"侵犯公民人身自由的,每日赔偿金按照国家上年度职工日平均工资计算。"据此,被错误逮捕的受害人是否有工资收入和收入多少,都与如何赔偿和赔偿的数额无关。

根据《国家赔偿法》第35条的规定,赔偿义务机关确认有错误逮捕情形,并"致人精神损害的,应当在侵权行为影响的范围内,为受害人消除影响,恢复名誉,赔礼道歉;造成严重后果的,应当支付相应的精神损害抚慰金"。

赔偿义务机关对被错误逮捕的人赔偿损失后,如果查明司法工作人员在办理本案中有贪污受贿、徇私舞弊、刑讯逼供、枉法裁判等情形,应当依照《国家赔偿法》第31条的规定,向其追偿部分或者全部赔偿费用,依法给予行政处分;对构成犯罪的,还应当依法追究刑事责任。

第六节 拘 留

一、拘留的概念

拘留是公安机关和人民检察院在办理直接受理的案件中,对于现行犯或者重大嫌疑分子,在法定的紧急情况下,暂时剥夺其人身自由予以羁押,并进行审查的一种方法。它的基本特点是:由公安机关和人民检察院在办理直接受理的案件中使用;是对现行犯或者重大嫌疑分子在法定的紧急情况下使用;剥夺人身自由的时限,除流窜作案、多次作案、结伙作案的重大嫌疑分子外,一般为10日,最多为14日,是暂时的。

根据《刑事诉讼法》第80条和第163条的规定,除了人民检察院对直接受理案件中的某些犯罪嫌疑人可以决定拘留外,拘留权主要由公安机关行使。这些规定体现了《刑事诉讼法》第3条关于公、检、法机关在刑事诉讼中分别行使不同职权的原则。法律将拘留权主要赋予公安机关行使,是因为公安机关是专门负责治安、保卫的机关,在刑事诉讼中承担绝大部分案件的侦查工作,常常会遇到紧急情形,需要立即把现行犯、重大嫌疑分子先抓起来,剥夺其人身自由,才能制止犯罪,取得罪证,防止逃窜,完成侦查的任务。

被拘留的人同被逮捕的人一样,都收押于看守所监管和教育,剥夺了人身自由。但拘留后的羁押期限比逮捕后的羁押期限短得多,即使有特殊情形,也不能超过14日,所以只是暂时剥夺人身自由的一种强制措施。

我国法律中规定的"羁押"一词,是指将被拘留或者被逮捕的人关押于看守所进行严格监管,使其完全失去人身自由的措施。它是执行拘留、逮捕的结果,是拘留、逮捕应有的内容,而不是与拘留、逮捕相并列的独立的强制措施。

二、拘留的对象和条件

1.《刑事诉讼法》第80条规定:"公安机关对于现行犯或者重大嫌疑分子,

如果有下列情形之一的,可以先行拘留:(一)正在预备犯罪、实行犯罪或者在犯罪后即时被发觉的;(二)被害人或者在场亲眼看见的人指认他犯罪的;(三)在身边或者住处发现有犯罪证据的;(四)犯罪后企图自杀、逃跑或者在逃的;(五)有毁灭、伪造证据或者串供可能的;(六)不讲真实姓名、住址,身份不明的;(七)有流窜作案、多次作案、结伙作案重大嫌疑的。"据此规定,采用拘留措施,必须同时具备以下两个条件:

(1)拘留的对象是现行犯或者重大嫌疑分子。现行犯的罪行明显,是即将对其追究刑事责任的。重大嫌疑分子是有实施犯罪行为重大嫌疑的人,极有可能在查明事实真相后对其依法制裁。为了保障侦查和审判的顺利进行,就有必要暂时剥夺他们的人身自由。

(2)有法定的某种紧急情形。《刑事诉讼法》第80条规定的七种情形,大都属于紧急情形,如果不先行拘留,就会失去罪证,给抓获犯罪分子造成困难,不利于侦查和审判的顺利进行,更不能即时制止犯罪。如果没有法定的某种紧急情形,就不应拘留。即使是对罪该逮捕的现行犯,在无上述法定紧急情形时,也应依照法定程序采用逮捕措施,而不应先行拘留。所以,拘留并不是逮捕前的必经步骤。

只要符合上述两个条件,无论其罪行轻重,经审查后是否需要逮捕,都可予以拘留。因此,对被拘留的人经审查后予以释放,对某些被释放的人继续追究刑事责任,都是可能的。

法律规定拘留必须同时具备上述两个条件,其重要意义就是:既能及时制止犯罪,保障侦查和审判的顺利进行,有效地维护社会治安;又能控制拘留的使用,保障正确行使拘留权。

在诉讼实践中,拘留大都是适用《刑事诉讼法》第80条规定采用的。

2.《刑事诉讼法》第163条规定,人民检察院直接受理的案件,如果犯罪嫌疑人有本法第79条、第80条第四项、第五项规定的情形,需要拘留的,可以决定拘留。这是专门规定人民检察院对自侦案件可以行使拘留权。

3.根据《刑事诉讼法》第69条、第75条的规定,被取保候审、被监视居住的犯罪嫌疑人、被告人,如果违反应遵守的规定,需要予以逮捕的,可以对其先行拘留。即对具有这种情形的犯罪嫌疑人、被告人,公、检、法机关均可行使拘留权。

三、刑事拘留与其他拘留的区别

刑事诉讼中的拘留,又叫刑事拘留。为了全面、深刻了解它的特点,以便在实践中正确地适用,有必要明确它与行政拘留、民事诉讼中拘留的区别。

(一)刑事拘留与行政拘留的区别

我国《治安管理处罚法》(2005年8月28日全国人大常委会制定)中规定的

治安管理处罚的拘留,称为行政拘留。刑事拘留与行政拘留都是剥夺被拘留人的人身自由,但两者有以下的重要区别:

(1)性质不同。前者是一种强制措施,不是对被拘留人的处罚。被拘留人如果以后被判处刑罚时,刑事拘留的日期只是应折抵刑期。后者则是对实施违反治安管理行为的人的一种处罚,属于行政制裁的范畴。

(2)目的不同。使用前者的目的,在于及时制止犯罪,防止现行犯或者重大嫌疑分子逃避、阻挠侦查和审判,或者继续危害社会。使用后者的目的,是为了惩罚和教育有轻微违法行为尚不够刑事处罚的人。

(3)适用对象不同。前者适用于触犯刑法,构成犯罪的现行犯或者重大嫌疑分子。后者适用于违反《治安管理处罚法》的人。

(4)法律依据不同。前者的依据是《刑事诉讼法》。后者的依据是《治安管理处罚法》。

(5)期限不同。前者的期限,根据《刑事诉讼法》第89条规定,除流窜作案、多次作案、结伙作案的重大嫌疑分子外,一般为10日,特殊情况下可以延长1日至4日,即最多不超过14日。后者的期限,少则"5日以下",多则"15日以下",由公安机关依照《治安管理处罚法》的有关规定裁决。

(6)有权使用的机关不完全相同。刑事拘留除公安机关使用外,人民检察院和人民法院在法定的某些情况下也有权使用。行政拘留只能由公安机关使用。

由于刑事拘留与行政拘留有上述区别,因而对两者既不能混同使用,也不能同时并用。对符合刑事拘留条件的人,不能为了延长羁押期限,先给以行政拘留的处罚,再采用刑事拘留。对于只有违反治安管理行为的人,只应处以行政拘留,不能使用刑事拘留。如果公安机关在行政拘留期间,发现被拘留人还有犯罪行为,并且又符合拘留的条件,当然可以对他使用刑事拘留。

(二)刑事拘留与民事诉讼中拘留的区别

我国《民事诉讼法》规定了对妨害民事诉讼的强制措施,拘留也是其中的一种。这种拘留通常称为民事司法拘留或者民事拘留,以便与其他拘留区别开来。刑事拘留与民事司法拘留都是诉讼过程中可以使用的强制措施,都剥夺了适用对象的人身自由,并且同样具有保障诉讼顺利进行的作用。这是两者的相同之处。但是,两者还有以下的重大区别:

(1)有权使用的机关不同。刑事拘留除公安机关有权使用外,人民检察院和人民法院在法定的某些情况下也可使用;民事司法拘留是由对民事案件行使审判权的人民法院使用。

(2)适用的对象不同。刑事拘留适用于现行犯或者重大嫌疑分子,也就是已被追究或者可能被追究刑事责任的人。民事司法拘留适用对象的范围很广,不仅可适用于原告、被告、第三人、诉讼代理人等诉讼参与人,而且还可适用于没有参与诉讼的案外人,如以暴力、威胁等方法阻止证人作证或者阻碍司法工作人员执行职务的当事人的亲友等。

(3) 适用的法定条件不同。适用刑事拘留的各种法定条件,前已阐述。适用民事司法拘留的法定条件,根据《民事诉讼法》第 100 条至第 103 条的规定,必须是有人故意实施了某种妨害民事诉讼的行为(包括作为与不作为),如隐藏、转移、变卖、毁损已被查封、扣押的财产,拒不履行人民法院已经发生法律效力的判决、裁定等。

(4) 拘留的期限不同。刑事拘留的期限已见前述。民事司法拘留的期限,为 15 日以下。

(5) 法律后果不同。刑事拘留的期限,在对被拘留人定罪判刑后,应予折抵刑期。民事司法拘留是对实施妨害民事诉讼行为人的一种制裁,拘留期限没有折抵的问题;如果被拘留人在拘留期间承认并改正错误,人民法院还可以决定提前解除拘留。

此外,刑事拘留与我国《民法通则》中规定的拘留,也有重大的区别。《民法通则》第 134 条规定了承担民事责任的方式。根据本条规定,人民法院审理民事案件时,对于依法应当承担民事责任的,除了可以适用停止侵害、返还财产、恢复原状、赔偿损失等承担民事责任的主要方式外,还可以依照法律规定处以罚款、拘留。显然,这是将拘留作为承担民事责任的一种次要方式,是对违反合同或者不履行其他民事义务的人的一种民事制裁。这种对民事违法行为的制裁措施与刑事拘留更有原则性的区别。

还需指出,刑事拘留与我国《刑事诉讼法》第 194 条规定的拘留也有重大的区别。根据该条规定,在法庭审判过程中,诉讼参与人或者旁听人员违反法庭秩序,如果情节严重,法庭报经院长批准后,可以对行为人处以 15 日以下的拘留。被处罚人对拘留决定不服的,可以向上一级人民法院申请复议。由此可见,这种拘留权的行使机关、拘留的对象和适用条件、拘留的期限和使用程序等,都与民事司法拘留相同或近似,是一种具有处罚性质的措施。

明确了刑事拘留与其他各种拘留的区别,既有利于深刻理解它的概念,掌握其特点,更有利于在实践中正确使用。

四、拘留的执行

(一) 执行拘留是公安机关的职权

公安机关承办案件的单位认为需要采用拘留时,应当报县以上公安机关负责人批准,然后填发拘留证,由提请批准拘留的单位负责执行。

人民检察院作出的拘留决定,根据《刑事诉讼法》第 163 条的规定,应当由公安机关执行。在诉讼实践中,遇有紧急情况时,人民检察院也可以向犯罪嫌疑人宣布拘留决定,送公安机关对其执行羁押。

(二) 执行拘留的法定证件及执行后的羁押和通知家属

《刑事诉讼法》第83条第1款规定:"公安机关拘留人的时候,必须出示拘留证。"拘留证上应写明由公安机关的何人对居住在何地的何人进行拘留,并有局长的签名或盖章,以及填发的年、月、日。拘留证的上述内容于何时向被拘留人宣布的,应在拘留证上注明,然后责令被拘留人在拘留证上签名或盖章(也可按指印)。被拘留人拒绝签名或盖章的,应加以注明。公安机关依法执行拘留时,任何人都不得抗拒或阻拦,执行拘留的人员遇到抗拒时,可以依法使用警械和武器。

《刑事诉讼法》第81条还规定,公安机关在异地执行拘留时,应当通知被拘留人所在地的公安机关,被拘留人所在地的公安机关应当予以配合。

《刑事诉讼法》第83条第2款规定:"拘留后,应当立即将被拘留人送看守所羁押,至迟不得超过24小时。除无法通知或者涉嫌危害国家安全犯罪、恐怖活动犯罪通知可能有碍侦查的情形以外,应当在拘留后24小时以内,通知被拘留人的家属。有碍侦查的情形消失以后,应当立即通知被拘留人的家属。"在实践中,还要求通知被拘留人居住地的公安派出所或公安特派员。

根据《人民代表大会代表法》第32条第1款的规定,如果县级以上的各级人民代表大会代表,因为是现行犯被拘留,执行拘留的机关应当立即向该级人民代表大会主席团或者人民代表大会常务委员会报告。

(三) 对被拘留的人应当及时进行讯问

《刑事诉讼法》第84条规定:"公安机关对被拘留的人,应当在拘留后的24小时以内进行讯问。在发现不应当拘留的时候,必须立即释放,发给释放证明。"对于人民检察院对被拘留人的讯问,《刑事诉讼法》第164条也作了相同的规定。法律规定拘留后对被拘留人第一次讯问的时限,在于要求公安机关和人民检察院尽快讯问,以便将不应当拘留的人立即释放,防止侵犯其人身自由,同时也有利于促使被拘留人供述罪行,获取罪证,迅速查明案情。公安机关对被拘留人的讯问,由其预审部门负责。经过讯问,认为应当立即释放的,须经县以上公安机关负责人批准。

(四) 对被拘留人的逮捕和羁押期限

《刑事诉讼法》第89条第1款规定,公安机关对被拘留的人,认为需要逮捕的,应当在拘留后的3日以内,提请人民检察院审查批准。在特殊情况下,提请审查批准的时间可以延长1日至4日。所谓特殊情况,主要是指案情复杂,调查取证的地点较多或者交通不便,在3日以内不能取得证据证明有犯罪事实。遇有这种情况,提请审查批准的时间延长几日,应经县以上公安机关负责人在1日至 4 日的时限内核定。《刑事诉讼法》第 89 条第 2 款则规定,对于流窜作案、多次作案、结伙作案的重大嫌疑分子,请提审查批准的时间可以延长至 30 日。第 3 款还规定,人民检察院应当在接到公安机关提请批准逮捕书后的 7 日以内,作出批准逮捕或者不批准逮捕的决定。本条对公安机关提请审查批准逮捕和人民检察院审查批准逮捕时限的规定,就是拘留后的羁押期限。

人民检察院在进行审查时,可以提审被拘留的人。

人民检察院对这种案件进行审查后,依法应当作出批准逮捕或者不批准逮捕的决定。人民检察院作出不批准逮捕决定的,公安机关应当在接到通知后将被拘留人立即释放,发给释放证明,并且将执行情况及时通知人民检察院。公安机关即使认为不批准逮捕决定有错误,要求人民检察院复议,也必须立即释放。对于需要继续侦查,并且符合取保候审、监视居住条件的,应依法采用取保候审或者监视居住。

人民检察院对直接受理的案件中被拘留的人,认为需要逮捕的,根据《刑事诉讼法》第 165 条的规定,应当在 14 日以内作出决定。在特殊情况下,决定逮捕的时间可以延长 1 日至 3 日。对不需要逮捕的,应当立即释放;对于需要继续侦查,并且符合取保候审、监视居住条件的,依法取保候审或者监视居住。

公安机关或者人民检察院对被拘留人办理提请批准逮捕、审查批准逮捕或决定逮捕的时间,如果超过上述法定期限,被拘留人及其法定代理人、近亲属均有权要求解除拘留,将被拘留人释放,公安机关或者人民检察院应当立即释放。

五、错误拘留的赔偿

根据《国家赔偿法》第 17 条第 1 项的规定,因错误拘留而取得赔偿权利的受害人,是由于公、检、法机关违反刑事诉讼法的规定对其采取了拘留措施,或者虽是依照法定的条件和程序采取拘留措施,但拘留时间超过了刑事诉讼法规定的时限,其后决定撤销案件、不起诉或者判决宣告无罪终止追究刑事责任的。根据《国家赔偿法》第 19 条的规定,因公民自己故意作虚伪供述,或者伪造其他有罪证据被拘留;依照《刑法》第 17 条、第 18 条规定不负刑事责任的人被拘留;依照《刑事诉讼法》第 15 条、第 173 条第 2 款规定不追究刑事责任的人被拘留;公安、检察机关工作人员与行使职权无关的个人行为等,国家不承担赔偿责任,被拘留人同样无权要求赔偿。所以,被错误拘留而取得赔偿权利的人,也有严格的范围限制。

对错误拘留的赔偿义务机关,法律明定为作出拘留决定的机关。

被错误拘留的人请求赔偿和赔偿义务机关应当如何赔偿所涉及的关于赔偿请求人的确定,赔偿请求的提出,赔偿义务机关处理赔偿的程序,赔偿方式和计算标准,以及名誉权、荣誉权遭受损害的恢复,赔偿义务机关赔偿损失后向某些工作人员追偿赔偿费用等,可参阅前述错误逮捕的赔偿。

六、扭送

扭送是指公民将具有法定情形的人立即抓住并送交公、检、法机关处理的行为。

《刑事诉讼法》第82条规定:对于有下列情形的人,任何公民都可以立即扭送公安机关、人民检察院或者人民法院处理:(1) 正在实行犯罪或者在犯罪后即时被发觉的;(2) 通缉在案的;(3) 越狱逃跑的;(4) 正在被追捕的。

这一规定既明确了扭送的对象,又授权"任何公民"都可以扭送,体现了依靠广大人民群众同犯罪作斗争的精神,有利于即时将那些现行犯、在逃犯等抓获、交给公、检、法机关处理。扭送要求把具有法定情形的人抓住后立即送交公、检、法机关处理,因此,无论何人抓住这种人后都不得拖不送交、擅自拘禁或非法审讯。公安机关、人民检察院或者人民法院对扭送来的人,都应当收留和即时问明情况,然后按照公、检、法机关的管辖分工,决定由谁处理。对于不属于自己管辖的,应移送主管机关处理。人民检察院和人民法院认为需要拘留的,应当将该人连同询问笔录、物证等,送公安机关办理拘留手续。公安机关对扭送来的人,认为需由自己处理和拘留时,即可决定拘留。公、检、法机关对于扭送有功的人员,要予以表扬、鼓励,以弘扬正气,鼓舞群众积极同犯罪作斗争。

思考题

1. 什么是强制措施? 对其性质应当如何正确理解?

2. 强制措施与管制等刑罚有哪些相同点和不同之处?

3. 刑事诉讼中的强制措施与民事诉讼中的强制措施有何异同?

4. 强制措施有什么重要作用?

5. 什么是取保候审? 它可适用于哪些人?

6. 什么是监视居住? 它可以在哪些情况下采用?

7. 被取保候审的人依法应遵守什么规定? 违反这些规定将导致什么后果?

8. 被监视居住的人与被取保候审的人依法应当遵守的规定有何不同? 违反应当遵守的规定将导致什么后果?

9. 保证人应具备什么条件? 如果保证人没有履行法定义务将产生什么后果?

10. 公安机关对被监视居住的人应当怎样依法执行监视居住?

11. 什么是逮捕? 适用逮捕必须具备哪些条件?

12. 人民检察院对公安机关提请批准逮捕的案件,应当如何审查和处理?

13. 公安机关认为人民检察院不批准逮捕的决定有错误的时候,应当如何处理?

14. 人民检察院和人民法院办理什么案件时可以决定逮捕?这种逮捕决定应当怎样执行?

15. 什么是拘留?它与逮捕有什么区别?

16. 刑事诉讼中作为强制措施的拘留,与行政拘留、民事司法拘留有什么不同?

17. 拘留应当怎样依法执行?

第十一章　附带民事诉讼

第一节　附带民事诉讼的概念和意义

一、附带民事诉讼的概念

附带民事诉讼,就是司法机关在追究被告人刑事责任的同时,附带解决被害人(包括法人)由于被告人的犯罪行为而遭受经济损失的赔偿问题的活动。比如在伤害案件中,被害人除要求追究被告人刑事责任外,还要求被告人赔偿医疗费以及因误工停发的工资和补贴。再比如在盗窃案件中,被告人盗窃某机关仓库的大量物资,变卖挥霍。人民检察院在对该案提起公诉要求追究被告人刑事责任的同时,还可以要求被告人赔偿给某机关造成的物质损失。

附带民事诉讼就其解决问题的性质而言,是经济赔偿问题,和民事诉讼中的损害赔偿是一样的,属于民事诉讼的性质。但它和一般的民事诉讼又有区别。因为这种赔偿是由犯罪行为引起的,是在刑事诉讼过程中提出的,是由审判刑事案件的审判组织一并审判的,它的成立和解决,都同刑事案件紧密相连,因此,它是一种特殊的民事诉讼。

所谓特殊的民事诉讼,就是说不是所有的民事诉讼都可以作为附带民事诉讼处理,它必须具备一定的条件。根据我国《刑事诉讼法》第99条的规定,附带民事诉讼成立必须具备以下条件:

(1)必须是被告人的犯罪行为给被害人造成的损失。也就是说,提起附带民事诉讼必须是以被告人的行为构成犯罪,刑事案件成立为前提。只要符合上述条件,不论对被告人是否科以刑罚,被害人依法都可以提起附带民事诉讼。在司法实践中,对被告人免除刑罚的案件,不允许被害人提起附带民事诉讼是不对的。如果被告人的行为不构成犯罪,刑事案件不成立,被害人就不能提起附带民事诉讼。如果被害人坚持要求赔偿,只能按照民事诉讼程序另案解决。

(2)必须是被害人因被告人的犯罪行为而遭受的物质损失。包括因人身权利受到犯罪侵犯而遭受的物质损失和财物被犯罪分子毁坏而遭受的物质损失两种情形。比如在伤害案件中,被害人被犯罪分子打伤后住院治疗花费的费用,以及因误工减少的收入等,都属于被害人遭受的物质损失,对于这样的损失被害人就有权提起附带民事诉讼,要求被告人予以赔偿。但是,被告人非法占有、处置被害人的财产的,法院应当依法予以追缴或责令退赔。被害人提起附带民事诉讼的,人民法院不予受理。另外,国家机关工作人员在行使职权时,侵犯他人人身、财产权利构成犯罪,被害人或者其法定代理人、近亲属提起附带民事诉讼的,人民法院也不予受理,但应当告知其可以依法申请国家赔偿。

被告人的犯罪行为给被害人造成的非物质损失,比如精神上的损失、名誉上的损失、人格的损失等,能否提起附带民事诉讼,《刑事诉讼法》没有明确规定。实践中,根据有关司法解释,对于刑事案件被害人由于被告人的犯罪行为而遭受精神损失提起的附带民事诉讼,或者单独提起精神损害赔偿民事诉讼的,人民法院不予受理。

(3)被害人的物质损失必须是被告人的犯罪行为直接造成的。不是犯罪行为直接造成的损失,被害人不能提起附带民事诉讼。所谓直接造成的物质损失是指犯罪行为与物质损失之间有着直接的因果联系。这种损失包括两种:一是犯罪行为已经给被害人造成的物质损失,比如在抢劫案件中,抢走被害人的现金、手表、金戒指等,在放火案件中被烧毁的房屋、家具等。这样的损失亦称“积极损失”。二是被告人的犯罪行为使被害人将来必然要遭受的物质损失,比如在伤害案件中,被害人被打伤后需要继续治疗的医疗费;因受伤不能上班而必然要减少的正常收入等。这样的损失亦称“消极损失”。不是这样的直接损失,比如被告人犯罪前所借的债务等,不能提起附带民事诉讼要求一并处理。

(4)附带民事诉讼必须在刑事诉讼过程中提起。如果刑事案件尚未立案,或者刑事案件已经审结,被害人就不能提起附带民事诉讼。因为刑事案件未立案,刑事诉讼尚未开始,谈不上刑事附带民事诉讼的问题。刑事案件审结后,如果再提起附带民事诉讼,不论对当事人,还是司法机关,都失去了附带民事诉讼的意义。被害人如果仍坚持要求被告人赔偿损失,只能按民事诉讼程序解决。

二、附带民事诉讼的意义

附带民事诉讼是刑事诉讼中不可忽视的重要内容,它对严厉惩罚犯罪,有效地保护国家、集体财产和公民的合法财产,及时、正确处理案件等,都有重要意义:

(1)通过附带民事诉讼,在追究被告人刑事责任的同时,又责令他赔偿因其犯罪行为而给被害人造成的物质损失,使他在经济上承担应负的法律责任,不能占到便宜,正是严厉惩罚犯罪的体现。

(2)通过附带民事诉讼,可以使国家、集体和个人因犯罪行为而遭到的物质损失得到挽回或补偿。

(3)通过附带民事诉讼,把刑事诉讼和民事诉讼合并进行,简化了诉讼程序,即便利群众,又可以避免对同一事实作出相互矛盾的结论,提高办案效率,节省人力、物力和时间。

第二节　附带民事诉讼的当事人

附带民事诉讼的当事人,是指附带民事诉讼的原告人和被告人。

附带民事诉讼的原告人,可以是自然人,也可以是法人或其他组织,还可以是人民检察院。是自然人的,一般都是直接遭受犯罪行为侵害的人。根据《刑事诉讼法》第99条的规定,被害人已死亡或者丧失行为能力,被害人的法定代理人、近亲属也可以成为附带民事诉讼的原告人。法人和其他组织作为附带民事诉讼的原告人,应由其法定代表人以单位的名义提起诉讼。国家、集体财产遭受损失的,经营、管理该财产的受损单位,未提起附带民事诉讼的,人民检察院在提起公诉的时候,可以以公诉人的身份提起附带民事诉讼。

被害人(包括被害的自然人和法人)同保险公司签订有人身或财产保险合同的,被害人遭受的财产损失,保险公司要根据保险合同预先支付赔偿金。根据我国《财产保险合同条例》第19条的规定,保险公司在支付赔偿金后,有权提起附带民事诉讼,向第三者(即附带民事诉讼的被告人)要求赔偿。也就是说,在这种情况下,保险公司也可以成为附带民事诉讼的原告人。但对于人身保险,不论保险公司是否给被害人预付了保险金,保险公司均不得提起附带民事诉讼。这是因为人身损害赔偿的请求权,与财产损失赔偿的请求权不同,它不能转移。

附带民事诉讼中的被告人,通常就是刑事案件的被告人。未被追究刑事责任的共同加害人,也可成为附带民事诉讼的共同被告人。刑事被告人的法定代理人,或者是对被告人的行为负有赔偿责任的机关或企事业单位,也可以成为附带民事诉讼的被告人。

附带民事诉讼的当事人,是附带民事诉讼中的主要诉讼参与人。为了保证附带民事诉讼的顺利进行和对案件的正确处理,法律赋予了他们一系列的诉讼权利,同时要求他们承担相应的诉讼义务。附带民事诉讼的原告人,在附带民事诉讼中处于原告人的地位,具有民事原告的权利和义务。

附带民事诉讼原告人的权利有:

(1) 在诉讼过程中,可以委托代理人,代理诉讼。

(2) 为了保证赔偿的实现,有权要求司法机关采取保全措施,查封、扣押或者冻结被告人的财产。

(3) 有权申请审判人员、书记员、翻译人员、鉴定人回避,有权参加附带民事部分审判的法庭调查和辩论。

(4) 对人民法院关于附带民事诉讼部分的判决不服,有权依法提起上诉。

(5) 在案件审结之前,就附带民事诉讼部分可以与被告人和解或者撤诉。

附带民事诉讼原告人的义务有：

（1）如实向司法机关反映案件情况，并应提供证据，证明自己的主张。

（2）遵守法庭纪律，听从审判人员的指挥。

附带民事诉讼的被告人，在附带民事诉讼中处于被告的地位，具有民事被告的权利和义务。其权利主要有：

（1）有权委托代理人。

（2）在审理附带民事部分时，依法有权要求审判人员、书记员、翻译人员、鉴定人回避。

（3）有权参加法庭调查和辩论。

（4）有权提起反诉。

（5）对法院关于附带民事部分的判决如果不服，在法定的时间内，可以提起上诉。

附带民事被告人的义务，除与原告人相同的以外，还有履行生效判决、裁定内容的义务。

第三节　附带民事诉讼的提起、中止与终结

一、附带民事诉讼的提起

根据我国《刑事诉讼法》第 99 条的规定，有权提起附带民事诉讼的人员或机关，在刑事诉讼过程中可以提起附带民事诉讼。有权提起附带民事诉讼的人员或机关等是指：被害人；被害人死亡或丧失行为能力的，其法定代理人、近亲属；国家财产、集体财产遭受损失的，受损失的单位、人民检察院。所谓在刑事诉讼过程中，就是指从刑事立案以后，到第一审法院宣告判决之前。只要在这个期间，不论是在侦查阶段、起诉阶段还是审判阶段，被害人等依法都可以提起附带民事诉讼。如果刑事诉讼尚未立案，或者刑事案件已经审结，被害人就不能提起附带民事诉讼，但可另行提起民事诉讼。

提起附带民事诉讼，一般应提交附带民事起诉状。书写起诉状确有困难的，也可以口头起诉。口头提起附带民事诉讼的，司法人员应当制作笔录，笔录要向原告人宣读，经其确认无误后签名或盖章。不论口头或书面提起的附带民事诉讼，都应当说明被害人和被告人的姓名、年龄、住址、控告的罪行，以及因犯罪行为而遭受物质损失的程度和具体的诉讼请求等内容。人民检察院提起附带民事诉讼时，应当在起诉书上写明，不能用口头的方式提起附带民事诉讼。

在诉讼过程中，被害人应当提起附带民事诉讼而没有提起时，公安机关、人民检察院应当告知被害人，以便被害人决定是否行使这一权利。如果他放弃这

一权利,应当许可。但是,如果被告人的犯罪行为是给国家、集体财产造成的损失,受损害单位不提起附带民事诉讼,人民检察院在提起公诉时,应当提起附带民事诉讼,以保护国家和集体财产免受损失。

有权提起附带民事诉讼的人,向公安机关、人民检察院提出赔偿要求的,公安机关、人民检察院都应当先行调解,调解不论是否达成协议,在移送起诉或审判时,都应当注明。刑事案件起诉后,人民法院在依法受理刑事起诉的同时,也应当受理该附带民事诉讼。被害人等提出的赔偿要求,经公安机关、人民检察院调解,双方当事人达成协议并已给付,被害人又坚持向人民法院提起附带民事诉讼的,人民法院也可以受理。

二、附带民事诉讼的中止和终结

附带民事诉讼的中止,是指在处理附带民事诉讼过程中,由于存在或者发生了某种特定的情况,使附带民事诉讼无法继续进行而暂时停止诉讼。参照我国《民事诉讼法》第136条的规定,有下列情形之一的,附带民事诉讼就应当中止进行:(1) 一方当事人死亡,需要等待代理人的;(2) 一方当事人丧失诉讼行为能力,尚未确定法定代理人的;(3) 作为一方当事人的法人或者其他组织终止,尚未确定权利义务承受人的;(4) 一方当事人因不可抗拒的事由,不能参加诉讼的;(5) 其他应当中止的诉讼情况。中止诉讼的原因消失后,应及时恢复诉讼程序。

附带民事诉讼程序的终结,是指在处理附带民事诉讼过程中,由于存在或者发生了某种特定情况,使附带民事诉讼根本不能继续进行,或者继续进行已无实际意义,因而宣告诉讼结束。参照我国《民事诉讼法》第137条的规定,有下列情形之一的,附带民事诉讼就应当终结:(1) 原告死亡,没有继承人,或者继承人放弃诉讼权利。(2) 被告死亡,没有遗产,也没有应当承担义务的人。终结附带民事诉讼,就是附带民事诉讼结案,所以当然也就不存在再恢复诉讼程序的问题。

第四节　附带民事诉讼的审判

人民法院受理附带民事诉讼后,应当及时向附带民事诉讼的被告人,送达附带民事起诉状副本,或者口头告知起诉的内容,并制作笔录。被告人是未成年的,应当将附带民事起诉状副本送达他的法定代理人,或者将口头起诉的内容告知他的法定代理人。人民法院送达附带民事起诉状副本时,还要根据刑事案件审理的期限,确定被告人提交民事答辩状的期限。

人民法院对附带民事诉讼案件可以先行调解。法院的调解应当根据查清的事实,在自愿、合法的基础上进行。经调解达成协议的,应当及时制作调解书,送达双方当事人后即发生法律效力。调解达成协议并当庭执行完毕的,可以不制作调解书,但应记入笔录,经双方当事人、审判人员、书记员签名或者盖章即发生法律效力。调解未达成协议或者调解书未送达前当事人一方反悔的,附带民事诉讼应通过审判解决。

我国《刑事诉讼法》第102条规定:"附带民事诉讼应当同刑事案件一并审判,只有为了防止刑事案件审判的过分迟延,才可以在刑事案件审判后,由同一审判组织继续审理附带民事诉讼。"这是审理附带民事诉讼的一条基本原则,是实行附带民事诉讼制度可以提高办案效率,便利诉讼参与人,节省人力、物力和时间,防止就同一事实作出互相矛盾结论的基本前提。如果附带民事诉讼部分同刑事案件一并审判会影响刑事案件在法定时间内审结,也可以先审判刑事案件,后审判附带民事部分。附带民事部分的迟延审理,仍应由同一审判组织进行。只有同一审判组织的成员确实无法参加审判时,才可以更换审判组织成员。

在审理有附带民事诉讼的刑事案件时,应合理协调两种诉讼的程序,本着"先刑后民"、减少重复劳动的原则进行。法庭审理刑事案件所调查核实的证据,查清的案件事实情况,适用于附带民事诉讼,不需要重复调查。开庭时,审判长应一并查明刑事当事人与附带民事当事人的身份等事项;宣布案由应一并宣布附带民事诉讼的案由;宣布合议庭成员、书记员、公诉人、鉴定人、翻译人员后,要和告知刑事当事人一样,同时告知附带民事诉讼当事人有申请回避的权利和庭审中的其他诉讼权利。法庭调查阶段,在公讼人宣读起诉书后,应接着由附带民事诉讼原告人宣读民事起诉状,或口头陈述附带民事诉讼请求。被害人或其法定代理人就刑事问题向被告人发问后,附带民事诉讼原告人或其法定代理人、近亲属、委托代理人等,经审判长许可,可以对刑事被告人就有关附带民事诉讼的事实情况发问。法庭宣读未到庭的证人证言笔录、鉴定人的鉴定意见和其他作为证据的文书时,应包括有关附带民事诉讼的各种证据,附带民事诉讼的当事人都有权对此发表意见。在法庭审理过程中,附带民事诉讼当事人,就民事部分有权申请通知新的证人到庭、调取新的物证,申请重新鉴定或勘验。法庭辩论时,根据刑事诉讼法和民事诉讼法的规定,有附带民事诉讼的法庭辩论的顺序是:在公诉人发言后,由附带民事诉讼原告人及其诉讼代理人发言;在刑事被告人陈述辩护,辩护人进行辩护后,由附带民事诉讼被告人及其诉讼代理人答辩,然后双方依次就刑事问题进行辩论,就附带民事诉讼问题进行辩论。在被告人最后陈述阶段,根据刑事诉讼法和民事诉讼法的有关规定,应先由刑事被告人作最后陈述,然后由审判长按照附带民事诉讼原告人、被告人的顺序,征求他们的最后意见。根据我国《民事诉讼法》第128条的规定,此时法庭还可以对附带民事诉讼问题进行调解。合议庭在评议和宣判时,应对刑事部分和附带民事部分一并进行评议和作出判决、宣判。经评议,即使认定公诉案件被告人的行为不构成犯罪,对已经提起的附带民事诉讼,经调解不能达成协议的,仍应由该审判组织作出刑事附带民事判决。

根据民事诉讼的处分原则,附带民事诉讼在审结之前,原告人要求撤诉的,人民法院应当允许。但是,国家、集体财产遭受损失,被告人又有赔偿能力的,人民检察院或者受损害单位不能要求撤诉,因为对国家、集体财产,任何人无权随意处置。

附带民事诉讼的成年被告人,应当承担赔偿责任的,如果他的亲属自愿代为承担,人民法院应当许可,以便被害人遭受的损失能得到赔偿。

根据我国《刑事诉讼法》第216条、第217条的规定,附带民事诉讼的当事人和人民检察院,对地方各级人民法院一审判决、裁定中的附带民事部分不服,有权提出上诉和抗诉。对附带民事诉讼提出上诉或抗诉的案件,刑事部分已经超过上诉期限而没有上诉、抗诉的,判决的刑事部分应当生效。就是说附带民事诉讼部分的上诉、抗诉,对刑事部分判决没有约束力,不能因对附带民事部分上诉、抗诉而延长判决刑事部分的生效时间。第二审人民法院对附带民事上诉或抗诉的案件进行审理时,如果发现刑事部分有错误,必须予以纠正的,可以按照审判监督程序解决。这样既严格执行了法律,又可纠正一审不当的判决。对判决的刑事部分提起上诉或抗诉的案件,附带民事部分没有上诉或抗诉的,该部分判决也不能生效。就是说,刑事部分的上诉或抗诉,对附带民事部分判决有连带上诉的作用。这是因为刑事部分认定的案件事实适用于附带民事部分,刑事部分的事实认定如果有错误,势必影响民事部分的判决。第二审人民法院审理对附带民事诉讼部分提出上诉的案件,原告一方要求增加赔偿数额,第二审人民法院可以依法进行调解。调解未达成协议或者调解书送达前一方反悔的,第二审人民法院应当依照刑事诉讼法、民事诉讼法的有关规定作出判决或者裁定。

人民法院受理附带民事诉讼以后,为了保证作出赔偿经济损失的判决能够顺利执行,在必要的时候,可以查封、扣押或者冻结被告人的财产和采取其他财产保全措施。人民法院采取财产保全措施一般是根据附带民事诉讼原告人的请求进行的。如果认为必要,也可依职权作出财产保全决定。对被告人的财产采取财产保全措施时应以他个人的财产为限;查封、扣押、冻结的数量,应以足够赔偿为限。附带民事诉讼当事人有权申请先予执行。对于附带民事诉讼当事人提出先予执行申请的,人民法院应当依照民事诉讼法的有关规定,裁定先予执行或者驳回申请。

第五节　附带民事诉讼的赔偿原则和
判决、裁定的执行

附带民事诉讼赔偿的原则,应以被告人本人的财产为限。成年被告人没有经济赔偿能力的,不能让其家属承担赔偿责任,也不应当让被告人服刑期满后,再用自己的劳动收入来赔偿。有的成年被告人家属主动要求代被告人承担赔偿责任,当然不应拒绝,但是如果其家属以代为赔偿作为免除被告人刑罚的交换条件,则是不允许的,因为在我们国家,任何人都不能以钱赎刑。在一些特殊的案件中,如交通肇事等,在判决被告人负责赔偿损失时,除根据民法的规定外,还应参照其他有关规定。被告人的监护人,死刑犯的遗产继承人,共同犯罪案件中案件审结前死亡的被告人的遗产继承人,都可以成为赔偿责任人。

在共同犯罪的案件中,被害人的经济损失是几个被告人共同造成的,只要被害人等提起附带民事诉讼,就可将刑事案件的几个被告人作为附带民事诉讼的共同被告人。人民法院在处理时,应根据物质损失的情况,各被告人在犯罪中的地位和作用,并考虑他们各自的经济赔偿能力,分别确定各被告人应承担的赔偿数额。如果有的被告人没有赔偿能力,可以决定由有赔偿能力的其他被告人承担。因为在共同犯罪的案件中,共同犯罪人对他们的犯罪行为造成的物质损失,应当负连带的民事赔偿责任。

有附带民事诉讼的判决、裁定生效后,应按照我国《民事诉讼法》执行程序执行。根据《民事诉讼法》第212条规定:"发生法律效力的民事判决、裁定,当事人必须履行。一方拒绝履行的,对方当事人可以向人民法院申请执行,也可以由审判员移送执行员执行。"由于附带民事诉讼中的被告人多为刑事被告人,而刑事被告人又多是被判处徒刑以上刑罚,需要送监狱或其他场所执行。要求被告人主动履行,或附带民事诉讼当事人提出申请的才执行,都是比较困难的。因此,附带民事诉讼的执行,一般应在判决、裁定生效后,由审判员直接移交执行员执行。如果被告人被判处拘役、徒刑缓刑、管制或免予刑事处分的,仍可按《民事诉讼法》第212条的规定办理。

在执行中,如果遇到特殊情况,使判决、裁定无法执行时,应由人民法院依法裁定终结执行。

思考题

　　1. 何谓附带民事诉讼？实行附带民事诉讼制度有何意义？

　　2. 哪些人可能成为附带民事诉讼的原告和被告？

　　3. 附带民事诉讼当事人有哪些权利、义务？

　　4. 中止和终结附带民事诉讼时应当注意哪些问题？

　　5. 审判附带民事诉讼案件时应当注意哪些问题？

　　6. 附带民事诉讼的赔偿原则是什么？

第十二章 期间和送达

第一节 期　　间

一、期间的概念

刑事诉讼中的期间,是指法律对司法机关和诉讼参与人进行诉讼活动的时间期限上的要求,换句话说,期间是司法机关或诉讼参与人完成某些诉讼行为应当遵守的法定期限。

我国《刑事诉讼法》规定的期间,除了第一编第八章的第 103 条和第 104 条的一般规定外,在其他许多章节中,还有三十多个条文对司法机关或诉讼参与人进行某些诉讼活动的期限作了规定。在一些司法解释中,也有关于期间的具体规定。根据这些规定,刑事诉讼中的期间,可以按不同标准作不同分类。

根据期间是对司法机关还是对诉讼参与人的要求,可以将其分为司法机关应当遵守的期间与诉讼参与人应当遵守的期间。例如,我国《刑事诉讼法》第 84 条规定的公安机关对于被拘留的人,应当在拘留后的 24 小时以内进行讯问,就属于司法机关应当遵守的期间。我国《刑事诉讼法》第 176 条规定的被害人如果不服不起诉决定,可以在收到不起诉决定书后 7 日内,向上一级人民检察院申诉,就是被害人为这种诉讼行为应当遵守的期间。

根据期间内应为或可为诉讼行为内容的不同,可以将其分为以下几种:

(1)羁押期限。

羁押期限是将被拘留、逮捕的人收押于看守所监管,剥夺其人身自由的期限。这种期间对被拘留、逮捕的人来说,是剥夺其人身自由的期限;对司法机关来说,则是其结束拘留和办结侦查、起诉、审判工作应遵守的期限,也就是它们对犯罪嫌疑人、被告人被羁押的案件的办案期限。

刑事诉讼法对逮捕后的羁押期限虽然未作总的规定,但根据侦查羁押期限和其他有关办案期限的规定,逮捕的最长羁押期限是从被告人被逮捕之日起到判决、裁定发生法律效力之日止。因此,一般来说,它包括侦查羁押期限、审查起诉期限、补充侦查期限、一审办案期限、上诉期限和二审办案期限。但是,如果被告人被判处死刑,则需报请最高人民法院核准,还应延长其羁押期限。案件经补充侦查的,不仅要增加补充侦查期限,人民检察院的审查起诉期限和人民法院的审理期限还应重新计算,这样,逮捕羁押期限还要相应延长。

（2）司法机关办结案件的期限。

通常都将此简称为办案期限。

我国《刑事诉讼法》对司法机关的办案期限,是采用分阶段规定的办法,即分别规定侦查羁押期限、审查起诉期限、补充侦查期限、一审期限和二审期限。根据我国《刑事诉讼法》第 154 条、第 169 条、第 171 条、第 202 条和第 232 条的规定,侦查羁押期限一般不得超过 3 个月;审查起诉期限不得超过 1 个半月;补充侦查期限不得超过 1 个月,并以 2 次为限;一审、二审期限至迟分别不得超过 3 个月、2 个月。同时,我国《刑事诉讼法》第 156 条还规定,重大的犯罪集团案件,以及流窜作案的或者交通十分不便的边远地区的或者犯罪涉及面广、取证困难的重大复杂案件,在本法第 154 条规定的期限届满不能侦查终结的,经省、自治区、直辖市人民检察院批准或者决定,可以延长两个月。我国《刑事诉讼法》第 202 条和第 232 条也规定,第一审人民法院审理公诉案件,第二审人民法院审理上诉、抗诉案件,有本法第 156 条规定情形之一的,经上一级人民法院批准,可以延长 3 个月。这些规定体现着办案效率应当以保证办案质量为前提,结案的期限要求应当服从于完成各个不同诉讼阶段的具体任务。

我国《刑事诉讼法》第 202 条规定的一审办案期限,是指公诉案件按第一审普通程序审理的期限。对于自诉案件,审判实践中要求,如果被告人已被羁押,人民法院应当在被告人被羁押后 2 个月内宣判,至迟不得超过 3 个月。

无论是公诉案件还是自诉案件,如果第一审是适用简易程序审理,根据我国《刑事诉讼法》第 214 条的规定,人民法院应当在受理后 20 日以内审结。

（3）某些申诉期限和上诉、抗诉期限。

根据我国《刑事诉讼法》第 176 条、第 177 条的规定,对人民检察院作出的不起诉决定,被害人或者被不起诉人如果不服,可以向人民检察院申诉,其期限为收到决定书后的 7 日以内。

我国《刑事诉讼法》第 219 条规定:"不服判决的上诉和抗诉的期限为 10 日,不服裁定的上诉和抗诉的期限为 5 日,从接到判决书、裁定书的第二日起算。"

（4）通知、送达期限。

这是指司法机关发送通知书或者送达其他诉讼文件应当遵守的期限。根据我国《刑事诉讼法》第 83 条、第 91 条的规定,公安机关拘留和执行逮捕后,除有碍侦查或者无法通知的情形外,应当将拘留、逮捕的原因和羁押的处所,在 24 小时以内通知被拘留或被逮捕人的家属。如果逮捕是由人民检察院或者人民法院决定的,则由作出决定的检察院、法院通知。按照我国《刑事诉讼法》第 182 条的规定,人民法院决定开庭审判后,应当将人民检察院的起诉书副本至迟在开庭

10 日以前送达被告人及其辩护人;将开庭的时间、地点在开庭 3 日以前通知人民检察院和向当事人、证人等送达传票、通知书。我国《刑事诉讼法》第 196 条等,也有关于送达、通知期限的规定。

(5) 其他重要诉讼期限。

这包括《刑事诉讼法》第 251 条规定的执行死刑期限、第 220 条规定的移送案件材料期限等。

除法定期间外,还有指定期间,即由司法机关指定进行某种诉讼活动的期间。例如,公安、检察机关传唤未被拘留、逮捕的犯罪嫌疑人到指定的地点接受讯问所指定的日、时;人民法院要自诉人提出补充证据的时限。对司法机关行使职权所确定的期间,诉讼参与人同样应当遵守。

在诉讼理论中,还把期间与期日加以区别。所谓期日,是指司法机关会同诉讼参与人于一定场所共同进行诉讼活动的日期,如开庭审判之日,侦查机关传唤未被羁押的犯罪嫌疑人到指定地点进行讯问的日期等。期间与期日的主要区别是:第一,期间是指一段时间,有起止点,具有连续性;期日是指某个时间点,没有连续性。第二,期日是司法机关和诉讼参与人共同为诉讼行为之时,应当共同遵守;期间是对司法机关或诉讼参与人单方面完成诉讼行为的时间要求,应各自遵守。第三,期间一般都是由法律作出明确的规定;而期日则是由司法机关指定的,如开庭审判的日期。

司法机关为了履行自己的职责,指定期日,应当根据诉讼的进程和需要慎重地决定,不得轻易变更。

二、期间的意义

法律对进行刑事诉讼的各种期限作出明确规定,要求司法机关和诉讼参与人严格遵守,有以下的重要意义:

(1) 有利于及时惩处罪犯,维护法律的严肃性。我国刑法是惩罚犯罪、保护人民的武器。对于触犯刑法的犯罪分子,必须及时绳之以法,使其受到应得的惩罚,才能充分发挥刑法的作用。如果案件久拖不决,犯罪分子迟迟得不到惩罚,就会损害法律的严肃性。刑事诉讼法有了期间的规定,就可减少这种情况的发生。

(2) 能够保证诉讼活动的顺利进行。刑事诉讼是一个由一系列诉讼活动组成的过程,只有及时地进行,才有利于准确查明犯罪事实,正确处理案件。我国《刑事诉讼法》根据实践经验,明确规定各主要诉讼阶段的办案期限以及进行许多重要诉讼行为的期限,要求司法机关和诉讼参与人在法定期限内完成相应的诉讼活动,会促使他们及时办理,为刑事诉讼的顺利进行提供了重要保证。

(3) 有利于保护当事人的合法权益。刑事诉讼法对已被羁押的犯罪嫌疑人和被告人规定办案期限,如果未能在法定期限内办结,犯罪嫌疑人、被告人及其法定代理人、近亲属、委托的辩护人,都有权要求解除或变更强制措施,这就有利于防止发生久押不决,以捕代罚,侵犯犯罪嫌疑人、被告人合法权益的情况。有了上诉期限的规定,当事人提出上诉,只要未逾这一期限,就是有效的,即使他们在宣判时曾表示不上诉,也不影响其上诉的法律效力。这种上诉期限的规定就具有保障上诉权的作用。某些通知、送达期限的规定,如起诉书副本至迟应在开庭10日以前送达被告人,也有保障其行使辩护权等诉讼权利的作用。

三、期间的计算

（一）期间的计算标准

根据我国《刑事诉讼法》第103条的规定,刑事诉讼中的期间,以时、日、月计算。以时计算的,都是司法机关发送通知和进行个别诉讼行为的期间,如在拘留或逮捕人以后,应当在24小时以内通知其家属,并对被拘留或被逮捕的人进行讯问。以日为计算标准的期间比较多,例如,将起诉书副本送达被告人的期间;当庭宣告判决的,将判决书送达当事人的期间;下级人民法院接到执行死刑命令后交付执行的期间等。以月为计算标准的期间,包括犯罪嫌疑人已被逮捕的侦查羁押期限和审查起诉、一审、二审、按照审判监督程序重新审判的办案期限。月的计算是从开始月的某日到期满月的相当开始日的前一日。例如,一审人民法院接到人民检察院的起诉书的日期是6月16日,一般情况下要在1个月内宣判,一审的期限应当是6月17日到7月16日。对月的计算,最高人民法院的有关司法解释是这样规定的:以月计算的期限,自本月某日至下月同日为一个月。期限起算日为本月最后一日的,至下月最后一日为1个月。下月同日不存在的,自本月某日至下月最后一日为1个月。半个月一律按15日计算。

（二）期间的起算

按照我国《刑事诉讼法》第103条第2款的规定,期间的起算不包括开始的时和日。例如,对判决上诉的期限是10日,被告人在4月30日接到判决书,上诉期就从5月1日开始计算,在5月1日到5月10日以内上诉,都是有效的。

我国《刑事诉讼法》第103条第3款还规定,法定期间不包括路途上的时间,上诉状或其他文件在期满前已经交邮的,不算过期。例如,某自诉人在5月10日接到判决书,因他与法院相距较远,上诉状不便亲自送交,因而在5月19日将上诉状交当地邮局寄送某中级人民法院。虽然中级人民法院在5月22日才收到上诉状,仍应以5月19日作为自诉人的上诉日,而不能以5月22日作为上诉日。除邮寄诉讼文件以外,其他诉讼活动在路途上所需的时间,当然也应予以扣除。第4款规定,期间的最后一日如果为法定的节假日,以节假日后的第一日为期满日期。但对于犯罪嫌疑人、被告人或者罪犯在押期间,应当至期间届满之日为止,不得因节假日而延长。

针对诉讼实践中一些犯罪嫌疑人隐瞒自己身份的情况,《刑事诉讼法》第158条第2款专门规定,犯罪嫌疑人不讲真实姓名、住址、身份不明的,应当对其身份进行调查,侦查羁押期限自查清其身份之日起计算。

(三)期间的重新计算

期间的重新计算是指在法定的情况下,诉讼过程中的某种期限应当重新计算,已过的时间不计入期间以内。根据刑事诉讼法的规定,应当重新计算的期间,都是司法机关的办案期限。

(1)因发现另有重要罪行时侦查羁押期限的重新计算。我国《刑事诉讼法》第158条第1款规定,在侦查期间,发现犯罪嫌疑人另有重要罪行的,自发现之日起依照第154条的规定重新计算侦查羁押期限。

(2)因案件改变管辖的,审查起诉期限和一审办案期限的重新计算。公诉案件改变管辖后,为了保证办案质量,不应把原承办案件的人民检察院或者人民法院所用的办案时间,计入改变管辖后承办案件的人民检察院或者人民法院的办案期限,因此,改变管辖后承办案件的人民检察院、人民法院,应当重新计算办案期限。

(3)补充侦查完毕移送审查起诉或审理的案件,审查起诉和审理期限应当重新计算。经过补充侦查,常常会补充一些新事实和新证据,甚至可能改变原来认定的犯罪性质和罪名等,所以有必要重新计算审查起诉期限或审理期限。

(4)第二审人民法院发回原审人民法院重新审判的案件,原审人民法院从收到发回案件之日起,重新计算审理期限。这是完全必要、非常合理的,因为原审人民法院在前次审判时,一般情况下已基本用去了法定的审理期限。而且,发回原审人民法院重新审判,就是使该案件重新进入第一审程序。

四、期间的延长

期间的延长是指在原定期间内未能完成应予完成的诉讼任务,可以依法自行延长该期间,或者在期间届满前,报经一定机关批准,延长该法定期间。刑事诉讼法规定可以延长的期间是司法机关的办案期限。可以依法自行延长的期间,如我国《刑事诉讼法》第169条第1款规定的,人民检察院对于公安机关移送起诉的案件,应当在1个月内作出决定,重大、复杂的案件,可以延长半个月。我国《刑事诉讼法》第165条规定的,人民检察院对自行决定拘留的人,认为需要逮捕时,决定逮捕的时间,在特殊情况下,可以在14日以后延长1日至3日等。应报经一定机关批准才能延长的期间,如我国《刑事诉讼法》第154条规定的,对犯罪嫌疑人逮捕后满2个月,但因案情复杂、期限届满不能终结的案件,可以经上一级人民检察院批准延长1个月等。

五、期间的耽误和补救

期间的耽误是指司法机关或诉讼当事人等没有在法定期限内进行某种诉讼行为。期间的耽误可分为有正当理由的耽误和无正当理由的耽误。

当事人耽误期间,往往要承担一定后果,如当事人耽误了上诉期,便不能对一审判决、裁定提出上诉,就要承担判决、裁定发生法律效力的后果。

当事人耽误期间的原因多种多样,有的是因粗心大意或不懂法律,有的是由于不可抗拒的原因或有其他正当理由造成的。为了充分保护当事人的诉讼权利,我国《刑事诉讼法》第104条规定:"当事人由于不能抗拒的原因或者有其他正当理由耽误期限的,在障碍消除后5日以内,可以申请继续进行应当在期满以前完成的诉讼活动。"根据这一规定,申请恢复期间,必须符合以下三个条件:

(1)只有耽误期间的当事人才能申请,其他诉讼参与人无此权利。

(2)耽误期间是由于发生了不能抗拒的情况或者有其他正当理由,使其无法在法定期限内完成某些诉讼活动。"不能抗拒的原因"是指当事人本身无法抗拒的一些自然现象和社会现象,如发生洪水、地震、火灾、战争等,其他正当理由可以是当事人突患严重疾病,因重要公务而远出等。

(3)申请是在障碍消除后5日以内提出的,即提出申请应与障碍的消除时间相连,以利于及时解决这一问题。

当事人申请恢复期间,应在申请书中说明耽误期限的原因。这种申请是否准许,根据《刑事诉讼法》第104条第2款的规定,应由人民法院审查以后作出裁定。如果耽误对人民检察院不起诉决定申诉的期限,申请恢复期间当然应向人民检察院提出,并由人民检察院审查决定是否准许。

第二节 送 达

一、送达的概念和意义

送达是司法机关依一定方式和手续,将诉讼文件送交收件人的诉讼活动。它有以下特点:第一,是司法机关在诉讼中履行职责的活动,即公、检、法机关将应予送达的诉讼文件送交收件人。诉讼参与人将某种文件(如上诉状)送交司法机关的行为,不属于送达。第二,送达所送交的是司法机关办理本案制作的诉讼文件,即有关本案诉讼的公文,包括传票、通知书、不起诉决定书、起诉书、判决书、裁定书等。第三,送达原则上应将诉讼文件交给收件人本人,他们一般为自然人,但也可以是国家机关、企事业单位和人民团体。由此可见,送达实质上是司法机关的告知行为,形式上为向收件人交付某种诉讼文件。

送达是办理刑事案件不可缺少的一种诉讼活动,其意义是:第一,有利于刑事诉讼的顺利进行。例如,将起诉书副本送达被告人,使被告人知道被控告的内容,便于他针对控告进行供述和辩解;将传票送达当事人,将开庭通知书送达提起公诉的人民检察院和辩护人、证人等诉讼参与人,能保证开庭审判按时进行,等等。第二,有利于诉讼参与人行使诉讼权利和履行诉讼义务。如将起诉书副本送达被告人,便于他为自己辩护作准备和委托辩护人;将一审的判决书、裁定书送达当事人,他们才能行使上诉权利;向证人送达开庭通知书,才便于他出庭作证。所以,送达与保障当事人等的诉讼权利是紧密相联的。凡是依法应当送达的诉讼文件,司法机关都应当按时予以送达。

二、送达的程序和要求

司法机关将诉讼文件送达收件人,往往与一定的法律后果相联系,因而必须严格按照法律规定的程序进行。根据我国《刑事诉讼法》第 105 条和其他有关规定,送达的程序和要求是:

(1)依照法律规定的期限送达。为了保障刑事诉讼能够协调地进行,刑事诉讼法对某些诉讼文件的送达,明确规定了期限,司法机关进行送达必须遵守法定期限。例如,《刑事诉讼法》第 182 条规定,人民法院至迟在开庭 3 日前,应当将传票送达当事人,将开庭通知书送达人民检察院、辩护人和其他诉讼参与人。《刑事诉讼法》第 196 条规定,当庭宣告判决的,应当在 5 日内将判决书送达当事人和提起公诉的人民检察院;定期宣告判决的,应当在宣告后立即将判决书送达当事人和提起公诉的人民检察院。这些涉及送达期限的规定,都关系到诉讼的顺利进行和收件人诉讼权利的行使,绝不能忽视。

(2)遵守法定的方式和履行法定的手续。《刑事诉讼法》第 105 条第 1 款规定,送达传票、通知书和其他诉讼文件应当交给收件人本人。这种送达称为直接送达。在诉讼实践中,如果辩护人是律师,应当向他送达的通知书等,往往是送交其所在的律师事务所转交。向收件人本人送达,就应向其住所或办事机构所在地送交。当然,送达人如于他处与收件人相遇时,即可交与他本人。送达人进行送达时,如果收件人不在,为了保证送达及时,《刑事诉讼法》第 105 条第 1 款又规定,可以将诉讼文件交给他的成年家属或者所在单位的负责人代收。这种送达可称为间接送达,也有的叫做补充送达的。它与交给收件人本人有相同的效力。代收人代收诉讼文件后,送达人要告诉他及时转交,以便收件人了解诉讼文件内容,依法行使诉讼权利或履行诉讼义务。

收件人本人或代收人收到诉讼文件后,应当在送达证上签名或盖章,并写明收到时间和代收理由等,借以证明诉讼文件已经合法送达,然后由送达人携回归卷。

实践中,有时会遇到收件人或者代收人因不同意诉讼文件的内容或其他原因而拒绝接收或者拒绝签名、盖章的情况。为了解决这一问题,以利于诉讼的顺利进行,《刑事诉讼法》第105条第2款规定,收件人本人或者代收人拒绝接收或者拒绝签名、盖章的时候,送达人可以邀请他的邻居或其他见证人到场,说明情况,把文件留在他的住处,在送达证上记明拒绝的事由、送达的日期,由送达人签名,即认为已经送达。这种送达在诉讼理论上称为留置送达,与直接送达或间接送达产生同样的法律后果。

送达人进行送达时,如未按上述法定方式和法定手续办理,为不合法的送达,不能产生送达的法律后果,送达人应对其失误承担责任。经过送达人的合法送达,收件人不依法行使诉讼权利或履行诉讼义务,则可能承担不利的法律后果。

在审判实践中,人民法院对于直接送达诉讼文件有困难的,还可以委托收件人所在地的人民法院代为送达,或者邮寄送达。委托送达时,应当将委托函、委托送达的诉讼文件及送达回证,送收件人所在地的人民法院。受委托的人民法院收到委托送达的诉讼文件,应当登记,并由专人及时送交收件人,然后将送达回证及时退回委托送达的人民法院。受委托的人民法院无法送达时,应当将不能送达的原因及时告知委托的人民法院,并将诉讼文件和送达回证退回。采用邮寄方式送达的,应当将诉讼文件、送达回证挂号邮寄给收件人。挂号回执上注明的日期即为送达的日期。

思考题

1. 法律对司法机关的办案期限是如何规定的? 规定这种期限有何意义?

2. 刑事诉讼的期间如何计算? 哪些办案期限应当重新计算?

3. 当事人耽误期限的,能否得到补救? 如何补救?

4. 何谓送达? 送达应当怎样依法进行?

第十三章 立 案

第一节 立案的概念、任务和意义

一、立案的概念和任务

立案是指公安机关、人民检察院和人民法院等机关,对报案、控告、举报和犯罪嫌疑人自首的材料进行审查,根据事实和法律,决定是否作为一个案件进行侦查或审判的诉讼活动。

立案是刑事诉讼中的一个独立的诉讼阶段,它包括我国《刑事诉讼法》第107条至第112条规定的全部内容,即对立案材料的接收、审查、处理以及对立案的监督等。

我国《刑事诉讼法》第110条规定,人民法院、人民检察院或者公安机关认为有犯罪事实需要追究刑事责任的时候,应当立案。比如《刑事诉讼法》规定,刑事案件一般由公安机关立案侦查。贪污贿赂犯罪,国家工作人员的渎职犯罪,国家机关工作人员利用职权实施的非法拘禁、刑讯逼供等犯罪,由人民检察院立案侦查。自诉案件,由人民法院直接立案调查。这里的立案,是指公、检、法机关对立案材料进行审查后,认为有犯罪事实发生,需要追究刑事责任,因而作为一个案件进行侦查或审判所作的决定。它是对立案材料审查后的一种处理。

立案阶段与立案决定有密切联系。立案决定是立案阶段的一部分。立案阶段则是作出是否立案决定的全过程。没有立案阶段的调查研究、审查证据,也就难以作出准确的立案决定。没有作出是否立案的决定,立案阶段的工作就没有完成。但这两者是有区别的,因为一个讲的是诉讼阶段,一个讲的是在这个诉讼阶段中的一种决定。因此,不能将两者混同。本章论述的立案,是从诉讼阶段的意义上说的。

立案阶段的任务是,接受报案、控告、举报或者犯罪分子自首的材料并进行审查,确认是否存在需要追究刑事责任的犯罪事实,作出是否立案侦查或立案审判的决定。

为了实现立案的任务,司法机关在作出立案决定之前,在对立案材料的审查过程中,可以进行必要的调查;在必要的情况下,也可以使用某些不涉及限制人身、财产权利的侦查手段。比如公安机关在夜间接到报告,说某地发现一具无名尸体,这时公安机关就应立即派员赶赴现场进行勘查,通过勘验、检查,判定是正常死亡还是非正常死亡,是自杀还是他杀。只有这样才能正确认定犯罪事实是否发生,决定是否应当立案。

立案决定同接受控告、检举不是一回事。我国《刑事诉讼法》第108条规定:公安机关、人民检察院或者人民法院对于报案、控告、举报和犯罪人的自首,都应当接受。这里的接受是指公、检、法三机关,对报案、控告、举报和犯罪分子的自首,都应当接待受理,不能以任何理由推出不管。但这里的接待受理并不是决定立案。公安机关、人民检察院或人民法院,对受理的报案、控告、举报或者犯罪人自首的材料,必须进行审查和必要的调查,认为符合立案条件,又属于自己管辖的,经过领导批准后才能立案。不符合立案条件,或者虽符合立案条件但不属于自己管辖的,就应作出不立案决定,或者移送主管机关处理。

二、立案的意义

立案阶段是刑事诉讼的开始,是每个刑事案件的必经程序,是对案件进行侦查和审判的合法依据。它对及时揭露和惩罚犯罪,保护公民的合法权益,维护社会主义法制,维护社会的安定团结,都具有重要意义,具体地讲:

(1) 有利于司法机关及时揭露和惩罚犯罪。

公安机关、人民检察院和人民法院受理的报案、控告、举报或者犯罪分子自首的材料是各种各样的,有的是真实的,有的是虚假的,有的构成犯罪,有的不构成犯罪。司法机关接到这样的材料,不经审查一律立案侦查、调查,是查不胜查的。这样势必造成应该侦查、调查的,因人力不足而难以深入侦查、调查;不需要立案侦查、调查的,或者根本不需要司法机关处理的,反而占用了司法机关不少人力、物力和时间,影响对重要案件的及时查处。有了立案阶段,通过这一阶段对有关材料进行审查,把不属于司法机关处理的,移送有关单位解决;对应由司法机关处理的,作出立案决定,并根据掌握的确实情况,组织相应力量,开展侦查、调查,及时揭露、证实犯罪,惩罚犯罪。

(2) 有利于保障公民的合法权益不受侵犯。

我国是人民民主专政的社会主义国家,人民是国家的主人,公民的合法权益都受到国家的保护。当某人被指控犯有某种罪行时,首先应查明有无犯罪事实发生,被指控人是否实施了该犯罪行为,依法是否应当追究刑事责任。如果被指控人并未实施犯罪行为,或者依法不需要对其追究刑事责任,就不应当追究。在侦查、起诉、审判阶段虽然都可能因发现上述情况而停止追诉,但已起不到使无辜公民或依法不应受刑事追究的人免受刑事追究的作用,因为毕竟已开始追究。所以,立案作为诉讼开始的一个独立阶段,对保障公民的合法权益不受非法侵犯,具有特殊的重要意义。

（3）立案对于搞好司法统计，分析各个时期的犯罪情况，正确指导实际工作，也有重要意义。

总之，立案作为一个诉讼阶段，能在诉讼中起到过滤的作用，将那些不应被追究刑事责任的人，从诉讼范围内排除出去，从而使司法机关能集中力量同犯罪作斗争，更有效地发挥其惩罚犯罪、保护人民、保卫社会主义现代化建设的作用。

第二节　立案的材料来源和条件

一、立案的材料来源

刑事立案的材料来源，是指司法机关获得犯罪信息的来源，包括犯罪线索的来源和证据材料的来源。根据刑事诉讼法的规定，立案的材料来源主要有以下几方面：

（一）公安机关或者人民检察院发现的犯罪事实或者犯罪嫌疑人

我国《刑事诉讼法》第107条规定，公安机关或者人民检察院发现犯罪事实或者犯罪嫌疑人，应当依法立案侦查。公安机关、检察机关是专门同犯罪作斗争的机关，在工作过程中常常会发现一些新的犯罪事实或者新的犯罪线索。比如公安机关在日常的治安防范工作中，或者在预审工作中，就常常会发现新的犯罪线索。检察机关在开展各项检察业务活动中，也会发现新的犯罪事实。公安机关和人民检察院在工作中发现的犯罪线索、犯罪事实，都是重要的立案材料来源。

（二）有关单位和个人的报案或者举报

报案，一般是指被害人、有关单位或个人，发现犯罪事实或者犯罪嫌疑人，主动向司法机关报告的行为。举报，一般是指被害人以外的个人或单位，发现有犯罪事实或者犯罪嫌疑人，出于公民的义务或者责任心，而主动向司法机关反映犯罪情况的行为。报案和举报都是同犯罪作斗争的一种手段，任何单位或个人发现有犯罪事实或者犯罪嫌疑人，都应当立即向司法机关报案或者举报。根据刑事诉讼法的规定，这种报案或举报，不仅是每个单位和个人的权利，而且也是一种义务。对犯罪现象及时报案或举报，应当成为广大人民群众的自觉行动。实践也证明，许多案件特别是一些重大案件，都是通过广大人民群众积极报案或者举报而被揭发、侦破的。因此，单位和个人的报案或举报，是立案材料来源的又一重要渠道。

揭露犯罪是国家赋予每个公民的神圣权利，任何个人或机关都不得限制、阻止或者打击报复。实践中，为了防止对举报人打击报复，切实保护举报人的合法权益，必须为举报人保守秘密，并采取下述具体措施：（1）受理举报应在固定场所进行专人接谈,无关人员不得接待、旁听和询问。(2)举报信件的收发、拆阅、登记、转办、保管和当面或电话举报的接待、接听、记录、录音等工作,应建立健全责任制,严防泄露或遗失举报材料。(3)对举报人的姓名、工作单位、家庭住址等有关情况及举报的内容必须严格保密,举报材料不准私自摘抄和复制。(4)严禁将举报材料和举报人的有关情况透露或转给被举报单位、被举报人。向被举报单位或被举报人调查情况时,不得出示举报材料的原件或复印件。(5)任何单位和个人不得追查举报人,对匿名举报除侦查工作需要外,不准鉴定笔迹。(6)向举报人核查情况时,应在做好保密工作、不暴露举报人身份的情况下进行。(7)在宣传报道和对举报有功人员的奖励工作中,除征得举报人同意外,不得公开举报人的姓名、单位。

上述措施对报案人、控告人,应同样适用。

(三)被害人的报案或控告

控告,是指被害人或者他的法定代理人、近亲属,主动向司法机关告发犯罪人,并要求依法追究其刑事责任的行为。被害人是受犯罪行为直接侵害的人,他们往往是最早发现犯罪事实或犯罪嫌疑人的人,有的同犯罪嫌疑人还有过直接接触,对犯罪情况了解得比较具体,因此,他们的报案或者控告,都是立案材料的重要来源。

根据我国《刑事诉讼法》第112条的规定:"对于自诉案件,被害人有权向人民法院直接起诉。被害人死亡或者丧失行为能力的,被害人的法定代理人、近亲属有权向人民法院起诉。"这一规定表明,从立案的角度讲,自诉案件被害人及其法定代理人、近亲属向人民法院起诉,应属于人民法院的立案材料来源。

控告或检举犯罪的目的,都是为了及时揭露和惩罚犯罪,保护国家和人民的利益。因此,不论机关、团体、企业事业单位还是公民个人,在揭发、检举犯罪时,都必须实事求是,不能捏造事实,伪造材料,诬告陷害好人。根据刑法有关规定,凡捏造事实诬告陷害他人(包括犯人)的,应当给予刑事处分。在控告或举报中,告发人主观上并没有想陷害某人,但由于感觉器官的原因,或者客观自然条件的影响,使感知的情况发生错误,因而向司法机关提供了不符合或者不完全符合实际情况的材料,也是常有的。这是属于错告。必须严格区分诬告和错告。《刑事诉讼法》第109条规定,只要不是捏造事实,伪造证据,即使控告、举报的事实有出入,甚至是错告的,也要和诬告严格加以区别。

(四)犯罪人自首

自首是指犯罪分子作案后,在犯罪行为未被司法机关发觉前,自动投案,如实交代自己的罪行,并听候司法机关处理的行为。犯罪人自首是立案材料重要来源之一。

犯罪人自首,一般是由犯罪分子本人亲自到司法机关投案。实践中,对于犯罪分子向所在单位、城乡基层组织或者其他有关负责人投案的;犯罪分子因病、伤,或者为了减轻犯罪后果,而委托他人先代为投案的;或者先以电报、信件方式投案的,也都视为自首,在处理时都可作为从轻情节。

二、立案的条件

立案条件是立案必须具备的要件,是判定立案决定是否正确的依据。我国《刑事诉讼法》第 110 条对立案条件作了具体规定,即:人民法院、人民检察院和公安机关"认为有犯罪事实需要追究刑事责任的时候,应当立案;认为没有犯罪事实,或者犯罪事实显著轻微,不需要追究刑事责任的时候,不予立案"。根据这一规定,立案必须同时具备以下两个条件:

(一)认为有犯罪事实

这是立案的首要条件。犯罪事实是指刑法规定的危害社会依照法律应当受到刑罚处罚的行为。"认为有犯罪事实",是司法工作人员主观对客观的反映,是主客观的统一。它既离不开认识的主体,又必须以客观事实作基础。有犯罪事实即危害社会的犯罪行为已客观存在。它包括犯罪行为已经实施、正在实施和预备实施。犯罪行为只有达到这样的程度,才对社会产生了危害作用,才应当对行为人予以惩罚。不是构成犯罪的事实,如违反党纪、政纪的行为,不能立案追究刑事责任。所以立案首先要划清罪与非罪的界限。

认为犯罪事实已经发生,必须有证据能证明,不能用估计、猜测的办法来认定。只有这样,才能保证立案建立在客观事实的基础上。

(二)需要追究刑事责任

就是说,认为有犯罪事实发生的同时,还必须具备需要依法追究刑事责任的条件,才能立案。犯罪事实显著轻微,不需要追究刑事责任的,以及犯罪事实虽非显著轻微,但依法不应当追究刑事责任的,如犯罪已过追诉时效的,经特赦令免除刑罚的,犯罪嫌疑人、被告人已经死亡等,就都不能立案。

另外,如果实施犯罪行为的人,尚未达到负刑事责任的年龄,或者是因精神上的疾病,已完全丧失辨认或控制自己行为能力的人,即使认为存在需要追究刑事责任的犯罪事实,也不能立案。

上述不应立案的情况,对于公诉案件来讲,经过立案前的审查,有的可以查清,有的则不一定。因为立案阶段的任务,主要在于确认是否有需要追究刑事责任的犯罪事实,而不要求必须查清包括犯罪行为实施人在内的全部事实情节或主要事实情节。因此,对于公诉案件,只要认为有需要追究刑事责任的犯罪事实,就具备了立案的条件,就应当立案。

由于犯罪行为多种多样,在实践中准确把握立案条件比较困难。为了统一执行国家的刑事法律,正确把握立案的条件,公安部、最高人民检察院、最高人民法院根据刑事诉讼法的有关规定,对各自管辖的刑事案件,分别或者联合制定了一些具体的立案标准,使不同案件的立案标准进一步细化,更具可操作性。

第三节　立案的程序

立案的程序,是立案活动的顺序和方式、方法等的总称。它具体包括对立案材料的接受,对立案材料的审查以及审查后的处理和对立案活动的监督等。

一、对立案材料的接受

根据我国《刑事诉讼法》第 108 条第 3 款的规定,公安机关、人民检察院或者人民法院,对于报案、控告、举报或者犯罪分子自首的材料,都应当接受,不能以任何理由推托不管。对于不属于自己管辖的,应当接受后移送主管机关处理,并通知报案人、控告人、举报人。对于不属于自己管辖而又必须采取紧急措施的,应当先采取紧急措施,然后移送主管机关,以免犯罪分子逃跑等意外事件发生,给侦查、审判带来困难。

报案、控告、举报或自首,都可以用书面或口头的方式提出。接受书面或口头报案、控告、举报或者自首的工作人员,应当制作笔录。笔录应当记明报案、控告、举报或自首人的姓名、性别、年龄、住址、反映问题的内容(包括犯罪的时间、地点、犯罪事实、犯罪人等)。笔录最后应当向反映情况的人宣读,无误后由报案人、控告人、举报人或自首人签名或者盖章。

接受控告、举报的工作人员,应当向控告、举报人说明诬告应负的法律责任,防止诬告。同时也要讲清诬告与错告或举报失实的区别,以解除控告与举报人的思想顾虑,促其大胆地、积极地反映犯罪情况。控告人或者举报人,如果不愿公开自己的姓名,在立案阶段依法应当为他们保守秘密,防止对控告、举报人的打击报复。

在控告或举报中,常常遇到匿名控告或举报的情况。匿名控告、举报的原因是多种多样的,反映的内容有的是真实的,有的是虚假的。因此,我们对匿名控告或举报必须采取慎重态度,不能不经调查就轻易相信,也不能置之不理,一概否定。

二、对立案材料的审查

对立案材料的审查,是指对报案、控告、举报、自首的材料,进行审查核实的活动。对立案材料审查核实的过程,就是分析、判断有无犯罪事实发生,是否需要追究行为人刑事责任的过程。这是立案阶段的主要工作,是正确决定立案或不立案的关键环节。

对立案材料的审查,通常采取以下步骤和方法:

(1)对材料反映的事实进行审查。

审查事实,首先要审查所反映的事实是否发生。然后审查已发生的事件,是否属于犯罪事件。如果属于犯罪事件,还要审查是否需要追究行为人的刑事责任。其中包括根据有关法律规定,行为人是否有不追究刑事责任的法定情形等。

(2)对反映犯罪事实所依据的证据或证据线索进行核对或调查。

核对证据或者调查证据线索,一般采用以下几种方法:一是向报案、控告、举报的机关、团体、企事业单位或者个人,调阅与犯罪事实或者犯罪人有关的材料;二是委托报案、控告、举报的机关、团体、企事业单位,对某些问题代为调查;三是派人到发案地进行个别访问或调查取证,必要时还可采用某些侦查方法,如勘验、鉴定等。

(3)对取得的证据进行分析、判断。

取得的证据有真有假,为了正确判断案情,必须首先对证据进行分析研究,以辨明真伪。

(4)对自诉案件,人民法院经过认真审查,认为证据不充分的,告知自诉人提出补充证据。在立案前法院一般不再调查。

三、对立案材料审查后的处理

对立案材料审查后的处理,是指公安机关、人民检察院或人民法院对立案材料审查后,根据事实和法律,依法作出的处置决定。这种决定有两种:一是决定立案,二是决定不立案。

1. 决定立案

司法机关对报案、控告、举报、自首的材料进行审查后,认为有犯罪事实需要追究刑事责任,并属于自己管辖的案件,应当作出立案决定。对需要立案的案件,应当由承办人员填写《立案报告表》。立案报告表的内容包括:填报单位,案别及编号,发案的时间和地点,人身伤亡或财产损失情况,案情简述,立案的法律依据,承办人员的姓名和填表时间等。同时要制作《立案请示报告》,报经主管领导审批。主管领导批准后,还要制作《立案决定书》,并由主管负责人签名或盖章。

人民检察院决定立案的案件,要报上一级人民检察院备案。上级人民检察院认为不应当立案的,以书面的形式通知下级人民检察院撤销案件。

人民法院受理的自诉案件,经审查认为已具备立案条件的,应当在收到自诉状或口头告诉第二日起,15日以内作出立案决定,并书面通知自诉人。

2. 决定不立案

不具备立案条件的,应当作出不立案决定并制作《不立案决定书》。《不立案决定书》的内容包括:案件材料来源,简要案情,决定不立案的法律根据,决定不立案的机关,承办人的姓名及批准不立案的负责人的签名或盖章。

决定不立案后,应当用《不予立案通知书》的形式,将不立案的原因及理由在 3 日内通知控告人,控告人如果不服,依法可以在收到不予立案通知书后 7 日内向作出决定的公安机关申请复议。

对不予立案的复议决定不服的,可以在收到复议决定后 7 日内向上一级公安机关申请复核,上一级公安机关应当在收到复核申请后的 7 日以内作出决定。上级公安机关撤销不予立案决定的,下级公安机关应当执行。

对那些虽然不具备立案条件,但被控告人确有严重错误或者具有一般违法行为,需要给予一定处分的,应当将报案、控告或举报材料送主管部门处理,并通知控告人。

四、对不立案的监督

对不立案的监督,是指人民检察院对公安机关应当立案而不立案的案件,通知或要求其立案的诉讼活动。我国《刑事诉讼法》第 111 条规定,人民检察院认为公安机关应当立案侦查的案件而不立案侦查,或者被害人认为公安机关对应当立案侦查的案件而不立案侦查,向人民检察院提出的,人民检察院应当要求公安机关说明不立案的理由。人民检察院认为公安机关不立案的理由不能成立的,应当通知公安机关立案,公安机关接到通知后应当立案。这就是说,人民检察院对公安机关的不立案决定有权监督。监督的形式是有权要求公安机关说明不立案的理由。如果认为理由不能成立,有权通知公安机关立案。公安机关在收到人民检察院《要求说明不立案理由通知书》后 7 日内,应当将有关不立案理由的说明书面答复人民检察院。人民检察院如果认为公安机关不立案的理由不能成立,在发出《立案通知书》时,应将有关证明应该立案的材料一并移送公安机关。公安机关在收到《通知立案书》后 15 日内,应当作出立案决定,并将立案决定书送达人民检察院。

对不立案的监督,是检察机关行使侦查监督权的重要内容。正确行使这一权利,对预防和减少司法实践中存在的有案不立,先破后立,不破不立,群众告状难等现象,以及对及时打击犯罪、维护社会稳定,密切司法机关同群众的关系等,都具有重要意义。

五、撤销案件

撤销案件是指已经立案的案件,经过一段侦查、调查收集证据,认为对犯罪嫌疑人不需要或者不应当追究刑事责任,而终止侦查、调查的活动。对已经立案但不需要或者不应当追究刑事责任的案件,及时终止侦查撤销案件,可以节约司法资源、避免人力、物力、财力的浪费;可以有效地保护人权,保护公民的合法权益。

撤销案件是一项重要的诉讼活动,必须严格依法进行。根据有关规定,具有下列情况之一的,应当撤销案件:

(1) 没有犯罪事实;

(2) 情节显著轻微、危害不大,不认为是犯罪的;

(3) 犯罪已过追诉时效期限的;

(4) 经特赦令免除刑罚的;

(5) 犯罪嫌疑人死亡的;

(6) 其他依法不追究刑事责任的。

对于经过侦查、调查,发现有犯罪事实需要追究刑事责任,但不是被立案侦查的犯罪嫌疑人实施的,或者在共同犯罪的案件中部分犯罪嫌疑人不够刑事处罚的,应当对有关犯罪嫌疑人终止侦查。

需要撤销案件或者对犯罪嫌疑人终止侦查的,应当写出撤销案件或者对犯罪嫌疑人终止侦查报告书,报县以上公安机关负责人批准,以保证撤销案件的正确适用。

公安机关决定撤销案件或者对犯罪嫌疑人终止侦查时,原犯罪嫌疑人在押的应当立即释放,发给释放证明。原犯罪嫌疑人被逮捕的,应当通知原批准的人民检察院。对原犯罪嫌疑人采取其他强制措施的,应当立即解除强制措施。需要行政处理的,依法予以处理或者移交有关部门。

对查封、扣押的财物及其孳息、文件或者冻结的财产,除按照法律和有关规定另行处理的以外,应当解除查封、扣押、冻结。

思考题

1. 什么叫立案?

2. 立案必须具备什么条件? 应当怎样正确理解和掌握立案的条件?

3. 决定立案要经过哪些程序?

4. 撤销案件的条件和程序是什么?

第十四章　侦　　查

第一节　侦查的概念、任务和意义

一、侦查的概念

侦查是公安机关(包括国家安全机关)、人民检察院和军队保卫部门等依法进行的专门调查和采取有关强制性措施的活动。它是侦查机关在刑事案件立案后、起诉前收集证据,查明案情,确定是否起诉的准备程序,是刑事诉讼程序中的一个重要阶段。

《刑事诉讼法》第106条规定,侦查是指公安机关、人民检察院在办理案件过程中,依照法律进行的专门调查工作和有关的强制措施。这是侦查的法律定义。这一定义包含侦查机关、侦查权、侦查方法与侦查措施等内容。

(1)侦查是公安机关、国家安全机关、军队保卫部门和人民检察院等的专门职权。公安机关是行使国家侦查权的专门机关。国家安全机关依法行使与公安机关相同的职权;军队的保卫部门对军内刑事案件,行使公安机关的侦查、拘留、预审和执行逮捕的职权。人民检察院是国家的法律监督机关,侦查也是检察机关的一项专门职权。另外,监狱对罪犯在监狱内的犯罪,行使侦查权。除上述机关外,其他任何机关、团体、企事业单位和个人,都没有侦查权。

侦查权,是依法搜集证据,揭露和证实犯罪,查获犯罪人,并采取必要的强制措施的权力。它与审判权和检察权同属于司法权,同属于国家权力的重要组成部分。这些侦查机关行使侦查权,均有法律规定的侦查管辖范围。

侦查管辖,是指侦查机关之间对案件的侦查权限的划分,解决案件应归哪个侦查机关负责侦查的问题。公安机关、国家安全机关、军队保卫部门和人民检察院等应在侦查管辖范围内行使侦查权。

(2)侦查是一种诉讼活动,具有严格的法律性质。侦查只能用于同犯罪作斗争,不能用于其他方面,否则,就是违法。

侦查活动或者说侦查行为,应当怎样做和禁止怎样做,法律均有明确规定,侦查机关的侦查活动必须严格依照法定程序进行。

(3)侦查的内容主要是进行专门调查工作。专门调查工作是指为收集犯罪证据而进行的讯问犯罪嫌疑人、询问证人、勘验、检查、鉴定等调查措施。侦查也是一种调查,但它不同于行政调查,也不同于一般的诉讼调查,而是属于侦查机关侦查行为的专门调查工作。具体说,它是侦查机关针对犯罪事件,为揭露和证实犯罪,查获犯罪人所进行的一系列专门调查工作,具有专门机关针对专门对象(即刑事案件)和强制性等基本特征。作为侦查行为的专门调查工作,不同于非侦查机关针对非犯罪事件所进行的非诉讼调查,也不同于非侦查机关,如人民法院对犯罪案件所进行的诉讼调查。它们在调查的主体、性质、方法、范围、期限以及法律后果等各个方面,均有不同。《刑事诉讼法》第191条规定,人民法院在必要的时候,可以进行勘验、检查、查封、扣押、鉴定和查询、冻结。法院的这些活动与侦查机关的有关侦查方法虽然相似,但法律性质不同。上述方法由人民法院在刑事诉讼中采用,只是一种调查性的诉讼活动;只有侦查机关在刑事侦查阶段采用,才属于专门调查工作,才能叫侦查。

只有侦查机关才有权进行专门调查工作,而且并非侦查机关的全部人员都能行使侦查权,其他机关都不能参与有关的专门调查工作,有的可以被邀请或者委托参与有关的专门调查工作。实践中,根据有关规定,经济、文化部门的保卫处(科),可以主动配合,积极协助侦查人员进行有关的专门调查活动。

(4)侦查的内容还包括与专门调查工作有关的强制性措施。强制性措施是指拘传、取保候审、监视居住、拘留、逮捕、搜查、扣押物证、书证、冻结等限制或剥夺人身权利和财产权利的措施。有关的强制性措施有两个方面含义:一是专门调查工作与有关的强制性措施密不可分,相辅相成。如搜查、通缉等侦查行为本身就具有强制性,有的还与逮捕、拘留等强制措施并用。二是指强制措施在侦查中的使用,具有侦查性。侦查中的强制性措施与刑事诉讼中的非侦查性强制措施,都具有强制性,在形式和作用上也有许多相似之处,但前者属于侦查概念,后者不属于侦查范畴。

正确理解调查与侦查的区别以及强制措施与强制性措施的区别,有助于正确理解侦查的概念和含义。

(5)预审也是侦查活动的重要内容,《刑事诉讼法》第114条规定,公安机关经过侦查,对有证据证明有犯罪事实的案件,应当进行预审,对收集、调取的证据材料予以核实。这就是说预审是侦查活动的一个环节,它是以前期侦查为基础而展开的证据核实和线索发掘的活动。预审是在案件经过侦查,有证据证明有犯罪事实,而且犯罪嫌疑人已到案的情况下进行的,它的任务一是对收集的证据材料进行核实,保证案件的侦查质量;二是发掘案件线索,扩大侦查成果。

二、侦查的任务

侦查的基本任务,就是揭露、证实犯罪和犯罪人,打击和预防犯罪分子的破坏活动,为提起公诉提供可靠的证据,对人们进行社会主义法制教育,保护国家、集体财产和人们的合法权益,维护社会主义法制,巩固人民民主专政。

侦查的具体任务是:

(1)收集证据,查明犯罪事实。收集证据是指收集与案件有关的全部证据,包括证明犯罪嫌疑人有罪、无罪、罪重、罪轻等所有证据,而不是只收集证明嫌疑人有罪的证据,只有全面收集同案件有关的证据才能正确查清案件事实。收集证据是侦查工作的主要任务和中心环节,只有收集到确实、充分的证据,才能正确认定案件事实,查获犯罪人、侦破案件。

(2)查获犯罪分子。在收集犯罪证据的基础上,要及时查获犯罪行为的实施者,即犯罪分子。这也是侦查工作的重要任务。只有及时查获犯罪分子,并采取适当的强制措施,才能防止他继续犯罪,才能保证诉讼的顺利进行,才能实现惩罚犯罪保护国家和人民利益的目的。

(3)制止和预防犯罪。在侦查过程中发现了与本案无关的其他犯罪嫌疑分子,应当及时采取措施防止其继续犯罪。在侦查工作中发现某些部门工作上的漏洞,应及时通知有关部门改进工作健全制度,预防和减少犯罪的发生。

三、侦查的意义

侦查是刑事诉讼的第一个阶段,也是收集证据、查清案件事实、查获犯罪嫌疑人的关键阶段,它对及时打击犯罪、保护国家和人民利益、实现刑事诉讼任务都有重要意义。

具体地讲,侦查的意义有以下几个方面:

(1)侦查是刑事诉讼中一个独立阶段,是提起公诉案件的必经程序。立案虽是刑事诉讼的开始,但是关于犯罪行为的实施情况以及谁是犯罪人,他有何罪责等实质性问题,一般需通过侦查才能解决。对于需要侦查的刑事案件,侦查阶段起着承上启下的重要作用,是公诉案件立案后和提起公诉前的必经程序。

(2)侦查是与犯罪作斗争的重要手段。犯罪分子作案后一般都会想方设法逃避惩罚,因此,要准确、及时地查明犯罪事实,抓获犯罪分子,就必须依靠强有力的侦查,进行一系列专门的调查工作和采取有关的强制性措施。否则,要及时、有效地同犯罪作斗争,制止和打击犯罪,就只能是一句空话。

(3)侦查是提起公诉和审判的基础与前提。对具体案件来说,侦查工作是批捕、起诉和审判的基础及前提条件。侦破工作做得好,就可以为批准逮捕、提起公诉和正确审理奠定良好基础,使整个刑事诉讼活动在最初阶段就进入正确轨道,有利于实现刑事诉讼法规定的任务,即准确、及时地打击犯罪,保护人民,使无罪的人不受刑事追究。如果侦查工作做得不好,必然会影响批捕、起诉和审判的顺利进行。

(4)侦查是预防犯罪和进行社会治安综合治理的有力措施。制止和预防犯罪是刑事侦查的具体任务之一,这项任务的完成过程,也是教育和发动群众与犯罪作斗争的过程。通过对刑事案件的侦查,有利于促使群众和某些单位提高警惕,对社会不稳分子也有教育和震慑作用。所以,通过侦查,有利于预防和制止犯罪活动,加强社会治安的综合治理。

四、对侦查工作的制约与监督

侦查工作是公安、司法机关揭露、证实犯罪、打击犯罪的重要手段,没有这些手段就不能有效地保护国家和人民的利益。但是,侦查工作是一把双刃剑,使用不当就会侵犯公民的人身权利和财产权利,伤害群众。所以,国家在赋予侦查机关强有力的侦查措施的同时,也对侦查工作制定了一整套制约和监督机制,防止侦查措施的滥用。《刑事诉讼法》第115条规定,当事人和辩护人、诉讼代理人、利害关系人,对司法机关及其工作人员有下列行为之一的,有权向该机关申诉或者控告:

(1)采取强制措施法定期限届满,不予以释放、解除或者变更的;

(2)应当退还取保候审保证金不退还的;

(3)对与案件无关的财物采取查封、扣押、冻结措施的;

(4)应当解除查封、扣押、冻结不解除的;

(5)贪污、挪用、私分、调换、违反规定使用查封、扣押、冻结的财物的。

遇到上述五种情况中任何一种,当事人等都可以对该机关提出申诉或控告。对控告或申诉处理不服的,还可以向同级人民检察院申诉;人民检察院直接受理的案件,可以向上一级人民检察院申诉。人民检察院对申诉、控告进行审查后,情况属实的,应通知有关机关予以纠正。

第二节　侦查工作的原则

侦查工作的核心内容就是收集证据和运用证据,因此,不仅要遵守刑事诉讼的有关各项基本原则,而且有关证据的各项原则,如重证据不轻信口供,严禁刑讯逼供,以及其他收集证据和审查、判断证据的原则,也同样是侦查工作必须遵守的原则。由于侦查工作有自己的特点,所以还要遵守侦查工作本身的一些具体原则,这就是通常所说的侦查原则。

侦查原则,是侦查人员在侦查活动中必须遵守的基本规则。它体现着侦查活动本身的特点,能保证侦查活动的正确进行。在侦查实践中,应遵守的侦查原则是:专门机关与群众相结合的原则;迅速、及时、合法的原则;客观公正,全面细致,实事求是的原则;保守秘密的原则。

一、专门机关与群众相结合原则

专门机关与群众相结合原则,就是进行刑事侦查必须发挥群众的智慧和力量,把专门机关的业务工作与依靠广大群众的支持、帮助密切结合起来。这就是说,专门机关进行侦查工作,必须走群众路线。

依靠群众,是我国刑事诉讼的一项基本原则,体现在侦查工作中就是党领导下的专门机关与广大群众相结合。只有依靠群众,才能准确、及时地打击、惩罚犯罪。这是因为打击、惩罚犯罪关系国家、集体和人民群众的切身利益,群众具有与犯罪作斗争的积极性;而且犯罪分子生活在群众之中,群众人多目广,任何犯罪都是在一定时间和空间进行的,不论犯罪分子隐藏多深,伪装多么巧妙,都难以逃出人民群众的视野。同时,也只有依靠群众,才能有效地防止和纠正可能发生和已经发生的错误,做到不枉不纵。此外,侦查机关依靠群众,使专门工作与之有机结合,也是加强社会主义民主与法制的需要。

强调依靠群众,绝非可以削弱专门机关的业务工作。全部侦查工作都只能在侦查机关的主持下进行。侦查机关具有一支由国家赋予侦查权力的、懂得政策法律的、熟悉犯罪活动规律和掌握现代化刑事侦查技术的专门队伍,是揭露、证实和惩罚犯罪,保卫人民民主专政的有效工具。离开了专门机关的业务工作,侦查就无法进行。

因此,专门机关与群众必须紧密结合起来,两者互相依赖,互相作用,不能分割,更不能对立。忽视专门机关的作用,就可能出现"群众专政"的现象,甚至滑向"取消主义";不坚持群众路线,就必然导致"神秘主义"、"孤立主义"和"官僚主义"。我们既要反对只看到人民群众力量而忽视专门机关作用的错误倾向,又要反对只看到专门机关的作用而忽视依靠群众的倾向。

二、迅速、及时、合法的原则

迅速、及时,就是一旦发现犯罪活动,就要抓紧时间立案、侦查,力争速战速决。迅速、及时的标准和要求,就是不失时机。

迅速、及时地侦破案件,与刑事诉讼法规定的侦查羁押期限是一致的。但是,法定侦查羁押期限不是衡量迅速、及时的唯一标准,因为是否真正做到迅速、及时,关键要看侦破工作是否不失时机。所以,一般说来,在规定的羁押期限内完成侦查任务,是符合迅速、及时原则的;但是,如果应抓紧而未抓紧,以致失去了侦破的最佳时机,即使侦查未超过法定期限,也因走了弯路,浪费了人力、财力和时间,甚至犯罪者又继续犯罪,危害社会,仍然不能说完全符合迅速、及时原则的要求。在侦查实践中,既有许多由于不失时机,迅速、及时破案的成功经验,也有不少延误时机,久侦难破的教训。

迅速、及时是侦查工作在时间和时机上的要求,必须与依法办事相结合。只顾迅速、及时,而不顾法定程序,就会违反纪律,就可能造成乱捕乱押,以拘代侦等不良倾向。侦查工作不仅必须迅速、及时,而且必须合法,两者不可偏废。

三、客观公正,全面细致和实事求是的原则

在侦查活动中,要求做到客观公正,全面细致,实事求是。它们之间联系密切,相辅相成。实事求是是这个原则的总要求;客观公正和全面细致是达到实事求是的条件和基础;客观公正与全面细致又是互为条件和保证的。

(1)客观公正。客观,就是要准确地查明实际存在的案件情况,达到客观真实。为此必须尊重客观实际,使主观符合客观,切忌先入为主,主观臆断。公正,就是正确认识并且如实反映客观存在的案情,对案件的一切分析、判断,都要建立在牢固可靠的客观事实基础上。为此,侦查人员必须坚持辩证唯物主义的立场和观点,重证据,重调查研究,避免成见和偏见,不弄虚作假,不歪曲事实,不偏听偏信。这就是说,客观公正的原则要求对案情作出公正的判断,符合真实情况。

(2)全面细致。全面,就是侦查工作必须防止片面性,但非事事面面俱到,平均使用力量,而要全面周到,重点突出,不偏不漏。比如,收集证据,既要全面,又要突出案件基本事实或基本证据,不能事无巨细,不分主次;既要收集有罪和罪重证据,又要收集无罪和罪轻证据;既要重视犯罪嫌疑人的供认,又不能忽视犯罪嫌疑人的辩解,等等。细致,则要求在侦查过程中,不但要深入群众,细致了解案情,细心收集证据,而且分析判断案情也要深刻、细致,不能粗枝大叶和惑于表面现象。总之,全面细致就是必须坚持辩证唯物主义思想和方法,防止片面性和表面化。为此,了解案情,收集证据,要点滴不漏;分析案情,判断证据,要丝丝入扣。对于案情的分析判断,特别要在细致上下工夫,达到应有的广度和深度。这就是说,对于构成犯罪的基本事实和犯罪的具体情节,或者无罪的事实,或者有不需要追究刑事责任的情况等,都要全面、细致地查明,为正确处理案件打好基础。

(3)实事求是。侦查工作特别要做到实事求是。实事求是要求侦查人员一切从实际出发,按照案件的本来面貌去认识,去处理。表现在侦查过程中,侦查机关应根据千差万别的案件实际情况,研究确定侦查方向和行动计划;认定案件事实只能以确实、充分的证据为根据;必须从实际出发来研究具体的人同犯罪事实之间的联系,以确定某人是否有罪和罪行轻重。

实事求是应当体现在侦查活动的一切方面。无论是对案件的调查或侦查终结时,分析和判断案情都既不夸大,也不缩小,一就是一,二就是二;结论必须反映事物的本来面目,既不能歪曲事实,也不能无根据地认定或排除这种或那种可

能性。侦查人员如果徇私舞弊,违法乱纪,故意违背事实,应当依法对其追究责任。

四、保守秘密的原则

保守侦查工作秘密的原则,是由侦查工作的性质和特点决定的,因为在确定侦查方向、计划之前,都要做许多摸底排队工作,必须十分注意斗争策略。犯罪分子及为其通风报信者,总是千方百计刺探消息,注视侦查动态,以便对付侦查。如果泄露了侦查秘密,侦查活动就会陷于被动,影响及时破案。侦查工作不能像审判那样公开。对于有些侦查对象、侦查线索、侦查意图和侦查手段等等,尤须注意严守机密。

有些侦查活动,诸如勘验、检查、搜查、扣押等,必须或者可以邀请与案件无关的人作见证人或者参加,是根据法律规定进行的,不仅是实际需要,也是合法的。但是,在一定时间和范围内,他们也有一定的保密义务。根据刑事诉讼法的规定,凡涉及国家秘密的证据,侦查机关都应当保密。

第三节　侦 查 方 法

侦查方法,是指侦查人员对案件进行侦查时,依法可以使用的各种手段。这些手段有:讯问犯罪嫌疑人;询问证人、被害人;勘验、检查;搜查;查封、扣押物证、书证;鉴定;技术侦查措施;辨认;通缉等。

一、讯问犯罪嫌疑人

讯问犯罪嫌疑人是一项重要的侦查方法。犯罪嫌疑人是被控诉犯有罪行的人,他对是否实施了犯罪行为、如何实施的犯罪行为知道得最清楚,因此,凡是犯罪嫌疑人到案的都必须对其进行讯问。通过讯问,一方面可以进一步查清案件事实,证实犯罪人,判明案件的性质,另一方面通过听取犯罪嫌疑人的申诉和辩解,依法保护犯罪嫌疑人的合法权益,保障无罪的人不受刑事追究。

讯问犯罪嫌疑人是侦查人员揭露犯罪与犯罪分子反揭露犯罪的一场十分复杂的斗争,为了保证侦查人员在这场斗争中能够取得胜利,《刑事诉讼法》对讯问犯罪嫌疑人作了一系列规定,侦查人员必须认真地严格执行。

1. 讯问犯罪嫌疑人的人员

根据《刑事诉讼法》第116条的规定,讯问犯罪嫌疑人必须由人民检察院或者公安机关的侦查人员进行,其他任何机关或个人都不能对犯罪嫌疑人进行讯问。侦查人员包括人民检察院、公安机关的侦查人员,还包括国家安全机关、军队保卫部门、监狱依法行使侦查权的人员。侦查人员讯问犯罪嫌疑人时不得少于2人,以保证讯问依法顺利进行。

2. 讯问犯罪嫌疑人的地点和时间

根据《刑事诉讼法》第116条、第117条的规定,犯罪嫌疑人被送交看守所羁押的,侦查人员对其讯问应当在看守所内进行。对不需要逮捕、拘留的犯罪嫌疑人,可以传唤到犯罪嫌疑人所在市、县内的指定地点或者到他的住处进行讯问,但是应当出示人民检察院或者公安机关的证明文件。对在现场发现的犯罪嫌疑人,经出示工作证件,可以口头传唤,但应当在讯问笔录中注明。传唤、拘传持续的时间不得超过12小时;案情特别重大、复杂,需要采取拘留、逮捕措施的,传唤、拘传持续的时间不得超过24小时。不得以连续传唤、拘传的形式,变相拘禁犯罪嫌疑人。为了保障犯罪嫌疑人的合法权益,被传唤、拘传的人应保证其饮食和必要的休息时间。

3. 讯问犯罪嫌疑人的程序和方法

根据《刑事诉讼法》第118条的规定,侦查人员讯问犯罪嫌疑人时,应当首先讯问犯罪嫌疑人是否有犯罪行为,让他陈述有罪的情节或者无罪的辩解,然后向他提出问题。不能先入为主地讯问,更不能逼供、诱供或者刑讯逼供。侦查人员向犯罪嫌疑人提出的问题,应当是与认定案件事实有关系的问题,对这样的问题犯罪嫌疑人应当如实回答。如果侦查人员提出的问题与案件无关,被讯问的人有拒绝回答的权利。侦查人员讯问犯罪嫌疑人时,应当告知其如实供述自己的罪行,依法可以从宽处理。向犯罪嫌疑人提出的问题,如果侦查人员认为与案件有关,而嫌疑人认为无关拒绝回答的,侦查人员应当说明与案件有关的道理,动员其如实回答。

4. 对特殊犯罪嫌疑人的讯问

这里指的特殊犯罪嫌疑人是指聋、哑的犯罪嫌疑人。《刑事诉讼法》第119条规定,讯问聋、哑的犯罪嫌疑人,应当有通晓聋、哑手势的人参加,并将这种情况记明笔录。聋、哑犯罪嫌疑人由于生理上的缺陷,影响其诉讼权利的行使。为了保障他们享有与其他犯罪嫌疑人同等的诉讼权利,也为了保证讯问工作的顺利进行,所以本条规定,讯问聋、哑犯罪人应当有通晓聋、哑手势的人参加诉讼,为讯问人员和犯罪嫌疑人作翻译。《刑事诉讼法》这一规定,是侦查人员的法定义务,必须认真执行,也是聋、哑犯罪嫌疑人的一项权利,如果这一权利被侵犯,他依法有权提出控告。

5. 讯问犯罪嫌疑人必须严格依法进行

根据《刑事诉讼法》第54条规定,讯问犯罪嫌疑人严禁使用刑讯逼供、骗供、诱供等非法方法进行。凡用刑讯逼供等非法方法取得的犯罪嫌疑人口供,应当排除,不能作为定案的根据。而且使用刑讯逼供造成严重后果的,要依法追究讯问人的相应责任。

6. 对犯罪嫌疑人讯问情况的固定

根据《刑事诉讼法》第 120 条、第 121 条的规定,对犯罪嫌疑人讯问情况的固定方法有两种:一是文字记录,即讯问笔录,侦查人员讯问犯罪嫌疑人时,应当制作笔录。笔录应当如实、全面记载讯问的内容和情况。讯问笔录应当交犯罪嫌疑人核对。对没有阅读能力的,应当向他宣读,如果他认为记载有遗漏或差错,犯罪嫌疑人可以提出补充或者改正,并在补充或改正的地方签名或者盖章。犯罪嫌疑人承认笔录没有错误后,应当签名或盖章;侦查人员、记录人员、翻译人员也应当在笔录上签名。犯罪嫌疑人请求自行书写供述的,应当允许。必要的时候,侦查人员也可以要求犯罪嫌疑人亲笔书写供词。二是录音、录像。《刑事诉讼法》规定,侦查人员讯问犯罪嫌疑人时,可以对讯问过程进行录音或者录像。这种录音、录像可以单独使用,也可以与文字记录同时并用。就一般案件来讲,可以用录音、录像来记录讯问的全过程,也可以不用录音、录像而用笔录记载讯问的情况和过程。这是因为目前我国各司法机关的经济、技术条件不同,不能一律要求用录音、录像来记录讯问犯罪嫌疑人的情况。但是对于可能判处无期徒刑、死刑的案件或者其他重大犯罪案件,应当对讯问的过程进行录音或者录像。录音或者录像可以任选其一,无需同时并用。对这类案件讯问的录音或者录像是强制性的,必须执行。通过录音或者录像,有助于保证这类案件讯问的合法性,提高犯罪嫌疑人供述的可靠性,更好地保障犯罪嫌疑人的合法权益,为正确处理这类重大案件提供证据方面的保障。

用录音或者录像记录讯问犯罪嫌疑人过程的,应当全程进行,并保持完整性。所谓“全程进行”是指讯问犯罪嫌疑人的全过程,包括:一是对每次讯问都应当录音或者录像,不能进行选择性地录音;二是对每次讯问的全过程进行录音或者录像。“保持完整性”是指录音或者录像要不间断地实施,不能间断性地录音或者录像。

讯问犯罪嫌疑人的录音、录像应当实行讯问人员与录制人员相分离的原则,讯问由侦查人员负责,录音、录像由专门的技术人员负责,这样可以保证录制资料的客观、公正。录制人员是侦查人员的,应当适用有关回避的规定。与案件有利害关系的人员,不能参与录制工作。

二、询问证人、被害人

询问证人是指侦查人员以言词的方式,就案件有关情况向证人进行调查了解的一种侦查活动。这种侦查方法在刑事诉讼中使用最多。通过询问证人,可以收集犯罪证据,查明案件事实;可以查清犯罪人,并将其抓捕归案;可以核实证据,排除疑点,正确认定案件事实。因此,侦查中必须重视对证人的询问,并严格依法进行。

1. 询问的主体

在侦查阶段,询问证人只能依法由侦查人员进行,其他任何人都不能对证人进行询问。

2. 询问证人的地点和形式

询问证人是向证人做调查,必须本着有利于查明犯罪事实、方便证人的原则,根据实际情况确定询问的地点。根据《刑事诉讼法》第 122 条的规定,侦查人员询问证人,可以在现场进行,也可以到证人所在单位、住处或者证人提出的地点进行。在必要的时候,可以通知证人到人民检察院或者公安机关提供证言。所谓"必要的时候",通常是指:(1)案情涉及国家秘密,为了防止泄密;(2)证人所在单位或其家庭或员及周围的人,与案件有利害关系,为了防止干扰,保证证人如实作证及证人的人身安全;(3)证人在侦查阶段不愿公开自己的姓名和作证行为,为便于为证人保密,消除证人的思想顾虑。在不同地点询问证人对侦查人员有不同的要求,在现场询问证人,侦查人员应当出示工作证件。到证人所在单位、住处或者证人提出的地方询问,侦查人员应当出示人民检察院或者公安机关的证明文件。

询问证人应当个别进行,一案有多个证人的应当分别询问,不能把证人集中在一起共同询问,避免证人之间互相影响,不能客观地反映所了解的案件情况,同时也有利于证言之间互相核对,发现矛盾,去伪存真。

3. 询问证人的程序和方法

询问证人时首先告知其依法应当如实提供证据、证言和有意作伪证或者隐匿证据要负法律责任。"如实提供证据"是指证人所掌握的与案件有关的物证、书证及其他证据,必须如实、全部提供给侦查人员,不能隐匿、销毁或涂改。如实提供证言,是指证人所了解的案件情况,应当不夸大、不缩小、不隐瞒,实事求是地告知侦查人员。证人如果不能按上述要求提供证据,根据情况,依法可以追究其刑事责任。通过这一告知,可以提高证人作证的责任心,有利于收集全面、正确的证人证言。询问证人时还要告知其因履行作证义务而支付的交通费、住宿费、餐饮费等,有要求补偿的权利。通过这一告知为证人作证提供经济方面的保障。

询问证人时,应当首先让证人就他了解的案件情况系统、全面地叙述,不要轻易打断。如果讲的是一些同案件无关的问题,可以作必要的引导。证人讲完之后,侦查人员可以就叙述不清、前后矛盾的地方提出问题,让证人补充说明。提问题应当明确、易懂,便于证人回答。提的问题不能带有提示性。所谓不能带有提示性,就是提出的问题,不能带有暗示证人应当如何回答的内容,因为这样容易使证人提供的证言失去客观、真实性,不利于侦查人员正确认定案件事实。

对证人只能就与案件有关的问题进行询问。询问时只能要求证人就他了解的案件情况作实事求是的叙述,并说明他是如何了解的。在实践中,证人提供证言时,往往同时带有分析判断性的内容,比如证人讲:"在晚 10 点钟左右,我看到一个高个子男人,从犯罪现场匆匆走过,这个人很像×××。"证人提供的这种带有判断性的证言,具有重要的参考价值,也不可忽视。

询问证人必须严格依法进行,根据《刑事诉讼法》第 54 条的规定,不得用暴力、威胁等非法方法收集证人证言。用暴力、威胁等非法方法询问证人,是严重侵犯证人人身权利的行为,必须坚决予以禁止,对违反者还要视情况予以追究。用暴力等非法方法取得的证人证言,应予排除,不论陈述证言是否真实,都不能作为认定案件事实的根据。

4. 证人证言的固定

证人证言经查证属实,可以用来作为认定案件事实的根据,因此,对询问的证人证言内容必须予以固定。固定证人证言内容的形式主要是文字记载,即证言笔录。笔录要如实记载。笔录制成后应当交证人阅读,没有阅读能力的应当向他宣读。如果证人认为记载有错误或者有遗漏的地方,可以要求改正或补充。证人认为无误后,应在笔录上签名或盖章。询问的侦查人员也应当签名。证人要求自己书写证言的应当允许。在必要的时候,侦查人员也可以要求证人自己书写证言。侦查人员如果认为书写的证言未能说明问题或者尚有疑问的,可以要求其重写或者补充,也可以再次询问。

5. 对被害人的询问

公诉案件中的被害人也是了解案件情况的人,被害人陈述也是一种重要的证据来源,对及时、正确查清案件事实有重要作用。因此,侦查人员对被害人必须认真进行询问。根据《刑事诉讼法》第 125 条的规定,询问证人的各项规定,均适用于询问被害人。因为被害人是受犯罪行为直接侵害的人,他陈述的内容如果涉及个人隐私的,侦查人员应当为其保守秘密。

三、勘验、检查

勘验、检查,是侦查人员对与犯罪有关的场所、物品、尸体或人身等亲临查看、了解与检验,以发现和固定犯罪活动所遗留下来的各种痕迹和物品的一种诉讼活动,是获取第一手证据材料的一个重要途径。

勘验、检查的任务,是发现、收集和研究犯罪的痕迹和物品,分析研究罪犯作案情况、作案手段和动机,判断案件性质,确定侦查方向和范围,揭露、证实犯罪分子。

勘验、检查是获取侦查线索和罪证的重要手段,是侦查破案的首要环节,尤其是对抢劫、凶杀、强奸、盗窃、纵火、投毒等刑事案件的侦破,具有特别重要的作用。通过勘验、检查,可对获得的具有证据意义的各种物品特征、痕迹、伤害情况或生理状态等进行分析研究,有利于侦查人员判断案件性质,分析犯罪情况与特点,确定侦查方向与范围,对于查明犯罪事实和犯罪人以及进一步发现新的犯罪事实和犯罪人等,都具有很重要的意义。

勘验、检查应当由侦查人员进行,必要时也可指派或聘请具有专门知识的人,在侦查人员的主持下进行。侦查人员进行勘验、检查必须持有公安机关的证明文件,并应邀请与案件无利害关系的公民作为见证人。

勘验、检查必须及时、全面和客观。不及时进行,就会发生痕迹消失、现场变化、物品变质、受损等情况,给侦查带来困难。勘验、检查时,收集和保全证据要全面、客观,对有罪或无罪、罪重或罪轻的证据,都应收集,不能有片面性,更不能任意取舍。

勘验与检查,二者性质相同,只是对象不同。勘验的对象是现场、物品和尸体,而检查的对象则是人的身体。

根据刑事诉讼法的规定,勘验、检查可以分为现场勘验、物品检验、尸体检验、人身检查和侦查实验。需要复验、复查时,还要复验、复查。

1. 现场勘验

刑事案件的犯罪现场,是指犯罪分子实施犯罪的地点或其他遗留有与犯罪有关的痕迹和物品的场所。犯罪现场是罪证比较集中的地方,直接关系到能否收集到充分的证据材料,及时准确地侦破案件。因此,法律要求对于犯罪现场,任何单位和个人,都有义务加以保护,并应立即通知公安机关进行勘验。公安机关接到报案后,应立即派人赶赴现场进行勘验。

现场勘验是对发生刑事案件的地点和留有犯罪痕迹的场所进行专门调查的活动。向被害人及周围群众了解他们所知道的有关犯罪分子的情况,也可包括在这种专门调查活动之中。通过现场勘验,可以发现和取得由于犯罪活动而留下的种种痕迹和物品,可以了解犯罪分子实施犯罪的情况,判断案件的性质,了解犯罪分子的特征,提供破案线索,所以,它对于确定侦查方向与范围,查明犯罪和查获犯罪分子,具有重要的作用。

现场勘验的任务,就是对现场实施勘验,进行访问,查明与犯罪有关的情况,发现和提取犯罪证据,研究分析案情,判断案件性质,确定侦查方向和范围。完成这些任务的前提和保证,首先是要保护好现场。如果犯罪现场遭到破坏,勘验就无法进行,侦破工作就会走弯路。

侦查人员进行现场勘验,必须持有公安机关的证明文件即《刑事犯罪现场勘查证》,并应邀请两名同案件无关、为人公正的公民到现场作见证人。勘验现场前,侦查人员首先要了解案件发生、发现和保护现场情况,观察现场状况,划定勘验范围。要特别注意犯罪现场是否遭到破坏,有无反常情况,以免为假象迷惑,导致判断错误。然后再有步骤地进行勘验。

现场勘验必须认真细致。要认真收集和仔细分析每个痕迹、物品的情况,并且研究形成的原因和与犯罪行为的关系,以便客观地判断犯罪分子的一切行为。除对有形的痕迹和有关的物品、文件等进行认定外,还必须采用各种技术手段及时提取和保全。

勘验现场的另一项任务就是询问证人和访问群众,了解情况。要使现场访问与进行勘验结合起来,互相补充,相辅相成。

勘验现场和现场访问,均应制作笔录,如实反映勘验和访问情况。并应按有关规定要求拍摄现场照片,制作现场图。侦查人员、其他参加勘验的人员和见证人均应在笔录上签名或者盖章。

2. 物品检验

物品检验,是指侦查人员对收集到的物品及痕迹进行检查和验证,确定其与案件事实是否有联系的一项侦查活动。

物品证据是证明力比较强的证据,也是使用比较广泛的证据,在侦查过程中,侦查人员必须及时、全面地收集各种物证,以便准确地认定案件事实。

侦查人员对收集到的物证应当认真进行检查。首先检查该物品与案件事实有无联系,是什么联系;其次要检查物品的特征,如单据上被涂改的特征,鞋底上的花纹等。现场收集的物品,还要注意它与周围环境的关系,研究物证特征的变化情况,如果侦查人员对物证特征不能判断时,可以聘请有专门知识的人进行鉴定。

检验物证应制作检验笔录,详细记载物证的特征,比如物品的材料、形状、尺寸、体积、重量、颜色、商标、号码,痕迹的位置、大小、形状、性质等。参加检验物证的人员和见证人,应当在笔录上签名或者盖章,并注明时间。

3. 尸体检验

尸体检验是通过尸表检验和尸体解剖的检验,以确定或判断死亡的时间和原因,致死的工具和手段、方法等,为侦查破案提供线索和为查明案情提供根据的诉讼活动。

《刑事诉讼法》第129条规定:"对于死因不明的尸体,公安机关有权决定解剖,并且通知死者家属到场。"据此,公安机关在进行尸表检验后,如认为死因不明,不管死者家属是否同意,都可以决定解剖。检验尸体必须及时进行,以防尸体上的痕迹因尸体变化和腐烂而消失。检验应在侦查人员主持下,由法医师或医师进行。

检验尸体前,应先察看尸体位置、尸体衣着和附着物情况,以及尸体周围的痕迹等。然后,有步骤地检验尸表的一般特征,尸体的各个部分,察看尸体的变化和姿态。如果不能查明死亡的原因,或对死亡原因有怀疑时,依法由法医师或医师对尸体全部或局部解剖。在尸体检验过程中,应严格遵守国家的法律和有关规定,注意尊重群众的风俗习惯,不允许任意破坏尸体外貌的完整性。

检验尸体的一切情况,应详细写成笔录,由侦查人员、法医和解剖医生等签名或者盖章。

4. 人身检查

人身检查是为了确定被害人、犯罪嫌疑人的某些特征、伤害情况和生理状况,侦查人员依法对其人身进行检验、查看的活动。

人身检查是对活人进行的一种特殊检查。根据《刑事诉讼法》第 130 条的规定,适用这种检查的对象只能是被害人、犯罪嫌疑人,对其他人不能使用。适用这种检查的目的只能是为了确定被害人、犯罪嫌疑人的某些特征、伤害情况或者生理状况。法律作这样严格的规定,是为了防止这种手段的滥用,侵犯公民的合法权益。

人身检查还包括提取指纹信息,采集血液、尿液等生物样本。"指纹信息"是指人的指纹通过一定方式保存起来的图像数据。"生物样本"以来自体内或体外区分为"非侵入性检查"样本和"侵入性检查"样本。"非侵入性检查"样本是指指纹、汗液、粪便、毛发等。"侵入性检查"样本系指血液、精液、醉驾呼气酒精测试的气体等,这些都是生物样本。

人身检查、提取生物样本等活动,都涉及人身权、健康权、隐私权以及人格尊严等,因此必须严格依法进行,不能随意扩大使用范围,更不能滥用。根据《刑事诉讼法》第 130 条规定,对被害人的人身检查要经过本人同意,否则,不能进行人身检查。但犯罪嫌疑人如果拒绝检查,侦查人员认为必要的时候,可以强制检查。采集样本前应当告知被害人、犯罪嫌疑人提取样本的原因、样本的用途,以消除其思想疑虑。检查妇女的身体应当由女工作人员或者医师进行。不论被检查人员是什么人,人身检查都不得有侮辱人格的行为。

人身检查应当制作笔录,笔录应当详细记载检查的情况和结果,并由执行检查的人员和见证人签名盖章,记明日期。提取的指纹和采集的生物样本要妥善保管,防止因污染、变质等失去其证据价值。对上述物品违法用作他途,或者因保管不善而丧失证据价值的,对责任人应当予以追究。

5. 侦查实验

侦查实验是为确定案件中的某一特定行为或事件在某种情况下能否发生,而按当时的情况和条件,人为地重新呈现的侦查活动。这是在侦查过程所使用的一种特别的侦查措施。进行侦查实验,必须强调同等条件,诸如时间、地点、光线、风向、风力等,和其他主、客观条件相同,使案件的进程情况或某些情节,人为地重现一次,借以确定与案件有关的某种情节在某种情况下能否发生或是怎样发生的。换句话说,就是用侦查实验的结论,来证明某种行为的可能性,或是用来证明某种事件进程的可能性。

我国《刑事诉讼法》第133条规定："为了查明案情,在必要的时候,经公安机关负责人批准,可以进行侦查实验。"这里所说的"必要",当然应依具体情况而定。实践中,对于下列情况,可以进行侦查实验:(1)确定在一定条件下能否听到或看到;(2)确定在一定时间内能否完成某一行为;(3)确定在什么条件下能够发生某种现象;(4)确定在某种条件下某种行为和某种痕迹是否吻合一致;(5)确定在某种条件下使用某种工具可能或者不可能留下某种痕迹;(6)确定某种痕迹在什么条件下会发生变异;(7)确定某种事件是怎样发生的。实践证明,侦查实验是判明案情,查对证人、被害人的陈述及犯罪嫌疑人的供述与辩解是否符合客观实际情况的一种有效方法。

进行侦查实验,必要时可以商请人民检察院派员参加。如果需要某种专门知识,可以聘请有关专业人员参加。进行侦查实验必须严格禁止一切足以造成危险、侮辱人格或有伤风化的行为。

侦查实验的情况应当写成笔录,由参加实验的人员签名或者盖章。实验所拍摄的照片、绘图等,应当附入侦查实验的笔录。侦查实验笔录可以作为认定案件事实的证据使用。

6. 复验、复查

复验、复查是人民检察院审查案件时,认为公安机关的勘验、检查可能有错误,要求公安机关重新进行的勘验、检查活动。我国《刑事诉讼法》第132条对此有明确规定。

复验、复查的目的,就是要保证和提高勘验、检查的质量,防止和纠正可能出现的错误。这不仅对原勘验、检查质量是一次检验,而且是对侦查工作的一种监督,有利于加强侦查人员的责任心。

在复验、复查时,应当研究原有勘验、检查的内容,看其根据是否充分,方法是否恰当,结论是否正确,程序是否合法。公安机关进行复验、复查时,人民检察院可以派检察人员参加。

人民检察院对需要重新勘验和检查的,还可聘请有专门知识的人员进行。

复验、复查的规则和要求,与勘验、检查相同。

四、搜查

搜查是侦查人员在侦查过程中,为了收集犯罪证据,查获犯罪人,对犯罪嫌疑人以及可能隐藏罪犯或者犯罪证据的人的身体、住处、物品和其他有关的地方进行的搜索和检查。搜查的任务是收集犯罪证据,查获犯罪分子。

搜查和检查不同,其区别主要是:(1)目的不同。搜查的目的是为了收集证据,查获犯罪人。检查的目的是为了确定被害人、犯罪嫌疑人的某些特征、伤害情况和生理状况,是为了了解案件情况,核实证据。(2)适用的对象不完全相同。搜查可以对一切可能隐藏罪犯和犯罪证据的人、物品或有关处所进行,而检查依法只能对被害人、犯罪嫌疑人进行,对其他的人不能进行检查。(3)方法不同。搜查对一切拒绝合法搜查的人,都可以依法强制搜查,而检查除对犯罪嫌疑人之外,都不能强制进行。因此,搜查同检查必须严格区分开来,不能混同。

搜查是一种重要的侦查手段,使用得好,可以获得重要的证据,查获犯罪人,及时查清案件事实。使用不好,不仅不能达到搜查的目的,还会侵犯公民的合法权利。因此,对搜查手段的使用必须严格控制。根据《刑事诉讼法》的规定,在侦查阶段依法有权搜查的是人民检察院、公安机关等侦查机关的侦查人员。此外,任何机关、团体或者个人都无权进行搜查。侦查人员进行搜查,必须经有关领导人员批准,填写搜查证,并且向被搜查人出示搜查证。除在执行逮捕、拘留时,遇有紧急情况,不另用搜查证也可以进行搜查外,其他无证搜查,被搜查人都可以拒绝,并有权向人民检察院提出控告。刑法规定,非法搜查他人身体、住宅,或者非法侵入他人住宅的,要追究其刑事责任。

执行逮捕、拘留的时候,不另用搜查证也可以进行搜查,是以"有紧急情况"为前提条件。所谓"紧急情况"是指:(1)可能随身携带凶器的;(2)可能隐藏爆炸、剧毒等危险物品的;(3)可能隐匿、毁弃、转移犯罪证据的;(4)可能隐匿其他犯罪嫌疑人的;(5)其他突然发生的紧急情况。具有上述五种情形之一的,侦查人员就可以凭逮捕证或拘留证进行搜查。

搜查前要做好准备。搜查的时候,应当有被搜查人或者他的家属、邻居或其他见证人在场,并且对被搜查人及其家属说明阻碍、妨碍公务应负的法律责任。搜查到的与案件有关的物品,应当让见证人过目。搜查妇女的身体,应当由女工作人员进行。对国家机关、团体或企业、事业单位的工作处所进行搜查时,应当有该单位的代表参加。需要对外国驻我国的外交机构或住宅进行搜查时,必须经该外交机构的同意。搜查时还应有人民检察院和我国的外事机构的代表参加,以免发生问题,造成不良的国际影响。为了防止被搜查人逃跑,或者转移、销毁被搜查的物品,必要的时候,可以在被搜查的处所周围设置武装警戒或者临时封锁,以保证搜查工作的顺利进行。

为了配合侦查机关有效地同犯罪作斗争,人民群众和机关、团体等单位,都应积极协助侦查人员进行搜查。有能够证明案件情况的物品,应当主动交出。搜查人员进行搜查,不得损坏被搜查人的财物。

搜查的情况应当写成笔录,由侦查人员、被搜查人或者他的家属、邻居以及其他见证人签名或盖章,以保证搜查笔录的准确性、真实性和合法性。如果被搜查人或者他的家属在逃,或者拒绝签名、盖章,应当在笔录上注明。必要的时候,可以进行拍照或录像。

五、查封、扣押物证、书证

查封、扣押物证、书证，是指侦查人员在侦查活动中，发现可以用作证明案件事实的物品、文件、财物等，强行扣留、提取或封存的侦查活动。查封主要用于有关财产、物品，扣押主要用于有关物品、文件。查封、扣押的时间只能在侦查犯罪过程中使用。查封、扣押的目的是为了证明犯罪嫌疑人有罪或者无罪，通过查封、扣押物证、书证，使侦查人员及时获取犯罪证据，查清犯罪事实，查获犯罪人。

查封、扣押物证、书证，涉及公民的财产权利，为了保护公民合法财产权利不被侵犯，保证查封、扣押措施的正确实施，《刑事诉讼法》对查封、扣押物证、书证作了严格的规定：

1. 查封、扣押物证、书证必须事先经侦查部门负责人批准，由侦查人员进行。执行的侦查人员不得少于 2 人。侦查人员在进行查封、扣押物证、书证时，必须持有侦查机关的证明文件，并向被查封、扣押财物、书证的所有人出示。没有侦查机关证明文件的，被查封、扣押财物所有人有权拒绝查封、扣押。对合法的查封、扣押，持有人拒绝的，侦查人员可以强行查封、扣押。

2. 扣押的物品、文件，一般由侦查人员提取以便作证据使用。但如果扣押的是易溶、易腐，不便保管的物品，应当场拍照、记录、绘图、录像或制成复制品提取。应予扣留的如果是不便提取的大型物品，比如走私的大宗货物、盗窃的汽车等，可以拍照、记录后查封。不能加封的物品，应责成专人妥善保管，不得转移使用。扣押的文件如果是党和国家的秘密文件，应当拍下文件的名称、号码，记明扣押的时间、地点等，将文件退还原发文单位，以免泄密。扣押的武器、弹药和易燃、易爆物品，应当拍照、记录后交公安或其他有关部门保存，以免发生危险。扣押金银、珠宝、名贵字画等贵重财物的，应当拍照或者录像，并及时鉴定、评估。扣押物品、文件时，应当有见证人、物品持有人或者他的家属在场。扣押的如果是国家或者集体的财产或文件，还应当有该单位的代表在场。对于扣押的物品、文件，应当在上述人员的参加下，当场查点清楚，开列清单一式二份，写明扣押物品的名称、牌号、规格、样式、质量、数量、特征以及扣押的时间、地点等，最后由侦查人员、见证人、物品持有人或者他的家属签名或者盖章。物品持有人或者他的家属在逃或拒绝签字的，应在扣押清单上注明。一份清单交给持有人，另一份附卷备查。

扣押的物品、文件，多数都是案件中的证据，因此必须妥善保管，不得丢失、损坏、使用或调换，以免影响它的证据作用。扣押的物品、文件如果有危害国家安全的内容，或者是淫秽图片、黄色书刊等，应当有专人保管，不得传抄、扩散，以免造成不良影响。扣押的文件如果涉及国家秘密，应注意保密，不许泄露。

根据《刑事诉讼法》的规定，侦查人员认为需要的时候，可以扣押犯罪嫌人的邮件和电报。由于扣押邮件和电报,直接限制了公民的通讯自由,所以刑事诉讼法对此作了严格的限制,一是"侦查人员认为需要扣押邮件、电报的时候"才能扣押。所谓"需要扣押的时候"是指:犯罪嫌疑人已经或者可能利用邮件、电报,与同案人进行联系;邮件、电报可能成为证明犯罪嫌疑人有罪、无罪的重要证据;犯罪嫌疑人可能利用邮件或电报进行新的犯罪活动;以及其他认为需要扣押邮件、电报的时候。没有上述情况不能扣押。二是侦查人员扣押邮件、电报要"经公安机关或人民检察院"批准。没有经过批准不能扣押。这些规定,目的在于保证扣押邮件、电报的正确适用,保障公民的通讯自由不受非法侵犯。扣押邮件、电报要有侦查机关的扣押通知书,交邮电部门检交扣押。不需要继续扣押的时候,侦查机关应当在3日内解除查封、扣押,并通知邮电部门执行。

3. 人民检察院、公安机关根据侦查犯罪的需要,可以依照规定查询、冻结犯罪嫌疑人的存款、汇款、债券、股票、基金份额等财产。有关单位和个人有义务积极配合侦查人员的查询冻结活动。但对犯罪嫌疑人的存款、汇款已被冻结的,不得重复冻结,但可以轮候冻结。

冻结存款、汇款等财产的期限为6个月。冻结债券、股票、基金份额等证券的期限为2年,有特殊原因需要延长期限的,公安机关应当在冻结期满前办理继续冻结手续。每次续冻存款、汇款等财产的期限最长不得超过6个月;每次续冻债券、股票、基金份额等证券的期限最长不得超过2年。继续冻结的应当按照规定重新办理冻结手续。逾期不办理继续冻结手续的,视为自动解除冻结。

查封、扣押的财物、文件、邮件、电报以及冻结的存款、汇款、债券、股票、基金份额等财产,经查明确实与案件无关的,应在3日以内解除查封、扣押、冻结,退还原主或原邮电机关。退还时应核对查封、扣押清单,清退注销,并由收件人签名盖章。

六、鉴定

鉴定是司法机关为了解决案件中的某些专门性问题,指派或聘请有专门知识的人进行科学鉴别的一种方法。在侦查中,鉴定是一种重要的侦查手段,它对及时收集证据,准确揭露犯罪,正确认定案件事实,都有重要的作用。

为了保证鉴定客观、公正地进行,鉴定人只能由侦查机关指定或者聘请同案件、同当事人无关的,又具有该方面专门知识的人担任。如果当事人认为侦查机关指定或者聘请的鉴定人同案件或者一方当事人有利害关系,可以申请其回避,也可以要求对已进行鉴定的专门性问题重新鉴定。鉴定人必须具有解决专门性问题的知识、技术水平,否则,不能充当鉴定人。鉴定人应当是自然人,因为只有自然人才能承担鉴定人的诉讼义务和责任。

决定鉴定后,侦查机关应当向鉴定人提出需要鉴定的问题,并为鉴定人提供足够的鉴定材料,必要的时候,还可以向鉴定人介绍某些案情,以帮助鉴定人正确作出鉴定。但不得暗示或强迫鉴定人作出某种鉴定意见。如果提供的鉴定材料不足,或者认为自己的知识、技术水平不够,鉴定人可以要求补充材料或者更换鉴定人。

交付鉴定的时候,只能要求鉴定人就某专门性问题作出科学结论,比如某人是自杀还是他杀,现场收集的指纹与被告人的指纹是否相同等,而不能要求鉴定人回答法律方面的问题,比如是故意杀人还是过失杀人,是责任事故还是政治事故等。这些问题鉴定人无责任回答,也无法回答。

鉴定人鉴定后应当写出鉴定意见。鉴定意见应当对提出鉴定的问题作出明确的回答,不能模棱两可。确实难以作出结论的,应当实事求是地说明。一案有几个鉴定人的,可以共同研究,提出共同的鉴定意见;如果意见不一致,可以分别写出自己的鉴定意见。鉴定人要在鉴定意见的最后签名,以示负责。侦查人员如果认为鉴定意见有问题,可以要求鉴定人作出解释,或者补充鉴定、重新鉴定。鉴定人故意作虚假鉴定的,应承担法律责任。但是,不得强迫或暗示鉴定人作出某种结论。

《刑事诉讼法》规定,对人身伤害的医学鉴定有争议需要重新鉴定或者对精神病的医学鉴定,由省级人民政府指定的医院进行。鉴定人进行鉴定后,写出的鉴定意见,不仅要有本人签名,并附鉴定机构和鉴定人的资质证明或其他证明文件,而且要加盖医院公章。对犯罪嫌疑人作精神病鉴定的期间不计入侦查办案期限。

侦查机关应当将用作证据的鉴定意见告知犯罪嫌疑人、被害人。如果犯罪嫌疑人、被害人提出不同意鉴定意见的申请,可以补充鉴定或重新鉴定。

根据有关规定,补充鉴定必须具有下列情形之一:(1)鉴定内容有明显遗漏的;(2)发现新的有鉴定意义的证物的;(3)对鉴定证物有新的鉴定要求的;(4)鉴定意见不完整,委托事项无法确定的;(5)其他需要补充鉴定的情形。重新鉴定必须具有下列情形之一:(1)鉴定程序违法或者违反相关专业技术要求的;(2)鉴定机构、鉴定人不具备鉴定资质和条件的;(3)鉴定人故意作虚假鉴定或者违反回避规定的;(4)鉴定意见依据明显不足的;(5)检材虚假或者被损坏的;(6)其他应当重新鉴定的情形。重新鉴定,应当另外指派或者聘请鉴定人,不论补充鉴定还是重新鉴定都必须经县以上公安机关负责人批准,以保证补充鉴定或者重新鉴定使用的正确性,防止浪费司法资源。

七、技术侦查措施

1. 技术侦查措施的概念和意义

技术侦查措施是 2012 年《刑事诉讼法》修改新增加的内容。技术侦查措施是指在侦查过程中,依照法律规定采用科学技术知识和方法收集犯罪证据,查获犯罪人的各种措施,比如电子监听、监控、秘密录音、录像等。

技术侦查措施的法制化,是我国科学技术发展与进步在刑事诉讼中的具体体现,也是我国有效控制犯罪与保障人权的价值目标的客观要求。随着我国经济的发展与科学技术的进步,犯罪情况也发生了很大变化。面对犯罪数量的不断攀升和犯罪分子反侦查手段的不断更新和智能化,国家必须赋予侦查机关必要的技术侦查手段。否则,就不能适应新的形势,有效控制犯罪,及时打击犯罪分子的破坏活动,不能有效地保护国家和人民的利益。

技术侦查人员的法制化又是保护公民合法权益的有效方法。技术侦查措施是同犯罪作斗争的有力武器,又容易侵犯公民的合法权利,比如通讯自由、个人隐私不被披露等。为了保护公民的合法权益,防止技术侦查措施的滥用,《刑事诉讼法》对技术侦查措施作出了详细规定,对其进行规范、制约和监督,从而保证使用技术侦查手段打击犯罪时,不会侵犯公民的合法权利。

2. 技术侦查措施的种类

根据《刑事诉讼法》第148条、第151条的规定,技术侦查的种类有三种:(1)使用科学技术方法进行侦查;(2)由有关人员隐匿身份进行侦查;(3)公安机关依照法律规定实施的控制下交付。使用科学技术方法进行侦查,可参照《国家安全法》、《人民警察法》的有关规定。"隐匿其身份实施侦查"是指有关人员隐藏其真实身份或者乔装成其他人的身份,进行侦查活动。"有关人员"是指侦查人员或者侦查机关授权的其他人员。"控制下交付"是指在侦查机关知情并由其监督的情况下,允许非法或者可疑货物运出、通过或者运入一国或多国领域的做法。除上述法律规定的以外,其他的技术方法都不属于刑事诉讼中的技术侦查措施。

3. 技术侦查措施有权使用的主体和适用案件的范围

根据《刑事诉讼法》第148条的规定,有权使用技术侦查措施的主体是公安机关和人民检察院。公安机关对于危害国家安全的犯罪、恐怖活动犯罪、黑社会性质的组织犯罪、重大毒品犯罪或者其他严重危害社会的犯罪案件,根据侦查犯罪的需要,经过严格批准手续,可以采用技术侦查措施。人民检察院对于重大的贪污、贿赂犯罪案件以及利用职权实施的严重侵犯公民人身权利的重大犯罪案件,根据侦查犯罪的需要,经过严格的批准手续,可以采用技术侦查措施。但由于检察机关本身侦查力量的原因,它决定采用技术侦查措施的,应按照规定交有关机关执行。所谓"有关机关"是指有权采用技术侦查措施的机关,一般是指公安机关、国家安全机构等。除上述机关外,其他任何机关或组织都无权使用技术侦查措施,以防止其滥用,侵犯公民的合法权益。

根据《刑事诉讼法》第148条的规定,技术侦查措施适用的案件范围是:危害国家安全的犯罪、黑社会性质的组织犯罪、重大毒品犯罪或者其他严重危害社会的犯罪、重大贪污、贿赂犯罪以及利用职权实施的严重侵犯公民人身权利的重大犯罪,根据侦查的需要,经过严格的批准手续可以采取技术侦查措施。对于被追捕、通缉或者批准、决定逮捕的在逃的犯罪嫌疑人、被告人,经过批准,可以采取追捕所必需的技术侦查措施。实践中,对故意杀人、故意伤害致人重伤或者死亡、强奸、抢劫、绑架、放火、爆炸、投放危险物质等严重犯罪案件;集团性、系列性、跨区域性重大犯罪案件;利用电信、计算机网络、寄递渠道等实施的重大犯罪案件,以及针对计算机网络实施的重大犯罪案件;以及其他严重危害社会的犯罪案件,依法可能判处 7 年以上有期徒刑的,经过批准也可以使用技术侦查手段。除此之外的其他案件不能使用技术侦查措施。公安机关、人民检察院对上述可以使用技术侦查措施的案件,也是在侦查犯罪需要时才能使用。所谓"侦查犯罪需要"是指使用其他侦查手段难以达到侦查目的或者存在重大危险,因而有必要使用技术侦查措施。

4. 使用技术侦查措施的审批程序及使用过程中的注意事项

根据《刑事诉讼法》第 148 条的规定,技术侦查措施只能在立案以后的侦查过程中使用。没有立案或者案件已侦查终结就不能再使用技术侦查措施。

技术侦查措施可以成为打击犯罪的有力武器,也可以成为侵犯公民合法权利的工具,为了保证它的正确适用,不致伤害群众,《刑事诉讼法》第 148 条、第 149 条都规定,使用技术侦查措施必须经过严格的批准手续。侦查人员个人不能自行决定使用技术侦查措施。批准或者决定使用技术侦查措施要根据侦查犯罪的需要,明确规定采取技术侦查措施种类、适用的对象和有效期限。"技术侦查措施的种类"是指采用技术侦查的具体类型,如通讯监控、电子定位、秘密录音、录像等。"适用对象"是指具体哪个案件、哪个当事人以及当事人的姓名、性别、年龄等。"有效期限"是指批准使用技术侦查措施从何时开始到何时结束。根据《刑事诉讼法》第 149 条的规定,批准决定自签发之日起 3 个月内为有效期,一般情况下超过这个时间批准决定自动失效。但对于复杂、疑难案件,期限届满仍有必要继续采取技术侦查措施的,经过批准,有效期可以延长,但每次不得超过 3 个月。可以延长几次,法律没有作出规定。

人民检察院决定采取技术侦查措施的,必须按照规定移交公安机关或者其他有使用技术侦查权的机关执行。

侦查人员使用技术侦查手段进行侦查时,必须严格按照《刑事诉讼法》的要求进行:(1)必须严格按照批准使用技术侦查措施的种类、适用对象和规定的时间进行,不能随意突破批准的范围。(2)侦查人员在采取技术侦查过程中知悉的国家秘密、商业秘密和个人隐私等,应当保密。获取的与案件无关的材料,必须及时销毁。(3)通过技术侦查获取的与案件有关的材料,只能用于侦查、起诉和审判,不得用于其他用途。(4)经公安机关决定,由有关人员隐匿身份实施的侦查,不得诱使他人犯罪,不得采用可能危害公共安全或者发生重大人身危险的方法。(5)在侦查过程中,对于不需要继续使用技术侦查措施的,应当及时解除。

5. 采取技术侦查措施收集的材料,可以作为诉讼证据使用

采用任何侦查手段收集的材料,都是为了查明案件事实,证实犯罪,成为打击犯罪的有力证据。技术侦查措施也不例外。但由于采用技术侦查手段往往都是通过秘密方法进行的,比如秘密录音、录像、隐匿身份侦查等,他们获取的材料直接在法庭上作为证据使用,可能会给侦查人员或其他有关人员带来危险,或者产生其他严重后果。为了避免这样问题的发生,《刑事诉讼法》第152条规定,使用技术侦查手段取得的材料作为证据,可能危及有关人员的人身安全或者产生其他严重后果的,应当采取不暴露有关人员的身份、技术方法等保护措施,必要的时候,可以由审判人员在庭外对证据进行核实。具体保护措施包括:(1)限制公开部分信息,避免暴露有关人员的身份;(2)对有关材料、信息作技术转化处理,如声音转化,或者让有关人员以特殊方式作证;(3)其他技术保护方法;(4)在必要的时候,允许审判人员在庭外核实证据。

技术侦查措施是一项政策性非常强的侦查手段,为了保证这一手段的正确实施,不致发生偏差,《刑事诉讼法》对此作了详细规定。侦查人员使用这一措施时,必须特别强调严格执行《刑事诉讼法》的各项规定。

八、辨认

辨认是指侦查人员为了查明案情,由被害人、犯罪嫌疑人或者证人,对与犯罪有关的场所、物品、文件、尸体或者犯罪嫌疑人进行辨别和确认的一种侦查行为。《刑事诉讼法》没有对这种行为作出规定,但公安部和最高人民检察院的相关文件都对辨认作了具体规定,在司法实践中也被普遍使用。通过辨认,对核实证据、查清案件事实、查获犯罪人都有重要意义。

根据公安部和最高人民检察院的相关规定,辨认应当由侦查人员主持进行。主持辨认的侦查人员不得少于2人。对犯罪嫌疑人进行辨认的,应当经侦查机关或其侦查部门负责人批准。为保证辨认的客观性与合法性,侦查人员应当聘请见证人参加。辨认前侦查人员应当向辨认人详细询问辨认对象的具体特征,绝对不允许辨认人与辨认对象见面,以防止辨认人先入为主,错误辨认。同时告知辨认人有意做虚假辨认应负的法律责任。

多个辨认人对同一辨认对象进行辨认时,应当由辨认人个别进行,以防止辨认人之间互相影响作出错误辨认。必要时可以有见证人在场。辨认时侦查人员应当将辨认对象混杂在其他对象中让辨认人辨认,不得给辨认人任何暗示。公

安部规定,在辨认犯罪嫌疑人时,被辨认的人数不得少于 7 人;辨认犯罪嫌疑人照片时,被辨认的照片不得少于 10 人的照片;辨认物品时,被辨认的同类物品,不得少于 5 件。最高人民检察院规定,辨认犯罪嫌疑人时,被辨认的人数不得少于 5 人;辨认照片时,被辨认的照片不得少于 5 人的照片;辨认物品时,同类物品不得少于 5 件;必要时,应当对辨认过程进行录音或者录像。辨认犯罪嫌疑人时,如果辨认人不愿公开进行,可以在不暴露辨认人的情况下进行,而且侦查人员应当为其保守秘密。

辨认的经过和结果应当制成笔录,并由侦查人员、辨认人、见证人签名或盖章。

九、通缉

通缉是公安机关对应当逮捕而在逃的人,通令缉拿归案的一种侦查措施。《刑事诉讼法》第 153 条第 1 款规定:"应当逮捕的犯罪嫌疑人如果在逃,公安机关可以发布通缉令,采取有效措施,追捕归案。"通缉是公安机关通力合作、协同作战、有效地同犯罪作斗争的好形式。它能依靠集体和群众的力量,对于抓获在逃的犯罪嫌疑人,防止其继续犯罪,保证侦查、审判工作的顺利进行,具有重要的意义。

根据《刑事诉讼法》第 153 条的规定,有权发布通缉令的机关是公安机关,其他机关、团体和个人都不能使用通缉的方法。人民检察院、人民法院需要采取通缉措施时,可以商请公安机关帮助,发布通缉令。通缉的对象应当是罪该逮捕的在逃的犯罪嫌疑人。对从监狱或其他执行刑罚的场所逃跑的罪犯,也可以通令缉拿。不构成犯罪,或者虽构成犯罪但情节轻微,不需要逮捕的人,即使其畏罪潜逃,也不能对其发布通缉令。

通缉令发布之前,侦查人员要认真研究案件材料和犯罪嫌疑人的情况,正确确定通缉令发布的范围。在自己的辖区内,公安机关可以直接发布通缉令。超出自己辖区的,应当请求有权决定的上级公安机关发布。为了便于查找被通缉的人,通缉令的内容应当明确、具体,要写明案件的性质、被通缉人的姓名、性别、年龄、籍贯、特征,并应附有犯罪嫌疑人的近期照片。没有照片的,应详细描写其外貌特征,比如身高、胖瘦、衣着、发型、走路特征、所操口音,以及其他特殊记号等。通缉令发出后,如果发现新的重要情况,可以补发通报。通报必须注明通缉令的编号和日期。为发现重大犯罪线索,追缴涉案财物、证据,查获犯罪人,必要时,经县以上公安机关负责人批准,可以发布悬赏通告。悬赏通告应写明悬赏对象的基本情况和悬赏的具体金额。

接到通缉令的公安机关,应当立即采取措施,围追堵截。对车站、码头、机场,以及被通缉人可能隐藏或出入的地方,都要严格加以控制。一切公民都有义务协助公安机关追捕在逃的人。发现被通缉的人,任何人都有权将其扭送公安机关、人民检察院或人民法院处理。

各地公安机关查获被通缉人后,要迅速通知发布通缉令的机关核实。

被通缉的人已经归案,或者已经死亡,发布通缉令的公安机关,应当在原发布通缉令的范围内,及时通知撤销通缉令。

第四节　侦查终结

侦查机关经过一系列的侦查活动,获得了确实、充分的证据,犯罪嫌疑人已经查获,认为案件事实已经查清,可以对案件作出起诉、不起诉或撤销案件的结论时,即可终结侦查工作。案件侦查终结前,辩护律师提出要求的,侦查机关应当听取辩护律师的意见并记录在案。辩护律师提出书面意见的,应当附卷。这既有利于案件的正确处理,又保护了犯罪嫌疑人的辩护权,是侦查终结前侦查机关必须做的工作。

为了保证侦查工作的质量,案件的侦查终结必须具备一定的条件。根据司法实践经验,这些条件应当是:(1)案件事实和情节全部查清,犯罪嫌疑人已经找到;(2)证明案件事实的证据确实、充分;(3)各种法律手续完备。同时具备这三个条件,即可决定案件侦查终结。

人民检察院侦查终结的案件,应根据不同情况,依法作出起诉、不起诉或者撤销案件的决定。对撤销案件和不起诉的犯罪嫌疑人,如果已经逮捕,应当立即释放,并发给释放证明。

公安机关侦查终结的案件,根据事实和法律,对应当起诉和酌定不起诉的,写出起诉意见书或不起诉意见书,连同案卷材料、证据一并移送同级人民检察院审查决定。共同犯罪的案件,在起诉意见书中应当写明每个犯罪嫌疑人在案件中的地位、作用、具体罪责和认罪态度,分别提出处理意见。案件移送情况应当告知犯罪嫌疑人及其辩护律师。对于不构成犯罪或者依法不能追究刑事责任的犯罪嫌疑人,应当撤销案件,并制作撤销案件决定书,报主管负责人批准后执行。犯罪嫌疑人已经被逮捕的,应当立即释放,发给释放证明,并通知原批准逮捕的人民检察院。

被害人提出附带民事诉讼的,公安机关移送起诉或不起诉时,应在起诉意见书或不起诉意见书的末页注明。

不论公安机关还是人民检察院,对案件侦查终结时,都应告知犯罪嫌疑人,如果犯罪嫌疑人是未成年人的,还应同时告知其法定代理人。

从立案到侦查终结应当在多长时间内完成,也即侦查的时限是多少,法律没有具体规定。由于案件的情况是千差万别的,因此很难作出统一的时间要求。

另外,如果对犯罪嫌疑人没有采取任何强制措施,具体限定侦查时间也不一定十分必要。但是,如果犯罪嫌疑人已经被羁押,则不能无限期地羁押,而应当有明确的时间限制。这种对侦查的时间上的限制即侦查期限,实际上也就是对犯罪嫌疑人的侦查羁押期限。

《刑事诉讼法》第154条规定,对犯罪嫌疑人逮捕后的侦查羁押期限不得超过两个月。案情复杂,期限届满不能终结的案件,可以经上一级人民检察院批准延长1个月。

下列案件在《刑事诉讼法》第154条规定的期限届满不能侦查终结的,经省、自治区、直辖市人民检察院批准或者决定,可以延长两个月:

（1）交通十分不便的边远地区的重大复杂案件;

（2）重大的犯罪集团案件;

（3）流窜作案的重大复杂案件;

（4）犯罪涉及面广、取证困难的重大复杂案件。

对犯罪嫌疑人可能判处10年有期徒刑以上刑罚,依照上述规定延长两个月期限届满,仍不能侦查终结的,经省、自治区、直辖市人民检察院批准或者决定,可以再延长两个月。

公安机关提请延长羁押期限时,应在羁押期限届满7日前提出,并书面呈报主要案情和延长的理由。人民检察院应当在羁押期限届满前作出决定。

最高人民检察院立案侦查的案件,符合《刑事诉讼法》第154条、第156条和第157条规定,需要延长羁押期限时,由最高人民检察院依法决定。

因为特殊原因,在较长时间内不宜交付审判的特别重大复杂案件,应由最高人民检察院报请全国人民代表大会常务委员会批准延期审理。

在侦查期间,发现犯罪嫌疑人另有重要罪行的,自发现之日起依照《刑事诉讼法》第154条的规定,重新计算侦查期限。公安机关立案侦查的案件,发现犯罪嫌疑人另有重要罪行,需要重新计算侦查羁押期限的,由公安机关决定。但须报人民检察院备案,人民检察院可以进行监督。

犯罪嫌疑人不讲真实姓名、住址,身份不明的,应当对其身份进行调查,侦查羁押期限自查清身份之日起计算,但是不得停止对其犯罪行为的侦查取证。对于犯罪事实清楚,证据确实、充分,确实无法查明其身份的,也可以按其自报的姓名起诉、审判。

对犯罪嫌疑人作精神病鉴定的期间,不计入羁押期限。

第五节　人民检察院对直接受理的案件的侦查

《刑事诉讼法》第162条规定,人民检察院对直接受理的案件的侦查适用本章规定,这就是说《刑事诉讼法》关于侦查的所有规定,均适用于人民检察院直接受理的案件。因此,人民检察院在讯问犯罪嫌疑人、询问证人、勘验、检查、搜查、扣押物证、书证等侦查活动中,都必须遵守刑事诉讼法的相关规定。但是考虑到人民检察院的性质和其受理案件的特点,《刑事诉讼法》又对其行使侦查权作了一些特别规定。

一、关于侦查权的特别规定

1. 对犯罪嫌疑人的拘留问题

《刑事诉讼法》第 163 条规定,人民检察院直接受理的案件中,符合本法第79 条、第 80 条第 4 项、第 5 项规定情形,需要逮捕、拘留犯罪嫌疑人的,由人民检察院作出决定,由公安机关执行。这是考虑到检察机关的实际情况,把逮捕、拘留的执行交由公安机关能够更好地完成任务。对于被拘留的人应当在拘留后的 24 小时以内进行讯问,发现不应当拘留时,必须立即释放,并发给释放证明。

2. 对犯罪嫌疑人的逮捕

根据《刑事诉讼法》第 163 条的规定,人民检察院直接受理的案件中,符合本法第 79 条规定的情形,需要逮捕的犯罪嫌疑人,由人民检察院作出决定,由公安机关执行。人民检察院直接受理的案件中被拘留的人,认为需要逮捕的,应当在 14 日内作出决定。在特殊情况下,决定逮捕的时间可以延长 1—3 日。对不需要逮捕的,应当立即释放。对需要继续侦查,并符合取保候审、监视居住条件的,依法取保候审或者监视居住。

二、人民检察院侦查终结案件的处理及程序

《刑事诉讼法》第 166 条规定,人民检察院侦查终结的案件,应当作出起诉、不起诉或者撤销案件的决定。人民检察院自行侦查终结的案件,其案件的侦查、审查起诉都是由检察机关进行,为了保证侦查、起诉之间的互相制约与监督,确保工作质量,人民检察院内部实行侦查与起诉分开,由两个部门分别负责,实行内部制约。根据人民检察院《刑事诉讼规则》的规定,人民检察院自行侦查终结的案件,应当按照以下程序处理:

1. 起诉的案件

侦查部门经过侦查,认为犯罪事实清楚,证据确实、充分,足以认定犯罪嫌疑人构成犯罪、依法应当追究刑事责任的,应当写出侦查终结报告,并制作起诉意见书,然后报送侦查部门负责人审核,并送检察长批准。检察长批准提出起诉意见的,侦查部门应当将起诉意见书以及其他案卷材料,一并移送本院审查起诉部门审查决定。国家或集体财产遭受损失的,侦查部门在提出起诉意见的同时,可以提起附带民事诉讼。

2．不起诉的案件

案件经过侦查，认为犯罪事实清楚，证据确实、充分，足以认定犯罪嫌疑人构成犯罪，但犯罪情节轻微，依法不需要判处刑罚或者免除刑罚而决定不起诉的，应当写出侦查终结报告，并制作不起诉意见书，然后报送侦查部门负责人审核，送检察长批准。经检察长批准提出不起诉意见的，侦查部门应将不起诉意见书以及其他案卷材料，一并移送本院审查起诉部门审查决定。省级以下人民检察院办理直接受理立案侦查的案件，拟作不起诉决定的，应当报请上一级人民检察院批准。

3．撤销案件

案件在侦查过程中或者侦查终结时，发现具有下列情况之一的，应当作出撤销案件的决定：(1) 具有《刑事诉讼法》第 15 条规定情形之一的；(2) 没有犯罪事实，或者依照刑法规定不负刑事责任或者不是犯罪的；(3) 虽有犯罪事实，但不是犯罪嫌疑人所为的。对于共同犯罪的案件，如有上列某种情形的犯罪嫌疑人，应当撤销对该犯罪嫌疑人的立案。需要撤销案件的，要写出撤销案件意见书，送侦查部门审核后，报检察长或者检察委员会决定。人民检察院撤销案件的决定，应当分别送达犯罪嫌疑人及其所在单位。如果犯罪嫌疑人在押，应当制作释放决定通知书，通知公安机关依法释放。

人民检察院直接受理的案件，对犯罪嫌疑人没有采取保候审、监视居住、拘留或者逮捕措施的，侦查部门应当在立案后 2 年内提出移送审查起诉、移送审查不起诉或者撤销案件的意见。对犯罪嫌疑人采取上述强制措施的，侦查部门应当在解除或者撤销强制措施后 1 年以内，提出移送审查起诉、移送审查不起诉或者撤销案件的决定。

思考题

1．侦查工作的任务和意义是什么？

2．侦查工作应当遵守哪些原则？为什么应当遵守这些原则？

3．讯问犯罪嫌疑人应当注意哪些问题？

4．怎样正确理解和执行犯罪嫌疑人对与本案无关的问题有权拒绝回答的规定？

5．询问证人应当怎样进行？

6．什么是勘验、检查和侦查实验？法律对勘验、检查和侦查实验有哪些要求？

7．搜查应如何依法进行？

8．扣押物证、书证应注意哪些问题？

9. 法律对鉴定有哪些具体要求?

10. 什么是技术侦查措施? 技术侦查措施适用的案件范围是什么?

11. 使用技术侦查措施应当注意哪些问题?

12. 什么是隐匿身份侦查? 它适用的条件是什么?

13. 什么是控制下交付? 它适用的案件范围和注意事项是什么?

14. 采用技术侦查手段收集的证据能否在法庭上使用? 怎样使用?

15. 公安机关在侦查终结阶段要完成哪些具体工作?

16. 人民检察院直接侦查终结的案件的处理程序是什么?

第十五章　提起公诉

第一节　提起公诉的概念、任务和意义

一、提起公诉的概念

刑事诉讼中的起诉,俗称告状,是指控告者(包括公诉机关和自诉人)向审判机关提起诉讼的活动。公诉,是专指有公诉权的国家专门机关向审判机关提起刑事诉讼,要求对被告人定罪科刑的一项诉讼活动。

在我国,提起公诉,就是人民检察院代表国家依法向人民法院提起诉讼,要求追究被告人刑事责任的诉讼活动。它是同自诉(被害人或其法定代理人为追究被告人的刑事责任而直接向人民法院提起的诉讼)相对应的一种起诉形式。

提起公诉是刑事诉讼的一个独立阶段。广义是指刑事侦查终结以后,人民法院审判以前的整个诉讼活动,即由人民检察院审查案件和决定是否提起公诉所进行的一系列活动所构成的起诉阶段。狭义仅指人民检察院决定起诉,并代表国家提请人民法院对刑事被告人进行审判的诉讼程序。

提起公诉是人民检察院的一项重要职权,其他任何机关、团体、企事业单位和个人,都无权代表国家行使公诉权。

提起公诉是行使起诉权的一种活动,它不仅要受刑事案件追诉时效的影响,也要受到起诉的法律后果的影响。起诉后,一经人民法院决定受理,案件便进入了审判阶段,法院因此具有审判这一案件的权利和义务;同时,公诉机关也依法具有派员出庭支持公诉的权利和义务。这是案件起诉后产生诉讼上拘束力的一种表现。

二、提起公诉阶段的任务

人民检察院的提起公诉作为一个独立的诉讼阶段,它的主要任务是:对公安机关侦查终结移送起诉的案件,以及自行侦查终结的案件,进行全面、细致的审查,审查案件中认定的犯罪事实和犯罪嫌疑人,是否不错不漏,取得的证据是否确实、充分,适用法律是否正确,侦查活动是否合法等,解决是否将犯罪嫌疑人交付人民法院审判,依法作出提起公诉、不起诉或撤销案件的决定,并付诸实施,以准确、及时地惩罚犯罪,同时,保障无罪的人不受刑事审判。

　　这里讲的提起公诉，也就是刑事诉讼法作为一章题目的提起公诉，都是指广义的提起公诉程序或阶段。广义的提起公诉，如前所述，它不仅包括人民检察院向人民法院提起诉讼的活动，而且还包括人民检察院对公安机关移送起诉的案件以及自行侦查终结的案件进行审查，决定是否提起公诉等活动。所以，提起公诉这个既包括提起公诉前的审查，又包括作出不起诉决定等活动在内的程序，它的任务就不只是将依法应当给被告人以刑事处罚的案件移送法院，要求进行审判，同时还应当对依法决定不提起公诉的案件作出处理。比如决定不起诉或者撤销案件等。另外，由于提起公诉阶段审查的案件都是经过侦查的案件，所以在审查决定是否应当提起公诉时，还应注意审查该案件的侦查活动有无违法情况，如果有，就应通知侦查机关予以纠正。

三、提起公诉的意义

　　侦查、起诉（提起公诉）和审判，这是公诉案件一般都要经过的三个大的诉讼阶段。提起公诉是刑事诉讼的中间环节，处于侦查和审判之间。提起公诉阶段的活动，既是对侦查工作的审查，又是审判活动的准备，起着十分重要的承上启下作用。

　　通过审查起诉，可以全面审查案件事实和证据，检验批捕工作质量；可以审查侦查活动是否合法，法律手续是否完备，对侦查工作实行有效的监督；通过审查起诉，根据事实和法律，对案件分别作出起诉、不起诉或撤销案件的决定，为审判工作奠定基础，同时使那些不被提起公诉的人不再受到刑事追究。因此，提起公诉是刑事诉讼中的一个十分重要的阶段，对于刑事诉讼的发展与结局，对于顺利实现刑事诉讼法的任务，均具有重要意义。

第二节　审查起诉

一、审查起诉的概念和内容

　　审查起诉，是人民检察院对侦查终结需要提起公诉的案件进行审查，决定是否起诉的诉讼活动。

　　我国《刑事诉讼法》第 167 条规定：“凡需要提起公诉的案件，一律由人民检察院审查决定。”由此可见，人民检察院不是审查全部侦查终结的案件，比如侦查终结决定撤销的案件，就不必经过审查起诉这一环节；只有侦查终结后需要提起公诉的案件，才由人民检察院进行审查，决定是否起诉。这类案件主要是由公安机关侦查终结移送审查的案件，当然也包括检察机关自行侦查终结的案件。

　　关于审查起诉的内容，我国《刑事诉讼法》第 168 条作了明确、具体的规定。

最高人民检察院的相关文件也作了规定。人民检察院审查案件的时候,必须查明下列七个方面的内容:

(1)犯罪事实、情节是否清楚,证据是否确实、充分,犯罪性质和罪名的认定是否正确。

查明案件的事实、情节,是决定能否起诉的客观基础,也是定罪和适用法律条款的前提。因此,必须查明犯罪嫌疑人的身份和简历,诸如姓名、年龄、职业、文化程度、履历等,必须查明犯罪的时间、地点、动机、目的、后果、过程、情节以及其他有关主、客观情况。

查明证据是否确实、充分,这是审查起诉中的关键内容。必须查明证据的收集和判断是否客观、全面;查明证据与证据之间有无矛盾,前后是否一致,诸如犯罪事实与口供、口供与口供、口供与其他证据、各种证据之间是否完全相符;必须从证据的来源、证据的使用以及证人与犯罪嫌疑人、被害人之间有无切身利害关系等各方面,查明证据的证明效力。总之,要审查证据的确实性、关联性与合法性。

查明犯罪事实和情节、证据是否确实与充分,都是正确认定犯罪性质和罪名的基础,是正确适用法律的前提。必须根据事实和法律进行综合分析,确定犯罪嫌疑人是否犯罪、犯什么罪、罪行轻重,分清罪与非罪、此罪与彼罪的界限;审查应用法律是否按照情节轻重、在犯罪中的地位和作用以及犯罪后的态度等不同情况,区别对待,宽严相济。

(2)有无遗漏罪行和其他应当追究刑事责任的人。

审查案件的过程,是同犯罪作斗争的过程。由于审查起诉直接关系到是否将犯罪嫌疑人交付人民法院审判,所以,只查清一部分主要犯罪事实是不够的,必须查清案件的全部主要事实,最好能查清犯罪的全部事实情节。审查起诉时,应当审查有无遗漏罪行或其他同案犯。这也是审查起诉与审查批捕的重要区别之一。

(3)是否属于不应追究刑事责任的。

保障无罪的人不受刑事追究,审查起诉是一个重要的关口。人民检察院在审查是否有遗漏的同时,也应注意审查是否属于不能追究刑事责任的。如果不构成犯罪,或者具有我国《刑事诉讼法》第15条所规定的情形之一者,以及有其他依法不应追究刑事责任的情况,都不应当决定起诉。

(4)有无附带民事诉讼。

被害人在刑事诉讼中有权提出民事赔偿请求。人民检察院应当维护被害者的合法权益,更应注意机关、企事业单位的附带民事诉讼问题,以维护国家、集体的利益。

(5)侦查活动是否合法。

通过阅卷、讯问犯罪嫌疑人、调查或复验复查等方法,审查侦查人员有无刑讯逼供、指供、诱供等违法行为,以刑讯逼供或者威胁、引诱、欺骗等非法的方法收集的犯罪嫌疑人供述、被害人陈述、证人证言,不能作为指控犯罪的根据;审查侦查人员进行拘留、逮捕、勘验、检查、搜查、鉴定等侦查活动是否符合法定程序;审查各项法律文书及法律手续是否完备;审查有无妨碍诉讼权利的行为等等。如果发现违法情况,可根据不同情节,采取口头纠正,发出纠正违法书面意见,或者派员查处等方法,尽快纠正;对于情节严重触犯刑律的侦查人员,应当依法立案追案刑事责任。

(6) 采取的强制措施是否适当。

审查起诉部门如果发现公安机关或本院侦查部门对犯罪嫌疑人采取的强制措施不妥当,可以提出纠正意见,认为需要逮捕犯罪嫌疑人的,应当移送审查逮捕部门办理。

(7) 其他。

与犯罪有关的财物及其孳息是否扣押、冻结并妥善保管,以供检查。对被害人合法财产的返还和对违禁品或者不宜长期保存的物品的处理是否妥当,移送的证明文件是否完备。

二、审查起诉的程序和方法

根据有关规定和司法实践,审查起诉的程序和方法一般是:

(一)移送审查起诉案件的受理

人民检察院对于公安机关移送审查起诉和本院侦查部门移送审查起诉的案件,应当在收到起诉意见书后,指定检察人员审查以下程序性内容:

(1) 案件是否属于本院管辖;

(2) 起诉意见书以及案卷材料是否齐备,案卷装订、移送是否符合有关要求和规定,诉讼文书、技术性鉴定材料是否单独装订成卷等;

(3) 对作为证据使用的实物是否随案移送,移送的实物与物品清单是否相符;

(4) 犯罪嫌疑人是否在案以及采取强制措施的情况。

经审查后,对具备受理条件的,填写受理审查起诉案件登记表。

对起诉意见书、案卷材料不齐备,对作为证据使用的实物未移送的,或者移送的实物与物品清单不相符的,应当要求公安机关在 3 日内补送。对于案卷装订不符合要求的,应当要求侦查机关重新分类装订后移送审查起诉。

对于犯罪嫌疑人在逃的,应当要求侦查机关在采取必要措施保证犯罪嫌疑人到案后移送审查起诉。

共同犯罪的部分犯罪嫌疑人在逃的,应当要求侦查机关采取必要措施保证在逃的犯罪嫌疑人到案后另案移送审查起诉,对在案的犯罪嫌疑人的审查起诉应当照常进行。

（二）移送审查起诉案件的审查

审查起诉的程序和方法,主要有以下几个方面:

（1）检察人员专人审查,审查起诉部门负责人审核,检察长或检察委员会决定。

专人审查,就是首先确定专人承办,由承办人负责审查起诉。人民检察院受理移送审查起诉案件,应当指定检察员或者经检察长批准代行检察员职务的助理检察员办理,也可以由检察长办理。

承办人首先要审查"起诉意见书"及有关综合材料,了解犯罪的动机、目的、犯罪性质、过程、犯罪的原因与后果,等等。同时通过认真阅卷,弄清犯罪事实及有关法律问题。阅卷时,按立案、侦破、拘留或逮捕以及预审等主要环节的顺序逐步进行。认真查看侦查材料,核对犯罪证据,分析、鉴别证据可靠程度,审查有无矛盾和疑点,是否已经解决,是怎样解决的,然后从事实和法律两方面进行评断。对于证据确实、充分,且合乎客观实际和情理的,可以认定。对于不能认定的事实、情节和证据,找出问题所在,或者自行侦查,或者退回公安机关补充侦查,或者向侦查人员询问。

在审查过程中,要特别强调认真阅卷,要按照我国《刑事诉讼法》第168条的规定,逐条审查,做好阅卷笔录。在司法实践中,有表格式笔录,也有内容不规则的一般笔录,方法可以选择,但阅卷笔录不可没有。笔录的作用已为广大司法干部的实践所证明,不可忽视。

审查起诉部门负责人审核,就是办案人员对案件进行审查后,应当制作审查意见书,提出起诉或者不起诉以及是否需要提起附带民事诉讼的意见,呈报审查起诉部门负责人审核。负责人审核同意后,报请检察长或检察委员会决定。检察长承办的审查起诉案件,除按有关规定应当由检察委员会讨论决定的以外,可以直接作出起诉或不起诉的决定。

在司法实践中,如果办案人员或审查起诉部门负责人认为案情重大、复杂或适用法律存疑,可以组织有关人员进行集体讨论,综合出正确意见,再报检察长或检察委员会决定。必要时的集体讨论,可以集思广益,相互补充,相互启发,相互纠正,有利于避免因个人认识有限或经验不足而可能发生的主观片面性。集体讨论有利于提高办案质量,不出或少出错误。特别复杂的案件,或与侦查机关意见分歧的案件,也可邀请侦查机关或其他有关人员共同研究。

检察长或检察委员会决定,就是经承办人员审查和部门负责人审核后,将处理意见连同案卷一起,报请检察长决定,重大、复杂的案件还应经过检察委员会讨论决定,然后再制作有关法律文书。

实践证明,专人审查,部门负责人审核,必要时辅之以集体讨论,最后由检察长或检察委员会决定的审查程序和方法,能使个人、集体与领导有机结合起来,有利于保证办案质量。

（2）讯问犯罪嫌疑人是审查起诉的必经程序。

我国《刑事诉讼法》第170条规定:"人民检察院审查案件,应当讯问犯罪嫌疑人,⋯⋯"这是法律规定人民检察院审查案件时必须经过的程序,不经过讯问犯罪嫌疑人而决定起诉是不合法的。违背法定的诉讼程序,将会产生相应的法律后果。

检察人员只进行书面审查是不全面的,应当在审查案件全部材料、吃透案情以后,进一步讯问犯罪嫌疑人,核实案情,核对口供和鉴别、判断证据,听取犯罪嫌疑人的供述和辩解,了解犯罪嫌疑人的思想状况和认罪态度,促使犯罪者认罪,揭发同案犯,以切实保障做到不错不漏,不枉不纵。所以,讯问犯罪嫌疑人,是审查材料的继续,是审查起诉中不可缺少的重要环节。

审查起诉中讯问犯罪嫌疑人,与侦查中讯问犯罪嫌疑人不尽相同。它们分别属于提起公诉及侦查两个不同的诉讼阶段。侦查中讯问犯罪嫌疑人,是揭露、证实犯罪和查获犯罪人的一种侦查行为。在审查批捕时,人民检察院有时也可能讯问犯罪嫌疑人,但只是根据具体案情有选择地讯问,而且只能就主要犯罪事实情节进行讯问,由于时间限制,不可能讯问得十分全面和细致。但在审查起诉中讯问犯罪嫌疑人,案件已经侦查终结,属于提起公诉阶段的诉讼行为,讯问人员也与侦查讯问不同,除了补充侦查行为的不足之外,主要侧重于审查核对犯罪事实和犯罪证据,通过讯问犯罪嫌疑人和全面审查材料,保证办案质量。不但对每案犯罪嫌疑人必须讯问,而且往往还要多次进行讯问。此外,审查起诉中讯问犯罪嫌疑人也是对侦查工作的一种检察监督。

讯问犯罪嫌疑人,应当有准备地进行,拟好讯问提纲,讲究讯问策略和方法,有计划、有目的地进行。

（3）听取辩护人、被害人及其诉讼代理人的意见。

《刑事诉讼法》第170条中还规定,人民检察院审查案件,应当听取辩护人、被害人及其诉讼代理人的意见。

人民检察院在审查起诉中不仅应当依法为辩护人的活动提供方便,而且应当听取辩护人的意见。辩护人在审查起诉阶段,可以向审查起诉的检察部门提出证明犯罪嫌疑人无罪、罪轻或者减轻、免除其刑事责任的材料和意见,可以提出犯罪嫌疑人具有不起诉的条件或者案件应当退回补充侦查等辩护意见。辩护人可以提出书面或口头辩护意见。对辩护人的口头辩护意见应作记录入卷,对其书面意见,应当附卷,在向人民法院移送有关案卷材料时一并移送。

凡有被害人的公诉案件,听取被害人及其诉讼代理人的意见也是审查起诉中的一项必经程序,是改善和提高被害人诉讼地位的一种体现。其意义在于:一是可以进一步查明案情事实,核实证据,排除可能存在的矛盾;二是了解被害人是否因受犯罪行为侵害遭受物质损失,是否提起附带民事诉讼以及附带民事诉讼的请求与依据;三是听取被害人对于案件处理的意见和要求。既要依法维护被害人的合法权益,又要注意对被害人进行必要的法制宣传教育。对被害人及其诉讼代理人的意见,应当记录在案,对其书面意见,应当附卷,并移送法院。

(4) 深入调查或者补充侦查。

审查起诉,应当注意深入群众,调查研究,认真核对材料,必要时可以询问证人和被害人,可以向侦查人员了解情况,调查和补充必要的证据。如果需要补充提供法庭所必需的证据材料,可以要求负责侦查、移送审查起诉的机关、部门提供,要求提供证据的次数,法律未作限制性规定。人民检察院在审查起诉过程中,认为负责侦查的机关、部门的勘验、检查或者鉴定可能有遗漏或错误时,有权要求复验、复查,补充鉴定或重新鉴定。为了直接了解情况,人民检察院审查起诉部门可以派员参加,也可以决定自行复验、复查、主持鉴定或者重新鉴定,并可商请负责侦查的机关、部门派员参加。另外,认为可能存在《刑事诉讼法》第54条规定的以非法方法收集证据情形的,可以要求公安机关对收集证据的合法性作出说明。

《刑事诉讼法》第 171 条第 2 款还规定:人民检察院审查案件,对于需要补充侦查的,可以退回公安机关补充侦查,也可以自行侦查。这一规定也同样适用于检察机关自侦的案件,审查起诉部门认为案件需要补充侦查时,可以自行侦查,也可以退回本院侦查部门补充侦查。

在司法实践中,对于有逼供行为,口供与其他证据失实的案件,对于经侦查机关、部门补充侦查后仍未查清案情的案件,对于与公安机关或本院侦查部门在认定案情及证据上有分歧的案件等,一般宜由审查起诉部门自行补充侦查,或配合侦查机关、部门共同补充侦查;对于案情与证据误差较大的案件,特别是需要使用秘密侦查手段或其他专门技术手段的案件,一般宜由公安机关补充侦查,当然,检察人员也可以参加。

(5) 作出处理决定。

人民检察院在审查起诉过程中,经过认真阅卷、讯问犯罪嫌疑人、听取被害人和犯罪嫌疑人、被害人委托的人的意见,进行必要的调查核实活动或补充侦查,由办案人员制作案件审查意见书,经审查起诉部门负责人审核后,报请检察长审查决定。

人民检察院对于需要提起公诉的案件进行审查后,应当根据案件情况,分别作出起诉或不起诉的决定。对于二次补充侦查的案件,人民检察院审查起诉时仍然认为证据不足、不符合起诉案件的,应当作出不起诉决定。

另外,人民检察院受理同级公安机关移送审查起诉的案件,依据管辖的规定,认为应当由上级人民检察院或者同级其他人民检察院起诉的,由人民检察院将案件移送有管辖权的人民检察院审查起诉。

三、审查起诉的期限

办理刑事案件不仅要正确、合法,而且必须及时。法律要求人民检察院审查起诉必须在一定期限内完成。《刑事诉讼法》第169条规定:人民检察院对于公安机关移送起诉的案件,应当在一个月以内作出决定,重大、复杂的案件,可以延长半个月。人民检察院审查起诉的案件,改变管辖的,从改变后的人民检察院收到案件之日起计算审查起诉期限。对于补充侦查的案件,补充侦查完毕移送人民检察院后,人民检察院重新计算审查起诉的期限。

关于补充侦查的期限,《刑事诉讼法》第171条第3款规定:对于补充侦查的案件,应当在一个月以内补充侦查完毕,补充侦查以二次为限。这个补充侦查的期限,既适用于公安机关,也适用于人民检察院。补充侦查只是彻底查明案情的一种补充措施,不能任意决定延长侦查期限,更不能当作灵活机动的一种方式。法律将补充侦查限定为两次,是十分必要的,既有利于保证办案质量,有利于人民检察院及时结案,也有利于维护犯罪嫌疑人的合法权益。

第三节　提起公诉和不起诉

一、提起公诉

这里讲的提起公诉,是指人民检察院对公安机关移送起诉的案件以及自己侦查终结的案件,经审查认为犯罪事实已经查清,证据确实、充分,依法应当追究刑事责任的,作出起诉决定,依法向人民法院提起公诉,要求法院审判的一种诉讼活动。

根据我国《刑事诉讼法》第172条的规定,人民检察院认为犯罪嫌疑人的犯罪事实已经查清,证据确实、充分,依法应当追究刑事责任的,应当作出起诉决定,按照审判管辖的规定,向人民法院提起公诉,并将案卷材料、证据移送人民法院。根据这条规定,提起公诉应当符合下列条件:

(1)犯罪事实方面的条件。犯罪嫌疑人的犯罪事实已经查清,证据确实、充分,这是决定起诉的根本依据。如果犯罪事实诸如犯罪的时间、地点、原因、手段、后果、过程以及主要情节等尚未查清,或者证据不足、不可靠,就不能决定提起公诉。

(2)法律方面的条件。犯罪嫌疑人的行为已经构成犯罪,并且依法应当追究刑事责任。这是提起公诉的法律标准。如果犯罪嫌疑人的行为不构成犯罪或者虽然构成犯罪,但依法不需要追究刑事责任或者具有依法不应当追究刑事责任的情形,就不能提起公诉。

上述两个条件,是提起公诉的前提和标准,缺一不可。这是我国多年来审查起诉的经验总结,是提起公诉必须具备的法定条件,不容任何"变通"或者折扣。严格按照这两个条件提起公诉,才能保证审查起诉工作的质量,才能为法院的正确审判奠定基础,才能保证国家检察权的正确行使。

提起公诉应当遵守审判管辖的规定,即要向有管辖权的人民法院提起公诉。管辖问题,实质上就是权限问题,违背了管辖规定,就是超越了权限,诉讼程序就不合法。因此,人民检察院在审查起诉后,要根据案件的性质、情节和可能判处的刑罚,考虑应向哪一级哪一个人民法院提起公诉。如果案件属于上级人民法院管辖,人民检察院应当把案件报送上级人民检察院,由上级人民检察院审查后向其同级人民法院提起公诉、支持公诉;如果案件属于下级人民法院管辖,应将案件移送下级人民检察院向其同级人民法院提起公诉。

人民检察院提起公诉,必须制作起诉书。起诉书是人民检察院行使国家赋予的检察权,代表国家认定被告人的犯罪事实和追究其刑事责任的法律文件,具有重要的诉讼意义。起诉书是侦查工作的概括性总结,是人民法院对被告人进行审判的依据,它关系到被告人的切身利益,关系到辩护人的辩护及人民法院审理的基本范围,体现着刑事诉讼的公诉性质和法律文书的强制性与严肃性。因此,人民检察院对于起诉书必须严肃对待,认真制作,忠实于事实真相,忠实于国家法律,忠实于人民利益,对案情既不能扩大,也不能缩小,更不能隐瞒事实真相或曲解法律。总之,必须注意起诉书内容的客观性、全面性和准确性;注意起诉书形式的合法性与规范性,文字也要通顺明确。

起诉书的主要内容包括:

(1)被告人的基本情况,包括姓名、性别、出生年月日、出生地和户籍地、身份证号码、民族、文化程度、职业、工作单位及职务、住址,是否受过刑事处分及处分的种类和时间,采取强制措施的情况等;如果是单位犯罪,应当写明犯罪单位的名称和组织机构代码、所在地址、联系方式,法定代表人和诉讼代表人的姓名、职务、联系方式;如果还有应当负刑事责任的直接负责的主管人员或其他直接责任人员,应当按上述被告人基本情况的内容叙写。

(2)案由和案件来源。

(3)案件事实,包括犯罪的时间、地点、经过、手段、动机、目的、危害后果等与定罪量刑有关的事实要素。起诉书叙述的指控犯罪事实的必备要素应当明晰、准确。被告人被控有多项犯罪事实的,应当逐一列举,对于犯罪手段相同的同一犯罪可以概括叙写。

(4)起诉的根据和理由,包括被告人触犯的刑法条款、犯罪的性质及认定的罪名、处罚条款、法定从轻、减轻或者从重处罚的情节,共同犯罪各被告人应负的罪责等。

被告人真实姓名、住址无法查清的,应当按其绰号或者自报的姓名、住址制作起诉书,并在起诉书中注明。被告人自报的姓名可能造成损害他人名誉、败坏道德风俗等不良影响的,可以对被告人编号并按编号制作起诉书,并附具被告人的照片,记明足以确定被告人面貌、体格、指纹以及其他反映被告人特征的事项。

起诉书应当附有被告人现在处所,证人、鉴定人、需要出庭的有专门知识的人的名单,需要保护的被害人、证人、鉴定人的名单,涉案款物情况,附带民事诉讼情况以及其他需要附注的情况。

证人、鉴定人、有专门知识的人的名单应当列明姓名、性别、年龄、职业、住址、联系方式,并注明证人、鉴定人是否出庭。

起诉书要经检察长审查批准后打印加盖院印,一式八份,每增加一名被告人增加起诉书五份,连同案卷材料和证据,一并移送同级人民法院。如果是公安机关移送起诉的案件,还应将起诉书抄送公安机关。人民检察院建议适用简易程序的,须经检察长决定并制作《适用简易程序建议书》。建议书同起诉书一并移送人民法院。

二、不起诉

不起诉,是指人民检察院对公安机关侦查终结移送起诉的案件或自行侦查终结的案件,经审查认为犯罪嫌疑人没有犯罪事实或者具有法定不追究刑事责任的情形,或者犯罪情节轻微依法不需要判处刑罚或可免除刑罚的,以及证据不足不符合起诉条件的,作出不向人民法院提起公诉的一种决定。

1. 法定不起诉,又称绝对不起诉或应当不起诉

法定不起诉,是指《刑事诉讼法》第 173 条第 1 款规定的不起诉,即犯罪嫌疑人没有犯罪事实,或者有第 15 条规定的情形之一的,人民检察院应当作出不起诉决定。由于法定,检察机关没有自由裁量权,不存在可诉可不诉的问题,所以又称绝对不起诉或应当不起诉。

所谓"没有犯罪事实",虽在广义上也可以包括法定不起诉中"不认为是犯罪"的情形,但在狭义上应当理解为不但没有犯罪行为,甚至也无一般违法行为;或者犯罪嫌疑人虽有造成某种危害后果的行为,但不涉及刑事违法,不构成犯罪。侦查机关错误地立案、侦查,本应及早发现撤销案件,但却错误地移送人民检察院审查起诉。检察机关对于这类案件,当然应当作出不起诉决定。

2. 酌定不起诉,又称相对不起诉或可以不起诉

酌定不起诉,主要指《刑事诉讼法》第 173 条第 2 款规定的不起诉。具体是指犯罪嫌疑人的行为已经构成犯罪,但由于犯罪情节轻微,根据刑法规定不需要

判处刑罚或可免除刑罚的,人民检察院可以不起诉。所谓"酌定"是指依照法律酌情考虑。对于这类案件,人民检察院有权自由裁量,可以起诉也可以不起诉,不是应当或只能不起诉。

所谓不需要判处刑罚,主要是指我国《刑法》第37条所规定的情形,即犯罪情节轻微不需要判处刑罚的。所谓免除刑罚,是根据《刑法》总则的规定,犯罪嫌疑人、被告人具有下列情形之一时,可以考虑免除刑罚:经外国裁判已经判过刑的(第10条);聋哑人或盲人犯罪的(第19条);正当防卫过当的(第20条);紧急避险超过必要限度的(第21条);预备犯罪的(第22条);中止犯罪的(第24条);共同犯罪中的从犯(第27条);被胁迫、被诱骗参加犯罪的(第28条);犯罪轻微又自首或犯罪较重而又有立功表现的(第68条)。有法定情形,又有犯罪情节轻微的前提条件,是否决定不起诉,需由人民检察院根据案情和犯罪嫌疑人悔罪表现等裁量决定。

3. 证据不足不起诉

证据不足不起诉,具体是指《刑事诉讼法》第171条第4款规定的不起诉,即对于二次补充侦查的案件,人民检察院仍然认为证据不足,不符合起诉条件的,应当作出不起诉的决定。实践中对具有下列情形之一,不能确定犯罪嫌疑人构成犯罪和需要追究刑事责任的,即可以认定属于证据不足、不符合起诉条件:(1)犯罪构成要件事实缺乏必要的证据予以证明的;(2)据以定罪的证据存在疑问,无法查证属实的;(3)据以定罪的证据之间、证据与案件事实之间的矛盾不能合理排除的;(4)根据证据得出的结论具有其他可能性,不能排除合理怀疑的;(5)根据证据认定案件事实不符合逻辑和经验法则,得出的结论明显不符合常理的。

只要已经过二次补充侦查,人民检察院仍认为证据不足,不符合起诉条件的,就应当作出不起诉决定。这个应当不起诉与前边讲的应当不起诉的结果是一样的,只是原因和理由不同而已。

但是,对证据不足不起诉的案件,如果发现新的证据,符合起诉条件的,只要不超过法律规定的追诉时效,人民检察院可以撤销不起诉决定,决定提起公诉。

(三) 不起诉的处理程序

1. 不起诉决定书的制作和送达

人民检察院决定不起诉的,应当制作不起诉决定书。不起诉决定书是人民检察院确认犯罪嫌疑人无罪或依法不追究刑事责任、或依法不需要判处刑罚或者免除刑罚、或者证据不足,从而不予起诉的法律文书,具有在提起公诉阶段终止诉讼的法律效力。

不起诉决定书的主要内容包括:

(1) 被不起诉人的基本情况,包括姓名、性别、出生年月日、出生地和户籍地、民族、文化程度、职业、工作单位及职务、住址、身份证号码,是否受过刑事处分,采取强制措施的情况以及羁押处所等;如果是单位犯罪,应当写明犯罪单位的名称和组织机构代码、所在地址、联系方式,法定代表人和诉讼代表人的姓名、职务、联系方式;

（2）案由和案件来源;

（3）案件事实,包括否定或者指控被不起诉人构成犯罪的事实以及作为不起诉决定根据的事实;

（4）不起诉的法律根据和理由,写明作出不起诉决定适用的法律条款;

（5）查封、扣押、冻结的涉案款物的处理情况;

（6）有关告知事项。

不起诉决定书应由检察长或检察员署名,填写不起诉的年、月、日,并加盖院印方为有效。

人民检察院决定不起诉的案件,应当同时对侦查中查封、扣押、冻结的财物解除查封、扣押、冻结。对被不起诉人需要给予行政处罚、行政处分或者需要没收其违法所得的,人民检察院应当提出检察意见,移送有关主管机关处理。有关主管机关应当将处理结果及时通知人民检察院。

人民检察院根据《刑事诉讼法》第171条第4款、第173条第2款对直接立案侦查的案件决定不起诉后,审查起诉部门应当将不起诉决定书副本以及案件审查报告报送上一级人民检察院备案。

不起诉决定,由人民检察院公开宣布。公开宣布不起诉决定的活动应当记明笔录。不起诉决定书应当送达被害人、被不起诉人以及被不起诉人的所在单位。如果被不起诉人在押,应当立即释放。送达时,应当告知被害人如果对不起诉决定不服,可以向人民检察院申诉或者向人民法院起诉;告知被不起诉人如果对不起诉决定不服,可以向人民检察院申诉。对于公安机关（含国家安全机关）、军队保卫部门、监狱移送起诉的案件,人民检察院决定不起诉的,不起诉决定书应当送上述负责侦查的机关、部门。

2. 对不起诉决定的申诉、复议和复核

对于公安机关移送起诉的案件,人民检察院决定不起诉的,公安机关认为不起诉决定有错误,可以要求复议;人民检察院审查起诉部门应当另行指定检察人员进行审查并提出审查意见,经审查起诉部门负责人审核,报请检察长或者检察委员会决定。应当在收到复议意见书后的30日内作出复议决定,通知公安机关。

如果公安机关要求复议的意见不被接受,公安机关可以向上一级人民检察院提请复核。上一级人民检察院收到公安机关提请复核的意见书后,应当交由审查起诉部门办理。审查起诉部门指定检察人员进行审查并提出审查意见,经审查起诉部门负责人审核,报请检察长或检察委员会决定。上级人民检察院应当在收到提请复核意见书后的 30 日内作出决定,通知下级人民检察院和公安机关。改变下级人民检察院的决定的,应当撤销下级人民检察院作出的不起诉决定,交由下级人民检察院执行。

被害人对人民检察院作出不起诉决定不服的,可以自收到决定书后 7 日内向作出不起诉决定的人民检察院的上一级人民检察院申诉,由审查起诉部门办理。被害人向作出不起诉决定的人民检察院提出申诉的,作出决定的人民检察院应当报送上一级人民检察院处理。上一级人民检察院对不起诉决定进行复查后,应当作出复查决定。复查决定书应当送达被害人和作出不起诉决定的人民检察院。上级人民检察院经复查作出起诉决定的,应当撤销下级人民检察院的不起诉决定,交由下级人民检察院提起公诉,并将复查决定抄送移送审查起诉的公安机关。

被不起诉人对人民检察院依照《刑事诉讼法》第 173 条第 2 款规定作出的不起诉决定不服,在收到决定书后 7 日内可以向人民检察院提出申诉;人民检察院应将被不起诉的申诉交由审查起诉部门办理。超过 7 日提出申诉的,应当由作出决定的人民检察院的控告申诉部门办理。人民检察院审查起诉、控告申诉部门复查后提出复查意见,认为应当维持不起诉决定的,报请检察长作出复查决定;认为应当撤销不起诉决定并提起公诉的,报请检察委员会讨论决定。复查决定书应当送达被不起诉人,撤销不起诉决定或者改变不起诉的事实或者法律根据的,应当同时抄送移送审查起诉的公安机关。人民检察院作出撤销不起诉决定并提起公诉的复查决定后,应当将案件交由审查起诉部门提起公诉。

被害人、被不起诉人对不起诉决定不服,提出申诉的,应当递交申诉书,写明申诉理由。被害人、被不起诉人没有书写能力的,也可以口头提出申诉,人民检察院应当根据其口头提出的申诉制作笔录。

3. 被害人向人民法院起诉

这里讲的被害人向人民法院起诉,是指人民检察院对于有被害人的案件,决定不起诉的,被害人如果不服,可向人民法院起诉而将公诉案件转为自诉案件的诉讼活动。

依照《刑事诉讼法》第 176 条的规定,被害人向人民法院起诉,有两种可供选择的方法:一种是在收到不起诉决定书后 7 日以内向上一级人民检察院申诉,请求提起公诉。人民检察院应当将复查决定告知被害人。对人民检察院维持不起诉决定的,被害人可以向人民法院起诉。另一种是被害人也可以不经申诉,直接向人民法院起诉。人民法院受理案件后,人民检察院应当将有关案件材料移送人民法院。

如果被害人在向上一级人民检察院申诉的同时,又向人民法院起诉。人民检察院接到人民法院受理被害人对被不起诉人起诉的通知后,应当终止复查,将作出不起诉决定的有关案件材料移送人民法院。

第四节　出庭支持公诉

一、出庭支持公诉的概念与意义

出庭支持公诉,是人民检察院在法院开庭审判公诉案件时,派员以国家公诉人的身份出席法庭,支持依法追究犯罪的活动。

出庭支持公诉是人民检察院在提起公诉之后参与法庭审判活动的一项权利与义务,是提起公诉的法律后果之一。其活动处于案件的审判阶段,要受法庭审判程序的支配,但其内容却主要是提起公诉的法律文件——起诉书。因此可以说,提起公诉是出庭支持公诉的基础与前提,出庭支持公诉是提起公诉的继续与发展。所以,提起公诉和支持公诉互相联系,又有区别。把两者混为一谈或者截然分开,都是不对的。

出庭支持公诉是人民检察院一项特有的职权,其他任何机关、团体等均无权进行这项活动。它对于揭露、证实和惩罚犯罪分子,保护人民,监督人民法院依法审判,宣传法制等,均有重要作用与意义。同时,出庭支持公诉又是对提起公诉阶段工作的回顾与总结,由此可以检验审查起诉工作的质量,发现问题,改进工作。

二、出庭支持公诉的任务

人民检察院派员出庭支持公诉的根本任务,在于通过在法庭审判中宣读起诉书、发表公诉词、参与法庭调查和法庭辩论,根据起诉书支持依法追究犯罪的诉讼活动,保证实现刑事诉讼法关于惩罚犯罪、保护人民的任务。具体讲,出庭支持公诉的任务有以下几项:

(1) 根据事实与法律,揭露犯罪和证实犯罪。批驳被告人和辩护人的无理辩解,要求法庭依法追究被告人的刑事责任,并协助法庭彻底查明案情和正确处理案件。

(2) 行使审判监督权,对法庭审判活动是否合法及所作出的裁判是否正确,实行监督,发现违法情况应在庭审后由人民检察院提出纠正意见,保证准确有效地惩罚犯罪,保障无罪的人不受刑事追究,保护诉讼参与人的诉讼权利。

(3) 通过发表公诉词等诉讼活动,进行法制宣传教育,使人们认识到犯罪的严重性和危害性,提高警惕,预防犯罪,提高守法的自觉性和与犯罪作斗争的积极性。

(4) 检验起诉工作质量,保证做到不枉不纵,实事求是。经过法庭调查、法庭辩论,检验所办案件是否事实清楚、证据确凿、定性准确、追诉恰当和程序合法。敢于坚持正确的,也勇于修正错误的,以保证做到实事求是,合情合法。

三、出庭支持公诉的准备

出庭支持公诉工作的成败与效果如何,主要取决于审查起诉工作质量的高低,同时也取决于出庭支持公诉的准备工作是否充分。因此,出庭前的准备工作直接影响出庭支持公诉的质量与效果,应予充分重视,并应同审查起诉工作结合进行。

出庭支持公诉的准备,主要表现在写好公诉词,拟好调查发问提纲及答辩提纲,准备出示的物证和宣读的书面证据材料及出示、宣读的顺序,为此,代表国家出庭支持公诉的检察长或检察员,必须认真阅卷,熟悉案情,核对证据,全面掌握犯罪事实和证实犯罪的证据,进一步审核案件的性质、罪名及从轻、减轻或从重等情节与法律根据。还要根据情况做好必要的调查,了解被告人的思想状况,分析被告人及其辩护人可能提出的辩解,做好批驳或采纳的准备。

发问提纲是公诉人在法庭上宣读起诉书后首先需要使用的。在法庭调查阶段,公诉人经过审判长同意,有权讯问被告人、询问证人或鉴定人,而且在一般情况下,对被告人的讯问和对证人、鉴定人的询问,主要由公诉人负责进行。因此,必须拟好发问提纲。

公诉词是公诉人在法庭辩论时对案件带有总结性的发言和评论,要求做到客观、全面、恰当、有理有力、论点明确、论据充分,避免发表抽象的议论或者言过其实;要能真正起到揭露犯罪、教育群众,宣传法制的作用。因此,公诉词应以起诉书的内容为依据,但非起诉书的简单重复,而是对它的补充和论证。公诉词应结合法庭调查中核对的犯罪事实,对案件进行深入、精辟的分析,对犯罪进行更加详尽、有力的揭露,并充分论证犯罪的社会危害性,指明被告人的行为所触犯的法律条款,以及从宽或从严惩处的理由和根据。同时,还应分析犯罪的原因和条件,用生动的事例进行法制宣传教育。经法庭审理如发现起诉书所控罪行不实或应适用处刑较轻的法律条款,或应免予刑事处罚,公诉人应当实事求是地加以论证,这与检察机关的法律监督职能是相称的,能够提高而非降低检察机关依法行使检察权的威望。

预先拟好答辩提纲,有利于公诉人在法庭辩论中从容不迫地进行辩论,但是必须根据法庭调查情况及辩护方的辩解,及时修改,使之成为具有针对性、有重点和说服力的应辩提纲。公诉人在辩论中,要抓住案件主要事实及关键性问题,即必须紧紧围绕被告人的行为是否构成犯罪,证据是否确实、充分,应否从轻、减轻、免除或从重处罚等问题展开辩论。至于对认定案件事实和定罪量刑没有影响的枝节问题,以及控辩双方在辩论中用词不当和态度不够冷静等问题,均不应计较和纠缠。有的可以不予答辩,有的可以提请法庭考虑。公诉人应该善于修订原来准备的答辩提纲,提高应变能力和法庭辩论的效果。

四、公诉人在法庭审判中的地位

公诉人,是检察机关指派出席法庭支持公诉的人,同时兼有监督审判活动是否合法的职能,检察人员无论在一审还是二审,在法庭审判中的地位都是一样的。

公诉人与辩护人及审判人员在法庭上分工负责,互相制约,同时也应互相配合。公诉人执行控诉职能,辩护人执行辩护职能,审判人员执行审判职能,控、辩、审这三种诉讼职能是刑事诉讼中不可缺少的三个方面。当然审判长、审判员是法庭审判的主持者和领导者,公诉人和辩护人一样应当服从法庭的指挥,发言和发问都要经过审判长同意。

公诉人同辩护人处于相对应的诉讼地位,有控诉必有辩护,辩护是针对控诉进行的。因此,公诉人执行控诉职能与辩护人执行辩护职能是刑事诉讼职能相对应的两个方面。公诉人是从控诉犯罪、追究犯罪的角度,保证及时、准确地查明案情,使犯罪人受到应得的惩罚;而辩护人是根据事实与法律,反驳控诉的一部或全部,要使被告人依法得到从轻、减轻或者免予刑事处分。这种诉讼职能不能彼此混淆,也不能互相代替。公诉人在起诉书和公诉词或者答辩中提出对被告人从轻或减轻处罚的意见,是依法办事而非执行辩护职能,即使提出有利于被告人的意见,甚至为被告人的利益而提出抗诉,也只是履行法律监督职能、是对被告人辩护权及其他合法权益的保障。辩护人在辩护词中承认被告人确有某种罪行或情节,这也是尊重事实、尊重法律而非执行控诉职能。因此,揭发被告人的犯罪行为和论证被告人有罪,是公诉人的职责;辩护人不应当同公诉人或自诉人一起揭发和论证被告人的罪行。但是,公诉人与辩护人还有统一性的方面。这种统一性首先表现在公诉人必须根据事实与法律进行控诉,同辩护人必须根据事实与法律进行辩护是完全一致的。其次表现在公诉人与辩护律师的根本任务和目的是完全一致的。虽然执行任务的方式和角度不同,但目的都是为了正确地查明案情,正确地适用法律,共同完成刑事诉讼的任务。公诉人和辩护律师都是站在国家和人民的立场上,维护社会主义民主与法制,维护人民民主专政。国家法律设立控诉与辩护这样的对立面,正是为了通过辩论,更准确地查明案情,明辨是非,使案件得到正确的处理。因此,可以说公诉人与辩护人特别是辩护律师,在刑事诉讼中也具有一定意义的分工负责、互相制约的一面,但同时也有一致的一面。

关于公诉人与被害人的代理律师在法庭上的关系问题。我国《律师法》规定律师业务中包括接受公诉案件被害人及其近亲属的委托,担任代理人,参加诉讼。因此,人民法院应当准许被害人委托律师担任代理人,参加诉讼;如果被害人没有委托律师,其近亲属经被害人同意,也可以委托律师担任代理人。对于公诉案件被害人已经死亡的,为充分保护被害人的合法权益,人民法院也应当准许被害人的近亲属委托律师担任代理人,其所享有的诉讼权利,应当依照刑事诉讼法、律师法等有关规定办理,即:律师可以到法院查阅本案材料,了解案情;在庭审过程中,经审判长许可,可以在法庭调查时提问和回答问题,向法庭陈述被代理人的意见,参加辩论,发表对案件的处理意见等。可见被害人的代理律师参加诉讼与公诉人同属控诉一方。因此,公诉人与代理律师在庭审中应当平等相处,密切配合;如果控诉的意见不一致,也应允许辩论,以理服人。公诉人参加诉讼,是代表国家指控犯罪,维护的是包括被害人在内的整个社会的利益,并非只是被害人合法权益的保护者。司法实践表明,公诉人出庭支持公诉未能正确反映被害人合法、合理的要求及未能完全维护被害人合法权益的情况也是有的。因此,代理律师参加诉讼,有利于更好地维护被害人的合法权益,有利于公诉人更好地支持公诉,履行法律监督职责。公诉人的职责比代理律师的职责要广泛得多。因此,公诉人应当正确对待代理律师参加诉讼,并应保障其在庭审中依法享有的诉讼权利。

思考题

1. 提起公诉阶段的任务和意义是什么?

2. 对公安机关移送起诉的案件应怎样进行审查?

3. 对什么案件应当作出起诉的决定?起诉书应当包括哪些内容?

4. 不起诉的情况有哪几种?其性质与特点是什么?

5. 提起公诉与不起诉有何区别?

6. 出庭支持公诉的概念、任务和意义是什么?

7. 公诉人在法庭审判中与审判人员、辩护人、被害人代理人之间是什么关系?

第十六章 审判概述

第一节 审判的概念、任务和意义

一、审判的概念和特点

刑事诉讼中的审判,是指人民法院依法对刑事案件进行审理和裁判的诉讼活动。审判是对案件进行审理和裁判的合称。审理是指人民法院采取开庭的形式在控辩双方的参加下,对案件的事实、证据进行全面的调查、核对,并听取诉讼双方对案件事实和适用法律的意见。根据法律的规定,人民法院审理第一审案件必须采取开庭审理的形式;对于上诉案件,属于《刑事诉讼法》第 223 条第 1款规定以外情形的,才可以不开庭审理。裁判是指人民法院以法庭审理查明的事实为根据,以法律的有关规定为准绳,对案件的实体问题和某些程序问题,作出处理决定。审判活动与其他环节的诉讼活动相比,具有以下三个基本特点:

(1) 人民法院是唯一行使国家审判权的机关。只有人民法院才有审判权,其他任何机关、团体和个人都无权进行审判。人民法院以国家名义宣告的判决,具有强制执行的效力,非依法定程序,任何组织和个人都无权撤销或变更。

(2) 审判活动必须在既有控诉又有辩护保障的条件下进行。历史上的"没有原告,就没有法官","两造俱备,师听五辞"等,都是对审判活动的这一特点的概括。大陆法系的"职权主义",英美法系的"当事人主义",虽然各有特色,但就审判活动必须有原、被告双方参加这一点而言,则是相同的。我国人民法院的审判活动当然具有自己的特点,但刑事审判只有在人民检察院或自诉人起诉后,并在切实保障被告人有充分辩护权的条件下才能进行。

(3) 同侦查、起诉、执行等诉讼阶段相比,审判是诉讼的中心环节和决定性阶段。这有两方面的含义:第一,从适用刑罚的角度讲,只有通过审判程序才能对被告人适用刑罚方法。审判前的侦查、起诉只是查明犯罪事实,并在确认被告人有罪的情况下,将案件提交法院,由法院通过审判程序作出最后的决定。审判后的执行程序,则是将法院判决、裁定的内容付诸实施,并解决执行中的一些诉讼问题。第二,从诉讼形式的角度讲,审判是诉讼的最完备的形式,在审判阶段,诉讼的各项体现社会主义民主和法制的原则得到了最充分的体现。

二、审判的任务和意义

根据我国《刑事诉讼法》第 2 条和《人民法院组织法》第 3 条的规定,人民法院审判刑事案件的任务是,通过审判活动,准确、及时地查明犯罪事实,正确应用法律,惩罚犯罪分子,保障无罪的人不受刑事追究,并且教育公民自觉遵守法律,积极同犯罪行为作斗争,以维护社会主义法制和社会秩序,保护公民的人身权利、财产权利、民主权利和其他权利,保障国家的社会主义现代化建设事业顺利进行。

人民法院的审判和侦查机关的侦查、检察机关的起诉、执行机关的执行,作为统一的刑事诉讼的一部分,它们的根本任务是相同的。但由于所处诉讼阶段和职能的不同,他们的具体任务又是有区别的。审判的具体任务,就是要全面查清案件事实,对被告人是否有罪,犯的什么罪,应否判处刑罚和处以什么刑罚,作出确定的裁判,从而使犯罪分子受到应得的惩罚,使无罪的人免受刑事追究。同时,要充分利用审判公开的形式,对民众进行法制教育。

审判作为诉讼的中心环节和决定性阶段,对于实现刑事诉讼的任务,保证办案质量,具有重要的意义。首先,它对侦查机关的侦查、检察机关的起诉,有无根据,是否合法,是一次全面的、最后的审查和检验。其次,由于审判活动是在充分保障被告人的辩护权的条件下进行的,这不仅有利于全面查清案情,正确适用法律,而且体现了诉讼的民主性、公平性和公正性。最后,由于审判(特别是第一审审判)是采取公开的形式进行的,这就大大增加了诉讼的透明度。它既可以使司法机关的执法活动受到广大群众和社会各界的监督,又可以使人民法院的正确裁判得到群众的理解和支持,有利于维护法制的权威。

三、审判程序

人民法院的审判,按照所处诉讼阶段和具体任务的不同,分为以下几种审判程序:

(1)第一审程序。这是各级人民法院按照审判管辖的分工,对人民检察院提起公诉或自诉人自诉的案件,进行第一次审判的程序。除最高人民法院的判决、裁定均为终审判决、裁定外,地方各级人民法院的一审判决、裁定,还不是最终的判决、裁定,当事人可以依法上诉,人民检察院有权依法抗诉。在审理形式上,第一审必须开庭审理。

(2)第二审程序。这是中级以上(包括中级)人民法院对上诉、抗诉案件进行审判的程序。第二审的判决、裁定,即为终审的判决、裁定,除死刑案件外,宣判后立即生效,交付执行。在审理形式上,第二审法院除应当开庭审理的以外,也可以依法对某些上诉案件采取调查讯问式的审理形式。

（3）死刑复核程序。这是只适用于死刑案件的特殊审判程序。在审理形式上，一般采取书面审理的形式，必要时，也可以提审。但不管采取怎样的审理形式，讯问被告人都是必经程序。

（4）审判监督程序。这是对已经发生法律效力的判决、裁定，在发现确有错误时，进行重新审查处理的特殊审判程序。在审理程序上，原来是第一审案件的，应当按照第一审程序进行；原来是第二审案件或上级人民法院提审的案件，应当按照第二审程序进行。

第二节　审　判　组　织

一、审判组织的概念

审判组织是指人民法院审理具体案件的法庭组织形式。根据《刑事诉讼法》和《人民法院组织法》的规定，人民法院审判案件的法庭组织形式，分为独任庭和合议庭两种。审判委员会对重大的或者疑难的案件的处理有最后的决定权，从这一意义上讲，审判委员会也具有审判组织的性质。

合议庭、独任庭不同于人民法院内部根据工作需要设立的各种职能机构，如民事审判庭、刑事审判庭、控告申诉庭、执行庭以及主管司法行政工作的机构等。合议庭、独任庭是审理具体案件的临时性组织，而不是常设的工作机构。

审判案件的组织形式，是正确行使审判权的组织保证。刑事诉讼法根据案件的不同情况和法院的不同级别，规定了不同的审判组织形式。违反法律规定的审判组织形式的审判，应视为严重违反诉讼程序，其裁判应予撤销。

二、独任制

独任制是指由审判员一人独任审判的制度，其审判组织形式称为独任庭。根据我国《刑事诉讼法》第178条的规定，独任制的适用范围是：（1）就法院级别而言，只限于基层人民法院，中级以上（包括中级）人民法院不能适用独任制；（2）就案件类别而言，只限于适用简易程序的案件。同时，独任制审判，只能由审判员进行，人民陪审员不能进行独任审判。

独任制审判，并不意味着一切诉讼程序均可从简。依法应当公开审理的案件，仍应公开进行，并应认真执行回避、辩护、上诉等各项审判制度，切实保障当事人和其他诉讼参与人的诉讼权利。

三、合议制

合议制是指由审判人员数人组成合议庭进行审判的制度。合议庭是人民法院审判案件的基本组织形式。因为除适用简易程序的一审案件可以实行独任制审判外,绝大多数一审案件,以及所有的二审案件、死刑复核案件、再审案件,均必须由合议庭进行审判。实行合议制的意义主要在于:(1) 可以发挥集体的智慧,防止个人专断、主观片面和徇私舞弊;(2) 可以吸收人民陪审员参加审判,体现刑事诉讼必须实行群众路线的原则精神。

根据《刑事诉讼法》第 178 条和《人民法院组织法》第 10 条的规定,合议庭的人员组成因审判程序和法院级别不同而各异:基层、中级人民法院审判第一审刑事案件,应当由审判员三人或者由审判员和人民陪审员共三人组成合议庭进行;高级、最高人民法院审判第一审案件,应当由审判员三至七人或者审判员和人民陪审员共三至七人组成合议庭进行;人民法院审判上诉和抗诉案件,由审判员三至五人组成合议庭进行;最高人民法院、高级人民法院复核死刑、死缓案件的合议庭,应当由审判员三至五人组成。

此外,依照审判监督程序重新审判案件的审判组织,根据《刑事诉讼法》第 245 条的规定,应当分别按照第一审或第二审程序的有关规定另行组成相应的合议庭。

合议庭的人员组成及工作原则,应当是:

(1) 合议庭全体成员平等参与案件的审理、评议和裁判,依法履行审判职责。

(2) 合议庭由审判员、助理审判员或者人民陪审员随机组成。合议庭成员相对固定的,应当定期交流。人民陪审员参加合议庭的,应当从人民陪审员名单中随机抽取确定。

(3) 人民法院审判第一审刑事案件,属于下列情形之一的,由人民陪审员和法官共同组成合议庭进行,适用简易程序审理的案件和法律另有规定的案件除外:

① 涉及群体利益的;

② 涉及公共利益的;

③ 人民群众广泛关注的;

④ 其他社会影响较大的。

(4) 第一审刑事案件被告人申请由人民陪审员参加合议庭审判的,由人民陪审员和法官共同组成合议庭进行。人民法院征得刑事被告人同意由人民陪审员和法官共同组成合议庭审判案件的,视为申请。

(5) 第一审人民法院决定适用普通程序审理案件后应当明确告知刑事被告人,在收到通知 5 日内有权申请由人民陪审员参加合议庭审判案件。人民法院接到当事人在规定期限内提交的申请后,经审查符合规定的,应当组成有人民陪审员参加的合议庭进行审判。

（6）人民法院应当在开庭 7 日前采取电脑生成等方式,从人民陪审员名单中随机抽取确定人民陪审员。特殊案件需要具有特定专业知识的人民陪审员参加审判的,人民法院可以在具有相应专业知识的人民陪审员范围内随机抽取。人民陪审员确有正当理由不能参加审判活动,或者当事人申请其回避的理由经审查成立的,人民法院应当及时重新确定其他人选。

（7）合议庭的人数,应当保持单数,以便表决时容易形成决议,避免因票数相等而拖延诉讼的现象发生。

（8）合议庭的审判长,根据《人民法院组织法》的规定,由院长或者庭长指定的审判员担任。院长、庭长参加合议庭的,由他们自己担任。审判长的职责是主持和组织合议庭的活动,具体指挥法庭审判活动的进行。

（9）承办法官履行下列职责:

① 主持或者指导审判辅助人员进行庭前调解、证据交换等庭前准备工作;

② 拟定庭审提纲,制作阅卷笔录;

③ 协助审判长组织法庭审理活动;

④ 在规定期限内及时制作审理报告;

⑤ 案件需要提交审判委员会讨论的,受审判长指派向审判委员会汇报案件;

⑥ 制作裁判文书提交合议庭审核;

⑦ 办理有关审判的其他事项。

（10）依法不开庭审理的案件,合议庭全体成员均应当阅卷,必要时提交书面阅卷意见。开庭审理时,合议庭全体成员应当共同参加,不得缺席、中途退庭或者从事与该庭审无关的活动。合议庭成员未参加庭审、中途退庭或者从事与该庭审无关的活动,当事人提出异议的,应当纠正。合议庭仍不纠正的,当事人可以要求休庭,并将有关情况记入庭审笔录。合议庭全体成员均应当参加案件评议。评议案件时,合议庭成员应当针对案件的证据采信、事实认定、法律适用、裁判结果以及诉讼程序等问题充分发表意见。必要时,合议庭成员还可提交书面评议意见。审理和评议案件,必须由同一合议庭进行。

（11）除提交审判委员会讨论的案件外,合议庭对评议意见一致或者形成多数意见的案件,依法作出判决或者裁定。下列案件可以由审判长提请院长或者庭长决定组织相关审判人员共同讨论,合议庭成员应当参加:

① 重大、疑难、复杂或者新类型的案件;

② 合议庭在事实认定或法律适用上有重大分歧的案件;

③ 合议庭意见与本院或上级法院以往同类型案件的裁判有可能不一致的案件;

④ 当事人反映强烈的群体性纠纷案件;

⑤ 经审判长提请且院长或者庭长认为确有必要讨论的其他案件。

上述案件的讨论意见供合议庭参考,不影响合议庭依法作出裁判。

四、审判委员会

审判委员会是人民法院内部设立的对审判工作实行集体领导的组织形式。它是我国人民法院内部独有的一种组织形式。

审判委员会的任务。根据《人民法院组织法》第 11 条的规定,审判委员会的任务有三项:总结审判经验;讨论和决定对复杂、重大、疑难案件的处理;讨论和决定有关审判工作问题。

审判委员会的工作原则。审判委员会在院长(或院长委托的副院长)的主持下,实行民主集中制。审判委员会的决定,必须获得半数以上委员同意方能通过。

审判委员会以会议决议的方式履行对审判工作的监督、管理、指导职责。

审判委员会讨论案件按照听取汇报、询问、发表意见、表决的顺序进行。案件由承办人汇报,合议庭其他成员补充。审判委员会委员在听取汇报、进行询问和发表意见后,其他列席人员经主持人同意可以发表意见。审判委员会委员发表意见的顺序,一般应当按照职级高的委员后发言的原则进行,主持人最后发表意见。审判委员会应当充分、全面地对案件进行讨论。审判委员会委员应当客观、公正、独立、平等地发表意见,审判委员会委员发表意见不受追究,并应当记录在卷。审判委员会委员发表意见后,主持人应当归纳委员的意见,按多数意见拟出决议,付诸表决。

审判委员会讨论案件时,合议庭全体成员及审判业务部门负责人应当列席会议。对本院审结的已发生法律效力的案件提起再审的,原审合议庭成员及审判业务部门负责人也应当列席会议。院长或者受院长委托主持会议的副院长可以决定其他有必要列席的人员。

审判委员会讨论案件(可能判处被告人无罪的公诉案件,可能判处被告人死刑的案件,人民检察院提出抗诉的案件),同级人民检察院检察长或者受检察长委托的副检察长可以列席。人民法院应当通过适当方式告知同级人民检察院。人民检察院检察长决定列席审判委员会会议的,人民法院应当将会议议程、会议时间通知人民检察院。

检察长列席审判委员会讨论案件的会议,可以在人民法院承办人汇报完毕后、审判委员会委员表决前发表意见。检察长在审判委员会会议上发表的意见,应当记录在卷。检察长列席审判委员会会议讨论的案件,人民法院应当将裁判文书及时送达或者抄送人民检察院。

出席、列席审判委员会会议的所有人员,对审判委员会讨论内容应当保密。

当前的司法实践情况是,最高人民法院审理的下列案件,即本院已经发生法律效力的判决、裁定确有错误需要再审的案件和最高人民检察院依照审判监督程序提出抗诉的刑事案件应当提交审判委员会讨论决定;高级人民法院和中级人民法院审理的下列案件,即本院已经发生法律效力的判决、裁定确有错误需要再审的案件,同级人民检察院依照审判监督程序提出抗诉的刑事案件,拟判处死刑立即执行的案件,拟在法定刑以下判处刑罚或者免予刑事处罚的案件,拟宣告被告人无罪的案件,拟就法律适用问题向上级人民法院请示的案件,认为案情重大、复杂,需要报请移送上级人民法院审理的案件应当提交审判委员会讨论决定;基层人民法院审理的下列案件,即本院已经发生法律效力的判决、裁定确有错误需要再审的案件,拟在法定刑以下判处刑罚或者免予刑事处罚的案件,拟宣告被告人无罪的案件,拟就法律适用问题向上级人民法院请示的案件,认为应当判处无期徒刑、死刑,需要报请移送中级人民法院审理的刑事案件,认为案情重大、复杂,需要报请移送上级人民法院审理的案件,应当提交审判委员会讨论决定。

人民法院审理下列案件时,合议庭可以提请院长决定提交审判委员会讨论:合议庭意见有重大分歧、难以作出决定的案件;法律规定不明确,存在法律适用疑难问题的案件;案件处理结果可能产生重大社会影响的案件;对审判工作具有指导意义的新类型案件;其他需要提交审判委员会讨论的疑难、复杂、重大案件。合议庭没有建议提请审判委员会讨论的案件,院长、主管副院长或者庭长认为有必要的,得提请审判委员会讨论。

需要提交审判委员会讨论的案件,由合议庭层报庭长、主管副院长提请院长决定。院长、主管副院长或者庭长认为不需要提交审判委员会的,可以要求合议庭复议。

审判委员会讨论案件,合议庭应当提交案件审理报告。案件审理报告应当符合规范要求,客观、全面反映案件事实、证据以及控辩双方的意见,说明合议庭争议的焦点、分歧意见和拟作出裁判的内容。案件审理报告应当提前发送审判委员会委员。

审判委员会与合议庭的关系。根据《人民法院组织法》第11条的规定和司法实践的做法,审判委员会和合议庭之间,是领导与被领导的关系,是决定和执行决定关系。但是,应当明确,根据《刑事诉讼法》的有关规定,合议庭是审判案件的基本形式,具有独立性,因此,审判委员会讨论案件,应当在合议庭对案件进行审理并提出处理意见的基础上进行,而不应当在合议庭对案件进行审理之前。审判委员会成员在讨论案件中,应当详细了解案件的审理情况,包括控诉方、辩护方提出的意见和理由,听取合议庭的意见,然后综合全案情况,发表自己的意见。对于审判委员会作出的决定,合议庭应当执行,并由合议庭成员在判决书

(含裁定书)上签名。合议庭如果有不同意见,可以向审判委员会提出复议建议,由院长提交审判委员会再次讨论决定。

审判委员会与合议庭是不同的审判组织,二者的区别在于:(1) 所承担的任务不同。合议庭的任务是直接审理和判决具体案件,而审判委员会不直接审理案件,其任务主要是上述三项。(2) 组成的根据和程序不同。合议庭是由院长或庭长指定组成,而审判委员会则是根据法律规定,由院长提请同级人民代表大会常务委员会任免,本院无权决定。(3) 组织的稳定性和数量不同。合议庭是人民法院因案件不同或因地域不同而组成的临时组织,而且在同一法院可有数个合议庭,而审判委员会则是比较稳定的组织,其成员不得任意变动,而且各人民法院只设一个审判委员会。

思考题

1. 审判的任务和意义是什么?

2. 合议庭应当怎样组成? 它同审判委员会是什么关系?

3. 什么是独任制? 应当怎样正确适用独任制?

第十七章　第一审程序

第一节　第一审程序的概念、任务和意义

一、第一审程序的概念

第一审程序是指人民法院对第一审案件进行审判应当采取的方式、方法和应当遵循的顺序等。它包括公诉案件的第一审程序和自诉案件的第一审程序。

按照管辖的规定,案件无论起诉到哪个法院,即不管是起诉到基层法院或中级法院,还是起诉到高级或最高法院,凡受理这个案件的法院就是该案的第一审法院,这个案件也就是第一审案件,法院对其进行审判时所应采取的方式、方法等,就是第一审程序。

在我国,人民法院审判案件实行的是两审终审制,所以在程序上也就有第一审和第二审的区别,对第一审案件进行审判必须遵守第一审程序,对第二审案件(上诉、抗诉案件)必须遵守第二审程序。

二、第一审程序的任务和意义

第一审程序的任务是:保障人民法院在充分听取控、辩双方的意见的条件下,客观、全面地审查证据,准确地认定案件事实,并根据刑法就被告人是否有罪、应否处刑以及处以何种刑罚等作出正确的判决,从而使罪犯受到应得的法律制裁,无罪的人不受刑事惩罚,到庭旁听的人及其他公民受到生动的法制教育。

第一审程序是一切应由人民法院审判的案件的必经程序,同时它也是人民法院审判案件的基本程序。因为其他审判程序主要都是对一审裁判的检验和审查,而且有些案件的裁判完全可能只经过第一审程序就发生法律效力。所以,第一审程序在诉讼中具有十分重要的地位和作用。

第二节　对公诉案件的审查

对公诉案件的审查,是第一审人民法院收到同级人民检察院提起公诉的案件后,必须进行的一项工作或程序。其任务主要是审查该公诉案件是否符合开庭审判的条件,以决定是否开庭审判。

　　对于人民检察院提起公诉的案件,人民法院都应当受理。对所有公诉案件在决定开庭审判前,也都必须经过审查。

　　《刑事诉讼法》第 181 条规定:人民法院对提起公诉的案件进行审查后,对于起诉书中有明确的指控犯罪事实的,应当决定开庭审判。

　　根据最高人民法院《关于适用〈中华人民共和国刑事诉讼法〉的解释》,对提起公诉的案件,人民法院应当在收到起诉书和案卷、证据后,指定审判人员审查以下内容:

　　(1) 是否属于本院管辖;

　　(2) 起诉书是否写明被告人的身份,是否受过或者正在接受刑事处罚,被采取强制措施的种类、羁押地点,犯罪的时间、地点、手段、后果以及其他可能影响定罪量刑的情节;

　　(3) 是否移送证明指控犯罪事实的证据材料,包括采取技术侦查措施的批准决定和所收集的证据材料;

　　(4) 是否查封、扣押、冻结被告人的违法所得或者其他涉案财物,并附证明相关财物依法应当追缴的证据材料;

　　(5) 是否列明被害人的姓名、住址、联系方式;是否附有证人、鉴定人名单;是否申请法庭通知证人、鉴定人、有专门知识的人出庭,并列明有关人员的姓名、性别、年龄、职业、住址、联系方式;是否附有需要保护的证人、鉴定人、被害人名单;

　　(6) 当事人已委托辩护人、诉讼代理人,或者已接受法律援助的,是否列明辩护人、诉讼代理人的姓名、住址、联系方式;

　　(7) 是否提起附带民事诉讼;提起附带民事诉讼的,是否列明附带民事诉讼当事人的姓名、住址、联系方式,是否附有相关证据材料;

　　(8) 侦查、审查起诉程序的各种法律手续和诉讼文书是否齐全;

　　(9) 有无《刑事诉讼法》第 15 条第 2 项至第 6 项规定的不追究刑事责任的情形。

　　人民法院对提起公诉的案件审查后,应当按照下列情形分别处理:

　　(1) 属于告诉才处理的案件,应当退回人民检察院,并告知被害人有权提起自诉;

　　(2) 不属于本院管辖或者被告人不在案的,应当退回人民检察院;

　　(3) 不符合规定,需要补充材料的,应当通知人民检察院在 3 日内补送;

　　(4) 依照《刑事诉讼法》第 195 条第 3 项规定宣告被告人无罪后,人民检察院根据新的事实、证据重新起诉的,应当依法受理;

　　(5) 依照相关规定裁定准许撤诉的案件,没有新的事实、证据,重新起诉的,应当退回人民检察院;

（6）符合《刑事诉讼法》第15条第2项至第6项规定情形的,应当裁定终止审理或者退回人民检察院;

（7）被告人真实身份不明,但符合《刑事诉讼法》第158条第2款规定的,应当依法受理。

对公诉案件是否受理,应当在7日内审查完毕。

对公诉案件的审查期限应当计入审理期限。

第三节　开　庭　审　判

一、开庭审判前的准备

为顺利进行开庭审判,必须做好开庭前的各项准备工作。根据《刑事诉讼法》第182条的规定,人民法院决定开庭审判后,应当先做好下列准备工作:

（一）确定合议庭的组成人员

人民法院审理公诉案件,除依法可由独任庭审判的案件外,都要组成合议庭进行。因此,人民法院决定开庭审判以后,首先应当确定合议庭的组成人员。合议庭既可以由审判员组成,也可以由审判员和人民陪审员组成。合议庭的审判长由院长或庭长指定一名审判员担任。院长或庭长亲自参加合议庭审判案件的,合议庭的审判长由院长或庭长担任。合议庭的其他组成人员,一般由庭长指定。承担法庭记录工作的书记员,也应同时予以确定。

合议庭组成后,合议庭成员应了解案情,并在此基础上制定庭审计划或庭审提纲,明确合议庭成员的分工,以及庭审中可能出现的问题和应当采取的对策、措施等。

（二）依法向被告人及其辩护人送达起诉书副本和保证被告人获得辩护

为了使被告人在开庭前能知道他被指控犯有什么罪,以便有充分的时间准备辩护,切实保障其合法权益,《刑事诉讼法》第182条规定,人民法院要至迟在开庭10日以前将起诉书副本送达被告人及其辩护人。对于被告人未委托辩护人的,告知被告人可以委托辩护人,或者在必要时指定承担法律援助义务的律师为其提供辩护。

（三）依法召集辩护人等听取对与审判相关问题的意见

《刑事诉讼法》第182条第2款规定:在开庭以前,审判人员可以召集公诉人、当事人和辩护人、诉讼代理人,对回避、出庭证人名单、非法证据排除等与审判相关的问题,了解情况,听取意见。

（四）依法向人民检察院和诉讼参与人送达开庭的通知

人民法院审判公诉案件,人民检察院均应派员出庭支持公诉,有关诉讼参与人也均应到庭。为了使人民检察院的出庭人员做好出庭的必要准备,使诉讼参与人能及时到庭,人民法院应将开庭的时间、地点,在开庭 3 日以前通知人民检察院;传唤当事人的传票,通知辩护人、证人、鉴定人和翻译人员的通知书也要在开庭 3 日以前送达。

（五）将公开审判的案件先期公告

公开审判的案件,应先期公布案由、被告人的姓名、开庭的时间和地点。公告应在开庭 3 日前公布,并保留到开庭审判之日。如果是需要发旁听证的,也要在开庭 3 日前发出,以便公民旁听和记者采访。

人民法院在开庭审判前进行的这些活动,应当写入笔录,并由审判人员和书记员签名。

二、开庭审判

开庭审判是审判人员以开庭的方式,在公诉人、当事人以及其他诉讼参与人的参加下,通过法庭调查、法庭辩论等活动,全面听取各方对案件事实和定罪量刑的意见,确定被告人是否应负刑事责任和应否受刑罚处罚以及如何处罚的诉讼活动。开庭审判的过程,依照法定程序,可以分为开庭、法庭调查、法庭辩论、被告人最后陈述、评议和宣判五个阶段。这五个阶段都有各自特定的活动内容和需要解决的问题,不能省掉,也不能走形式,否则就会影响办案质量。

（一）开庭

宣布开庭是法庭审判的开始。根据《刑事诉讼法》第 185 条和其他有关规定,这一阶段的具体活动内容有:(1)由审判长宣布开庭,并传唤当事人到庭,问明当事人的姓名、年龄、职业、籍贯、住址等。对于没有被逮捕的被告人,经合法传唤无正当理由不到庭的,人民法院可以拘传,强制其到庭。(2)审判长宣布案由,使诉讼参与人和旁听者知道法庭审理的是什么案件,被告人被指控犯有什么罪行。(3)审判长宣布合议庭的组成人员、书记员、公诉人、辩护人、诉讼代理人、鉴定人和翻译人员的名单。(4)告知当事人有权对合议庭的组成人员、书记员、公诉人、鉴定人和翻译人员申请回避。如果当事人提出要求回避的申请,应当问明理由,并依法采取相应的措施。(5)告知被告人享有辩护等诉讼权利。(6)对于不公开审理的案件,应当庭宣布不公开审理的理由。

（二）法庭调查

法庭调查是法庭在开庭阶段结束后,通过公诉人举证,辩护人质证,以及辩护人提出证据,公诉人进行质询等方式、方法,当庭全面审查证据和查明案件事实情节的活动。

法庭调查是对案件进行实体审理的一个重要阶段,也是开庭审判的中心环节。

凡与定罪量刑有关的事实、证据,都应当进行调查。法庭调查的内容,一般包括:

(1) 宣读起诉书。法庭调查开始,由公诉人宣读起诉书,对被告人提出指控、要求法院依法追究被告人的刑事责任。

宣读起诉书时,如果一案有数名被告人,应同时在场。宣读起诉书后,被告人、被害人可以就起诉书指控的犯罪进行陈述。

另外,如果是附带民事诉讼的案件,还要由附带民事诉讼的原告人或者他的诉讼代理人,宣读附带民事诉讼的诉状。

(2) 讯问被告人。在被告人、被害人就起诉书的内容陈述后,公诉人可以讯问被告人。如果被告人对起诉书指控的犯罪供认不讳,应让其陈述作案的全部过程,包括犯罪的时间、地点;参加犯罪活动的人数;犯罪的手段和方式;侵害的对象;造成的后果;赃款赃物的去向等。如果被告人否认起诉书中的指控,应让他对指控的事实和证据进行充分的辩解或提出反证。如果被告人系无理狡辩,拒不认罪,可以针对被告人陈述中的矛盾,重点提问,并可以出示证据,以证明被告人是在狡辩。

对于共同犯罪案件中多个被告人的讯问,要分别进行,单独讯问,以免互相串供。

被害人、附带民事诉讼的原告人以及辩护人、诉讼代理人,经审判长允许,也可以向被告人发问。被害人作为犯罪行为的直接受害者,比较了解有关的案情,他可以通过发问揭露被告人陈述中的矛盾,提出有力的证明材料,使犯有罪行的被告人无法掩饰自己。附带民事诉讼的原告人可通过发问,证实由于被告的犯罪行为使自己遭受的物质损失。辩护人或诉讼代理人由于要履行辩护或代理职能,通过发问可以弄清自己想知道的有关问题,以便向合议庭提出有利于被告人或被代理人的事实情节和证据,使被告人或被代理人的合法权益受到保护。

审判人员当然有权讯问被告人。但是,在公诉人等讯问被告人以后,审判人员如果认为已没有必要再对被告人进行讯问时,也可以不讯问。

(3) 询问证人。证人出庭作证是证人应尽的义务。因此,除有正当理由,出庭确有困难的以外,证人均应按法院的通知准时到庭,提供证言,接受询问。

根据《刑事诉讼法》第 187 条的规定,公诉人、当事人或者辩护人、诉讼代理人对证人证言有异议,且该证人证言对案件定罪量刑有重大影响,人民法院认为证人有必要出庭作证的,证人应当出庭作证。这其中包括人民警察就其执行职务时目击的犯罪情况作为证人出庭作证的情形。

根据《刑事诉讼法》第 188 条的规定,经人民法院通知,证人没有正当理由不出庭作证的,人民法院可以强制其到庭(被告人的配偶、父母、子女除外)。证人没有正当理由拒绝出庭或者出庭后拒绝作证的,予以训诫,情节严重的,经院长批准,处 10 日以下的拘留。被处罚人对拘留决定不服的,可以向上一级人民法院申请复议。复议期间不停止执行。

对出庭作证的证人,审判人员应当查明其身份,并告知要如实提供证言,告知有意作伪证或隐匿证据要负的法律责任。如果有两名以上的证人出庭作证,可以让所有证人先同时到庭,查明每个证人的身份并告知上述内容后,再由公诉人、辩护人等分别对证人进行询问。

公诉人经审判长许可,可以对证人发问。当事人、辩护人、诉讼代理人经审判长许可,也可以对证人发问。如果出庭作证的证人是辩护一方提供或申请通知到庭的,应当先由辩方依法对该证人发问,然后再由控方发问。审判长认为发问的内容与案件无关时,应当制止。

证人作证后,审判长应宣布证人退庭。法庭对证人的询问也应个别进行。证人不得旁听对案件的审理。

审判人员有权亲自询问证人。如果经过控、辩双方的询问后,审判人员认为亲自询问已无必要时,也可以不询问。

(4)询问鉴定人。鉴定人同样有义务出席法庭,接受公诉人、辩护人等的询问。鉴定人对公诉人等提出的问题,也应如实回答,如果有意作伪证也要负法律责任。鉴定人回答询问后,也应退庭,即鉴定人也不得旁听对案件的审理。

《刑事诉讼法》第 187 条第 3 款规定:公诉人、当事人或者辩护人、诉讼代理人对鉴定意见有异议,人民法院认为鉴定人有必要出庭的,鉴定人应当出庭作证。经人民法院通知,鉴定人拒不出庭作证的,鉴定意见不得作为定案的根据。

(5)出示物证。一切被用作证明案件事实的物证,都要当庭出示,让当事人辨认。辩方如果有物证,也要当庭出示,让当事人辨认。审判人员应当听取公诉人、当事人和辩护人、诉讼代理人对出示的物证的意见。

(6)宣读作为证据的文书。这包括未到庭的证人的证言笔录、鉴定人的鉴定意见,以及勘验笔录和其他作为证据的文书,公诉人均要当庭宣读。辩方如果有这类作为证据的文书,也要当庭宣读。对当庭宣读的作为证据的文书,审判人员也应当听取公诉人、当事人和辩护人、诉讼代理人的意见。

在法庭审理过程中,合议庭如果对证据有疑问,当庭又不能解决的,可以宣布休庭,对证据进行调查核实。根据《刑事诉讼法》第 191 条的规定,人民法院调查核实证据,可以进行勘验、检查、查封、扣押、鉴定和查询、冻结。

当事人和辩护人、诉讼代理人在法庭审理过程中,有权申请通知新的证人到庭,调取新的物证,申请重新鉴定或者勘验。公诉人和前述当事人等也可以申请法庭通知有专门知识的人出庭,就鉴定人的鉴定意见提出意见(有专门知识的人出庭,适用鉴定人的有关规定)。对于当事人等的这种申请,法庭应当作出是否同意的决定,并当庭宣布。

人民法院可以向人民检察院调取需要调查核实的证据材料,也可以根据辩护人、被告人的申请向人民检察院调取在侦查、审查起诉中收集的有关被告人无罪或罪轻的证据材料。人民检察院应自收到人民法院要求调取证据材料决定书后3日内移交。

（三）法庭辩论

法庭辩论是在审判长的主持下,由控、辩双方就证据和案件情况,当庭发表意见,并可以互相进行辩论和反驳的活动。

法庭辩论和法庭调查应是两个相对独立的阶段。在法庭调查阶段,控、辩双方虽然也可以依法对证据和案件情况发表意见,互相辩论,但是,法庭调查阶段的辩论,主要应侧重证据和案件事实方面,即应侧重每个证据的真实可靠程度,证明力的大小,能否作为定案的根据,以及对案件事实究竟应当怎样认定才符合客观实际等方面。法庭辩论阶段的辩论,虽然也离不开证据和案件事实,但主要应侧重法律方面,即应侧重被告人的行为是否构成犯罪,如已构成犯罪,应当定什么罪名,以及是否应当给予刑罚处罚和应当从重还是从轻等方面。

经过法庭调查,经过询问证人、出示物证等活动,案件事实和证据已经查清,控、辩双方对证据和案件事实方面的意见也已充分发表后,审判长应当宣布,法庭辩论开始。

法庭辩论应当先由公诉人、被害人及其诉讼代理人发言,然后再由被告人、辩护人发言、辩护,并且可以互相进行辩论。

公诉人的发言,又称发表公诉词。这是公诉人在法庭上支持公诉,控诉犯罪,证实犯罪,宣传法制的重要形式。公诉词要以起诉书的内容为基础,以法庭调查查清的事实为根据,以法律为准绳,对犯罪进行更有力的揭露和论证。其内容一般包括:（1）概括指出法庭调查的结果;（2）分析并运用经过法庭查证属实的证据,说明起诉书对犯罪事实的指控以及对罪名的认定;（3）指明犯罪行为的社会危害性;（4）分析被告人走向犯罪的主观原因和客观条件;（5）明确指出被告人的行为触犯了刑法的哪些规定,并论证被告人的行为具备刑法规定的构成该罪的具体要件;（6）阐明要求法庭依法从重或从轻、减轻处理的根据和理由。

公诉人的公诉词,虽然以起诉书为基础,但是,它不能是起诉书的简单重复。公诉词对起诉书中正确的指控和认定要坚持,但对不实或忽略的部分要实事求是地修正、补充。为了使公诉词与公诉机关法律监督者的身份相符合,公诉词不仅要注意对被告人有罪、罪重的控诉,同时也要客观地反映对被告人有利的事实和根据。

被害人的发言,一般是对被告人罪行的控诉。被害人作为直接受害者,容易出现偏激情绪,所以要注意实事求是,切忌感情用事。

被告人的发言和辩护,就其内容来说,可以作有罪、罪重的承认,也可以作无罪、罪轻的辩解。

辩护人的辩护发言又称发表辩护词,它是实现辩护职能的重要手段。辩护人的辩护词,应根据以事实为根据,以法律为准绳的原则,从维护被告人的合法权益出发,提出辩护意见。

有附带民事诉讼的案件,附带民事诉讼部分的辩论应在刑事部分的辩论结束后进行。先由附带民事诉讼的原告人和他的诉讼代理人发言,然后由附带民事诉讼的被告人和他的诉讼代理人答辩。

法庭辩论(包括法庭调查中的辩论)应特别注意以下几点:

(1)审判长是法庭调查、辩论的主持者,他有责任和权利引导调查、辩论沿着正确的方向进行。在法庭审判过程中,如果诉讼参与人或者旁听人员违反法庭秩序,审判长应当警告制止。对不听制止的,可以强行带出法庭;情节严重的,处以1000元以下的罚款或15日以下的拘留。罚款、拘留必须经院长批准。被处罚人对罚款、拘留决定不服的,可以向上一级人民法院申请复议(复议期间不停止执行)。对聚众哄闹、冲击法庭或者侮辱、诽谤、威胁、殴打司法工作人员或者诉讼参与人,严重扰乱法庭秩序,构成犯罪的,依法追究刑事责任。

(2)法庭辩论要紧紧围绕案件事实和有关法律问题理智地、有秩序地进行。要摆事实,讲道理,以理服人。不能意气用事,相互指责,甚至进行人身攻击等。

(3)在法庭辩论过程中,如果发现同本案有关的新事实,并且这些事实足以影响到案件的处理,影响到对被告人的定罪量刑,合议庭可以宣布停止辩论,重新进行法庭调查,待事实查清后再继续法庭辩论,或者宣布休庭,延期审理。

(四)被告人的最后陈述

审判长宣布法庭辩论终结后,被告人有最后陈述的权利。让被告人作最后的陈述,这是在合议庭评议、判决前再给被告人一次行使辩护权的机会。被告人可以利用这个机会陈述他对全案的意见和看法,包括自己是否有罪、罪行轻重,自己犯罪的原因,对犯罪的认识,以及对量刑方面有什么要求等。

为了保护被告人最后陈述的权利,审判人员要让被告人充分陈述,只要他讲的与本案有关系且不重复,不泄露国家秘密和他人隐私,在时间方面就不应予以限制。但如果陈述的内容超出案件范围,或内容重复,或泄露国家秘密和个人隐私时,审判长应予制止。

被告人在最后陈述时,如果提出了新的事实和新的证据,足以影响对案件的处理的,就要根据具体情况作出决定,或者供合议庭评议时参考,或者恢复法庭调查,或者宣告延期审理。

(五)评议、宣判

评议是合议庭的组成人员,对法庭审理情况进行讨论,根据法庭审理查明的事实、证据和有关法律规定,解决被告人有罪还是无罪等实体问题,并对案件作出判决的诉讼活动。

评议主要应当解决下列问题:(1) 起诉书中对被告人犯罪行为的指控能否成立,对案情的认定是否准确;(2)被告人的行为是否已构成犯罪,应否追究刑事责任;(3) 已构成犯罪的行为属于什么性质,应当定为何种罪名;(4) 应否判处刑罚,对应当判处刑罚的适用何种刑罚;(5) 有无从重、从轻、减轻、免除刑罚处罚的情节;(6) 有无数罪并罚情况和应当如何定罪量刑;(7) 是否应当适用附加刑或者适用缓刑;(8) 如有附带民事诉讼应当如何解决;(9) 赃款、赃物等如何处理。

合议庭在评议时,应当全面分析案情,重视各种证据和意见,既要重视控诉一方提出的证据和意见,也要重视被告人及其辩护人提出的证据和意见。

不管是公开审理的案件还是不公开审理的案件,合议庭的评议都应秘密进行。评议笔录不许当事人及其他诉讼参与人查阅。辩护律师也无权查阅。合议庭成员也不得向外界泄露有关评议的情况。

评议过程中,人民陪审员与审判员有同等发表意见和表决的权利。审判员要耐心听取并尊重人民陪审员的意见。人民陪审员也要严肃认真地行使法律赋予的权利,充分发表自己的意见。如果合议庭成员的意见不一致,应当按照少数服从多数的原则表决。少数人的意见也应记入评议笔录。书记员不是合议庭的组成人员,不参加表决,只担任记录工作。

合议庭经过评议,应当根据已查明的事实、证据和有关法律规定,按照下列情形分别作出判决、裁定:

(1) 起诉指控的事实清楚,证据确实、充分,依据法律认定指控被告人的罪名成立的,应当作出有罪判决;

(2) 起诉指控的事实清楚,证据确实、充分,指控的罪名与审理认定的罪名不一致的,应当按照审理认定的罪名作出有罪判决;

(3) 案件事实清楚,证据确实、充分,依据法律认定被告人无罪的,应当判决宣告被告人无罪;

(4) 证据不足,不能认定被告人有罪的,应当以证据不足、指控的犯罪不能成立,判决宣告被告人无罪;

(5) 案件部分事实清楚,证据确实、充分的,应当作出有罪或者无罪的判决;对事实不清、证据不足部分,不予认定;

(6) 被告人因不满 16 周岁,不予刑事处罚的,应当判决宣告被告人不负刑事责任;

(7) 被告人是精神病人,在不能辨认或者不能控制自己行为时造成危害结果,不予刑事处罚的,应当判决宣告被告人不负刑事责任;

(8) 犯罪已过追诉时效期限且不是必须追诉,或者经特赦令免除刑罚的,应当裁定终止审理；

（9）被告人死亡的，应当裁定终止审理；根据已查明的案件事实和认定的证据，能够确认无罪的，应当判决宣告被告人无罪。

对于复杂、重大、疑难的案件，合议庭认为难以作出决定的，由合议庭报请院长提交审判委员会讨论决定。对于审判委员会的决定，合议庭应当执行。

人民法院的一审判决确定后应当及时宣判。

宣判即宣告判决，是人民法院将判决的内容公开宣布告知当事人及其他诉讼参与人等的诉讼活动。

宣判可以分为当庭宣判和定期宣判。当庭审判就是法庭审理完毕，合议庭利用短暂休庭时间，退庭进行评议并作出判决后，又立即复庭，由审判长口头宣告判决的主文或主要内容。定期宣判就是法庭审理后，另行确定日期宣告判决的内容。

当庭宣判的，应当在 5 日以内将判决书送达当事人、提起公诉的人民检察院和辩护人、诉讼代理人。定期宣判的，合议庭应当在宣判前，先期公告宣判的具体时间和地点，传唤当事人并通知公诉人以及被害人和辩护人；宣判后，应当立即将判决书送达当事人、提起公诉的人民检察院和辩护人、诉讼代理人。

宣判应当由审判本案的合议庭成员进行。宣判的地点可以是法院的法庭，也可以是其他适当的地方。宣判一律公开进行。对于有重大影响或教育意义的案件，也可以召开大会宣判。

地方各级人民法院在宣告一审裁判时，应当明确告知当事人及其法定代理人，如果不服本裁判，有权在法定期限内，向上一级人民法院提出上诉；被告人的辩护人、近亲属，经被告人同意，也可以提出上诉；附带民事诉讼的当事人及其法定代理人，有权对附带民事诉讼部分提出上诉。当事人及其法定代理人是否上诉，应当以他们在上诉期满前最后一次的意思表示为准。

法庭审判的全部活动，都应当由书记员写成笔录。法庭笔录是记载法庭审判活动的诉讼文书，它不仅对分析案情、查核审判工作进行情况有重要意义，而且是第二审程序、审判监督程序等所必不可少的依据。

法庭笔录的制作，应该按照审判活动的顺序详尽记载。其内容包括：开庭的时间、地点；合议庭的组成人员和书记员的姓名；公诉人、当事人、证人和其他诉讼参与人到庭的情况；案由；案件如不公开审理，应写明不公开的理由；当事人的申请和法庭对申请所作的决定；法庭调查和法庭辩论的情况；证人的证言和鉴定人的意见；公诉词、辩护词的要点；被告人的最后陈述；评议时合议庭对案件提出的处理意见；宣判情况等。

为了能够真实地反映审判活动的全貌，法庭笔录应由书记员当庭制作。如果当庭记录不够完备，书记员应当在闭庭后及时加以整理。法庭笔录写成后要经审判长阅读,并由审判长和书记员签名。对于笔录中有关证人的证言和当事人等的陈述部分,应当庭向证人、当事人等宣读或交他们阅读。证人、当事人等对各自的陈述听阅后,如果认为记载有遗漏和差错时,可以请求补充或者改正,在承认没有差错和遗漏后应签名、盖章。

三、延期、中止审理和一审期限

(一) 延期审理

延期审理是指在法庭审判过程中,遇到影响进行审判的情形时,决定休庭,顺延时间继续审理。延期审理后的开庭时间,在影响进行审判的情形消失后确定,但不能超过法定的办案期限。

根据我国《刑事诉讼法》第198条的规定,法庭审理过程中遇到一些足以影响审判继续进行的情况时,合议庭可以研究决定延期审理。可以延期审理的情况有:

(1) 需要通知新的证人到庭、调取新的物证、重新鉴定或者勘验的;

(2) 检察人员发现提起公诉的案件需要补充侦查,提出建议的;

(3) 由于当事人申请回避而不能进行审判的。

除了上述法律规定的三种情形以外,实践中,法庭可以决定延期审理的情况有:在法庭审理过程中,被告人拒绝辩护人为其辩护,要求另行委托辩护人,经合议庭准许的;受审对象的精神或体力方面无法承受审问的;法庭审理受到意外干扰无法进行的。

当影响审判进行的原因消失后,法庭应及时开庭,恢复审理。因检察院需要补充侦查而延期审理的,检察院应当在一个月以内补充侦查完毕。

(二) 中止审理

中止审理是人民法院在审判过程中,因出现使案件在较长时间内无法继续审理的情形,而决定中止审理。

根据《刑事诉讼法》第200条的规定,可以使案件中止审理的情形有:被告人患有严重疾病,无法出庭的;被告人脱逃的;自诉人患有严重疾病,无法出庭,未委托诉讼代理人出庭的;由于不可抗拒的原因。只要有其中的某种情形,就可以决定中止审理。

中止审理的原因消失后应当恢复审理。中止审理的期间不计入审理期限。

(三) 一审期限

为了能充分发挥法庭审判震慑犯罪的作用,切实保护公民的合法权益,我国《刑事诉讼法》对一审的办案期限作了明确规定。

(1) 人民法院审理公诉案件,应在受理后2个月内宣判,至迟不得超过3个月。

（2）对有下列情形之一的案件，即：可能判处死刑的案件；有附带民事诉讼的案件；交通十分不便的边远地区的重大复杂案件；犯罪涉及面广、取证困难的重大复杂案件；重大的犯罪集团案件；流窜作案的重大复杂案件，经上一级人民法院批准，可以延长 3 个月；因特殊情况还需要延长的，报请最高人民法院批准。

（3）改变管辖的案件，从改变后的人民法院收到案件之日起计算审理期限。

（4）人民检察院补充侦查的案件，补充侦查完毕移送人民法院后，人民法院重新计算审理期限。

第四节　判决、裁定和决定

一、判决

判决是人民法院解决案件实体问题所作的决定，也就是对被告人是否定罪处刑的决定。

判决作为人民法院行使审判权和适用法律的结果，它在刑事诉讼中具有重要作用。从程序方面讲，人民法院的判决标志着案件审理的结束；从内容方面讲，它最后解决了案件的实体问题。

判决一经发生法律效力，就具有这样三个特点：

（1）强制性。判决是人民法院行使审判权和适用法律的结果，它的强制性是由法律的强制性决定的。无论哪一级人民法院作出的判决，只要它已经发生法律效力，就必须按照它所决定的内容，无条件地立即执行。如果当事人拒不执行，执行机关有权强制执行。对拒不执行人民法院已经发生法律效力的判决，情节严重构成犯罪的，还要依法追究其刑事责任。

（2）稳定性。对于生效的判决，其他任何机关、团体、企事业单位都无权变更或撤销。如果发现判决在认定事实、适用法律上确有错误，也只能由人民法院按照审判监督程序予以变更或撤销。当事人或者其近亲属等如果认为生效的判决确有错误，可以向人民法院或者人民检察院提出申诉，但无权停止判决的执行，或者变更判决的内容。

（3）排他性。对于生效判决所确定的事实，检察机关、当事人都不得再次起诉。任何法院也不能再次受理判决已确定的案件。一个案件不能同时有两个生效判决。

刑事案件的判决可分为有罪判决和无罪判决两种。有罪判决又可分为判处刑罚的判决和免除刑罚的判决。

刑事判决书是刑事判决的书面表现形式，它是刑事诉讼中最重要的法律文书。它的制作必须按照一定格式和规范进行。由于审判实践中，人民法院制作的第一审刑事判决书,绝大多数是有罪判决书,因此,这里只讲第一审刑事有罪判决书的制作。

有罪判决书的内容一般包括:首部、事实、理由、判决、尾部等五部分。

(1)首部。首部是判决书的开头部分,它包括人民法院的名称、案号;公诉人、自诉人的姓名、职务等基本状况;被告人的姓名、年龄、住址、职业、民族;辩护人、代理人的姓名、身份;案由;开庭的时间、审判组织、审判方式。这一部分写作时要注意称谓的准确性、规范性,如不要把"辩护人"写成"律师";不要把自诉案件的"自诉人"写成"原告"或"原告人"等。

(2)事实。这一部分要叙述清楚犯罪的时间、地点、动机、目的、手段、后果和其他有关情节。写在判决书上的事实,必须是经法庭调查核对的、足以认定的、依据法律确已构成犯罪的事实。书写时要注意突出重点,突出主罪。组织和选择犯罪事实材料时,要以具体的犯罪构成要件为指导。对于关系到定罪量刑的情节,要具体,但对涉及国家秘密、侦破手段和隐私案件的细节,被害妇女的姓名,不要写在判决书上。对事实的叙述要恰当确切,前后一致。

(3)理由。理由部分应当列举认定犯罪事实的证据,按照刑法的规定阐明定罪量刑的理由。阐述理由要以法庭调查核实的证据为根据,以刑法的规定为准绳。在列举证明被告人主要犯罪事实的证据的基础上,要依法论证被告人犯有什么罪,以及为什么要从重或从轻、减轻处罚等。

(4)判决(或曰主文)。判决部分,应写明被告人所犯罪行的罪名;对罪犯判处的刑罚(主刑、附加刑);赃款、赃物、证物的处理;数罪并罚的应写明数罪并罚的情况和决定应执行的刑罚;有附带民事诉讼的应写明处理结果;被告人已被羁押的,应写明如何折抵刑期;刑期的起止日期。这一部分的要求是:确定罪名要准确,判处刑罚要适当。要正确适用缓刑、附加刑和数罪并罚,要正确适用刑法的有关规定。

(5)结尾部分。这一部分要交待上诉权和上诉方法;合议庭组成人员署名;判决书的发出日期;加盖人民法院印章;书记员署名。

二、裁定

裁定是人民法院解决诉讼程序和部分实体问题所作的一种决定。刑事裁定从它反映的内容、表现的形式以及所处的诉讼阶段,可以有不同的分类。从内容上分,有实体问题的裁定和程序问题的裁定;从审判程序上分,有一审裁定、终审裁定和再审裁定、核准死刑判决的裁定;从表现形式上分有书面裁定和口头裁定。

刑事裁定的书面形式就是刑事裁定书。在审判实践中,第一审程序常用的裁定书,有驳回自诉的裁定书等。

刑事裁定和刑事判决是两种不同的决定,它们之间存在下列区别:(1)适用的范围有所不同。裁定虽然也解决部分实体问题,但主要是解决诉讼程序的问题,而判决只适用于最后解决整个案件的实体问题。(2)表现形式不同。裁定可以有书面和口头两种。口头裁定作出后,记入法庭笔录,其效力和书面裁定相同。而判决则只能用书面形式。(3)使用的次数不同。一个案件中可能有几个裁定,而判决只能有一个。(4)上诉、抗诉的期限不同。不服一审裁定的上诉、抗诉期限为 5 日。而不服一审判决的上诉、抗诉期限是 10 日。

裁定书的制作格式、写法与判决书基本相同,但内容比较简单。

三、决定

人民法院使用决定这种形式时,只是解决某些诉讼程序问题。例如,人民法院以"决定"的方式解决是否同意申请回避的问题,是否同意当事人、辩护人关于新的证人到庭、调取新的证据、重新鉴定或勘验等问题的申请,是否同意延期审理的问题等。

决定的形式,在庭审中可以是口头的,也可以是书面的。口头决定应记录在卷,书面决定应形成决定书。

对于不同的问题,要由不同的主体作出决定。有的问题可以由审判长直接作出决定,而有的问题则应由院长决定。

决定一经作出,一般就马上发生法律效力,不得上诉、抗诉。但有的决定,如对驳回申请回避的决定,当事人可以申请复议一次。

第五节　自诉案件第一审程序的特点

自诉案件是指被害人或者他的法定代理人,为追究被告人的刑事责任,自行向人民法院提起诉讼,由人民法院直接受理的案件。

自诉案件的范围,根据我国《刑事诉讼法》第 204 条的规定,应当包括如下三类:

(1)告诉才处理的案件;

(2)被害人有证据证明的轻微刑事案件;

(3)被害人有证据证明对被告人侵犯自己人身、财产权利的行为应当依法追究刑事责任,而公安或检察机关不予追究的。

一、对自诉案件的审查

人民法院接到自诉人的起诉后,应对案件进行下列审查:(1)案件是否属自诉案件范围,是否归本院管辖;(2)被告人的行为是否属于犯罪行为;(3)自诉人的控告是否有足够的证据。

人民法院对自诉案件进行审查后,可以根据不同的情况,作出下列处理:

(1)对符合立案条件的,即犯罪事实清楚、有足够证据并且属于本法院管辖的案件,应当在收到自诉状或口头告诉第二日起 15 日以内立案,并书面通知自诉人。

(2)缺乏罪证的自诉案件,可以要求自诉人限期补充证据,如果自诉人在限期内提不出补充证据,应当说服自诉人撤回自诉,或裁定驳回。对经说服撤诉或裁定驳回自诉后,又提出了足以证明被告人有罪证据的自诉案件,则应受理。

(3)被告人的行为不属于犯罪行为的案件,应当说服自诉人撤回自诉,或者裁定驳回自诉。

(4)对有下列情形之一的,不予受理:犯罪已过追诉时效期限的;被告人死亡的;被告人下落不明的;除因证据不足而撤诉的以外,自诉人撤诉后就同一事实又告诉的;经法院调解结案后,自诉人反悔,就同一事实再行告诉的;民事案件结案后,自诉人就同一事实再提出刑事自诉的。

对不符合立案条件的,人民法院应当在 15 日以内书面通知自诉人,并说明不予受理的理由。自诉人坚持告诉的,人民法院应当裁定驳回起诉。对于驳回起诉的裁定,自诉人可以上诉。

二、自诉案件审判程序的特点

人民法院对犯罪事实清楚、有足够证据证明的自诉案件,应当开庭审判。审判自诉案件的程序,应当参照公诉案件第一审程序的规定进行。但由于自诉案件的犯罪性质一般不严重,对社会的危害性一般比较小,所以在审判时,还应体现出自诉案件本身独自具有的一些特点。

自诉案件的审判程序主要有以下特点:

(1)人民法院审理自诉案件可以进行调解。可以进行调解即可以对自诉案件的当事人双方进行说服教育,在查明事实、分清是非的基础上使双方达成一定的协议,即调解结案,不用再进行判决。调解结案的方法既有利于迅速解决问题,减少当事人的讼累,又有利于人民内部的团结,所以凡是可以调解结案的,都应当进行调解。

调解应当在自愿、合法、不损害国家、集体和公民利益的前提下进行。调解达成协议的,人民法院应当制作刑事调解书,由审判员和书记员署名,并加盖人民法院印章。调解书一经送达,即发生法律效力。调解没有达成协议或者调解书送达前一方反悔的,人民法院应当进行判决。

根据我国《刑事诉讼法》第 206 条的规定,被害人有证据证明对被告人侵犯自己人身、财产权利的行为应当追究刑事责任,而公安机关或人民检察院不予追究被告人刑事责任的案件,不适用调解。

（2）自诉人在宣告判决前可以同被告人自行和解或者撤回自诉。自诉人可以同被告人自行和解,就是允许他们可以自己协商,私下使问题得到解决。自诉人撤回自诉的不一定都是已经自行和解的。但是已经自行和解的肯定都会同意撤诉。不管是自行和解后的撤诉还是尚未自行和解的撤诉,只要符合有关政策、法律规定,并且是在宣告判决前提出的,人民法院就应当允许。对于已经审理的自诉案件,当事人自行和解的应当记录在卷。

对于自诉人经两次依法传唤,无正当理由拒不到庭的,或者未经法庭许可中途退庭的,也可按撤诉处理。

法庭审理过程中,审判人员对证据有疑问,需要调查核实的,可以进行勘验、检查、查封、扣押、鉴定或查询、冻结。

（3）自诉案件的被告人或其法定代理人在诉讼过程中,可以对自诉人提起反诉。反诉必须符合下列条件:第一,反诉的对象必须是本案的自诉人;第二,反诉的内容必须是与本案有关的犯罪行为;第三,反诉的案件必须是属于人民法院直接受理的案件,即也属于自诉案件的范围。

反诉适用自诉的规定。原自诉人撤诉的,不影响反诉案件的继续审理。既有自诉又有反诉的情况下,人民法院应当把反诉同原来的自诉合并审理。在这种互诉案件中,反诉人与自诉人地位平等、权利相同,享有法律赋予的各种诉讼权利,并承担相应的义务。

在出现反诉人有罪应该处罚,自诉人也有罪也应该处罚时,人民法院应当根据他们各自的犯罪事实,依法分别判处,不能互相抵消。

（4）自诉案件的可分性。自诉案件的可分性主要是指以下几种情形:

第一,一个犯罪行为侵犯了数个人的利益,即受害人不只一人,而是多人。在这种情况下,其中任何一个受害人都有权单独向法院提起诉讼。没有提起诉讼的受害人,也有权不作为该案件的自诉人参加诉讼。

人民法院对共同被害人中只有部分人告诉的,应当通知其他被害人参加诉讼。被通知人接到通知后至第一审宣判时未提出告诉的,即视为放弃告诉权。第一审宣判后,被通知人就同一事实又提出告诉的,人民法院不予受理。但当事人另行提起民事诉讼的,则不受此限制。

第二,数人共同对一个人实施某一犯罪行为。在这种情况下,受害人有权只对其中的一人或几个人提起诉讼。就是说,受害人明知侵害人是二人以上的情况下,只对部分侵害人提出告诉的,人民法院应当受理,并视为受害人对其他侵害人放弃告诉权。判决宣告后受害人又对其他侵害人就同一事实提出告诉的,人民法院不再受理。

第三,被告人对受害人实施两个以上的犯罪行为,受害人有权只对其中某一犯罪行为提起诉讼。当出现这种情况即受害人只起诉其中某一罪行时,审判人员应当告知可以一并起诉。在第一审判决或者调解书发生法律效力前没有起诉的,如果没有正当理由,不得再行起诉。

《刑事诉讼法》对自诉案件的一审期限的规定是:被告人已被羁押的,应当适用一审公诉案件的审理期限,未被羁押的,应当在受理后6个月以内宣判。

第六节　简易程序

一、简易程序的特点

简易程序是基层人民法院对某些案件进行审判时所采用的,比第一审普通程序简便、快捷的方式、方法等的总称。

简易程序可以简化或省略第一审普通程序中某个阶段或某个环节,可以不受法律关于法庭调查、法庭辩论程序规定的限制,比第一审普通程序简便、快捷。具体讲,简易程序主要有以下特点:

(1) 只有基层人民法院审判刑事案件,可以依法适用简易程序。中级以上人民法院不能适用简易程序,即使依第一审程序审判案件,也不能适用简易程序。

(2) 适用简易程序,可以由审判员1人独任审判,也可以由审判员3人或由审判员和人民陪审员共3人组成合议庭进行审判。但是对可能判处的有期徒刑超过3年的,则应当组成合议庭进行审判。

(3) 可以适用简易程序审判的条件:案件事实清楚、证据充分的;被告人承认自己所犯罪行,对指控的犯罪事实没有异议的;被告人对适用简易程序没有异议的。符合以上条件,并且是基层法院管辖的案件,才能适用简易程序审判。

(4) 适用简易程序审理案件,不受第一审普通程序中的某些规定的限制,即不受讯问被告人、询问证人、鉴定人、出示证据、法庭辩论等程序规定的限制。

(5) 适用简易程序审理案件,审结期限短。人民法院从受理案件第二天起到审结,不能超过20天。对可能判处的有期徒刑超过3年的,可以延长至一个半月。

二、依简易程序对案件的审理

人民检察院在提起公诉时,可以建议人民法院适用简易程序。人民检察院建议适用简易程序的,在人民检察院向人民法院提起公诉时,应同时提出适用简易程序的书面建议。

人民法院对人民检察院建议适用简易程序的案件,应当进行审查。审查后如果认为符合适用简易程序的条件,可以决定适用简易程序;如果认为不符合适用简易程序的条件,应书面通知人民检察院。

根据《刑事诉讼法》第209条以及最高人民法院《关于适用〈中华人民共和国刑事诉讼法〉的解释》第290条,具有下列情形之一的,不适用简易程序:(1)被告人是盲、聋、哑人;(2)被告人是尚未完全丧失辨认或者控制自己行为能力的精神病人;(3)有重大社会影响的;(4)共同犯罪案件中部分被告人不认罪或者对适用简易程序有异议的;(5)辩护人作无罪辩护的;(6)被告人认罪但经审查认为可能不构成犯罪的;(7)不宜适用简易程序审理的其他情形。

适用简易程序审理案件,审判人员应当询问被告人对指控的犯罪事实的意见,告知被告人适用简易程序审理的法律规定,确认被告人是否同意适用简易程序审理。

适用简易程序审理公诉案件,人民检察院应当派员出席法庭。审理中,经审判人员许可,被告人及其辩护人可以同公诉人、自诉人及其诉讼代理人互相辩论。

适用简易程序审理案件,虽然不受第一审普通程序中某些规定的限制,但在判决宣告前应当听取被告人的最后陈述意见,则是不可省略或缺少的必经程序。

审理中,如果发现有下列情形之一的,应当转为普通程序审理:(1)被告人的行为可能不构成犯罪的;(2)被告人可能不负刑事责任的;(3)被告人当庭对起诉指控的犯罪事实予以否认的;(4)案件事实不清、证据不足的;(5)不应当或者不宜适用简易程序的其他情形。

转为普通程序审理的案件,其审理期限应当从决定转为普通程序之日起计算。

思考题

1. 第一审程序的任务和意义是什么?

2. 人民法院对提起公诉的案件进行审查时,应当审查哪些内容? 审查后应当怎样处理?

3. 开庭审判分几个阶段? 各个阶段的活动内容和具体任务是什么?

4. 在法庭审判时,应怎样正确发挥控诉、辩护和审判三种职能的作用?

5. 什么是判决、裁定和决定? 判决书应当符合什么要求?

6. 自诉案件的审判程序有哪些特点?

7. 适用简易程序审理案件时,应注意哪些问题?

第十八章 第二审程序

第一节 第二审程序的概念和意义

一、第二审程序的概念

第二审程序,是指上一级人民法院根据当事人的上诉或人民检察院的抗诉,对于下一级人民法院未生效的判决或裁定重新进行审理的方式、方法和应遵循的顺序等。第二审程序又称上诉审程序。

第二审程序是刑事诉讼中的一个独立的诉讼阶段。我国实行两审终审原则。有的案件只经过一审程序还不能立即发生法律效力、交付执行,还必须依法经过第二审程序。第二审人民法院的判决和裁定一经作出,就是终审的判决和裁定,不能再上诉或抗诉,对它不服只能按照审判监督程序进行申诉或者抗诉。这表明第二审程序是继第一审程序之后的一个相对独立的诉讼阶段。一、二审程序均系刑事诉讼的普通程序,是法院处理同一案件的相继过程。然而第一审程序是任何刑事案件的审判所必不可缺的程序,第二审程序却非每个刑事案件的必经程序。如果没有当事人及其法定代理人等的合法上诉或人民检察院的合法抗诉,便不会引起第二审程序。第二审程序是上一级人民法院对已经过下一级人民法院按第一审程序审理和作出裁判的案件所进行的审判,所以,第二审程序在案件来源、审判任务、审理对象与审判组织、审理范围、有权审理的法院、能否适用简易程序、审理方式与方法(诸如是否一律为开庭直接审理、法庭调查的发言次序、法庭调查的重点及辩论次序、公诉人是否一律出庭等)以及裁判效力等方面,均有自身特点,与一审程序不完全相同。

二、第二审程序的任务和意义

第二审程序的任务,是对第一审未生效的判决、裁定在认定事实和适用法律是否正确,诉讼程序是否合法等方面,进行全面审查和审理,依法作出判决或裁定,维护正确的裁判,纠正错误的裁判,实现上级法院对下级法院的审判监督,保证正确、合法、及时地惩罚犯罪和切实维护当事人的合法权益。

第二审程序依法具有撤销、变更一审裁判,发回重新审判等广泛的权限,因此,搞好第二审程序的审判,对于保证人民法院正确行使审判权,提高办案质量,准确地惩罚犯罪分子,保护当事人的合法权益,以及发挥上级人民法院对下级人民法院审判工作的指导与监督作用等,均有重要意义。

第二审程序的作用在于:

(1)通过第二审审判,纠正第一审错误的裁判。审理案件的正确标准应当是事实清楚,证据确凿,定性准确,处理恰当,程序合法。然而由于犯罪现象的复杂性,与犯罪斗争的艰巨性以及其他各种主客观原因,一审法院的裁判可能会有错误,不论无罪判有罪,有罪判无罪,或者重罪轻判及轻罪重判,均与以事实为依据,以法律为准绳的原则相违背,都会损害国家和人民的利益。第二审人民法院通过审判,可以纠正一审错误的裁判,有罪必罚,无罪不罚,轻罪轻罚,重罪重罚,保证生效裁判的正确性,准确地惩罚犯罪,保障无罪的人不受刑事追究,保护公民的合法权益。

(2)通过第二审审判,维护第一审正确的裁判。我国法律赋予被告人上诉权和人民检察院抗诉权,但法律对上诉的理由没作限制性规定,只要在法定期限内提出上诉,二审法院必须受理和审判。但是,有的当事人由于缺乏法律知识或有侥幸心理,对于一审正确的裁判也可能提出上诉。人民检察院对一审裁判提出的抗诉,也可能不正确。因此,通过二审审判,可以进一步揭露和证实犯罪,驳回无理的上诉,对于错误的抗诉,可以发挥配合与制约作用,依法维护一审的正确裁判。

(3)通过二审审判,指导和监督下级人民法院的审判工作。二审审判是实现我国上下级法院之间的指导与监督关系的主要途径和有效方法。正确适用法律是第二审人民法院指导和监督下级法院审判工作的核心问题。通过二审审判,查明案件事实是否清楚,证据是否确实、充分,定性是否准确,处理是否恰当,程序是否合法,发现和纠正错误的裁判,就是二审法院实行审判监督的具体内容。第二审法院通过对上诉、抗诉案件的审理,可以深入细致地了解下级法院的审判工作情况,充分发挥指导和监督作用。通过二审审判,可以发现下级法院审判工作中的问题,肯定下级法院的工作成绩,并对带有普遍性的问题总结经验教训,促使下级人民法院提高审判业务水平和审判工作质量,改进审判作风。

第二节　提出上诉、抗诉的程序

一、上诉人的范围和抗诉的机关

(一)上诉权与上诉人的范围

上诉,是指当事人(被害人除外)或其法定代理人不服地方各级人民法院第一审刑事判决或裁定,依法请求一审人民法院的上一级人民法院对案件进行重新审理的诉讼活动。

上诉权,是法律赋予当事人及其法定代理人不服一审刑事裁判,依法提起上诉的诉讼权利。这是当事人诉讼权利的一个重要部分,对于被告人来说,也是辩护权的一个重要方面。国家保障他们自由、充分、合法地行使上诉权。

根据《刑事诉讼法》第 216 条的规定有权提出上诉的人,有自诉人、被告人或者他们的法定代理人,以及经被告人同意的被告人的辩护人、近亲属,还有附带民事诉讼的当事人及其法定代理人。由于这些人的诉讼地位不同,法律对他们的诉讼权限也作了不同的规定。

自诉人和被告人在刑事诉讼中处于当事人的诉讼地位,人民法院的判决、裁定对他们具有切身利害关系,因此,法律赋予他们独立的上诉权。只要他们在法定期限内提出上诉,案件就进入第二审程序。自诉人、被告人的法定代理人,也有独立的上诉权,不论被代理人是否同意,其法定代理人的上诉都是合法的。

被告人的辩护人和近亲属,在取得被告人的同意后,有权提出上诉。允许被告人的辩护人和近亲属提出上诉,是让他们帮助被告人行使上诉权。是否上诉,应由被告人作最后决定。被告人对案件最了解,直接承担案件处理结果,有权最后决定是否由辩护人、近亲属代为上诉。如果被告人不同意上诉,辩护人或近亲属就无权提起上诉;对经被告人同意提出上诉的,应当写明提出上诉的人与被告人的关系,并应当以被告人作为上诉人。

附带民事诉讼的当事人和他们的法定代理人依法享有附带民事诉讼的独立上诉权。附带民事诉讼当事人如果就是刑事诉讼的当事人,他们可对刑事判决和附带民事判决同时或者单独提起上诉,如果刑事诉讼的当事人与附带民事诉讼的当事人不一致,附带民事诉讼的当事人及其法定代理人只能对附带民事诉讼部分提出上诉,无权涉及判决、裁定中的刑事部分,且其上诉也不影响生效刑事裁判的执行。

对于被告人的上诉权,法律特别规定了保障措施。《刑事诉讼法》第 216 条第 3 款规定:"对被告人的上诉权,不得以任何借口加以剥夺。"这是一项重要规定,被告人处于被追究刑事责任的特殊地位,切实保护被告人的上诉权,是保障被告人辩护权的一个重要方面。剥夺被告人的上诉权,应属于严重违反诉讼程序的行为。

至于被害人,《刑事诉讼法》赋予其当事人地位,但未赋予刑事上诉权,对于刑事裁判无权提起上诉。如果对一审刑事裁判不服,可在收到一审判决书后 5 日以内请求检察院提起抗诉。是否抗诉应由检察机关决定。人民检察院收到被害人及其法定代理人的请求后 5 日以内作出是否抗诉的决定并且答复请求人。被害人及其法定代理人的请求抗诉权,只及于一审判决,对一审裁定不能请求抗诉。如果检察院认为一审裁判确有错误,就应该根据事实与法律提出抗诉,以维护国家利益和被害人的合法权益。实践中有的检察院出于某种考虑而不接受被害人要求抗诉的正确意见或者在公诉中不能完全代表和维护被害人的合法权益，这是应该纠正的。

（二）抗诉权与抗诉机关

二审程序的抗诉，是指地方各级人民检察院认为本级人民法院第一审的判决、裁定确有错误时，在法定抗诉期限内要求上一级人民法院对案件重新审理的诉讼活动。

二审程序的抗诉权，是法律赋予地方各级人民检察院对同级人民法院未生效的一审裁判，依法提起抗诉的诉讼权利。

有权提起抗诉的机关，是地方各级人民检察院。我国《刑事诉讼法》第217条规定："地方各级人民检察院认为本级人民法院第一审的判决、裁定确有错误的时候，应当向上一级人民法院提出抗诉。"据此，有权抗诉的地方各级人民检察院是：省、自治区、直辖市人民检察院，省、自治区、直辖市人民检察院分院，自治州和省辖市人民检察院；县、市、自治县和市辖区人民检察院。

最高人民法院是我国最高审判机关，它所作的一审裁判就是终审裁判，对终审裁判既不能上诉，也不能按照二审程序抗诉。最高人民检察院如果认为最高人民法院的裁判确有错误，只能按照审判监督程序提出抗诉。这是法律规定的一种特殊处理方式。

人民检察院是国家的法律监督机关，对于地方各级人民法院的一审裁判，依照二审程序提出抗诉，这是地方各级人民检察院依法行使职权，对本级人民法院的审判活动实行监督的一种重要形式。这种抗诉只能由人民检察院提出，其他任何机关、团体和个人都无权向人民法院提出抗诉。

1994年3月1日，最高人民检察院发出《关于加强刑事抗诉工作的通知》，提出要把刑事抗诉工作作为检察机关强化法律监督职能，"严格执法，狠抓办案"的重要任务，突出重点，加强领导。在当前反腐败和严厉打击刑事犯罪斗争中，刑事抗诉工作的重点是有罪判无罪和重罪轻判的贪污贿赂犯罪大要案和严重危害社会治安的刑事犯罪案件及其他有重大影响的犯罪案件。对这些案件一审、二审的判决、裁定均应由承办案件的检察员专门审查并报告分管检察长，逐步完善分管检察长、承办案件检察员依法审查判决、裁定的工作制度。

上诉程序的抗诉，务必在法定时限内提出。要加强对死刑案件抗诉工作的领导。地方各级人民检察院认为同级人民法院或上级人民法院终审判处死刑立即执行的案件确有错误，应当依法改判的，要在判决、裁定作出后，立即提请上级检察院按照审判监督程序提起抗诉并建议法院暂缓执行死刑。对终审判处死刑缓期二年执行的案件，省、自治区、直辖市人民检察院认为应当判处死刑立即执行的，要在接到判决、裁定书后，一个月内提请最高人民检察院审查，最高人民检察院应当在两个月内,作出是否抗诉的决定。

提起抗诉或提请上级检察院抗诉的案件,必须是判决、裁定确有错误,抗诉理由充分,有抗诉必要的。审查案件时,应由检察员专人阅卷、刑检部门讨论提出意见,报请检察长提请检察委员会讨论决定。为准确地掌握法院对案件的判处情况,及时进行抗诉工作,各级检察院应依法列席同级法院讨论重大、疑难案件的审判委员会会议。人民法院审理人民检察院提出抗诉的案件,应当通知同级人民检察院派员出庭。对接到开庭通知后人民检察院不派员出庭的案件,人民法院应当裁定按人民检察院撤回抗诉处理,并通知第一审人民法院和当事人。同级检察院应当选派业务素质好、有经验的检察员出庭,必要时,检察长应亲自出庭。

二、提出上诉、抗诉的方式和程序

(一) 提出上诉的方式与程序

关于提出上诉的方式,我国《刑事诉讼法》第216条规定了书状和口头两种形式。口头提出上诉的,人民法院应将上诉要求制成笔录,或者代写上诉状附卷。如果被告人在一审裁判宣告或送达时,只是诉说冤枉,并未明确提出上诉的,不能以口头上诉对待。

人民法院受理的上诉案件,一般应当有上诉状正本及副本。上诉状内容应当包括:第一审判决书、裁定书的文号和上诉人收到的时间;第一审法院的名称;上诉的请求和理由;提出上诉的时间,并签名或者盖章。如果是被告人的辩护人、近亲属提出上诉的,还应当写明提出上诉的人与被告人的关系,并应当以被告人作为上诉人。

根据我国《刑事诉讼法》第220条的规定,上诉可以通过原审人民法院提出,也可以直接向第二审人民法院提出。通过原审人民法院上诉的,原审人民法院应先审查是否符合法律规定,符合法律规定的,应当在上诉期满后3日以内将上诉状连同案卷和证据,移送上一级人民法院,同时将上诉状副本送交同级人民检察院或对方当事人。直接向第二审人民法院提出上诉的,二审法院应在3日以内将上诉状交原审人民法院审查。原审人民法院应当审查是否符合法律规定。符合法律规定的,应按通过一审法院上诉程序作同样处理。如果越级上诉,收到上诉状的上级人民法院应当及时通知并将上诉状转交原审人民法院或第二审人民法院,根据上诉人是否具有上诉权、是否逾期等具体情况区别对待。

有上诉权人在上诉期限内要求撤回上诉的,应当允许,并由第一审人民法院通知同级人民检察院和对方当事人。在上诉期满后要求撤回上诉的,应当由第二审人民法院进行审查。合议庭经过阅卷,讯问被告人,听取其他当事人、辩护人、诉讼代理人的意见后,如果认为原判决认定事实和适用法律正确,量刑适当,应当裁定准许撤回上诉;如果认为原判决事实不清,证据不足或者将无罪判为有罪、轻罪重判等,应当不准撤回上诉,由第二审人民法院依照上诉程序进行审理。

（二）提出抗诉的方式和程序

地方各级人民检察院对同级人民法院第一审判决、裁定提出抗诉的方式,根据《刑事诉讼法》第221条的规定,只能采用书状形式,不得采用口头形式。

抗诉应当通过原审人民法院提出抗诉书,并将抗诉书抄送上一级人民检察院。原审人民法院应当在抗诉期满后3日以内,将抗诉书连同案卷、证据移送上一级人民法院,并将抗诉书副本送交有关当事人。

人民检察院在抗诉期限内撤回抗诉的,第一审人民法院不再向上一级人民法院移送案件;如果是在抗诉期满后撤回抗诉的,第二审人民法院应当裁定准许,并通知第一审人民法院和有关当事人。

上级人民检察院对于下级人民检察院抄送的抗诉书,经过审查如果同意抗诉,二审开庭审判时应当派员出庭。如果认为抗诉不当,可向同级人民法院撤回抗诉,同时通知提出抗诉的下级人民检察院。

三、提出上诉、抗诉的期限

关于上诉、抗诉的期限,《刑事诉讼法》第219条规定:不服判决的上诉和抗诉期限为10日,不服裁定的上诉和抗诉期限为5日,从接到判决书、裁定书的第二日起算。

对附带民事判决或者裁定的上诉、抗诉期限,应当按照刑事部分的上诉、抗诉期限确定。如果附带民事部分是另行审判的,上诉期限应当按照民事诉讼法规定的期限执行。

法律规定上诉、抗诉期限的目的,在于保证上诉人和抗诉机关有必要的考虑和准备是否上诉、抗诉及其理由的时间,使没有上诉、抗诉的一审裁判得到迅速执行,使一审错误的裁判得以及时纠正。因此,在一般情况下不允许逾期上诉或抗诉。如果由于不能抗拒的原因或者其他正当理由而耽误了上诉期限,可在障碍消除后5日内申请继续行使上诉权。是否允许,由人民法院裁定。如果逾期而无正当理由的,应予驳回。仍坚持上诉的,可视为申诉,按申诉处理。人民检察院逾期抗诉,同样不得受理。抗诉确有根据的,也按审判监督程序处理。在上诉、抗诉期限内对于是否上诉、抗诉的反复,应当允许。

四、提出上诉、抗诉的理由

关于上诉的理由,法律没作具体规定。自诉人、被告人和他们的法定代理人、被告人的辩护人和近亲属只要不服第一审裁判,在法定期限内依法提出上诉,上诉即可成立,因此可以说"不服一审裁判,要求上级法院重新审理",就是理由。当然,为了便于二审查明事实,正确适用法律,上诉人应当提出理由,并且理由愈充分愈好。

关于抗诉的理由,法律有明确规定。根据我国《刑事诉讼法》第 217 条的规定,必须是认为第一审裁判"确有错误",才能提出抗诉。对人民检察院的这种要求与其法律监督含义是一致的。但是,这里所说的"确有错误",是指抗诉机关的认识。如果一审裁判实际是正确的,二审经过审理后可以驳回抗诉。人民检察 院只要在法定期限内提出抗诉,不论理由是否充分,二审法院都应受理。但是二审法院必须着重查明上诉或抗诉的理由。如果上诉或抗诉理由是正确的,应成为撤销或变更原裁判的根据。

根据司法实践经验,上诉或抗诉的理由可以概括为以下几个方面:

(1)原判事实不清,证据不足。包括案件事实不清和认定事实有错误;证据不确凿、不充分和判断上有错误。

(2)原判适用法律不当,定罪量刑有错误。诸如在认定是否犯罪、犯罪性质、罪名、是否应受刑罚处罚、量刑轻重等方面有错误。

(3)原判严重违反诉讼程序。诉讼程序是正确认定案情和公正裁判的一种保证,违反诉讼程序而作出的裁判,本身就缺乏合法性。

属于上述三项理由的具体情况很多,上诉人或抗诉机关不仅可在上诉状或抗诉书中阐明,还可以在二审法院审理过程中补充阐述或提出新的理由。

第三节　第二审人民法院的审判

一、对上诉、抗诉案件的全面审查

第二审人民法院审理上诉或抗诉案件,由审判员 3 或 5 人组成合议庭,对案件进行全面审查。我国《刑事诉讼法》第 222 条规定:"第二审人民法院应当就第一审判决认定的事实和适用法律进行全面审查,不受上诉或抗诉范围的限制。共同犯罪的案件只有部分被告人上诉的,应当对全案进行审查,一并处理。"

全面审查包括以下几个方面:

(1)既要审查原审法院认定的事实是否清楚,证据是否确实、充分、合法,又要审查适用法律是否正确。

(2)既要对上诉、抗诉部分进行审查,又要对未上诉、未抗诉部分进行审查。

(3)在共同犯罪案件中,既要对已上诉的被告人和抗诉的部分进行审查,又要对未上诉的被告人和未抗诉的部分进行审查。

共同犯罪的案件,如果提出上诉的被告人死亡,其他被告人没有上诉,第二审人民法院仍应对全案进行审查。对死亡的被告人,不构成犯罪的,应当宣告无罪;构成犯罪的,应当宣布终止审理,对其他同案被告人仍应作出判决或者裁定。

（4）既要审查已经提出的上诉、抗诉理由，又要审查上诉、抗诉中未提到的理由。

（5）既要从实体上对案件进行审查，又要从程序上审查诉讼活动是否合法。

（6）对于刑事附带民事案件，被告人对刑事判决不上诉，人民检察院也未抗诉，只是被害人作为民事诉讼原告人对附带民事部分提出上诉的，第二审人民法院不仅要审查附带民事部分，也要审查刑事诉讼部分，以便正确确定民事责任。

具体说，对于上诉、抗诉案件应当审查下列主要内容：

（1）第一审判决认定的事实是否清楚，证据是否确实、充分，证据之间有无矛盾，有无遗漏罪行和犯罪分子；

（2）第一审判决适用法律是否正确，量刑是否适当；

（3）在侦查、起诉、第一审程序中，有无违反法律规定的诉讼程序的情形；

（4）上诉、抗诉是否提出了新的事实和证据；

（5）被告人供述、辩解的情况；

（6）辩护人的辩护意见以及采纳的情况；

（7）附带民事判决、裁定是否合法、适当；

（8）第一审法院合议庭、审判委员会讨论的意见。

审查后写出审查报告。

全面审查的实质精神，就是要求第二审人民法院独立行使审判权，发挥主观能动性和主导作用，从认定事实到适用法律进行全面审查，以事实为根据，以法律为准绳，使案件得到正确处理。

全面审查的作用与意义很大。它充分体现了我国刑事诉讼从实际出发、实事求是、有错必纠的精神；有助于第二审人民法院对下级人民法院的审判工作的了解与监督；有利于更好地正确处理上诉、抗诉案件；充分显示人民法院在刑事诉讼中的主导性和决定性作用。

二、第二审的审理方式

审理方式或称审判方式，是指法院审判案件的方法和形式。《刑事诉讼法》第231条规定，审判上诉和抗诉案件，除执行关于第二审程序的特别规定外，应参照第一审程序的规定进行。

二审审理方式问题，不是一个单纯的形式问题，它服务于审判任务，关系到能否及时发现和纠正一审裁判的错误，使两审终审制得到切实贯彻执行，保障无罪的人不受刑事追究。因此，进一步明确审理方式是十分必要的。

（一）直接审理

直接审理，即开庭审理，是指组成合议庭，由审判人员亲自直接调查、核实案件事实、证据，传唤当事人和通知证人、鉴定人、辩护人、公诉人等到庭，进行法庭调查和辩论,然后进行评议和裁判的审理方式。

直接审理的方式与程序和第一审程序基本相同。它主要适用于以下案件:(1) 被告人、自诉人及其法定代理人对第一审认定的事实、证据提出异议,可能影响定罪量刑的上诉案件;(2) 被告人被判处死刑立即执行的上诉案件;(3) 人民检察院抗诉的案件;(4) 其他应当开庭审理的案件。

开庭审理既可以在第二审人民法院所在地进行,也可以到发案地或原审人民法院所在地进行。开庭审理的方式,具有许多优越性,可以避免书面审理的一些局限性或弊端。

在第二审程序中,被告人除自行辩护外,还可以继续委托第一审辩护人或者另行委托辩护人辩护。共同犯罪案件,只有部分被告人上诉或者人民检察院只就第一审人民法院对部分被告人的判决提出抗诉的,其他被告人也可以委托辩护人辩护。

第二审人民法院开庭审理上诉或者抗诉案件,除参照第一审程序的规定外,还应依照下列程序进行:

(1) 开庭审理前,人民检察院向第二审人民法院提交新证据的,第二审人民法院应当通知被告人的辩护律师或者经许可的其他辩护人在开庭前到人民法院查阅;被告人及其辩护人向第二审人民法院提交新证据的,第二审人民法院应当通知人民检察院在开庭前到人民法院查阅。此外,第二审人民法院开庭审理具有下列情形之一的上诉、抗诉案件特别是死刑上诉、抗诉案件,应当通知证人、鉴定人、被害人出庭作证:

第一,人民检察院、被告人及其辩护人对鉴定意见有异议、鉴定程序违反规定或者鉴定意见明显存在疑点的;

第二,人民检察院、被告人及其辩护人对证人证言、被害人陈述有异议,该证人证言或者被害人陈述对定罪量刑有重大影响的;

第三,合议庭认为有必要出庭作证的其他情形。

(2) 法庭调查阶段,审判长或者审判员宣读第一审判决、裁定书后,由上诉人陈述上诉理由或者由人民检察院宣读抗诉书;如果是既有上诉又有抗诉的案件,先由检察人员宣读抗诉书,再由上诉人陈述上诉理由;法庭调查的重点是针对上诉或者抗诉的理由,全面查清事实,核实证据;

(3) 法庭辩论阶段,上诉案件,应当先由上诉人、辩护人发言,再由检察人员及对方当事人发言;抗诉案件,应当先由检察人员发言,再由被告人、辩护人发言;既有上诉又有抗诉的案件,应当先由检察人员发言,再由上诉人和他的辩护人发言,依次进行辩论;

(4) 辩论终结后,上诉人(原审被告人)最后陈述;

(5) 最后陈述后,审判长宣布休庭,合议庭进行评议,依法作出判决、裁定。

共同犯罪案件中,没有上诉的和没有对其判决提出抗诉的一审被告人,应当参加法庭调查,并可以参加法庭辩论。

（二）调查讯问式的审理

调查讯问式的审理方式,就是第二审人民法院在审查案件书面材料的基础上,讯问被告人,听取其他当事人、辩护人、诉讼代理人的意见,对案件事实和证据进行必要的调查核对,在查明事实、核实证据后,经合议庭评议,进行裁决,不再开庭审判的一种审理方式。虽然不开庭审理,但是,讯问被告人,听取其他当事人、辩护人、诉讼代理人的意见,则是不可缺少的必经程序,不能省略。另外,采用这种方式审理的案件,只能是原判事实清楚,并且属于前述法律规定的应当开庭审理的案件以外的上诉案件。

关于人民检察院派员出席第二审人民法院开庭审判问题,《刑事诉讼法》第224条规定:"人民检察院提出抗诉的案件或者第二审人民法院开庭审理的公诉案件,同级人民检察院都应当派员出席法庭。第二审人民法院应当在决定开庭审理后及时通知人民检察院查阅案卷。人民检察院应当在一个月以内查阅完毕。人民检察院查阅案卷的时间不计入审理期限。"

三、对上诉、抗诉案件的处理决定

根据我国《刑事诉讼法》第225条、第226条、第227条等的规定,第二审人民法院对不服一审判决的上诉、抗诉的案件,经过审理后,应按不同情形分别处理:

（1）维持原审判决。原判决认定事实和适用法律正确、量刑恰当的,应当裁定驳回上诉或者抗诉,维持原判,保证正确的判决迅速交付执行。

第二审法院维持原审判决,应当用裁定,着重写明驳回上诉、抗诉的理由及维持原判的根据。维持原判并不排除更正原判在叙述事实、情节上不够准确或文字表述上的错误,二审法院发现即使不影响一审判决正确性的任何差错,均应在裁定中予以更正,以保证人民法院裁判的严肃性。

（2）变更原审判决即改判。改判有两种情形。

第一,原审判决认定事实没有错误,但适用法律有错误,或者量刑不当的,应当改判。所谓适用法律有错误或者量刑不当,是指:一审判决引用刑法条款不当,导致定性或罪名错误;在法定量刑幅度之外判刑;在量刑幅度之内轻重失当;混淆罪与非罪或此罪与彼罪;错按一罪或数罪处罚;一审判决忽视从轻、减轻、免除或者从重情节,等等。

第二,原判决认定事实不清楚或者证据不足的,第二审法院通过自行调查或者通知第一审法院补充材料,事实查清或证据已充分、确实,可以直接改判。实践中属于这种情形的主要是次要的事实不清或证据不足,而且是第二审法院能够自行查证的,否则,应撤销原判,发回原审法院重新审判。

第二审人民法院改判时,应当用判决,并应着重写明原判适用法律错误或量刑失当之处,应当适用什么法律条款或应判处什么刑罚。如果原判决事实不清或者证据不足,应当具体指出"不清"、"不足"之处,并应根据查证属实的事实和证据作出直接改判的判决。

(3)撤销原判,发回重审。撤销原判,发回重审的情形有两种:

第一,原判决认定的事实不清楚,或者证据不足的,可以裁定撤销原判,发回原审人民法院重新审判。在司法实践中,属于这种情形的主要有:原判认定的主要事实不清楚,证据不足的;证据之间相互矛盾或者彼此脱节,或者证据未经查证属实的;原判遗漏罪行或其他应当追究刑事责任的人的;等等。

第二,第二审人民法院发现第一审人民法院违反法律规定的诉讼程序,应当撤销原判,发回原审人民法院重新审判。第二审人民法院发现第一审人民法院的审理有下列违反法律规定的诉讼程序的情形之一的,应当裁定撤销原判,发回原审人民法院重新审判:违反本法有关公开审判的规定的;违反回避制度的;剥夺或者限制了当事人的法定诉讼权利,可能影响公正审判的;审判组织的组成不合法的;其他违反法律规定的诉讼程序,可能影响公正审判的。

(4)附带民事诉讼的处理。第二审人民法院审理的刑事上诉、抗诉案件附带民事诉讼的,如果发现第一审判决中的民事部分确有错误,应当依法予以纠正。如果第二审人民法院认为原审被告人的行为不构成犯罪,而原判决又有附带民事部分且尚未发生法律效力的,应当在改判刑事部分的同时,对附带民事部分作出处理。如果被害人在一审期间未提起附带民事诉讼而在二审期间提出,以及在第二审附带民事诉讼中,原审民事原告人增加独立的诉讼请求或者原审民事被告人提出反诉的,第二审人民法院可以根据当事人自愿的原则进行调解,调解不成的,告知当事人另行起诉。

审理附带民事诉讼的上诉案件,如果第一审判决的刑事部分并无不当,第二审人民法院只需就附带民事诉讼提出上诉的部分作出终审裁判。根据附带民事案情,可以维持一审附带民事判决,也可以进行变更。如果第一审判决的刑事部分确有错误且已发生法律效力的,第二审人民法院应当按照审判监督程序再审,并将附带民事部分与刑事部分一并审理。

如果应当送监执行的刑事被告人仍需作为第二审中的附带民事诉讼的被告人参加诉讼时,为便于审理,在第二审附带民事诉讼审结之前,可暂缓送监执行。

第二审法院撤销原判,发回重审,应当用裁定,并应着重写明违反什么诉讼程序及其严重影响,写明撤销原判的理由及发回重审的根据。

根据《刑事诉讼法》第228条的规定,原审人民法院对于发回重新审判的案件,应当另行组成合议庭,依照第一审程序进行审判。重新审判后作出的判决仍为一审判决,当事人可以上诉,同级人民检察院可以抗诉。对于因事实不清或者证据不足而发回重新审判的案件,原审人民法院作出判决后,被告人提出上诉或者人民检察院提出抗诉的,第二审人民法院应当依法作出判决或裁定,不得再发回原审人民法院重新审判。

第二审人民法院对不服第一审裁定的上诉或者抗诉,经过审查后,应当参照《刑事诉讼法》有关审理对一审未生效判决提出上诉或抗诉案件的规定,分别情形用裁定驳回上诉、抗诉,或者撤销、变更原裁定。

第二审人民法院发回原审人民法院重新审判的案件,原审人民法院从收到发回的案件之日起,重新计算审理期限。

第二审人民法院的判决、裁定,可以自行宣告,也可以由原审人民法院代为宣告。第二审人民法院的判决、裁定,是终审的判决、裁定。

第二审自诉案件,必要时可以进行调解,当事人也可以自行和解。调解结案的,应当制作调解书,原判决、裁定视为自动撤销;当事人自行和解的,由人民法院裁定准许撤回自诉,并撤销原判或者裁定。在第二审程序中,当事人提出反诉的,应当分别情形予以处理,对于反诉无理的,裁定驳回;对于反诉有理的,先行调解,调解达不成协议的,撤销原判,发回第一审人民法院一并处理。

四、二审法院办理上诉、抗诉案件的期限

第二审人民法院的办案期限,根据我国《刑事诉讼法》第232条的规定,从受理上诉、抗诉案件到结案,应当在2个月内审结。对可能判处死刑的案件或者附带民事诉讼的案件,以及具有我国《刑事诉讼法》第156条规定的情形之一的(交通十分不便的边远地区的重大复杂案件;重大的犯罪集团案件;流窜作案的重大复杂案件;犯罪涉及面广,取证困难的重大复杂案件),经省、自治区、直辖市高级人民法院批准或者决定,可以延长2个月。最高人民法院受理的上诉、抗诉案件的审理期限,由最高人民法院决定。

二审期限,应当从收到下级人民法院依照我国《刑事诉讼法》第220条或第221条的规定移送的案件材料之日的次日起算,终止于二审裁判的宣告之日。

五、对查封、扣押、冻结财物的处理

根据我国《刑事诉讼法》第234条的规定,对在诉讼中查封、扣押、冻结的犯罪嫌疑人、被告人的财物及其孳息,应按以下要求处理:(1)公安机关、人民检察院和人民法院对于查封、扣押、冻结犯罪嫌疑人、被告人的财物及其孳息,应当妥善保管,以供核查并制作清单,随案移送;(2)任何单位和个人不得挪用或者自行处理;(3)对被害人的合法财产,应当及时返还;(4)对违禁品或者不宜长期保存的物品,应当依照国家有关规定处理;(5)对作为证据使用的实物应当随案

移送,对不宜移送的,应当将其清单、照片或者其他证明文件随案移送;(6)人民法院作出的判决,应当对查封、扣押、冻结的财物及其孳息作出处理;(7)人民法院作出的判决生效后,有关机关应当根据判决对查封、扣押、冻结的财物及其孳息进行处理,对查封、扣押、冻结的赃款赃物及其孳息,除依法返还被害人的以外,一律上缴国库;(8)司法工作人员贪污、挪用或者私自处理被查封、扣押、冻结的赃款赃物及其孳息的,依法追究刑事责任;不构成犯罪的,给予处分。

六、上诉不加刑原则

上诉不加刑原则,就是第二审人民法院审判只有被告人一方提出上诉的案件,不得以任何理由加重被告人的刑罚的审判原则。其含义是对于被告人或者他的法定代理人、辩护人、近亲属上诉的案件,二审法院经过审理决定改判时,只能适用比原判决为轻或与原判决一样的刑罚,不能适用比原判决为重的刑罚,也不得变相加重被告人的刑罚。

《刑事诉讼法》第226条规定:第二审人民法院审理被告人或者他的法定代理人、辩护人、近亲属上诉的案件,不得加重被告人的刑罚。第二审人民法院发回原审人民法院重新审判的案件,除有新的犯罪事实,人民检察院补充起诉的以外,原审人民法院也不得加重被告人的刑罚。人民检察院提出抗诉或者自诉人提出自诉的,不受前款规定的限制。根据这条规定,对上诉不加刑原则的理解应当是:

(1)上诉不加刑原则只适用于被告一方提出上诉的案件。

(2)同时有人民检察院提出抗诉或自诉人提出上诉的案件,或者只有人民检察院提出抗诉或自诉人提出上诉的案件,则不受上诉不加刑原则的限制。

(3)只有被告一方上诉的案件,即使被第二审人民法院发回重新审判,原审人民法院重新审判后,也不得加重被告人的刑罚。但是,发现被发回重新审判的案件有新的犯罪事实,而且人民检察院作出补充起诉的,也不受上诉不加刑原则的限制。

(4)人民检察院只对部分被告人的判决提出抗诉,或者自诉人只对部分被告人的判决提出上诉的,第二审人民法院不得对其他同案被告人加重刑罚。

(5)除人民检察院抗诉的以外,再审一般不得加重原审被告人的刑罚。再审决定书或者抗诉书只针对部分原审被告人的,不得加重其他同案原审被告人的刑罚。

依法坚持上诉不加刑原则,对于保障被告人的辩护权、维护上诉制度,切实加强审判监督以及促进提高审判工作与检察工作质量等,均有重要作用与意义,具体地讲:

(1)有利于保障被告人充分行使辩护权。“被告人有权获得辩护”是我国刑事诉讼法规定的一项重要原则,也是一条宪法原则。实行上诉不加刑原则,可以使被告人消除顾虑,敢于依法上诉,充分行使辩护权。

（2）有利于维护上诉和两审终审制度,使其真正能发挥作用。

（3）有利于提高审判工作和检察工作的质量。实行上诉不加刑原则,加重了第一审人民法院和同级人民检察院的职责,加强了办案人员的责任心,有利于提高办案质量。

具体运用上诉不加刑原则时,还应注意以下几点:

（1）同案审理的案件,只有部分被告人上诉的,既不得加重上诉人的刑罚,也不得加重其他同案被告人的刑罚;

（2）原判事实清楚,证据确实、充分,只是认定的罪名不当的,可以改变罪名,但不得加重刑罚;

（3）原判对被告人实行数罪并罚的,不得加重决定执行的刑罚,也不得加重数罪中某罪的刑罚;

（4）原判对被告人宣告缓刑的,不得撤销缓刑或者延长缓刑考验期;

（5）原判没有宣告禁止令的,不得增加宣告;原判宣告禁止令的,不得增加内容、延长期限;

（6）原判对被告人判处死刑缓期执行没有限制减刑的,不得限制减刑;

（7）原判事实清楚,证据确实、充分,但判处的刑罚畸轻、应当适用附加刑而没有适用的,不得直接加重刑罚、适用附加刑,也不得以事实不清、证据不足为由发回第一审人民法院重新审判。必须依法改判的,应当在第二审判决、裁定生效后,依照审判监督程序重新审判。

人民检察院提出抗诉或者自诉人提出上诉的案件,当然不受上诉不加刑原则的限制。但是,人民检察院抗诉的案件,经第二审人民法院审查,认为对被告人必须判处死刑的,应当提审,按第一审程序重新审判。

思考题

1. 什么是第二审程序? 它有什么意义?

2. 提出上诉和抗诉必须符合什么法定条件?

3. 为什么要保障被告人的上诉权? 怎样加以保障?

4. 对上诉或抗诉案件应当怎样进行审判?

5. 上诉和抗诉在程序上有何不同?

6. 对上诉、抗诉案件全面审查的内容与意义是什么?

7. 二审的审理方式有何特点?

8. 上诉不加刑原则的内容和意义是什么?

9. 对在诉讼中查封、扣押、冻结的财物应当如何处理?

第十九章 死刑复核及在法定刑以下
判处刑罚案件的核准程序

第一节 死刑复核程序的概念、任务和意义

一、死刑复核程序的概念

死刑复核程序是人民法院对判处死刑的案件进行审查核准所应遵循的特别审判程序。死刑是剥夺犯罪分子生命的最严厉的刑罚,所以,我国一方面把死刑作为打击犯罪、保护人民的一种有力武器,另一方面,又非常强调慎重使用死刑,以防止发生冤杀、错杀事件。我国刑事法律根据慎用死刑的实践经验,不仅在实体法中限制了死刑的适用范围,而且在程序法中还对判处死刑的案件,专门规定了一个特别的审查批准程序。按照我国《刑事诉讼法》和《人民法院组织法》的有关规定,除最高人民法院判决的死刑案件外,凡是判处死刑立即执行的案件,以及中级人民法院判处死刑缓期二年执行而被告人不上诉的案件,都必须经过复核程序审查核准以后,才能发生法律效力,交付执行。

死刑复核程序是一种特别的审判程序,只适用于死刑案件。我国《刑事诉讼法》对死刑复核程序仅作了原则性规定,但有关的司法解释已将这些规定具体化,从而为人民法院复核死刑判决提供了较周密的准则。

二、死刑复核程序的任务

根据法律规定和司法实践经验,死刑复核程序的具体任务是:有核准权的人民法院对下级人民法院报请复核的死刑判决和裁定在认定事实上和适用法律上是否正确进行全面审查,然后依法作出是否核准的决定,以保证正确地适用死刑。为了完成这一任务,对死刑案件有核准权的人民法院进行复核时,必须做好两项基本工作:一是对死刑判决、裁定在认定事实上和适用法律上进行全面审查,查明其认定的事实是否清楚,据以认定事实的证据是否确实、充分,罪名是否正确,判处死刑立即执行或缓期二年执行是否适当等;二是在第一项工作的基础上,作出是否核准死刑判决、裁定的决定,并制作相应的司法文书。

三、死刑复核程序的意义

死刑复核程序是我国刑事诉讼中的一项重要审判程序,是应当报请复核的

死刑判决、裁定能否发生法律效力,能否付诸执行的必经环节,对于保证死刑案件的办案质量,具有以下的重要意义:

(1)有利于严格控制死刑的适用,贯彻少杀的方针。

死刑是打击极少数危害特别严重、情节特别恶劣的犯罪分子,维护社会秩序的锐利武器。但是,死刑却是剥夺人的生命的最严厉的刑罚,如果滥用死刑,错杀无辜或者罪不该处死的犯罪分子,就会造成无法挽回的严重后果和不良的社会影响。所以,党和国家对死刑的适用,历来采取极其慎重的态度,坚持实行少杀的方针,以严加控制。在我国《刑事诉讼法》中规定死刑复核程序,要求对被告人判处死刑的判决、裁定,应通过复核程序的审查,只有经过审查后核准的,才能发生法律效力。对那些依法不应判处死刑的,通过复核程序不予批准,控制死刑的适用。所以,死刑复核程序是从审判程序上保证严格控制死刑的制度,有利于坚持少杀,坚持依法适用死刑。

(2)有利于防止错杀,保护公民的人身权利。

正确地适用死刑,可以发挥其惩罚犯罪的威力,伸张正义,平息民愤,有效地维护社会秩序,保护国家和人民的利益。如果错用死刑,造成的后果和危害则是十分严重的,即使后来错误的判决、裁定得到纠正,也已不可能为被错杀的人挽回所有损失。所以,人民法院在适用死刑时,必须使每一个被判处死刑的人,都是罪大恶极,依法应当处死的犯罪分子,坚决防止错杀。防止错杀不仅指防止错杀无罪的人,也包括防止错杀罪不该死的犯罪分子。死刑复核程序之所以能防止错杀,保护公民的生命权免遭侵犯,就在于它是专门以死刑案件为审查对象的程序,要由复核的人民法院对适用死刑的判决、裁定是否正确进行全面审查,可以对错用死刑的判决、裁定不予批准。这对于确保死刑案件的办案质量,防止错杀无辜和罪不该处死的人,显然具有重要的作用。

第二节　判处死刑立即执行案件的复核程序

一、判处死刑立即执行案件的核准权

对于判处死刑立即执行案件的核准权由哪级人民法院行使,我国立法上先后有过不同规定。我国1954年颁布的《人民法院组织法》第11条第5款规定了死刑案件的复核。根据这一规定,死刑案件的判决和裁定,一般由高级人民法院核准后执行,只有当事人对高级人民法院作出的死刑案件终审裁定不服,申请上一级人民法院复核的,才由最高人民法院复核。随着我国政治经济形势的变化,死刑案件的减少,1957年第一届全国人民代表大会第四次会议决议指出:“今后一切死刑案件,都由最高人民法院判决或者核准。”将死刑案件的核准权上收,

由最高人民法院统一行使。1979 年第五届全国人民代表大会第二次会议通过的《中华人民共和国人民法院组织法》、《中华人民共和国刑法》和《中华人民共和国刑事诉讼法》，都明确规定，死刑除由最高人民法院判决的以外，都应当由最高人民法院核准。

判处死刑立即执行案件的核准权由最高人民法院行使，有利于在全国范围内统一掌握适用死刑的标准，严格地控制死刑，更有效地保证死刑案件的办案质量。然而，上述法律施行以后不久，严重危害公共安全和社会治安的刑事案件突出。在这种社会治安形势严峻的情况下，判处死刑立即执行案件的核准权集中于最高人民法院行使，不仅加大了最高人民法院的工作量，也不利于从快打击犯罪，维护社会秩序。因此，第五届全国人民代表大会常务委员会第十九次会议通过的《关于死刑案件核准问题的决定》规定：在 1981 年至 1983 年内，对犯有杀人、抢劫、强奸、爆炸、放火、投毒、决水和破坏交通、电力等设备的罪行，由省、自治区、直辖市高级人民法院终审判决死刑的，或者中级人民法院一审判决死刑，被告人不上诉，经高级人民法院核准的，以及高级人民法院一审判决死刑，被告人不上诉的，都不必报最高人民法院核准。这一规定实际上赋予了高级人民法院对部分死刑立即执行案件的核准权，将《刑事诉讼法》等法律关于死刑核准权的规定作了修改。1983 年 9 月 2 日第六届全国人大常委会第二次会议通过的《关于修改〈中华人民共和国人民法院组织法〉的决定》，根据执行上述决定的经验，将该法第 13 条修改为："死刑案件除由最高人民法院判决的以外，应当报请最高人民法院核准。杀人、强奸、抢劫、爆炸以及其他严重危害公共安全和社会治安判处死刑的案件的核准权，最高人民法院在必要的时候，得授权省、自治区、直辖市的高级人民法院行使。"这一规定既肯定了死刑案件除最高人民法院判决的以外，均应报请最高人民法院复核，即核准权应由最高人民法院行使；同时，又授权它可以依据社会治安形势，将特定案件的死刑核准权，交给高级人民法院行使。最高人民法院鉴于当时严峻的社会治安形势，于 1983 年 9 月 7 日依据《人民法院组织法》第 13 条规定，发出了《关于授权高级人民法院核准部分死刑案件的通知》。该通知指出：对杀人、强奸、抢劫、爆炸以及其他严重危害公共安全和社会治安判处死刑的案件的核准权，本院依法授权各省、自治区、直辖市高级人民法院和解放军军事法院行使。

为了及时严惩走私、贩卖、运输、制造毒品等犯罪活动，保护公民身心健康，维护社会治安秩序，最高人民法院从 1991 年 6 月开始，先后发出通知，将云南、广东、广西、四川、甘肃等省、自治区的毒品犯罪死刑案件的核准权（除涉外），授予云南、广东、广西、四川、甘肃等省、自治区的高级人民法院行使。

所以一直到 2006 年 12 月 31 日前的司法实际情况是，除最高人民法院判决的死刑案件外，有些案件（如贪污等严重经济犯罪判处死刑的案件）的核准权，仍由最高人民法院行使。杀人、爆炸等严重危害公共安全和社会治安判处死刑案件的核准权,由高级人民法院和解放军军事法院行使。云南、广东、广西、四川、甘肃等省、自治区的毒品犯罪判处死刑案件的核准权(除涉外),分别由该省、自治区的高级人民法院行使。

2006 年 10 月 31 日第十届全国人民代表大会常务委员会第二十四次会议通过了《关于修改〈中华人民共和国人民法院组织法〉的决定》,将《人民法院组织法》原第 13 条修改为第 12 条:"死刑除依法由最高人民法院判决的以外,应当报请最高人民法院核准。"修改后的《人民法院组织法》自 2007 年 1 月 1 日起施行。根据修改后的《人民法院组织法》第 12 条的规定,最高人民法院于 2006 年 12 月 28 日作出了《关于统一行使死刑案件核准权有关问题的决定》,该决定的前两项内容是:自 2007 年 1 月 1 日起,最高人民法院根据全国人民代表大会常务委员会有关决定和《人民法院组织法》原第 13 条规定发布的关于授权高级人民法院和解放军军事法院核准部分死刑案件的通知,一律予以作废;自 2007 年 1 月 1 日起,死刑除依法由最高人民法院判决的以外,各高级人民法院和解放军军事法院依法判决和裁定的,应当报请最高人民法院核准。

二、报请复核

(一) 报请复核的程序

根据我国《刑事诉讼法》第 236 条的规定和司法实践经验,死刑判决报请复核的程序是:

中级人民法院判处死刑的第一审案件,被告人不上诉、人民检察院也不抗诉的,在上诉期满后 3 日以内报请高级人民法院复核,高级人民法院同意判处死刑的,应当依法作出裁定,再报请最高人民法院核准;不同意判处死刑的,应当提审或者发回重新审判。高级人民法院提审这种案件,应当依照二审程序进行审理,所作的改判的判决是终审判决,如果仍判处死刑,应同样报请最高人民法院核准。发回原审人民法院重新审判的,原审人民法院应当依照第一审程序审理,所作的判决可以上诉、抗诉。重新审判后如果仍然判处死刑,被告人不上诉、人民检察院也不抗诉的,亦应按照复核程序报请复核。

中级人民法院判处死刑的第一审案件,被告人上诉或人民检察院抗诉,高级人民法院终审裁定维持死刑判决的,应报请最高人民法院核准。

高级人民法院判处死刑的第一审案件,被告人不上诉、人民检察院也不抗诉的,应在上诉期满后 3 日以内报请最高人民法院核准。

(二) 对报请复核案件的要求

中级人民法院和高级人民法院对于报送复核死刑的案件,必须做到:

1. 一案一报

报请复核死刑的案件,应当一案一报,并报送呈请复核的报告、死刑案件综合报告和判决书各 5 份,以及全部诉讼案卷和证据(共同犯罪案件,应当报送全案的诉讼案卷和证据)。

呈请复核的报告,应当说明案由、简要案情以及审理过程和判决结果。

死刑案件综合报告应当包括以下主要内容:

(1) 被告人的姓名、性别、出生年月日、民族、籍贯、住址、职业、简历、文化程度以及拘留、逮捕、起诉时间和现在羁押的处所。

(2) 被告人的犯罪事实(包括犯罪的时间、地点、动机、目的、手段、危害后果以及从轻、从重处罚等情节),认定犯罪的证据,定罪量刑的法律依据。

(3) 需要说明的其他问题。

2. 诉讼文书齐备

报送死刑复核案件的诉讼案卷中,应当具备下列诉讼文书:

(1) 拘留证、逮捕证、搜查证;

(2) 扣押赃款、赃物、证物的清单;

(3) 公安机关、国家安全机关的起诉意见书,或者人民检察院的侦查终结报告;

(4) 人民检察院起诉书;

(5) 报请复核的人民法院审判人员的审查报告、法庭审理笔录、合议庭评议笔录和审判委员会讨论案件笔录;

(6) 被告人上诉书、人民检察院抗诉书;

(7) 报请复核的人民法院的判决书、裁定书和宣判笔录、送达回证。

在侦查、审判过程中,如果没有进行某项诉讼活动,当然也就不会有相应的诉讼文书。比如没有经过拘留,直接逮捕的,当然就不存在使用过拘留证的问题,案件中也不会有拘留证这种诉讼文书。人民检察院立案侦查的案件,也不会有公安机关或者国家安全机关的起诉意见书等。但是,上列各项中凡是应当有的诉讼文书,在报请复核的案卷中则必须齐备。

3. 移送全部证据

移送全部证据,就是要求必须将能够证明案件情况并经过查证属实的各种肯定和否定的证据,全部随案卷一起移送。作为物证的物品,如果体积大,有放射性或者有腐蚀、爆炸危险,不能随案移送原物的,要在案卷中附原物的照片和对物证的鉴定及说明。

共同犯罪案件,即使只对其中一个被告人判处死刑,也应将全部案卷和全部证据一并移送。

三、对判处死刑立即执行案件的复核

根据我国《刑事诉讼法》第 238 条的规定,复核死刑案件应当由审判员 3 人组成合议庭进行。

（一）复核的内容

复核死刑案件,应当全面审查以下内容:

（1）被告人的年龄,被告人有无刑事责任能力、是否系怀孕的妇女;

（2）原判认定的事实是否清楚,证据是否确实、充分;

（3）犯罪情节、后果及危害程度;

（4）原判适用法律是否正确,是否必须判处死刑,是否必须立即执行;

（5）有无法定、酌定从重、从轻或者减轻处罚情节;

（6）诉讼程序是否合法;

（7）应当审查的其他情况。

（二）复核的方法

复核死刑案件,一般都是采用书面审查与必要的调查核实相结合的方法。具体讲就是:

（1）通过阅卷全面审查案件材料和证据。首先必须查清报送的材料是否齐全,进而逐个审查各个文件、证据的具体内容是否真实,是否符合法律要求。然后要将有关材料、证据进行对比分析,综合考察,以确定原判决认定的犯罪事实是否清楚,证据是否确实、充分,适用法律是否正确,量刑是否适当,以及有无违反诉讼程序的情形和从轻或者减轻处罚的情节等。

（2）进行必要的调查核实。合议庭通过阅卷发现案件某个情节、某个证据需要进一步核实时,可以自行调查核实,也可以交由报请复核的人民法院调查核实。实践中一般的做法是:需要调查核实的地点距复核法院较近的,由复核法院自行调查核实;距离较远的,交由报请复核的法院调查核实。

（3）讯问被告人。讯问被告人是最高人民法院复核死刑案件时必须采用的方法和必经的程序。

讯问被告人,直接听取被告人的供述和辩解,有利于核实案卷中记录和认定的口供,解决口供与其他证据之间的矛盾,全面查明案件的真实情况。

（4）死刑案件复核期间,被告人委托的辩护律师提出听取意见要求的,应当听取辩护律师的意见,并制作笔录附卷。辩护律师提出书面意见的,应当附卷。

（5）在复核死刑案件过程中,最高人民检察院可以向最高人民法院提出意见。最高人民法院应当将死刑复核结果通报最高人民检察院。

（三）复核后的处理

合议庭经过对案件的全面审查后,应当进行评议,并写出复核审理报告。报

告应当包括以下内容：

（1）案件的由来和审理经过；

（2）被告人和被害人简况；

（3）案件侦破情况；

（4）原判要点和各方意见；

（5）复核对事实和证据的分析与认定；

（6）合议庭评议意见；

（7）需要说明的问题。

经过复核，应当根据案件不同情况，分别作出处理：

（1）原判认定事实和适用法律正确、量刑适当、诉讼程序合法的，应当裁定核准；

（2）原判认定的某一具体事实或者引用的法律条款等存在瑕疵，但判处被告人死刑并无不当的，可以在纠正后作出核准的判决、裁定；

（3）原判事实不清、证据不足的，应当裁定不予核准，并撤销原判，发回重新审判；

（4）复核期间出现新的影响定罪量刑的事实、证据的，应当裁定不予核准，并撤销原判，发回重新审判；

（5）原判认定事实正确，但依法不应当判处死刑的，应当裁定不予核准，并撤销原判，发回重新审判；

（6）原审违反法定诉讼程序，可能影响公正审判的，应当裁定不予核准，并撤销原判，发回重新审判。

（7）对一人有两罪以上被判处死刑的数罪并罚案件，复核后认为其中部分犯罪的死刑判决、裁定事实不清、证据不足的，应当对全案裁定不予核准，并撤销原判，发回重新审判；认为其中部分犯罪的死刑判决、裁定认定事实正确，但依法不应当判处死刑的，可以改判，并对其他应当判处死刑的犯罪作出核准死刑的判决。

（8）一案中有两名以上被告人被判处死刑的案件，复核后认为其中部分被告人的死刑判决、裁定事实不清、证据不足的，应当对全案裁定不予核准，并撤销原判，发回重新审判；认为其中部分被告人的死刑判决、裁定认定事实正确，但依法不应当判处死刑的，可以改判，并对其他应当判处死刑的被告人作出核准死刑的判决。

用裁定撤销原判，发回重新审判，包括发回原第一审人民法院和第二审人民法院。实践中，一般是发回第一审人民法院重新审判。对经过第二审程序的死刑案件，也可以发回第二审人民法院重新审判。对第一审人民法院重新审判后作出的判决，可以上诉、抗诉。

发回重新审判的案件,如果属于因事实不清、证据不足或者违反法定诉讼程序可能影响正确裁判的,原审法院应当另行组成合议庭进行审理。

高级人民法院复核死刑案件,经复核后如果发现原判决处刑过重,不同意判处死刑的,可以提审。提审后作出的改判判决为终审判决。

共同犯罪案件中部分被告人被判处死刑的,虽然复核时对全案的全面审查并不影响对其他被告人的判决发生法律效力,但是,如果经过对全案的全面审查,认为原判决对同案共同被告人判处无期徒刑以下刑罚是量刑不当时,则应当在核准死刑或者改变死刑判决的同时,由复核的人民法院提审或者指令下级人民法院再审,并应当另行制作判决书或者裁定书。

法律对死刑复核的办案期限未作规定。但是,办理死刑复核案件,也应当在确保案件质量,确保准确无误的前提下,力求做到及时,以从快惩处罪大恶极的犯罪分子,或者纠正不应判处死刑的裁判,充分发挥死刑复核程序的作用。

第三节 判处死刑缓期二年执行案件的复核程序

一、死刑缓期执行案件的核准权

判处死刑缓期二年执行,是我国创立的一种执行死刑的制度。它创立于新中国成立初期,其目的是为了贯彻严肃与谨慎相结合的方针,给罪该处死但还不是非杀不可的犯罪分子一个悔过自新的机会。

判处死刑立即执行与判处死刑缓期执行,都属于判处死刑。后者虽不立即执行死刑,但若在缓期执行期间故意犯罪,仍可能执行死刑。所以,法律对判处死刑缓期执行的案件,也规定应通过复核程序核准。

死刑缓期执行(以下简称"死缓")案件的核准权由哪级人民法院行使,立法上也有过变化。按照1954年颁布的《人民法院组织法》的规定,缓期执行的死刑案件同立即执行的死刑案件一样,一般由高级人民法院核准,只有当事人对高级人民法院作出的死缓终审裁定不服,申请上一级法院复核的,才由最高人民法院复核。1957年第五届全国人民代表大会第二次会议决议要求:"今后一切死刑案件,都由最高人民法院判决或者核准。"1958年,最高人民法院根据过去死缓判决的执行情况,绝大多数被判处死缓的罪犯都改判长期徒刑,少数需要执行死刑的,仍要报送最高人民法院核准,因此决定,今后凡由高级人民法院判处或者审核的死缓案件,一律不再报最高人民法院核准。1979年制定的《刑事诉讼法》第146条明确规定:"中级人民法院判处死刑缓期二年执行的案件,由高级人民法院核准。"经过两次修改后的《刑事诉讼法》的规定与原《刑事诉讼法》第146条的规定完全一样。因此,死缓案件的核准权,仍由高级人民法院和解放军军事法院行使。

现行法律规定死缓案件的核准权由高级人民法院行使,是恰当的。因为:首先,判处死缓的案件,由于缓期二年执行,实际上绝大多数被判处死缓的罪犯,在缓刑期满后都被减刑,并不执行死刑。所以,对这类案件的核准权,完全可以交由地方和军队的高级别的法院负责行使。其次,可以使死缓案件的判决较快地发生法律效力,罪大恶极而又不是非杀不可的犯罪分子能及时受到严厉的惩罚。再次,可以减少最高人民法院复核死刑案件的工作量,有利于它加强对死刑立即执行案件的复核工作,全面履行作为国家最高审判机关的职责。

二、死缓案件的报请复核

中级人民法院判处死刑缓期二年执行的案件,被告人不上诉,人民检察院也不抗诉的,在上诉和抗诉期限届满后,中级人民法院应当立即将呈请复核的报告、死缓案件综合报告和判决书,以及全部诉讼案卷和证据,报送高级人民法院核准。报送死缓复核案件的要求,与报送死刑立即执行案件相同,必须做到犯罪事实清楚,证据确实、充分,适用法律正确,诉讼文书齐备,并且一案一报。共同犯罪的案件,对其中一名或儿名被告人判处死刑缓期二年执行的,也要报送全案的诉讼案卷和证据。

高级人民法院判处死刑缓期二年执行的第一审案件,被告人不上诉,人民检察院也不抗诉的,以及它裁定维持第一审判处死刑缓期二年执行的第二审案件,其所作出的判决、裁定,均应发生法律效力。所以只有中级人民法院判处的死刑缓期二年执行的案件,被告人不上诉,检察院也不抗诉的,才需要依法报请复核。

三、对死刑缓期执行案件的复核

根据我国《刑事诉讼法》第 238 条的规定,高级人民法院复核判处死刑缓期执行的案件,应当由审判员 3 人组成合议庭进行。合议庭复核的事项、方式与复核死刑立即执行案件相同。合议庭对全案进行审查后,应认真评议并写出复核审理报告。对案件应当按照下列情形分别处理:

(1)原判认定事实和适用法律正确、量刑适当、诉讼程序合法的,应当裁定核准;

(2)原判认定的某一具体事实或者引用的法律条款等存在瑕疵,但判处被告人死刑缓期执行并无不当的,可以在纠正后作出核准的判决、裁定;

(3)原判认定事实正确,但适用法律有错误,或者量刑过重的,应当改判;

(4)原判事实不清、证据不足的,可以裁定不予核准,并撤销原判,发回重新审判,或者依法改判;

(5)复核期间出现新的影响定罪量刑的事实、证据的,可以裁定不予核准,

并撤销原判,发回重新审判,或者依照本解释第二百二十条规定审理后依法改判;

(6)原审违反法定诉讼程序,可能影响公正审判的,应当裁定不予核准,并撤销原判,发回重新审判。

对死缓案件复核后的上述处理,除直接改判应用判决外,其他均用裁定。

经裁定发回原审人民法院重新审判的,原审人民法院应当依照第一审程序审判,所作的判决可以上诉、抗诉。如重新审理后仍然判处死刑缓期二年执行或者判处死刑立即执行,被告人不上诉,人民检察院也不抗诉的,均应再依法报请复核。

原审法院重新审判的案件,如果是属于事实不清、证据不足或者违反法定诉讼程序、可能影响公正审判的,应当另行组成合议庭进行审理。

高级人民法院直接改判原判死缓的案件,只能是原判决处刑过重,不应判处死刑缓期二年执行的案件。如果原判决处刑过轻,依法应当判处死刑立即执行,则不能直接改判。也就是说,高级人民法院对原判死缓的案件,只能改判较轻的刑罚,不能改判更重的刑罚。这是因为对高级人民法院复核后直接改判的判决,被告人不能上诉,人民检察院不能抗诉。如果准许高级人民法院复核死缓案件可以直接改判为死刑立即执行,就剥夺了被告人和人民检察院对死刑立即执行判决的上诉权和抗诉权,不利于保证死刑的正确适用。因此,高级人民法院复核死缓案件后,认为应当改判死刑立即执行的,一般应当用裁定撤销原判,发回原审人民法院重新审判。必要时,高级人民法院也可以在撤销原判后,按照第一审程序对该案重新审判。

第四节 在法定刑以下判处刑罚案件的核准程序

在法定刑以下判处刑罚案件的核准程序,是人民法院对虽然不具有《刑法》规定的减轻处罚情节,但根据特殊情况判处法定刑以下刑罚的案件,报请复核和审查核准时应当采取的方式、方法等的总称。

我国《刑法》第63条第2款规定:犯罪分子虽然不具有本法规定的减轻处罚情节,但是根据案件的特殊情况,经最高人民法院核准,也可以在法定刑以下判处刑罚。根据这款规定,各类各级法院都有权根据案件特殊情况,判处法定刑以下刑罚。但是,除最高人民法院判处的以外,其他各类各级法院所作出的裁判,都必须依法报请最高人民法院核准以后,才能发生法律效力,交付执行。

根据特殊情况判处法定刑以下刑罚,只适用于极个别案件,同时,因为报请复核和审查核准这类案件的方式、方法等,与作为普通程序的第一、第二审程序有重要差别,所以因特殊情况减轻处罚案件的核准程序,也应属于特别或特殊审判程序。

实行这一程序,使这种案件的核准权由最高人民法院行使,也就是只有最高人民法院才有权最终决定是否可以根据案件特殊情况,判处法定刑以下的刑罚,这对于保障全面、准确地体现《刑法》有关条款规定的精神,保障《刑法》有关规定的统一、正确适用,防止滥用等,均有重要意义。

按照最高人民法院的有关解释,人民法院报请复核这种案件,应当按下列情形分别处理:

(1)一审法院根据特殊情况,对被告人判处法定刑以下刑罚的案件,被告人不上诉,人民检察院也不抗诉的,在上诉、抗诉期满后3日内报请上一级人民法院复核。上一级人民法院同意原判的,应当逐级报请最高人民法院核准。上一级人民法院如果不同意原判,则应裁定发回重新审判,或者改变管辖按照第一审程序重新审理。原判法院是基层法院的,高级人民法院也可以指定中级人民法院按照第一审程序重新审理。

(2)一审法院根据特殊情况,对被告人判处法定刑以下刑罚的案件,被告人上诉或者人民检察院抗诉的,应当按照第二审程序审理。审理结果认定上诉或者抗诉无理,裁定驳回上诉或者抗诉、维持原判的,应当按照上文所讲的程序逐级上报最高人民法院核准。如果二审审理后,认定上诉或者抗诉有理,应当依法改判。改判后仍根据特殊情况对被告人判处法定刑以下刑罚的,也同样应当按照上文所讲的程序逐级报请最高人民法院核准。

在报请最高人民法院核准时,应当报送报请核准案件的结案报告、判决书各5份,以及全案诉讼卷宗和证据。

最高人民法院经过复核,依法予以核准的,应当作出核准裁定书;不予核准的,应当撤销原判,发回原审人民法院重新审判或者指定其他下级人民法院重新审判。

思考题

1. 什么是死刑复核程序? 为什么要规定死刑复核程序?

2. 死刑立即执行案件应当怎样报请复核?

3. 应当怎样复核死刑立即执行案件? 复核后应如何处理?

4. 死刑缓期执行案件应当怎样报请复核? 对死刑缓期执行案件应当怎样进行复核?

第二十章　审判监督程序

第一节　审判监督程序的概念、任务和意义

一、审判监督程序的概念

审判监督程序,又称再审程序,是指人民法院、人民检察院对已经发生法律效力的判决和裁定,在认定事实或适用法律上确有错误时,予以提出并对案件进行重新审判的方式、方法和应遵循的顺序等。它是刑事诉讼中的一个独立阶段,但非每一案件的必经程序,而是在一定条件下才能采用的一种特殊程序。它的主要特点是:处理的对象是已经发生法律效力而又确有错误的判决和裁定;有权提起审判监督程序的主体,法律有着明确而严格的规定;重新审判案件的人民法院及具体程序,根据提起审判监督程序的主体和案件的不同而有区别。

审判监督程序是审判监督的一种内容和表现形式,但是两者含义不同。审判监督作为一个法律概念,泛指人民群众、人民代表机构等以及人民检察院和人民法院自己对于审判工作的监督。狭义上的审判监督,具有特定的含义,即专指国家司法机关对人民法院的审判活动依法实施的监督,主要包括最高人民法院对各级人民法院、上级人民法院对下级人民法院的审判监督和人民检察院对人民法院的审判监督。前者表现为审理上诉、抗诉案件;复核死刑案件;提起审判监督程序和处理申诉案件等等。后者即人民检察院对人民法院的审判监督,主要表现为出庭支持公诉,对审判活动是否合法实行监督;二审程序的抗诉;对执行死刑派员临场监督;处理对已经发生法律效力的裁判提出的申诉;依法提起审判监督程序;等等。可见,审判监督的含义比审判监督程序的含义要广,审判监督程序只是审判监督的一个重要方面,即为纠正已生效的错误裁判才引起的一种特殊程序,只是纠正错案的一种更为直接的审判监督,是审判监督的一种法定形式。审判监督程序以外的其他审判监督,不一定都涉及案件裁判本身,有时可能涉及审判作风或法院行政以及其他有关审判问题。总之,两者在监督的主体、内容、范围、方法、方式和法律后果等方面均有区别。

审判监督程序和死刑复核程序一样,都是普通程序以外的一种特殊程序,但两者有明显不同。

(1) 案件性质或者说审理的对象和目的不同。审判监督程序是对发生法律

效力的一切确有错误的裁判（包括死刑裁判）所进行的重新审判；而死刑复核程序则是对尚未发生法律效力的死刑裁判的核准程序。审判监督程序是为了纠正错误裁判，而死刑复核程序则是为了防止发生错误裁判。

（2）程序开始的根据不同。审判监督程序必须由最高人民法院和其他上级人民法院，最高人民检察院和其他上级人民检察院以及各级人民法院院长和审判委员会依法提起；而死刑复核程序是由下级人民法院将判处被告人死刑的案件主动报请有核准权的上级人民法院核准。

（3）有权审理的法院不同。依照审判监督程序有权重新审理案件的法院包括最高人民法院和地方各级人民法院；而依照死刑复核程序有权进行复核的只有最高人民法院和高级人民法院。

审判监督程序与二审程序相比，有相同之处，诸如目的都是为了保证人民法院裁判的正确性，纠正判决和裁定的错误；都要对案件进行全面的审查；都要依据刑事诉讼的基本原则和法定程序进行，等等。但是，两者是不同的法律程序，彼此有着严格的区别。主要区别是：

（1）审理的对象不同。审判监督程序审理的是已经生效的裁判，包括已经执行完毕的裁判。对于未执行完毕的生效裁判，如未裁定撤销原裁判或者中止执行，不停止对原裁判的执行。而二审程序审理的只限于尚未发生法律效力的裁判，不存在需要中止执行或者不需要中止执行问题。

（2）提起的机关和人员不同。有权提起审判监督程序的是最高人民法院、上级人民法院、各级人民法院院长（提交审判委员会决定）以及最高人民检察院、上级人民检察院；有权提起二审程序的是当事人（被害人除外）及其法定代理人、经被告人同意的辩护人、近亲属，以及与第一审人民法院同级的地方人民检察院。

（3）提起的条件不同。提起审判监督程序有着严格的条件限制，必须经过审查，有充分的根据和理由认定生效裁判确有错误，才能依照审判监督程序进行审理；而二审程序只要有合法的上诉或抗诉就能引起，不论上诉或抗诉的理由是否充分，第一审法院的上一级法院，均必须依照二审程序进行审理。

（4）有无法定期限不同。提起审判监督程序，如果要改有罪为无罪，程序上一般无法定期限限制，主要本着实事求是，有错必纠的原则，随时发现，随时纠正，即使裁判执行完毕，也可提起审判监督程序重审；二审程序的上诉、抗诉，必须在法定期限内提出，逾期而无正当理由的，第二审人民法院不予受理。

（5）审理法院的级别不同。依照审判监督程序审理的法院，既可以是原审的第一审法院或第二审法院，又可以是提审的任何上级法院以及由上级法院指令再审的任何下级法院；而按二审程序审理案件的，只能是第一审法院的上一级人民法院。

二、审判监督程序的任务和意义

审判监督程序的任务,是纠正确有错误的判决、裁定,使案件得到正确处理,准确有效地惩罚犯罪分子,使无罪的人得以平反昭雪,做到不枉不纵,罚当其罪,实事求是。

确有错误的裁判,既包括无罪判有罪,轻罪重判,又包括有罪判无罪,重罪轻判等依法应当再审的情形。这些错误,均应依法予以纠正。

设立审判监督程序,使其成为整个刑事审判程序的重要组成部分,对于实现我国刑事诉讼法的任务具有重要的作用与意义。

(1)审判监督程序是贯彻"实事求是,有错必纠"的方针、准确适用刑罚的法律保证。人民法院代表国家行使审判权,作出的判决和裁定,一经生效必须坚决执行,不得轻易改变,国家以强制力保证它的稳定性、权威性和严肃性。然而,刑事案件情况错综复杂,由于受各种主、客观因素的影响,难以做到每一个案件在认定事实或适用法律上都不发生失误。因而经过侦查、起诉和审判以后(有的还可能经过第二审程序和死刑复核程序),在已发生法律效力的案件中,仍然可能有极少数的裁判确有错误。法律维护人民法院裁判的稳定性、权威性和严肃性,必须以其正确性为前提,绝非错了的也要维持不变。知错必改是"擦黑"而非"抹黑",那种"法言难改"、"官无悔判"的认识与态度,是十分错误和有害的。因此,对于确有错误的裁判,必须予以纠正,绝不能知错不改。审判监督程序就是"实事求是,有错必纠"的司法工作方针的制度化和法律化的表现及保障,是对错误裁判的一种补救办法。人民法院通过审判监督程序保证"不枉不纵"方针的实现,保证刑法的正确实施,保护公民的合法权益。

1995年1月1日,我国《国家赔偿法》正式施行。国家机关和国家机关工作人员违法行使职权侵犯公民、法人和其他组织合法权益造成损害的,受害人有权依法取得国家赔偿。据此,行使侦查、检察、审判、监狱管理职权的机关及其工作人员在行使职权时,造成公民或者法人无罪被判有罪,凡依审判监督程序再审改判无罪,原判刑罚已经执行或者原判罚金、没收财产已经执行的,受害人有依法取得刑事赔偿的权利。

(2)审判监督程序是上级人民法院对下级人民法院和人民检察院对人民法院审判工作依法实行监督的重要形式和有效措施。最高人民检察院和其他上级人民检察院发现人民法院的生效裁判确有错误,有权按照审判监督程序提出抗诉,行使其审判监督权,保证法律的统一正确实施。我国人民法院上下级的关系不是领导关系,而是监督关系。上级人民法院对下级人民法院的审判工作不能直接下达命令,指示下级人民法院就某一案件应如何定罪量刑。即使对于人民法院系统内报送请示的案件,上级法院的答复亦非命令,究竟怎样裁判仍应由作出裁判的法院根据具体案情进行处理。因此,不论哪一级人民法院,都应贯彻人民法院依法独立进行审判的原则。由于各种主、客观原因,第一审人民法院的裁判可能失误,甚至有的下级人民法院或某些审判人员可能不接受上级人民法院的正确指导和监督,坚持作了错误的裁判。法律规定了审判监督程序,就可以使最高人民法院和其他上级人民法院有权依照审判监督程序提审或者指令下级人民法院再审,纠正错误的裁判。无论是提审或者指令下级人民法院再审,对于原审人民法院或者重新审理的其他人民法院,都可以从中总结经验教训,改进审判作风和工作方法,有利于提高办案质量。

(3) 审判监督程序有利于落实党的政策,消除社会不安定因素,加强社会治安的综合治理。

第二节　审判监督程序的提起

一、提起审判监督程序的材料来源

我国提起审判监督程序的材料来源,根据刑事诉讼法的规定和司法实践,主要有下列几个方面:

(一) 当事人等的申诉

我国《刑事诉讼法》第 241 条规定:"当事人及其法定代理人、近亲属,对已经发生法律效力的判决、裁定,可以向人民法院或者人民检察院提出申诉,但是不能停止判决、裁定的执行。"由此可见,申诉是可能引起审判监督程序的最经常和最主要的材料来源,是司法机关发现错案的重要途径。因此,人民法院、人民检察院对于当事人等的申诉,必须受理并且应当认真审查处理,做到件件有着落,有结果。

人民法院受理申诉后,应当在 3 个月以内作出决定,至迟不得超过 6 个月。经审查,认为有《刑事诉讼法》第 242 条规定的情形之一的,报院长提请审判委员会决定重新审判;对不符合《刑事诉讼法》第 242 条规定的申诉,应当说服当事人息诉;对仍然坚持申诉的,应当书面通知驳回。

申诉人对驳回申诉不服的,可以向上一级人民法院申诉。上一级人民法院经审查认为申诉不符合《刑事诉讼法》第 242 条规定的,应当予以驳回。经两级人民法院处理后又提出申诉的,如果没有新的充分理由,人民法院可以不再受理。

申诉的内容往往是对定案的事实有意见或者对于适用法律和处理结果不服。由于当事人及其法定代理人、近亲属与案件的处理结果有直接利害关系,会有一些有理申诉,但也同样会有坚持狡辩长期缠讼甚至无理取闹的情况。因此,对于他们的申诉必须认真审查,既要认真分析研究当事人等提出的申诉理由,又不能受申诉范围的限制。经过认真审查,作出实事求是的处理,全错全改,部分错部分改,不错不改,做到不枉不纵。

申诉与上诉在性质、程序及法律后果等方面均有严格的区别,上诉是在刑事诉讼过程中,上诉人针对一审法院尚未生效的裁判,在法定期限内进行的诉讼活动,不论理由如何,必然引起二审的审判。所以,上诉可以阻止裁判生效,是第二审程序的开始。申诉则不同,它是当事人等在案件的诉讼程序已经结束,人民法院的裁判已经生效执行后的请求,它不意味着审判监督程序的开始,不必然引起再审程序,也不能停止原裁判的执行。申诉只有符合《刑事诉讼法》第 242 条规定的某种情形,才会引起再审程序,人民法院才应当重新审判。

（二）人民群众来信来访

这里所说的来信来访,不同于广义上泛指人民群众向一切党政机关反映情况及提出要求的来信来访,也不同于人民群众向人民法院和人民检察院谈及非诉讼问题的来信来访,诸如反映司法人员的工作作风,揭发检举干部违法乱纪行为以及法律咨询等;有些虽然涉及诉讼方面的内容,但涉及的多是尚未立案的或者是正在审理的案件。这里所指的人民群众来信来访,是指人民群众对已经生效的裁判提出的意见和反映。他们如果认为生效裁判确有错误,都可以口头反映意见,或者提出书面意见,或者在报刊上反映情况,要求司法机关予以复查和纠正。这种来信来访,既是审判监督程序的重要材料来源,又是人民群众监督人民法院、人民检察院司法工作的重要方式。但是,这种涉及生效裁判的反映,与当事人等的申诉是有区别的。对于人民群众来信来访应当重视和审查,但是不能把它与申诉相混同,更不能把申诉当做群众的一般来信来访对待。

（三）司法机关复查案件发现的错误

司法机关为了保证办案质量,定期或不定期地自查或互查,或按上级指示进行必要的总结检查或复查。通过日常的工作检查及全面复查或对部分案件的复查,发现生效裁判确有错误,就应当提起审判监督程序。

（四）各级人民代表大会代表提出的纠正错案的议案

人民代表与广大人民群众具有密切的关系,人民群众乐于向他们反映情况和要求。他们在视察工作和调查研究过程中,以及在代表会议期间,针对确有错误的裁判而提出的议案或者反映的冤假错案的材料,体现着权力机关对司法工作的监督,司法机关应将人大代表提出的议案、质询意见或反映的情况作为提起审判监督程序的一个重要的材料来源,迅速审查,并将是否提起审判监督程序的决定报告权力机关。对权力机关交办的案件,还应报告处理结果。

（五）机关、团体、企事业单位和新闻媒介等对生效裁判提出的意见

党政领导部门根据国家形势、政策方针的变化及司法工作情况所提出的关

于复查某类案件的文件,当然应是提起再审程序的重要材料来源和依据。党的纪律检查委员会、国家监察机关、律师协会及律师事务所等机关、团体转交处理的材料或法律意见书,也是再审材料的一个重要来源。有的省级权力机关已经制定有关律师执行职务的条例,其中规定律师机构经主管司法行政机关同意可对确有错误的刑事裁判提出复查的要求,有关司法部门必须复查并予答复。随着律师制度的健全发展,律师组织的法律意见书必将日益发挥其重要作用。至于新闻媒介反映的意见,其监督作用日益巨大和广泛,人民法院和检察院不能仅仅作为一般舆论,而应充分重视,及时审查处理。

以上各种材料来源,仅仅是可能引起或应该提起审判监督程序的原因与条件,并非再审的决定和开始。有了材料来源以及对这些材料的审查,也不等于提起再审。是否进行再审,应根据再审材料有无事实根据、理由是否充分,即是否具有《刑事诉讼法》第242条规定的情形,作出决定。只有人民检察院提出抗诉或者人民法院作出再审决定,才是再审程序的提起和开端。

二、提起审判监督程序的条件

提起审判监督程序的条件,又称理由,是指在什么条件或情况下,或者具备什么样的理由,就可以而且应当依法提起审判监督程序。

为了维护已经生效的判决和裁定的严肃性及稳定性,我国《刑事诉讼法》第242条对提起审判监督程序的理由,作了严格的限制规定。只有对各种再审材料进行认真审查后,发现已经生效的判决、裁定在认定事实上或者适用法律上确有错误,才具备提起审判监督程序的理由,才能再审。关于"确有错误"的具体情形,我国《刑事诉讼法》第242条作了比较明确的规定,列举了5种情形作为当事人及其法定代理人、近亲属申诉的法定理由。结合最高人民法院《关于适用〈中华人民共和国刑事诉讼法〉的解释》第375条,具有下列情形之一的,应当决定重新审判:

(1)有新的证据证明原判决、裁定认定的事实确有错误,可能影响定罪量刑的;

(2)据以定罪量刑的证据不确实、不充分、依法应当排除的;

(3)证明案件事实的主要证据之间存在矛盾的;

(4)主要事实依据被依法变更或者撤销的;

(5)认定罪名错误的;

(6)量刑明显不当的;

(7)违反法律关于溯及力规定的;

(8)违反法律规定的诉讼程序,可能影响公正裁判的;

(9)审判人员在审理该案件时有贪污受贿、徇私舞弊、枉法裁判行为的。

根据我国《刑事诉讼法》第 243 条的规定,把生效裁判"在认定事实上或者在适用法律上确有错误"作为法院决定再审及人民检察院抗诉的理由,此与前述申诉理由是基本一致的。这些申诉理由,可以概括为"在认定事实上或者在适用法律上确有错误"。

（一）原判在认定事实上确有错误

认定事实上的错误,是指判决、裁定的主要事实不清;重大情节不清或者失实;缺乏确实、充分的证据,或者据以定罪量刑的证据依法应当予以排除;发现了新事实、新证据,证明原判决、裁定认定的事实确有错误,可能影响定罪量刑的。主要事实不清,是指认定的重要犯罪事实或情节不清楚,没有根据,不能说明主要案情,或者同案件的实际情况矛盾,似是而非;张冠李戴,无中生有;在共同犯罪中各被告人的罪责混淆,等等。重大情节不清或失实,是指判决、裁定中认定的作案动机、目的、手段、后果等情节有严重错误,或者发现证人、鉴定人、记录人、翻译人对与案件有重大关系的情节,故意作了虚假证明、鉴定、记录、翻译,故意陷害他人或隐匿罪证,等等。缺乏确实、充分的证据,是指证据不足以证明主要犯罪事实或重大犯罪情节,或者证明案件主要事实的证据之间有矛盾,相互脱节,或者作为定案的证据未经法庭查证,或者只有被告人的口供而无其他证据印证,或者根据一部分证据作出的结论,不能排除另一部分证据作出的相互矛盾的结论的可能性,等等。依法应当予以排除的证据,是指采用刑讯逼供等非法方法收集的口供,或者采用暴力等非法方法收集的被害人陈述、证人证言,或者依法应当予以排除的物证、书证等。发现了新事实、新证据,是指原裁判没有掌握的新事实、新证据,证明原判认定的事实是错误的。新事实、新证据,一般有下列情形:发现并证实司法人员徇私舞弊作枉法裁判的;发现了原判遗漏的重要犯罪事实情节,足以影响到原判结果的;发现了新证据,证实原判认定的事实根据显属错误;作为原判基础的证据,后来被证实是虚构的或者是错误的,等等。但对于新发现的漏罪或者漏诉的犯罪分子,应由检察机关补充起诉,另案处理,不应按照审判监督程序进行审判。

（二）原判在适用法律上确有错误

适用法律上的错误,主要应当理解为执行刑事政策和刑事实体法上的错误,包括当时执行了已被实践证明是错误的刑事政策法律而判处的案件。具体讲,可以概括为适用法律不当、定性定罪错误和量刑过轻过重三个方面。适用法律不当,是指错用了法律、法令,错引了法律条款,或者定罪量刑违反了政策原则。定性定罪错误,是指混淆了罪与非罪、此罪与彼罪以及一罪与数罪的界限。量刑过轻过重,是指判处的刑罚超过了法定的轻、重限度,或者在法定刑的幅度以内重罪轻判、轻罪重判,致使罪刑不相适应。无论是适用法律不当、定性定罪错误,还是量刑过轻过重,只要有这些情形之一,就可以作为提起再审程序的理由或条件。另外,适用法律上的错误,也包括在诉讼程序方面,存在违反法律规定的诉讼程序,可能影响公正审判的情形。如果存在这种情形,同样是提起再审程序的充分或充足的理由或条件。

三、有权提起审判监督程序的主体

提起审判监督程序,是对已经发生法律效力甚至已经执行完毕的判决、裁定进行重新审判,必须特别慎重。因此,我国立法对于提起审判监督程序的机关、人员及其权限,作了严格的限制,这对于保证人民法院裁判的严肃性和稳定性,并使确有错误的裁判得到实事求是的纠正,是完全正确和必要的。根据我国《人民法院组织法》第14条和《刑事诉讼法》第243条的规定,只有下列司法机关和人员才有权依法提起审判监督程序。

（一）各级人民法院院长和审判委员会

各级人民法院院长对本院已经发生法律效力的裁判,如果发现在认定事实上或者在适用法律上确有错误,必须提交审判委员会讨论决定是否提起审判监督程序。这里必须明确以下几点:

（1）各级人民法院院长和审判委员会提起审判监督程序的对象只能是本院的生效裁判。而不能是上级或者其他同级人民法院的生效裁判。因此,如果院长发现原属本院第一审,但后来又经过上一级法院第二审的裁判确有错误,则第一审法院院长只能向第二审法院提出意见,由第二审法院决定是否提起再审。第二审法院发现本院生效裁判确有错误,经第二审法院审判委员会讨论决定,可以由本院再审,也可以发回原审法院再审。

（2）各级人民法院院长提交审判委员会讨论决定再审的案件,必须是"在认定事实上或者在适用法律上确有错误",不符合这个条件,就是没有再审的理由,不得依照审判监督程序重新审判。

（3）在提起再审的程序上,院长本人不能自行决定对案件的处理,应由院长委托专人审查或由院长亲自审查。审查后发现确有错误,必须提交审判委员会讨论决定。

（4）审判委员会对院长提交讨论的本院生效裁判,讨论后决定再审的案件,应当另行组成合议庭进行再审。

（5）各级人民法院院长,对依照审判监督程序重新审结的案件,如果发现仍有错误的,还可以再由院长提交审判委员会处理,如果必要,可以送请上一级人民法院依照审判监督程序处理。

（二）最高人民法院和其他上级人民法院

最高人民法院对地方各级人民法院和专门人民法院已经生效的裁判,上级人民法院对下级人民法院已经生效的裁判,如果发现确有错误,有权提审或者指令下级人民法院再审。

提审,就是上级人民法院认为某案由原审人民法院重审不适宜,依法提归自己审判。指令下级人民法院再审,就是指令原审或所属其他下级人民法院按照审判监督程序重新审理。

最高人民法院作为全国最高审判机关,统一指导和监督各级人民法院和专门人民法院,对各级人民法院的生效裁判,都有权依法提起审判监督程序。其他上级法院则只能对其所属的下级人民法院的确有错误的生效裁判,提起审判监督程序。

上级人民法院认为下级人民法院已生效的裁判有错误,应调卷审查。由院长或受院长委托的审判人员进行审查后,如果认为并无错误,应以法院名义将审查结果通知下级法院;如果认为确有错误,由院长提交审判委员会讨论,可以作出提审或者指令下级人民法院再审的决定。如果原裁判的事实不清楚,应当指令下级人民法院再审;如果事实清楚,只是定罪量刑错误,或者案情重大以及其他原因不宜指令下级人民法院再审的,可以由上级人民法院提审。

(三) 最高人民检察院和其他上级人民检察院

最高人民检察院对各级人民法院和上级人民检察院对下级人民法院已生效的裁判,如果发现确有错误,有权按照审判监督程序提出抗诉。这是人民检察院行使审判监督权的一个重要方面。

上级人民检察院发现下级人民法院已生效裁判确有错误,应依照审判监督程序向同级人民法院提出抗诉。地方各级人民检察院发现同级人民法院已经生效的裁判确有错误,无权直接向同级人民法院提出抗诉,而应当向上级人民检察院提出《提请抗诉报告书》,要求上级人民检察院向其同级人民法院提出抗诉。当然,在向其上级人民检察院报告请求抗诉的同时,也可以向同级人民法院提出依照审判监督程序处理的建议。但这种做法不具有抗诉的法律效力,只对于及时发现和纠正错判案件,具有积极作用,可视为再审材料的一个来源。如果是最高人民检察院发现最高人民法院的生效裁判确有错误时,则可以直接向最高人民法院提出抗诉。因为法律规定,最高人民检察院有权对各级人民法院、包括最高人民法院的错误裁判,依照审判监督程序提出抗诉。

审判监督程序的抗诉和第二审程序的抗诉,都是人民检察院依法提出的抗诉,但是,两者并不相同。

(1) 抗诉的对象不同。二审程序的抗诉,是针对地方各级人民法院第一审尚未生效的裁判提出的;而再审程序的抗诉,是针对已经生效的裁判提出的,其中有的是一审生效的裁判,也有两审终审的裁判。对最高人民法院的裁判,不能采用二审程序的抗诉,只能依照再审程序抗诉。对最高人民法院核准死刑的判决以及高级人民法院核准死刑缓期二年执行的判决的抗诉,也只能按照再审程序提出。

（2）抗诉的权限不同。依照第二审程序抗诉，是第一审法院同级的人民检察院的权力和职责，限于地方各级人民检察院。最高人民检察院对最高人民法院第一审的裁判无权按二审程序抗诉。而再审程序的抗诉，除最高人民检察院对全国各级人民法院的生效裁判都有权提出外，只有上级人民检察院对下级人民法院的生效裁判才有权向同级人民法院提出。地方各级人民检察院对同级人民法院的生效裁判，都无权像二审程序那样直接提出。

（3）接受抗诉的审判机关不同。接受二审程序抗诉的是提出抗诉的人民检察院的上一级人民法院，不能由原审人民法院审判。而接受再审程序抗诉的是提出抗诉的同级人民法院。但依审判监督程序审理案件的法院，不受两审终审制的限制，可以是原来的第一审法院或者二审法院，也可以是任何上级法院。

（4）抗诉期限不同。二审程序的抗诉，必须在法定的期限内提出，法院不能接受逾期的抗诉；而再审程序的抗诉，一般没有期限限制，只要人民检察院发现生效的裁判确有错误，不论是在判决、裁定的执行中，还是在执行完毕以后，均可提出抗诉。当然，如果原裁判是无罪裁判，人民检察院提起审判监督程序是要求改为有罪裁判，则应遵守刑法关于追诉时效的规定。

（5）抗诉的作用和后果不同。二审程序的抗诉，主要是为了阻止第一审法院的判决生效，避免将人民检察院认为有错误的判决交付执行；审判结果可能改判或发回原审法院重审，也可能维持原判。而再审程序的抗诉，主要是为了实事求是，有错必纠，将已经交付执行的错误裁判纠正过来。在一般情况下，再审结果将导致撤销原判，重新处理。

第三节　依照审判监督程序对案件的重新审判

一、重新审理的法院及对申诉的审查处理

根据法律规定，依照审判监督程序对案件重新审判的法院，可以是作出生效裁判的原审法院（包括一审和二审），也可以是它的上级法院或者被指令再审的其他法院。

（一）原作出生效判决的第一审人民法院

根据法律规定和司法实践，依照审判监督程序处理申诉案件，采取层层负责按审级处理，坚持就地解决的原则。刑事申诉一般由原审人民法院负责审查处理。

（二）原作出生效裁判的第二审人民法院

如果是第二审人民法院判决或裁定的案件确有错误，且不宜指令第一审人

民法院重新审理的,应由第二审人民法院自行再审,作出的判决、裁定就是终审的判决或裁定。但是,第二审人民法院裁定准许撤回上诉的案件,申诉人对第一审判决提出申诉的,可以由第一审人民法院审查处理。

（三）提审的上级人民法院

提审的人民法院,可以是原来第一审人民法院的任何上级法院。提审的案件,应当按照第二审程序进行审判,所作的判决或裁定,是终审的判决、裁定。

上级人民法院接到对下级人民法院的裁判不服的申诉,审阅后,一般可转交应承办的人民法院查处。对于可能有错误的,应提出问题,要求承办的人民法院查处并报告处理结果。对于下级人民法院审查处理后又坚持申诉也确有理由的,或者承办的法院查处结果仍可能有错误的,可以指令原审法院的上一级人民法院查处,可以调卷审查,可以同下级人民法院共同研究,也可以自行调查核实。经审查确有错误的,应视情况决定提审或者指令下级人民法院再审。上级法院还应直接查处一些重大的、复杂的、对于执法和指导下级法院工作有意义的申诉案件,以加强审判监督工作。下级法院也可请求移送上级法院审查处理。

对于经最高人民法院或者高级人民法院复核过的案件提出申诉的,可以由原核准的人民法院直接审查处理,也可以交由原审人民法院审查。原审人民法院应当写出审查报告,提出处理意见,层报原核准的人民法院审查处理。

（四）被指令再审的下级人民法院

《刑事诉讼法》第244条规定:上级人民法院指令下级人民法院再审的,应当指令原审人民法院以外的下级人民法院审理;由原审人民法院审理更为适宜的,也可以指令原审人民法院审理。就是说,原则上,被指令再审的下级人民法院应当是原审人民法院以外的人民法院,只是认为由原审人民法院审理更适宜的,比如能保证客观公正,且更便于诉讼参与人参加诉讼等,才可以指令原审人民法院审理。

（五）接受抗诉的人民法院

接受抗诉的人民法院是指接受人民检察院依审判监督程序提出抗诉的法院。接受抗诉的法院应当组成合议庭对案件重新审理。只有原判事实不清或证据不足的,才可以指令下级法院再审。

二、重新审理的程序

对决定依照审判监督程序重新审判的案件,除人民检察院抗诉的以外,人民法院应当制作再审决定书。再审期间不停止原判决、裁定的执行,但被告人可能经再审改判无罪,或者可能经再审减轻原判刑罚而致刑期届满的,可以决定中止原判决、裁定的执行,必要时,可以对被告人采取取保候审、监视居住措施。

依照审判监督程序重新审理的程序,应当根据原来的审级确定。根据《刑事诉讼法》第 245 条的规定,如果原来是第一审案件,应当依照第一审程序进行,所作的判决、裁定可以上诉、抗诉;如果原来是第二审案件,或是上级法院提审的案件,应当依照第二审程序进行审判,所作的判决、裁定是终审的判决、裁定。

依照审判监督程序由原审人民法院重审时,应当依法另行组成合议庭进行。法律规定原合议庭人员回避,可以避免先入为主,排除原办案人员由于个人考虑而影响案件的公正解决,消除当事人或被害人存在的可能对原审判人员不信任的心理状态,有利于公正判决及其执行。

依照审判监督程序重新审判案件,应当依法公开进行,采用直接审理的方式。对原审被告人、原审自诉人已经死亡或者丧失行为能力的再审案件,可以不开庭审理。开庭审理的再审案件,再审决定书或者抗诉书只针对部分原审被告人,其他同案原审被告人不出庭不影响审理的,可以不出庭参加诉讼。人民法院开庭审理再审案件,同级人民检察院应当派员出席法庭。

人民法院开庭审理再审案件,必要时应对原判认定的事实和适用法律进行全面审查。应当做好开庭审理前的各项准备工作:(1)审查抗诉或者申诉理由,并根据需要,调查核实案件事实;(2)人民法院决定再审的裁定书必须在开庭 30 日以前送达人民检察院,并通知其查阅案卷和派员出庭;(3)人民法院决定再审的裁定书或者人民检察院的抗诉书副本必须在开庭 14 日以前送达原审被告人、法定代理人,并且告知原审被告人可以委托辩护人,或者在必要时由人民法院为其指定辩护人;(4)开庭时间、地点须在开庭 3 日以前通知人民检察院;(5)传唤当事人,通知辩护人、证人、鉴定人和翻译人员,传票和通知书须在开庭 3 日以前送达;(6)原审被告人尚在服刑的,凭决定再审的裁定书或抗诉书及人民法院提押票,办理提押手续;原审被告人在押,再审可能改判无罪的,可以取保候审,也可以决定中止原判决、裁定的执行;原审被告人不在押,需要采取强制措施的,应依法采取强制措施(人民法院决定再审的案件,由人民法院依法决定;人民检察院提出抗诉的再审案件,由人民检察院依法决定);(7)公开审理的案件,应先期公布案由、原审被告人姓名、开庭时间和地点。

人民法院按照审判监督程序开庭审判的程序,与一审开庭审判程序相同,有开庭、法庭调查、法庭辩论、(原审被告人)最后陈述、评议和宣判等几个阶段。但在一些具体细节上也会有所不同,例如:在法庭调查中,首先由合议庭成员宣读原审判决书或者裁定书。人民检察院提起抗诉的再审案件,由检察员宣读抗诉书。原审被告人提出申诉,人民法院决定再审的案件,由审判长宣布原审被告人的申诉理由,也可以由原审被告人陈述申诉理由。在法庭辩论中,人民检察院提起抗诉的,由检察员发言,被害人发言,然后由原审被告人陈述和辩护,辩护人进行辩护,并且可以互相辩论。原审被告人提出申诉的,由原审被告人首先陈述和辩护,辩护人进行辩护,然后由检察员发言,被害人发言,并且可以互相辩论。

人民法院在再审过程中,遇有影响审理进行的情形,可以依法延期审理。

三、重新审理后的裁决

依照审判监督程序重新审判,必要时,应对案件进行全面审查,即就原裁判认定的事实和适用法律等情况进行全面审理,不受提起再审理由的限制。应当实事求是地纠正错误,既不冤枉无辜,也不放纵罪犯。因此,再审必须本着实事求是原则,全错全改,部分错部分改,不错不改,做到冤案、假案一律平反,错案坚决纠正。

依照审判监督程序再审,既可以依法减轻被告人的刑罚或者宣告无罪,也可依法加重被告人的刑罚。

案件经过重新审理后,可依不同情况,作出如下处理:

(1)原判决、裁定认定事实和适用法律正确、量刑适当的,应当裁定驳回申诉或者抗诉,维持原判决、裁定。

(2)原判决、裁定定罪准确、量刑适当,但在认定事实、适用法律等方面有瑕疵的,应当裁定纠正并维持原判决、裁定。

(3)原判决、裁定认定事实没有错误,但适用法律错误,或者量刑不当的,应当撤销原判决、裁定,依法改判。

(4)依照第二审程序审理的案件,原判决、裁定事实不清或者证据不足的,可以在查清事实后改判,也可以裁定撤销原判,发回原审人民法院重新审判。

原判决、裁定事实不清或者证据不足,经审理事实已经查清的,应当根据查清的事实依法裁判;事实仍无法查清,证据不足,不能认定被告人有罪的,应当撤销原判决、裁定,判决宣告被告人无罪。

(5)原判决、裁定认定被告人姓名等身份信息有误,但认定事实和适用法律正确、量刑适当的,作出生效判决、裁定的人民法院可以通过裁定对有关信息予以更正。

对再审改判宣告无罪并依法享有申请国家赔偿权利的当事人,人民法院宣判时,应当告知其在判决发生法律效力后可以依法申请国家赔偿。

关于再审期限,根据《刑事诉讼法》第 247 条的规定,人民法院审理再审案件,应当在作出提审、再审决定之日起 3 个月内审结,需要延长期限的,不得超过 6 个月。接受抗诉的人民法院按照审判监督程序审判抗诉的案件,适用上述审理期限;对需要指令下级人民法院再审的,应当自接受抗诉之日起 1 个月以内作出决定,下级人民法院审理案件也适用上述期限。

思考题

1. 什么是审判监督程序？它的意义何在？
2. 提起审判监督程序必须具备哪些条件？
3. 审判监督程序与二审程序有何异同？
4. 审判监督程序与死刑复核程序有哪些不同？
5. 审判监督程序的抗诉与第二审程序的抗诉有何区别？
6. 依照审判监督程序重新审判案件，应当注意哪些事项？

第二十一章　执　行

第一节　执行的概念和意义

一、执行的概念

刑事诉讼中的执行,是指司法机关和法律授权的其他组织,将已经发生法律效力的判决、裁定所确定的刑罚等内容付诸实施,以及解决实施过程中出现的特定问题而进行的活动。

人民法院对刑事案件行使审判权,根据查明的事实和刑事法律的有关规定,对被告人是否有罪和应否处刑作出的判决、裁定,在发生法律效力以后,就应当依照法定程序予以执行,以实现判决、裁定所适用的刑罚等内容。已经发生法律效力的判决、裁定,应当由法定的机关严格执行,即具有强制执行性。这是判决、裁定发生法律效力的具体体现。

执行是刑事诉讼的最后一个阶段。但是,并不是判决、裁定的整个执行过程和各种活动,都属于刑事诉讼的范围。属于刑事诉讼的执行活动,仅指以下两个部分:一是人民法院自己实现判决和裁定内容的活动,或者人民法院将判决和裁定交付执行机关执行和执行机关对某些判决和裁定(如判处管制、剥夺政治权利的判决)的执行活动;二是解决判决和裁定在执行过程中发生的特定问题(如应予减刑、假释、监外执行等)的活动。对于判处死刑缓期二年执行、无期徒刑、有期徒刑或者拘役的判决,由人民法院交付执行机关执行后,这些执行机关对罪犯进行的监管、教育、组织劳动生产等活动,则不属于刑事诉讼的范围。因为监狱等执行机关通过上述活动对罪犯实行惩罚和改造,是一种司法行政管理工作,由我国《监狱法》、《看守所条例》等法律、法规加以调整,为监狱学的研究对象。

我国《刑事诉讼法》第248条规定,判决和裁定在发生法律效力后执行。关于发生法律效力的判决和裁定,根据本条和其他有关规定,包括:

(1)已过法定期限没有上诉、抗诉的判决和裁定,这是指地方各级人民法院和专门人民法院作出的第一审判决和裁定,已过上诉、抗诉期限而没有提出上诉、抗诉的;

(2)终审的判决和裁定,这包括地方中级、高级人民法院和专门人民法院作出的第二审判决和裁定,以及最高人民法院的判决和裁定;

（3）高级人民法院核准的死刑缓期二年执行的判决；

（4）最高人民法院核准的死刑的判决。

为了保证判决、裁定得到正确的执行，《刑事诉讼法》第四编对执行作了明确的规定。这种由法律规定的执行判决、裁定所应遵循的步骤和方法等，就是执行程序。一切执行判决、裁定的机关和组织，都必须严格按照执行程序执行。有关的司法解释又将这些规定具体化，在执行过程中同样应严格遵循。执行机关在执行过程中，如果认为原判的刑罚应予变更时，必须依法报请人民法院处理，无权自行变更。任何单位和个人对依照法定程序进行的执行活动，都不得阻碍。已被判处刑罚的罪犯，如果对已经发生法律效力的判决、裁定不服，可以提出申诉，但不得阻碍、抗拒执行。

二、执行的意义

执行是刑事诉讼的最后阶段，其任务就是实现已经发生法律效力的判决、裁定所确定的刑罚等内容，以惩罚犯罪分子，保护国家、集体和个人的合法权益，维护社会主义法制，巩固人民民主专政的政权，保卫社会主义现代化建设。只有严格按照法定程序正确地执行判决、裁定，完成执行阶段的任务，才能最终完成刑事诉讼的任务。具体地讲，刑事诉讼中的执行活动，有以下重要意义：

（1）使被判刑的罪犯受到实际的惩罚，判决无罪和免除刑事处罚的在押被告人得到释放，最终完成刑事诉讼的任务。人民法院行使国家的审判权，就具体刑事案件作出判决、裁定，确认被告人有罪或无罪，宣告是否处刑和处以什么刑罚。当判决、裁定发生法律效力后，只有将其付诸实施，才能使已被定罪处刑的罪犯受到实际的惩罚。如果判决被告人无罪或免除刑事处罚，而被告人已被羁押，则需通过执行予以释放，切实保护其合法权益。所以，执行是结束刑事诉讼不可缺少的活动，刑事诉讼任务的完成，有待于通过执行实现判决、裁定的内容。

（2）可以切实体现社会主义法制的权威和司法工作的严肃性。人民法院作出的判决、裁定，是代表国家对案件适用法律的结果，体现着有法必依、执法必严、违法必究的要求。将它们的内容付诸实施，正是严格执法的表现。如果不将判决、裁定付诸实施，不把判决书、裁定书上所写的内容变为现实，所作出的判决、裁定只能是一纸空文，原来所进行的全部诉讼活动也就没有任何意义。

（3）可以威慑不稳定分子，教育广大群众自觉守法，激发他们同犯罪作斗争的积极性，预防犯罪，减少犯罪。执行判决、裁定，基本上都是实现判处被告人的刑罚，使罪犯受到实际的惩处。犯罪分子受到惩罚的结果，会使有可能走向犯罪之途的人受到震慑，悬崖勒马，不敢轻易以身试法；使广大群众增强守法观念，提高守法的自觉性，积极参与同犯罪作斗争，从而会更有效地预防犯罪，减少犯罪。

第二节　各种判决、裁定的执行程序

判决、裁定的内容不同,其执行机关和采取的方法也有所不同。因此,刑事诉讼法对判处罪犯各种刑罚的执行程序和宣告被告人无罪或免除刑事处罚的执行,分别作了规定。

一、宣告无罪和免除刑事处罚的判决的执行程序

我国《刑事诉讼法》第249条规定:"第一审人民法院判决被告人无罪、免除刑事处罚的,如果被告人在押,在宣判后应当立即释放。"据此规定,如果人民法院作出这种判决,而被告人已被羁押的,在其发生法律效力以前,就应予以执行,立即放人。即使自诉人或者人民检察院认为判决有错误,依法提出了上诉或抗诉,也应将被告人立即释放。为了使公安机关依法办理释放手续,人民法院应当立即通知公安机关,由看守所填发《释放证明书》。法律对第一审人民法院的这种判决特作如此规定,目的在于即时恢复已被宣告无罪和免除刑事处罚的人的人身自由,保护其合法权益。

将判决无罪和免除刑事处罚的在押被告人释放,实际上已撤销原来所作的逮捕决定。对判决无罪和免除刑事处罚的被告人并未逮捕,但如果采取了取保候审或监视居住的强制措施,它们并未因作出判决而失效,因此,应当另作出撤销该强制措施的决定。

将判决无罪的人释放后,还应当协同有关单位做好善后工作。因没有犯罪事实而遭错误逮捕的人,根据我国《国家赔偿法》的规定,还有权向赔偿义务机关提出赔偿、恢复名誉等请求。赔偿义务机关应当依法给予赔偿,并为其消除不良影响,恢复名誉。

第一审人民法院宣告被告人无罪或免除刑事处罚的判决,经自诉人或人民检察院提出上诉或抗诉,由第二审人民法院对案件进行审理后,予以改判处刑的,应再执行终审判决。如果对被告人改处拘役、徒刑时,应根据判决书等文件予以收押执行。

二、判处死刑立即执行的判决的执行程序

死刑是剥夺罪犯生命的最严厉的一种刑罚,无论判处或执行死刑,都必须十分慎重,严格防止发生无法挽回的后果。为了从司法程序的最后一关保证正确地使用死刑,刑事诉讼法对判处死刑立即执行判决的执行程序作了特别周密、严谨的规定,其内容包括:

(1)签发执行死刑的命令。我国《刑事诉讼法》第250条第1款规定:"最

高人民法院判处和核准的死刑立即执行的判决,应当由最高人民法院院长签发执行死刑的命令。"执行死刑命令应按照统一样式填写,由院长签名,并加盖最高人民法院印章。

(2)执行死刑的法院和时限。最高人民法院院长签发的执行死刑命令,均交付原审人民法院执行。原审人民法院接到执行死刑命令后,应当在7日以内执行。

(3)对有法定应当停止执行死刑情形的判决的处理。根据我国《刑事诉讼法》第251条第1款的规定,下级人民法院接到执行死刑命令后,在执行前如果发现有下列情形之一的,应当停止执行,并且立即报告最高人民法院,由其作出裁定:一是判决可能有错误的;二是罪犯揭发重大犯罪事实或者有其他重大立功表现,可能需要改判的;三是罪犯正在怀孕。在停止执行后,被交付执行的人民法院应当对判决是否确有错误等情形进行审查核实。当查明判决确有错误,适用死刑不当,应报请核准死刑的最高人民法院依照审判监督程序重新审判。经审查确认罪犯有揭发重大犯罪事实等重大立功表现应当依法改判时,应报请核准死刑的最高人民法院依法改判。这种改判是基于执行前出现的新情况,而非原判决有错误,所以不依照审判监督程序进行。经过审查,确认原判决并无错误,或者罪犯虽有揭发犯罪事实等立功表现,但不需改判,仍应执行死刑的,必须报请最高人民法院院长再签发执行死刑的命令才能执行。因罪犯正在怀孕而停止执行的,或者查明她在被羁押后,为了对其判处死刑而做了人工流产的,应当报请最高人民法院改判其他刑罚。

(4)执行死刑的指挥和监督。根据我国《刑事诉讼法》第252条第1款、第4款的规定,执行死刑,由人民法院指派的审判人员指挥,人民检察院指派的人员临场监督。在司法实践中,人民法院交付执行死刑,应当在3日以前通知同级人民检察院派员临场监督。人民检察院收到通知后,要查明同级人民法院是否收到最高人民法院核准死刑的判决和执行死刑的命令,并派检察人员一至数人担任临场监督。临场监督执行死刑的检察人员应当监督执行死刑的场所、方法和执行死刑的活动是否合法,如果发现有我国《刑事诉讼法》第251条规定的情形之一或者被执行人并非应当执行死刑的罪犯,应当建议人民法院停止执行。

(5)被执行死刑的罪犯可以同其近亲属会见。在司法实践中,执行死刑前,罪犯提出会见其近亲属,或者其近亲属申请会见罪犯的,人民法院可以准许。

(6)执行死刑的方法和场所。我国《刑事诉讼法》第252条第2、3款规定:"死刑采用枪决或者注射等方法执行。""死刑可以在刑场或者指定的羁押场所内执行。"采用枪决以外的其他方法执行死刑的,应当事先报请最高人民法院批准;采用注射方法执行死刑的,应当在指定的刑场或者羁押场所内执行。

执行死刑的刑场不得设在繁华地区、交通要道和旅游区附近,并应禁止新闻记者到刑场采访、拍照、录像,以免造成不良影响。

在刑场执行死刑的警戒事宜,由公安机关负责。

(7)执行死刑应对罪犯验明正身并作必要的讯问。执行死刑时,指挥执行的审判人员,对罪犯应当验明正身,即应当查验清楚将要交付执行的罪犯确系被判处死刑者本人。为此,不仅应认真核对罪犯的姓名、性别、年龄、籍贯、职业和住址等,还需要核对他的犯罪事实。

审判人员对罪犯验明正身后,还需讯问其有无遗言、信札,然后交付执行人员执行死刑。

审判人员进行上述查验、讯问时,也可能遇到罪犯喊冤叫屈等情况。为了在最后时刻防止错杀,《刑事诉讼法》第252条第4款还规定:"在执行前,如果发现可能有错误,应当暂停执行,报请最高人民法院裁定。"据此规定,这时的暂停执行,只需要认为"可能有错误"即可。究竟有无错误,应在暂停执行后,通过深入调查研究来解决。

(8)执行死刑应当公布,不应示众。执行死刑予以公布,可以震慑犯罪,鼓舞群众同犯罪作斗争,但张贴布告应考虑适当场所,以免产生不良影响。

对执行死刑的罪犯,禁止游街示众和实施侮辱其人格的行为。

(9)执行死刑后应由法医查验罪犯是否确已死亡。人民检察院派出的临场监督人员也应检查罪犯是否确实死亡。

(10)执行死刑后,交付执行的人民法院还应办理以下事项:

第一,在场书记员应当制作笔录。在笔录中应记明罪犯姓名,案由,执行的方法、地点和时间,指挥执行的审判人员、人民检察院临场监督人员和执行人员的姓名,执行死刑的情况(包括弹丸的出入口、位置等),法医验明毙命的情况等。笔录后应贴罪犯执行前后的照片。

第二,将执行死刑情况(附罪犯执行死刑前后照片)及时报告最高人民法院。

第三,通知罪犯家属在限期内领取罪犯尸体,有火化条件的,通知领取骨灰。过期不领的,由人民法院通知有关单位处理。对于死刑罪犯的尸体或者骨灰的处理情况,应当记录在卷。不允许任何人为被处死的罪犯举丧滋事,扰乱社会秩序。

第四,对于死刑罪犯身边的遗物、遗款,应由羁押的看守所清点后,交其家属领取,并将收条移送交付执行的人民法院存卷。对于罪犯所留的遗书、遗言,交付执行的人民法院应当及时审查,对于涉及财产继承、债务清偿、家事嘱托等内容的,就将遗书、遗言笔录交其家属,同时复制存卷备查;对于涉及案件线索等问题的,应当抄送有关机关。

三、判处死刑缓期二年执行、无期徒刑、有期徒刑判决的执行程序

根据我国《刑事诉讼法》第 253 条第 1、2 款的规定,对于被判处死刑缓期二年执行、无期徒刑和有期徒刑的罪犯,交付执行的人民法院应当在判决生效后 10 日以内将执行通知书、判决书等有关法律文书送达公安机关、监狱或者其他执行机关。对判处死刑缓期二年执行、无期徒刑、有期徒刑的罪犯,由公安机关依法将该罪犯送交监狱执行刑罚。

对于被判处有期徒刑的罪犯,在被交付执行刑罚前,剩余刑期在 3 个月以下的,由看守所代为执行。对被判处拘役的罪犯,由公安机关执行。

未被逮捕的罪犯,经人民法院判处拘役或者有期徒刑以上刑罚的,公安机关可以根据执行通知书、已经发生法律效力的判决书等诉讼文书,将其收送相应的执行机关执行,不另办逮捕手续。

将罪犯收监后,监狱应当通知罪犯家属,告知罪犯所犯的罪名、判处的刑期和执行的地点。通知书应当自收监之日起 5 日内发出。

判处有期徒刑的罪犯,以及原判死缓、无期徒刑经依法减刑改判为有期徒刑的罪犯,执行期满,监狱应当按期释放并发给释放证明书。公安机关凭释放证明书给刑满释放人员办理户籍登记,当地人民政府要帮助其安置生活。

四、判处拘役的判决的执行程序

我国《刑事诉讼法》第 253 条第 2 款中规定:"对被判处拘役的罪犯,由公安机关执行。"我国《刑法》第 43 条第 1 款还规定:"被判处拘役的犯罪分子,由公安机关就近执行。"在诉讼实践中,对于判处拘役的罪犯,在判决书、裁定书生效后,交付执行的人民法院就将判决书、裁定书,人民检察院的起诉书副本,人民法院的执行通知书、结案登记表及时送达公安机关。当地已设立拘役所的,公安机关就把罪犯放在拘役所执行;没有设立拘役所的,可放在看守所内执行。

判处拘役的罪犯服刑期满,由执行机关释放并发给释放证明书。

五、对未成年犯判处徒刑、拘役的判决的执行

我国《刑事诉讼法》第 253 条第 3 款规定:"对未成年犯应当在未成年犯管教所执行刑罚。"

人民法院将未成年犯交付管教所执行刑罚时,应将判决书等文件及时送达。

我国《监狱法》第 76 条规定,未成年犯年满 18 周岁时,剩余刑期不超过 2 年的,仍可以留在未成年犯管教所执行剩余刑期。

六、判处管制、宣告缓刑的判决的执行程序

对于被判处管制、宣告缓刑的罪犯,在判决发生法律效力后,人民法院应当将执行通知书、判决书等有关法律文书送交执行机关执行。《刑事诉讼法》第258条规定:对被判处管制、宣告缓刑、假释或者暂予监外执行的罪犯,依法实行社区矫正,由社区矫正机构负责执行。社区矫正机构是基层司法行政机关。根据有关规定,应当依法接受社区矫正的罪犯,在人民法院判决、裁定生效之日起10日内到居住地县级司法行政机关报到,县级司法行政机关应当及时办理登记接收手续,并告知其3日内到指定的司法所接受社区矫正。

第一审人民法院判处拘役或者有期徒刑并宣告缓刑的,判决还未发生法律效力时,不能将罪犯交付执行。但是,如果被宣告缓刑的罪犯在押,第一审人民法院应当先行作出变更强制措施的决定,改为监视居住或者取保候审,并立即通知公安机关。

我国《刑法》第76条规定,被宣告缓刑的罪犯,在缓刑考验期限内,如果没有该法第77条规定的应当撤销缓刑的情形,缓刑考验期满,原判的刑罚就不再执行,并公开予以宣告。

根据我国《刑法》第77条的规定,被宣告缓刑的罪犯有下列情形之一的,应当撤销缓刑:(1)在缓刑考验期内犯新罪;(2)发现判决宣告以前还有其他罪没有判决的;(3)违反法律、行政法规等有关规定,情节严重的。有(1)、(2)两种情形的,审判新罪或"漏罪"的人民法院应在判决时,对原判决宣告的缓刑予以撤销,并把前罪和后罪所判处的刑罚,在总和刑期以下决定执行的刑期。有第(3)种情形的,应由执行机关报请原判人民法院审核决定撤销缓刑,执行原判刑罚。

被判处管制的罪犯在管制期间又犯新罪,被人民法院判处拘役或者有期徒刑时,由于管制与拘役、有期徒刑属于不同的刑种,各自的执行方法又不同,因此应当在对新罪判处的刑罚执行完毕后,再执行还没有执行完的管制刑期。对于在管制执行期间发现罪犯于判决前所犯下的其他罪行,经人民法院审理后判处拘役或者有期徒刑的,也按照上述办法执行。

七、判处剥夺政治权利的判决的执行程序

根据我国《刑事诉讼法》第259条和其他有关规定,这一执行程序包括如下内容:

(1)人民法院对于判处剥夺政治权利的罪犯,应当及时将执行通知书、判决书一并送达执行地的县级公安机关和人民检察院,由公安机关执行。对于附加剥夺政治权利的罪犯,监狱等执行机关在罪犯刑期届满,为其办理释放手续的同

时,应将原判决(或抄件、复印件)和出监鉴定表,一并及时送交执行地的县级公安机关和人民检察院。担负执行的公安机关可以指定罪犯居住地的公安派出所、驻乡人民警察或者交其所在单位、基层组织,作为具体负责监督考察的执行单位,进行经常性的监督考察。

(2)对剥夺政治权利的罪犯,公安机关在执行时应向其所在单位或者居住地群众宣布犯罪事实、剥夺政治权利的期限和应当遵守的规定。根据《刑法》第58条第2款的规定,被剥夺政治权利的罪犯应当遵守的规定是:遵守法律、行政法规和国务院公安部门有关监督管理的规定(如外出经商应经公安机关允许),服从监督,不得行使被剥夺的选举权和被选举权及言论、出版、集会、结社等项权利。执行机关对于罪犯未被剥夺的权利,不能妨碍其行使。

(3)剥夺政治权利的期限届满时,由县级公安机关书面通知本人及其所在单位、居住地基层组织。

八、判处罚金和没收财产的判决的执行程序

根据我国《刑事诉讼法》第260条、第261条和其他有关规定,这一程序的主要内容是:

(1)判处罚金和没收财产,无论是附加适用或者独立适用,都由人民法院执行,即这种判决的执行机关都是原审人民法院。

(2)被判处罚金的罪犯,应当在判决指定的期限内一次或者分期缴纳。期满无故不缴纳的,人民法院应当强制缴纳,并可采取相应的执行措施,如冻结、划拨其银行存款,查封、扣押、拍卖其财产等。罪犯不能全部缴纳罚金的,人民法院在任何时候发现其有可以执行的财产,都应随时追缴。罪犯由于不能抗拒的灾祸,缴纳罚金确实有困难的,可以向人民法院申请减少或者免除。人民法院查证属实后,可以根据其困难大小裁定减少或者免除原判处的罚金。

(3)人民法院执行没收财产的判决,必要时可以会同公安机关进行,以利于防止和排除干扰。在没收财产时,不得没收属于罪犯家属所有或者应有的财产;对于没收财产以前罪犯所负的正当债务,需要以没收的财产偿还的,经债权人请求,人民法院应当裁定用没收的财产偿还。

第三节　执行的变更

一、死刑缓期二年执行的变更

我国《刑事诉讼法》第250条第2款规定:"被判处死刑缓期二年执行的罪犯,在死刑缓期执行期间,如果没有故意犯罪,死刑缓期执行期满,应当予以减

刑,由执行机关提出书面意见,报请高级人民法院裁定;如果故意犯罪,查证属实,应当执行死刑,由高级人民法院报请最高人民法院核准。"这一规定指明了死刑缓期二年执行的判决交付执行后对罪犯予以减刑或者执行死刑的条件和程序。

据此规定,被判处死刑缓期二年执行的罪犯,在死刑缓期执行期间是否故意犯罪,是对其予以减刑或者执行死刑的唯一条件。

被判处死缓的罪犯在二年缓期执行期间,如果没有故意犯罪,在满期以后,他所在地的执行机关应及时提出减刑的书面建议,报经省、自治区、直辖市监狱管理机关审核后,提请当地高级人民法院裁定。这种减刑的意见,依法只能在"死刑缓期执行期满"即二年以后提出,而不能提前。

被判处死缓的罪犯,在二年期满以后尚未裁定减刑以前,如果故意犯罪,不能视为是在死刑缓期执行期间犯罪。对这种罪犯,应当在依法减刑后再对其所犯新罪另行起诉、审判,并依照《刑法》第71条规定决定执行的刑罚。

高级人民法院收到执行机关的减刑建议书,应予审核后作出减刑裁定。这种裁定可以自行宣告或者委托监狱代为宣告。减刑裁定书应当发给罪犯,交付监狱,并将其副本送达原判人民法院和对该监狱实行监督的人民检察院。人民检察院认为减刑裁定不当,应当依法提出书面纠正意见。

被判处死缓的罪犯在死刑缓期执行期间,如果故意犯罪,查证属实,应当依法执行死刑。对这种罪犯执行死刑,不需要像对其减刑那样等到"死刑缓期执行期满"。

被判处死缓的罪犯在死刑缓期执行期间故意犯罪的,应由他所在的监狱进行侦查,在查证属实后移送人民检察院提起公诉,由服刑地的中级人民法院依法审判。对这种犯罪所作的判决,可以依法提出上诉、抗诉。认定死缓犯故意犯罪、应当执行死刑的判决、裁定,还要由高级人民法院报请最高人民法院核准。

最高人民法院对这种罪犯核准执行死刑后,应当由院长签发执行死刑的命令,交罪犯服刑地的中级人民法院依照法定程序执行。

二、监外执行

(一) 监外执行的概念

监外执行是对本应在监狱或者其他执行机关内执行刑罚的罪犯,由于有某种法定的特殊情形,而将其暂时放在监外,由其居住地的法定机关负责执行判处的刑罚的一种执行制度。监外执行不仅变更了执行的场所,也变更了执行方式。

(二) 监外执行适用的对象和条件

根据《刑事诉讼法》第254条的规定,监外执行的适用对象是被判处有期徒刑或者拘役的罪犯,即依其被判处的刑罚,本应收监执行或者关押在其他适当场所执行,因其具有法定的特殊情形,而可以决定暂时监外执行。对被处死刑缓期二年执行和无期徒刑的罪犯,不能适用监外执行。但是,当他们经过减刑处理,裁定减为有期徒刑后,就可以适用监外执行。另外,如果是怀孕和正在哺乳自己婴儿的妇女,即使是被判处无期徒刑,也可以暂予监外执行。

可以暂予监外执行的条件,《刑事诉讼法》第 254 条也作了明确规定,即必须有下列情形之一:

（1）有严重疾病需要保外就医的。严重疾病包括需要隔离的传染病、长期医治无效的严重慢性病以及病危等。因这种情形而决定监外执行的,应由罪犯请保人填写保证书。同时还要由省级人民政府指定的医院诊断并开具证明文件。

但是,适用保外就医可能有社会危险性的罪犯,或者自伤自残的罪犯,不得保外就医。

（2）怀孕或者正在哺乳自己婴儿的妇女。哺乳自己婴儿的妇女其哺乳期为1 年,从分娩之日起计算。

（3）生活不能自理,适用暂予监外执行不致危害社会的。

（三）有权决定或批准暂予监外执行的机关

《刑事诉讼法》第 254 条第 5 款规定:在交付执行前,暂予监外执行由交付执行的人民法院决定;在交付执行后,暂予监外执行由监狱或者看守所提出书面意见,报省级以上监狱管理机关或者设区的市一级以上公安机关批准。就是说,有权决定暂予监外执行的机关,在交付执行前,是交付执行的人民法院。即人民法院在判处刑罚时,就有权决定是否暂予监外执行。而在交付执行后,有权批准的机关,则分别是省级以上的监狱管理机关和设区的市一级以上的公安机关。即监狱提出可暂予监外执行书面意见的,应当报请省级以上监狱管理机关批准;看守所提出可暂予监外执行书面意见的,应当报请市一级以上公安机关批准。

（四）执行机关

对暂予监外执行的执行机关是社区矫正机构。《刑事诉讼法》第 258 条中规定,对暂予监外执行的罪犯,依法实行社区矫正,由社区矫正机构负责执行。所以,社区矫正机构就是暂予监外执行的执行机关。

实践中,根据有关规定,被暂予监外执行的罪犯,应当按时到其居住地县级司法行政机关报到,并按时到指定的司法所接受矫正。

（五）对暂予监外执行的法律监督

对暂予监外执行的法律监督是人民检察院的职权。《刑事诉讼法》第 255条规定:监狱、看守所提出暂予监外执行的书面意见的,应当将书面意见的副本抄送人民检察院。人民检察院可以向决定或者批准机关提出书面意见。本条规定的人民检察院,应当是指提出可暂予监外执行书面意见的监狱和主管看守所的公安机关同级的人民检察院。该同级人民检察院对监狱或看守所提出的可暂予监外执行书面意见,经过审查后,如果认为不妥,可以向决定或者批准机关提出书面意见。

《刑事诉讼法》第256条规定:决定或者批准暂予监外执行的机关应当将暂予监外执行的决定抄送人民检察院。人民检察院认为暂予监外执行不当的,应当自接到通知之日起一个月以内将书面意见送交决定或者批准暂予监外执行的机关,决定或者批准暂予监外执行的机关接到人民检察院的书面意见后,应当立即对该决定进行重新核查。将本条法律规定与第255条等相关规定结合起来理解,人民检察院对暂予监外执行的监督,应当分别在交付执行前和交付执行后的不同阶段作不同的处理。

交付执行前,交付执行的人民法院在作出暂予监外执行决定时,应将该决定的副本送交同级人民检察院。人民检察院认为暂予监外执行不当的,应当自收到副本之日起一个月以内将书面意见送交交付执行的人民法院,交付执行的人民法院接到人民检察院的书面意见后,应当立即对暂予监外执行的决定进行重新核查,并将结果通知人民检察院。

交付执行后,应当根据不同情况,分别处理。一种情况是,监狱或看守所提出暂予监外执行书面意见的,应当将书面意见的副本抄送与监狱和主管看守所的公安机关同级的人民检察院。人民检察院认为暂予监外执行不当的,提出书面意见,并呈送与有权批准暂予监外执行的机关的同级人民检察院转交。有权批准暂予监外执行的机关收到人民检察院的书面意见后,一般会作出不批准暂予监外执行的决定。另一种情况是,人民检察院的书面意见虽已提出而有权批准的机关尚未收到时,已经作出了批准暂予监外执行的决定。这种情况出现时,批准暂予监外执行的机关在收到人民检察院的书面意见后,也应当立即对其批准的暂予监外执行的决定进行核查。还有一种情况是,人民检察院收到监狱或看守所的暂予监外执行的书面意见后,虽然认为暂予监外执行不当,但尚未提出应予纠正的书面意见,同时又收到批准机关抄送的批准暂予监外执行的决定,对于这种情况,根据《刑事诉讼法》第256条的规定,人民检察院应当自接到通知之日起一个月以内将书面意见送交批准暂予监外执行的机关,批准暂予监外执行的机关接到人民检察院的书面意见后,应当立即对批准的暂予监外执行的决定进行重新核查。

（六）监外执行期间发生的情况的处理

根据《刑事诉讼法》第257条的规定,对在监外执行期间发生的情况的处理,应当包括以下几个方面:

（1）及时收监。对暂予监外执行的罪犯,有下列情形之一的,应当及时收监:① 发现不符合暂予监外执行条件的;② 严重违反有关暂予监外执行监督管理规定的;③ 暂予监外执行的情形消失后,罪犯刑期未满的。

对于人民法院决定暂予监外执行的罪犯应当予以收监的,由人民法院作出决定,将有关的法律文书送达公安机关、监狱或者其他执行机关。

(2)不计入执行刑期。包括两种情况:① 不符合暂予监外执行条件的罪犯通过贿赂等非法手段被暂予监外执行的,在监外执行的期间不计入执行刑期;② 罪犯在暂予监外执行期间脱逃的,脱逃的期间不计入执行刑期。

(3)罪犯死亡的及时通知。罪犯在暂予监外执行期间死亡的,执行机关应当及时通知监狱或者看守所。

三、减刑

(一)减刑的意义

对罪犯减刑,既可以减少原判的刑期,也可以把原判较重的刑种改为较轻的刑种。在刑罚的执行过程中,正确地适用减刑,有利于促进罪犯悔罪自新,加速改造,稳定监管秩序,实现刑罚的目的。

执行机关应当把减刑作为日常业务工作,随有随办。人民法院对执行机关提出的减刑建议,应当在法定期限内进行审理并作出裁定。人民检察院则应依法监督。

(二)减刑的条件

我国《刑事诉讼法》第 262 条第 2 款规定:"被判处管制、拘役、有期徒刑或者无期徒刑的罪犯,在执行期间确有悔改或者立功表现,应当依法予以减刑、假释的时候,由执行机关提出建议书,报请人民法院审核裁定,并将建议书副本抄送人民检察院,人民检察院可以向人民法院提出书面意见。"这一规定既明确了对判处这些刑罚的罪犯予以减刑的条件,也指出了减刑的程序。

关于确有悔改表现的内容,在司法实践中是指:罪犯认罪服法;一贯遵守罪犯改造行为规范;积极参加政治、文化、技术学习;积极参加劳动,爱护公物,完成劳动任务。以上四个方面同时具备的,就应认为确有悔改表现。

确有立功表现,是指检举监狱内外犯罪活动,经查证属实的;阻止他人犯罪活动的;有发明创造或重大技术革新的;在日常生产、生活中舍己救人的,在抗御自然灾害或者排除重大事故中有突出表现的;对国家和社会有其他重大贡献的。有上述表现之一的,即确有立功表现或重大立功表现;罪犯被评为省级劳改积极分子的,可视为有立功表现。

对罪犯减刑,必须坚持法定条件。我国《监狱法》第 34 条第 1 款明确规定:"对不符合法律规定的减刑、假释条件的罪犯,不得以任何理由将其减刑、假释。"据此,执行机关和人民法院在处理罪犯的减刑问题时,一定要切实掌握减刑的法定条件,使那些依法应予减刑的罪犯及时得到减刑处理;对不具备法定条件的,则绝不能减刑。对于罪行严重的危害国家安全的犯罪分子、犯罪集团的首犯和主犯、累犯、惯犯的减刑或假释,应特别慎重,除核实法定条件外,还应考虑其所犯罪行和处刑情况,从严掌握。

对判处拘役缓刑、有期徒刑缓刑的罪犯,在缓刑考验期间确有突出的悔改表现或者立功表现的,不能单独缩减其缓刑考验期限。根据最高人民法院的有关司法解释,对这种罪犯,可以参照《刑法》第78条的规定,对原判刑罚予以减刑,同时相应地缩减其缓刑考验期限。减刑后的刑期不能少于原判刑期的1/2,相应缩减的缓刑考验期限不能低于减刑后的刑期,而且判拘役的缓刑考验期限不能少于1个月,判有期徒刑的缓刑考验期限不能少于1年。

(三) 减刑案件的管辖

我国《刑法》第79条规定:"对于犯罪分子的减刑,由执行机关向中级以上人民法院提出减刑建议书。"据此,减刑案件应由中级以上人民法院审理。在诉讼实践中,对被判处无期徒刑罪犯的减刑,由罪犯所在地的高级人民法院管辖。对被判处有期徒刑(包括原判死缓、无期徒刑已减为有期徒刑的,以及宣告缓刑的)、拘役、管制的罪犯的减刑,由罪犯所在地的中级人民法院管辖。

(四) 处理减刑案件的程序

执行机关认为罪犯依法应予减刑的,应当提出建议书。对被判处无期徒刑、有期徒刑的罪犯,我国《监狱法》第30条规定,减刑建议由监狱向人民法院提出。对被判处拘役罪犯的减刑,由拘役所提出建议书。对被判处管制宣告缓刑的罪犯的减刑,应由执行机关提出建议书。

执行机关报请人民法院对罪犯减刑时,除提交减刑建议书外,还应提交罪犯评审鉴定表、奖惩审批表、终审法院判决书或裁定书,历次减刑裁定书的复印件,以及罪犯悔改或者立功表现具体事实的证明材料。人民法院审查后认为材料不齐和手续不全的,应通知执行机关补充材料或补办手续。

人民法院对减刑案件,应当组成合议庭进行审理。根据我国《监狱法》第30条的规定,人民法院对监狱提出的减刑建议,应当自收到减刑建议书之日起1个月内予以审核裁定;案情复杂或者情况特殊的,可以延长1个月。对其他执行机关提出的减刑建议书,最高人民法院已明确要求,人民法院应当自收到建议书之日起1个月以内予以审理并作出裁定。

人民法院审理减刑案件,合议庭应当认真审查罪犯悔改或者立功表现的具体事实,查明是否具备减刑的条件,然后作出是否减刑的裁定。在减刑裁定书中,应当扼要写明确有悔改或者立功表现的事实,适用我国《刑法》、《刑事诉讼法》的条款,并注明刑期的起止日期。宣告减刑裁定书,可以由人民法院进行,也可以委托执行机关代为进行,并要注意结合这一工作对罪犯进行认罪服法教育,以扩大效果。人民法院的减刑裁定书,除了发给罪犯,并交付执行机关执行外,还应将其副本同时送达原判法院和对该执行机关担负检察任务的人民检察院。罪犯对减刑裁定不能上诉。

人民检察院应当对减刑裁定书进行审查,以履行监督职责。我国《刑事诉讼法》第 263 条规定,人民检察院认为减刑裁定不当的,应当在收到裁定书副本后 20 日以内,向人民法院提出书面纠正意见。人民法院在收到纠正意见后,应当在 1 个月以内重新组成合议庭进行审理,作出最终裁定。

被判处无期徒刑的罪犯,由服刑地的高级人民法院依法裁定减刑后,原审人民法院发现原判决确有错误,并按照审判监督程序改判为有期徒刑的,原审人民法院应将改判的判决书送达罪犯所在的监狱和罪犯服刑地的高级人民法院。高级人民法院应裁定撤销原减刑裁定。如果罪犯在原判执行期间确有悔改或立功表现,确实需要依法减刑的,应当再行办理对改判后的有期徒刑的减刑。

四、假释

(一)假释的条件

假释是指被判处有期徒刑或者无期徒刑的罪犯,实际执行一定刑期以后,确有悔改表现,不致再危害社会,将其附条件地予以提前释放。对于有特殊情况的,可以不受法定执行刑期的限制。

根据我国《刑法》第 81 条规定,假释必须具备的条件是:(1) 客观方面,必须执行了法定的刑期。具体地讲,被判处有期徒刑的,已执行原判刑期的 1/2 以上;被判处无期徒刑的,实际执行 10 年以上。但是,对于有特殊情况的(如原工作单位因科研的特殊需要请求保释),经最高人民法院核准,可以不受上述法定执行刑期的限制。(2) 主观方面,必须是确有悔改表现,不致再危害社会。关于确有悔改的具体内容,见前面减刑所述,应四个方面同时具备。关于不致再危害社会,根据司法实践经验,应理解为罪犯在服刑期间一贯表现好,具备了"确有悔改表现"的各种情形,不致重新犯罪,或者系老弱病残丧失作案能力的。所以假释比减刑要求更严。

(二)假释案件的管辖和处理程序

根据我国《刑法》第 82 条的规定,对罪犯的假释案件,其管辖与处理程序,与减刑案件相同,即被判处无期徒刑的罪犯的假释案件,由罪犯所在地高级人民法院管辖;被判处有期徒刑罪犯的假释案件,由罪犯所在地中级人民法院管辖。

在监狱服刑的罪犯符合假释条件的,由监狱根据考核结果向人民法院提出假释建议书。由看守所监管的罪犯的假释,则由看守所提出建议书,经当地县级公安机关审查同意后,再报请人民法院裁定。执行机关要向人民法院报送的其他材料,与减刑案件相同。人民法院办理假释案件的期限,也与办理减刑案件相同。

人民法院审核假释案件,也应组成合议庭进行。对因罪犯具有特殊情况,不受执行刑期限制的假释案件,还应报请最高人民法院核准。人民法院裁定假释的,应依照我国《刑法》第83条的规定确定假释考验期限,并在裁定书中写明该期限的起止日期。该裁定书应及时送达执行机关和罪犯,并将副本送达人民检察院。监狱或看守所应当按期假释并发给假释证明书。监狱在办理释放手续的同时,还需要将原判决(或抄件、复印件)、执行通知书(或抄件、复印件)、假释裁定书副本和犯人出监鉴定表,一并及时送交执行地的县级公安机关和人民检察院。

人民检察院对假释裁定书副本进行审查后,认为假释裁定不当的,根据我国《刑事诉讼法》第263条的规定,也应当在收到裁定书副本后20日以内,向人民法院提出书面纠正意见。人民法院应当在收到纠正意见后1个月以内重新组成合议庭进行审理,作出最终裁定。

（三）对被假释罪犯的监督考察

根据《刑事诉讼法》第258条及其他有关规定:对于被假释的罪犯,依法实行社区矫正,由社区矫正机构负责监督考察。被假释的罪犯,应当从离开监所之日起10日以内到其居住地县级司法行政机关报到,并按时到县级司法行政机关指定的司法所接受社区矫正。

（四）假释的撤销

根据我国《刑法》第85条的规定,被假释的罪犯,在假释考验期内,如果没有重新犯罪等情形,假释考验期满,就认为原判刑罚已经执行完毕,并公开予以宣告。

根据我国《刑法》第86条规定,被假释的罪犯如有下列情形之一,就应当撤销假释:

（1）被假释的罪犯,在假释考验期限内犯新罪。遇有此情形,审判新罪的人民法院就应撤销假释,依照《刑法》第71条的规定决定执行的刑罚。这种罪犯原则上仍送原执行机关执行。

（2）在假释考验期内,发现罪犯在判决宣告以前还有其他罪没有判决的。人民法院在对新发现的罪作出判决时,应当撤销假释,依照《刑法》第70条的规定决定执行的刑罚。

（3）被假释的罪犯,在假释考验期内,有违反法律、行政法规或者国务院公安部门有关假释的监督管理规定的行为,尚未构成新的犯罪的,根据《监狱法》第33条第2款的规定,由公安机关向原作出假释裁定的人民法院提出撤销假释的建议书,人民法院应当自收到撤销假释建议书之日起1个月内予以审核裁定。人民法院裁定撤销假释的,由公安机关将罪犯送交监狱收监。

第四节 对新罪和申诉的处理

一、对新罪的处理

我国《刑事诉讼法》第 262 条第 1 款规定："罪犯在服刑期间又犯罪的,或者发现了判决的时候所没有发现的罪行,由执行机关移送人民检察院处理。"最高人民法院等司法机关根据执行中出现的种种情况,曾发出文件作了一些补充规定,明确了具体的执行办法。

罪犯在服刑期间犯罪有各种情况,有在监狱等关押地犯罪的,有在其他执行地犯罪的,有从关押地逃脱后犯罪在犯罪地即被抓获的,也有追捕回来才发现的。既然情况不同,对新罪负责侦查的机关也应有所不同。罪犯在监狱内犯罪的,由监狱进行侦查。侦查终结后,监狱应写出起诉意见书,连同案卷材料、证据一并移送该监狱所在地的人民检察院审查决定是否提起公诉。罪犯在看守所服刑又犯新罪的,由主管该看守所的县级公安机关侦查终结后,写出起诉意见书,连同案卷材料、证据,一并移送当地的人民检察院审查决定。被判处管制、剥夺政治权利,以及监外执行、宣告缓刑和假释的罪犯,在服刑或者考验期间又犯新罪的,由执行、监督机关所在地的公安机关侦查终结后,认为需要起诉的,应写出意见书,移送当地人民检察院审查决定。

监狱、看守所等对正在服刑的罪犯,如果发现了判决时所没有发现的罪行(又称"漏罪"),其侦查机关和起诉程序,与上述处理新罪的机关和程序相同。

上述新罪或"漏罪"案件,如果属于中级人民法院管辖,当地人民检察院审查后应当上报人民检察院分(市)院,由其审查决定向同级人民法院提起公诉。

罪犯在监狱、看守所服刑时逃脱后重新犯罪,在犯罪地即被查获的,则由犯罪地的公、检、法机关依照刑事诉讼法规定的管辖范围立案处理。人民法院对这种罪犯的新罪作出处刑的判决后,原则上仍送罪犯服刑的机关执行。

罪犯在服刑期间因犯新罪或者被发现"漏罪"受到追究时,同样可以委托辩护人辩护。

监外执行的罪犯又犯新罪,由当地公、检、法机关依法处理后,对其判处的刑罚应当由犯罪地有关机关执行的,县以上公安机关要将罪犯新的犯罪事实和处理结果,及时通知原所在监狱等执行机关。

二、认为判决有错误和对罪犯申诉的处理

根据我国《刑事诉讼法》第 264 条和《监狱法》第 21 条、第 23 条、第 24 条的规定,罪犯对生效判决不服的,可以提出申诉。监狱等执行机关对罪犯的申诉材

料,应当及时转递,不得扣压。罪犯的申诉材料已明确要求人民检察院或者人民法院处理的,可按其要求转递;如果并无明确要求,则由监狱等执行机关根据案件情况决定向人民检察院或者人民法院转递。

监狱等执行机关在刑罚执行过程中,根据罪犯的申诉或者其他信息,认为判决有错误,包括无罪判有罪、定性不当、量刑畸重畸轻的,应当提请人民检察院或者人民法院处理。

人民检察院或者原判人民法院收到执行机关认为判决有错误要求重新处理的意见或者罪犯的申诉后,应当认真进行审查,仔细分析其理由和根据。经审查后,认为原判决在认定事实上或者适用法律上确有错误的,应当按照审判监督程序予以纠正。对于原判决中其他方面的失误,如判决前羁押的日期没有折抵刑期或折抵刑期的计算有误等,由原判决人民法院予以更正即可。

人民检察院作为国家的法律监督机关,对判决、裁定的执行,除有权处理罪犯的新罪和申诉等事项外,根据我国《刑事诉讼法》第 265 条的规定,还应当对执行机关执行刑罚的活动是否合法实行监督。人民检察院在实行监督中,如果发现有违法情况,应当通知执行机关纠正。

思考题

1. 什么是刑事诉讼中的执行? 它有什么意义?

2. 哪些判决、裁定是发生法律效力的判决、裁定?

3. 判处死刑立即执行的判决应当怎样依法执行? 在什么情形下应当停止执行和暂停执行? 停止执行后应当如何处理?

4. 判处死刑缓期二年执行的判决应当怎样依法执行? 被判处死缓的罪犯在何种情况下还应当执行死刑?

5. 对判处无期徒刑、有期徒刑的罪犯,应当怎样交付执行?

6. 对被宣告缓刑的罪犯,由什么机关负责执行?

7. 对判处管制的判决应当怎样依法执行?

8. 什么情形下可以对罪犯暂予监外执行? 哪些机关有权批准或作出这种决定?

9. 对于服刑的罪犯依法应当减刑的,应当按照什么程序办理?

10. 办理对罪犯的假释应当按照什么程序进行?

11. 对罪犯在执行刑罚过程中所犯的新罪,应当按照什么程序追究?

12. 对罪犯在执行刑罚过程中提出的申诉,应当怎样处理?

第二十二章 特别程序

特别程序是 2012 年修改的《刑事诉讼法》新增加的一章内容。

特别程序是指未成年人犯罪案件、当事人和解的公诉案件等几类特殊案件的审判程序。这是法律的规定。过去讲刑事审判程序也有特别程序,那是指审判监督程序和死刑复核程序,这种程序不是一般案件都适用的特别程序,这是理论上对特别程序的解读。现在《刑事诉讼法》对特别程序有了专门规定。根据《刑事诉讼法》的规定,适用特别程序审理的案件有:(1) 未成年人犯罪案件;(2) 当事人和解的公诉案件;(3) 犯罪嫌疑人、被告人逃匿、死亡案件违法所得的没收程序;(4) 依法不负刑事责任的精神病人的强制医疗程序。

第一节 未成年人刑事案件诉讼程序

一、办理未成年人犯罪案件的方针和原则

1. 办理未成年人犯罪案件的方针

《刑事诉讼法》第 266 条规定,对犯罪的未成年人实行教育、感化、挽救的方针。教育是对未成年人所实施的有计划、有组织、有目的并带有强制性的影响活动。感化是对未成年人动之以情、晓之以理的深入感染和影响。挽救是通过教育和感化,对未成年犯罪嫌疑人、被告人予以救助,帮助其走上新的生活道路。教育、感化、挽救的目的是挽救,通过教育、感化把犯了罪的未成年人挽救过来,使他们重新走上健康、正确的生活道路。

教育、感化、挽救是我们国家对待违法犯罪的未成年人一贯坚持的方针。《刑事诉讼法》、《未成年人保护法》等法律法规,都有关于处理违法犯罪青少年的特别规定。之所以要坚持实行教育、感化、挽救的方针,首先是因为青少年是国家的未来和希望,包括违法犯罪的青少年。对这部分走上邪路的青少年,国家有责任也有义务把他们拉回来,重新走上健康的道路,培养成对国家有用的人才。其次,未成年人缺少社会知识和生活经验,身心和智力尚处于不成熟阶段,可塑性强。在不良的社会环境影响下,他们容易走上错误的道路。但是在良好的环境下,通过耐心地教育、挽救,完全可以把他们从邪路上拉回来,塑造成有用的人才。司法实践已经充分证明了这一点。正因为这样,我们在处理未成年人

犯罪案件时,必须认真、全面地贯彻教育、感化、挽救的方针。

2.办理未成年人犯罪案件的原则

(1)教育为主、惩罚为辅的原则。《刑事诉讼法》第266条规定,对犯罪的未成年人实行教育为主、惩罚为辅的原则。所谓"教育为主"是说对犯罪的未成年人主要通过耐心说服教育,让他们认识错误,改正错误,重新回归社会。所谓"惩罚为辅"是说在教育不能达到目的时,也可以辅之以惩罚。惩罚不是目的,惩罚与教育都是手段,它们相辅相成,最终达到挽救的目的。

(2)保障未成年犯罪嫌疑人、被告人诉讼权利的原则。《刑事诉讼法》第266条规定,人民法院、人民检察院和公安机关办理未成年人刑事案件,应当保障未成年人行使其诉讼权利。由于未成年犯罪嫌疑人、被告人的社会经验不足,更缺乏法律知识,因此,他们自身的保护意识和防护能力都不强,在诉讼中的弱势地位更显突出。为了保证诉讼的公平、公正,法律规定:人民法院、人民检察院和公安机关,在办理未成年人刑事案件中,有义务保障未成年犯罪嫌疑人、被告人的诉讼权利,这对案件的正确处理有重要意义。

未成年犯罪嫌疑人、被告人在诉讼中,除享有同成年犯罪嫌疑人、被告人同样的诉讼权利外,还享有特定的诉讼权利,比如有获得指定辩护的权利;在接受讯问或审判时,有要求其法定代理人到场的权利;到场的法定代理人可以代为行使未成年犯罪嫌疑人、被告人的诉讼权利等。侦查、检察、审判人员对未成年犯罪嫌疑人、被告人的这些权利,都必须切实予以保障。

(3)不公开审理的原则。《刑事诉讼法》第274条规定,人民法院审判的时候被告人不满18周岁的案件,不公开审理。"不公开审理"是指人民法院在开庭的时候,不允许群众旁听,不允许新闻记者采访,报纸等印刷品不得刊登未成年人姓名、年龄、职业、住址及照片等信息。法律之所以这样规定,是为了加强对未成年被告人的身心特殊保护,有利于对其教育和挽救,同时也是诉讼文明的表现。此条还规定,经未成年被告人及其法定代理人的同意,未成年被告人所在学校和未成年人保护组织可以派代表到场。这样有利于对未成年被告人的教育和挽救,也有利于扩大审判工作的影响。但应当注意,这些都必须是在未成年被告人及其法定代理人同意的情况下才能进行,否则这些人就不能进入法庭。

(4)分案处理的原则。《刑事诉讼法》第269条第2款规定,对被拘留、逮捕和执行刑罚的未成年人与成年人应当分别关押、分别管理、分别教育。分案处理的原则是指公、检、法机关在刑事诉讼中,对未成年犯罪嫌疑人、被告人与成年犯罪嫌疑人、被告人应该分开处理。由于未成年犯罪嫌疑人、被告人多属于涉世不深,缺乏社会经验的偶犯、初犯,把他们与成年人分开处理,有利于保护他们的身心健康,有利于他们接受教育改过自新,避免受到不良环境影响,也有利于保护他们的合法诉讼权利。根据《刑事诉讼法》的规定,分案处理的原则包括:① 对被拘留、逮捕的未成年人与成年人分别关押；② 在处理未成年人与成年人共同犯罪或者有牵连的案件时，应当尽量适用不同程序，在不妨碍审理的前提下，坚持分案审理，以利于对未成年人的教育；③ 未成年人被判处刑罚交付执行时，不能同成年人在一个监狱看管。

二、未成年人犯罪案件的立案、侦查和起诉

1. 立案

未成年人犯罪案件的立案，除审查犯罪事实、证据之外，还要根据未成年人的特点，注意查清：(1) 犯罪嫌疑人确切的出生时间，是否达到刑事责任年龄；(2) 未成年人走上犯罪道路的原因，犯罪前的生活居住环境及其性格、心理特征，有无教唆犯罪人等。根据有关未成年人的全面情况，正确确定对其应否立案。

2. 侦查

根据未成年人的特点，《刑事诉讼法》对未成年人犯罪案件的侦查作了一系列的特别规定，这些规定是：

(1) 侦查机关办理未成年人刑事案件，应当由熟悉未成年人身心特点的侦查人员进行，讯问女性未成年犯罪嫌疑人应当有女工作人员在场，以便顺利查清案情，实现对未成年犯罪人的教育和挽救。

(2) 公安机关、人民检察院办理未成年人刑事案件，根据情况可以对未成年犯罪嫌疑人的成长经历、犯罪原因、监护教育等情况进行调查。通过这种广泛调查，全面了解未成年人犯罪的原因及性格特征，可以有的放矢地采取处理措施，正确决定是否提请审查起诉。

(3) 对未成年犯罪嫌疑人慎用强制措施。《刑事诉讼法》第 269 条规定，对未成年犯罪嫌疑人，应当严格限制适用逮捕措施。人民检察院审查批准逮捕时，应该讯问未成年犯罪嫌疑人，并听取辩护律师的意见。通过家长或监护人看管能解决问题的，就不要动用强制措施，这样更有利于对未成年犯罪嫌疑人的教育、改造和挽救。

3. 起诉

人民检察院对未成年人犯罪案件的审查起诉，除按照普通刑事案件的审查程序进行外，还应根据《刑事诉讼法》的规定，注意其特别要求，这些特别要求有：

(1) 承办未成年人犯罪案件的审查起诉工作，应当由熟悉未成年人身心特点的检察人员负责，以便更好地贯彻执行教育、感化、挽救的方针。

(2) 对未成年人犯罪案件的审查起诉工作，除审查犯罪事实、证据之外，还要审查未成年人犯罪的原因，个人经历，犯罪前家庭生活环境以及性格、心理特

征,只有通过这样的全面审查,才能对未成年人犯罪案件作出正确处理。

(3)根据《刑事诉讼法》第271条的规定,对未成年人涉嫌"侵犯公民人身权利、民主权利罪"、"侵犯财产罪"、"妨碍社会管理秩序罪",可能判处1年有期徒刑以下刑罚,符合起诉条件,但有悔罪表现的,人民检察院可以作出附条件不起诉的决定。这是贯彻对未成年人犯罪案件实行教育为主、惩罚为辅原则的具体体现。

这种不起诉是附条件的。根据《刑事诉讼法》第272条的规定,被附条件不起诉的犯罪嫌疑人,应当做到:(1)遵守法律法规,服从监督;(2)按照考察机关的规定报告自己的活动情况;(3)离开居住的市、县或者迁居,应当报告考察机关批准;(4)按照考察机关的要求接受矫治和教育。被附条件不起诉的未成年犯罪嫌疑人如果接受并遵守这些条件,人民检察院就可以对其作附条件不起诉处理,否则,检察院就不能作附条件不起诉处理。对已被作附条件不起诉处理的人,在考验期内,如果违反上述规定,或者违反治安管理,情节严重的,或者又犯新罪或者发现有应该追究的漏罪的,人民检察院应当撤销附条件不起诉决定,提起公诉。如果被附条件不起诉人在考验期内,没有违反上述规定,也没有漏罪、新罪,考验期满后人民检察院应当对其作出不起诉决定。

人民检察院在作出附条件不起诉决定之前,应当听取公安机关、被害人的意见。公安机关对附条件不起诉有异议的,可以依法提请复议或复核。被害人不同意的,可依法申诉或者起诉。未成年犯罪嫌疑人及其法定代理人对附条件不起诉有异议的,人民检察院应当作出起诉决定。

人民检察院负责对附条件不起诉未成年犯罪嫌疑人进行监督考察。附条件不起诉的考验期为6个月以上1年以下,从人民检察院作出附条件不起诉决定之日起计算。

三、未成年人犯罪案件的审判

未成年人刑事案件的审判,适用《刑事诉讼法》对普通刑事案件规定的程序和要求。但由于未成年被告人的特点,《刑事诉讼法》对未成年人刑事案件的审判又规定了一些特别要求,这些特别要求有:

(1)《刑事诉讼法》第266条规定,人民法院办理未成年人刑事案件应当由熟悉未成年人身心特点的审判人员承办。根据这一精神,最高人民法院要求中级以下(含中级)人民法院,应当建立与其他审判庭同等建制的未成年人刑事审判庭。未成年人刑事审判庭应当由熟悉未成年人特点、善于做未成年人思想教育工作的审判人员组成。

(2)切实保障未成年被告人的辩护权。由于未成年被告人都是涉世不深、缺乏知识的青少年,他们在诉讼中自我保护意识和抗辩能力不强,因此,《刑事诉讼法》规定,人民法院在审判未成年人刑事案件时应当切实保障未成年人行使其诉讼权利,向他们讲清并使其听懂在诉讼中都有些什么权利。此外,还应当保障未成年被告人得到法律援助。法庭审判时,未成年被告人没有委托辩护人的,人民法院应当通知法律援助机构指派律师为其辩护,以保证审判公平、公正地顺利进行。

(3)通知未成年被告人的法定代理人到场。根据《刑事诉讼法》第270条的规定,人民法院在审判未成年人刑事案件时,应当通知未成年被告人的法定代理人到场。无法通知、法定代理人不能到场或者是共犯的,也可以通知其他成年亲属,所在学校、单位、居住地基层组织或者未成年人保护组织的代表到场,这样可以缓和法庭气氛,稳定未成年被告人的情绪,有利于法庭顺利进行审判。

根据《刑事诉讼法》的规定,到场的法定代理人可以代为行使未成年犯罪被告人的诉讼权利。到场的法定代理人或者其他人员,认为办案人员在讯问、审判中侵犯未成年人合法权利的,可以提出意见。讯问笔录、法庭笔录还应当交给到场的法定代理人或者其他人员阅读或者向他宣读,在法庭上未成年被告人作最后陈述后,其法定代理人可以进行补充陈述。

(4)审理未成年人犯罪案件不公开进行。《刑事诉讼法》第274条规定,审判的时候被告人不满18周岁的案件,不公开审理。这样可以避免给未成年人在心理上造成伤害。但是,经未成年被告人及其法定代理人同意,未成年被告人所在学校和未成年人保护组织可以派代表到场。

根据司法实践经验,对未成年被告人在法庭上不允许戴戒具,但被告人人身危险性大,可能妨碍法庭审判活动的除外。未成年被告人可以坐着回答问题。审判人员讯问未成年被告人时,语言应当通俗易懂,便于未成年人理解。不允许对未成年被告人训斥、讽刺或威胁。

四、执行

对判处徒刑需要收监执行的未成年罪犯,人民法院应当填写结案登记表,连同生效判决书副本、执行通知书,一并送达执行机关。执行机关应当严格按照《刑事诉讼法》第269条的规定,将服刑的未成年罪犯与成年罪犯分别关押、分别管理、分别教育,将未成年罪犯放在未成年犯管教所执行刑罚。

对判处管制、拘役宣告缓刑,判处有期徒刑宣告缓刑的未成年罪犯,人民法院可以协助公安机关同其原所在学校、街道居民委员会、村民委员会、监护人等,共同制定帮助教育计划和措施,并进行必要的回访。

《刑事诉讼法》第275条规定,犯罪的时候不满18周岁,被判处5年有期徒刑以下刑罚的,应当对相关犯罪记录予以封存。所谓"封存"就是对有关材料密封保存,除法律另有规定的以外,任何单位和个人不得查询。

未成年罪犯相关记录的封存必须具备一定的条件,这些条件是:(1) 被告人犯罪的时候不满 18 周岁,而不是审判时的年龄。(2) 未成年罪犯被判处 5 年有期徒刑以下刑罚。5 年有期徒刑以下刑罚一般认为属于轻罪,其社会危害性和主观危险性较低。同时符合这两个条件的,才可以对其相关的犯罪资料予以封存。实行这一制度是贯彻教育、感化、挽救方针的具体体现,有利于未成年罪犯顺利回归社会,有利于其将来升学就业,有利于降低未成年犯的重新犯罪率。根据《刑事诉讼法》的规定,对依法封存的记录,司法机关为办案需要或者有关单位根据国家规定需要查询的,可以查阅封存记录。但依法查询的单位,应当对被封存的犯罪记录的情况予以保密。

第二节 当事人和解的公诉案件诉讼程序

当事人和解的公诉案件诉讼程序,是 2012 年修改《刑事诉讼法》新增加的内容。它为公、检、法机关办理刑事案件增加了新的手段,也为解决纠纷、化解矛盾、创建和谐社会提供了新的办法。

一、当事人和解的概念、特点和意义

当事人和解是指在刑事诉讼中,加害人与被害人依法在平等、自愿的基础上进行对话、协商,加害人通过赔礼道歉、经济赔偿、提供劳务等取得被害人的谅解,被害人表示宽恕的一种化解矛盾的方式。和解的主体是与案件有直接利害关系的双方当事人,即加害人与被害人,而不是控、辩双方,公安机关、人民检察院、人民法院不能成为和解的主体。在刑事诉讼中,公、检、法机关对具有和解条件的双方当事人,能不能提出促和意见,法律没有规定。一般认为,既然当事人和解是解决纠纷、化解矛盾的有效方法,公、检、法机关依法应当积极宣传和推广实施。当然是否适用还是由双方当事人自己决定。

当事人和解与《刑事诉讼法》规定的自诉案件的调解,有相同之处,又有许多不同。相同之处是:(1) 都是在矛盾双方自愿、合法的前提下进行;(2) 目的都是为了更好地化解矛盾、解决纠纷。不同之处是:(1) 公、检、法机关的作用不完全相同。自诉案件的调解只能由人民法院进行,而且法院在查清案件事实的基础上可以主动调解。由于自诉案件不经过侦查、起诉,所以公安、检察机关也就谈不上对这类案件的调解。当事人和解的公诉案件,公、检、法三机关依法都可以进行。(2) 审查的结果不同。人民法院对自诉案件是在查清案件事实、证据的基础上进行调解。经调解双方当事人自愿达成协议的,人民法院应当制作调解书,审判人员、书记员署名并加盖人民法院公章,标志着案件已告终结。公安机关、人民检察院、人民法院对当事人和解的公诉案件,经过审查认为和解为

双方当事人真诚自愿、且无违法情况,应当主持制作和解协议书,确认当事人和解的内容。和解协议书与法院制作的调解书不同,前者不标志案件终结,案件是否终结,还要经人民检察院、人民法院依法作出决定。正由于这些原因,当事人和解与人民法院调解不能混合使用。

当事人和解作为公、检、法机关的一种办案方式,与传统的办案方式不同,它有自己的特点:(1)强调坚持平等、自愿、合法的原则。在适用当事人和解时,必须坚持双方当事人平等、自愿、合法,不能强迫双方或者任何一方和解,更不能违法和解。(2)强调加害人真心认罪、悔罪。适用当事人和解的前提是加害人必须真诚悔罪。没有这个前提,当事人和解就会变成单纯的以经济赔偿换取宽缓处理,这是不符合当事人和解要求的。(3)强调化解矛盾、解决纠纷。通过加害人与被害人平等对话、协商,加害人通过赔礼道歉、赔偿损失等方式,换取被害人谅解。被害人通过协商满足了自己的要求,表示愿意宽恕加害人,使被害人与加害人的矛盾得以化解,被犯罪行为破坏的社会关系得以修复。我们在使用当事人和解这种方式处理公诉案件时,必须充分注意这些特点。

当事人和解是在犯罪数量不断增加,司法机关压力不断加大的社会背景下,司法部门经过长期实践探索而总结出来的一种办案方法。实践证明,这种办案方式有着良好的社会效果:(1)能有效地化解矛盾和纠纷,预防和减少犯罪的发生。由于有些轻微犯罪多发生在亲朋、邻里之间,这些犯罪如果处理不当或者案件虽已处理,但没解决深层矛盾,容易继发报复性犯罪。适用和解程序,通过当事人之间直接面谈、交流,加害人向被害人承认错误,赔礼道歉,赔偿损失,当面向被害人表明认罪、悔罪,绝不再犯的态度,以抚慰被害人的心理创伤,弥补其经济损失,换取被害人对加害人的谅解与宽恕,可以使矛盾真正得到化解,避免继发性犯罪的发生。(2)既能有效地保护被害人的利益,也挽救了加害人。因为通过这种方式,既能使被害人的心理创伤得到抚慰,经济损失得到赔偿,同时,又能使加害人真切地感到自己的犯罪行为给被害人造成的损害,从而产生愧疚心理,增强认罪、悔罪、改过自新的决心,有利于其接受改造,早日回归社会。(3)节约司法资源,提高诉讼效率。当事人和解程序的适用,对罪行较轻的公诉案件实施轻缓的刑事政策,在程序上实行繁简分流,这样既避免了复杂的诉讼程序给当事人带来的诉累,也为检察院、法院、监狱等部门减轻了工作压力,为国家节约了司法资源。

二、当事人和解的公诉案件范围和适用条件

运用当事人和解程序办理刑事案件,可以收到很好的社会效果,但如果运用不当,也容易使犯罪分子逃避应有的惩罚。因此,《刑事诉讼法》第277条对当事人和解的案件范围作了明确的规定:"(一)因民间纠纷引起,涉嫌刑法分则

第四章、第五章规定的犯罪案件,可能判处3年有期徒刑以下刑罚的;(二)除渎职犯罪以外的可能判处7年有期徒刑以下刑罚的过失犯罪案件。犯罪嫌疑人、被告人在5年以内曾经故意犯罪的,不适用本章规定的程序。"根据这一规定,适用当事人和解的诉讼程序的案件,应当是:

(1)因民间纠纷引起的,属于"侵犯公民人身权利罪、民主权利罪"和"侵犯财产罪",而且犯罪较轻可能判处3年有期徒刑以下刑罚的案件。所谓民间纠纷,是指公民之间有关人身、财产权益、家庭关系及其他日常生活中发生的纠纷。由于这种纠纷引起的侵犯公民人身权利、民主权利、财产权利的犯罪,而且犯罪情节不严重,可能判处3年有期徒刑以下刑罚的案件,可以适用当事人和解的诉讼程序。

(2)除渎职犯罪以外的可能判处7年有期徒刑以下刑罚的过失犯罪。过失犯罪是指,行为人应当预见自己行为可能发生危害社会的结果,因疏忽大意没有预见,或者已经预见而轻信能够避免,而造成的犯罪。过失犯罪多为行为人无心之失,因此其社会危害较小,通过工作容易得到被害人的谅解与宽恕。从有利于保护被害人利益,促使加害人早日回归社会的角度,对过失犯罪案件适用的范围应当更广一些,即除渎职犯罪以外的可能判处7年有期徒刑以下刑罚的过失犯罪案件,都可以适用当事人和解程序来解决。

如果犯罪嫌疑人、被告人的犯罪属于上述两种情况,但他们在5年以内曾经故意犯罪的,不能适用当事人和解程序。这里说的"5年以内",指的是距上次实施犯罪的时间在5年以内。在5年以内又故意犯罪,说明该罪犯恶习较深,不易悔改,因此,不适宜采用当事人和解程序来解决。但是在5年之内又有过失犯罪的,不在此禁用之列。

适用当事人和解程序的案件,还必须具备一定的条件。《刑事诉讼法》第277条对该条件作了具体规定:犯罪嫌疑人、被告人真诚悔罪,通过向被害人赔偿损失、赔礼道歉等方式获得被害人谅解,被害人自愿和解的,双方当事人可以和解。根据这一规定,适用当事人和解程序案件的条件是:

(1)犯罪嫌疑人、被告人真诚认罪、悔罪。这是适用这一程序的前提条件。如果犯罪嫌疑人、被告人不认罪,当然也就谈不上与被害人和解,也就不能适用该程序。

(2)加害人真诚悔罪,并取得被害人宽恕。加害人不仅要有真诚悔罪的态度,还得有真诚悔罪的行动,这些行动是向被害人当面赔礼道歉、赔偿经济损失、提供劳务等。通过这些行动,取得被害人的谅解与宽恕。如果加害人没有悔罪行动,或者虽有悔罪行动,但不能消除被害人的仇恨心理,不能取得其宽恕,则该案也不能适用当事人和解程序。

三、当事人和解的公诉案件诉讼程序

当事人和解的公诉案件诉讼程序,是一种不同于一般刑事案件处理程序的特别程序。

(1) 听取当事人和有关人员的意见。根据《刑事诉讼法》第278条的规定,在侦查、起诉、审判各阶段,当事人依法都可以进行和解。侦查、检察、审判人员得知当事人和解的情况后,首先要听取当事人的意见,了解双方当事人产生和解意见的原因,了解双方当事人对案件本身和解的过程、内容和态度,还要听取有关人员的意见。这里的"有关人员"是指受到涉嫌犯罪行为影响和与案件处理有关系的人员。在审查起诉阶段当事人和解的,还需要听取公安机关承办人员的意见。在审判阶段当事人和解的,还需要听取公诉人的意见。

(2) 对当事人和解的自愿性、合法性进行审查。承办当事人和解案件的公安、司法人员要对其自愿性、合法性进行审查。所谓"自愿性"是指当事人出自内心的真实意思表示,而不是在外界影响或者压力的情况下"被自愿"。所谓"合法性"是指当事人达成和解的过程和内容要符合法律规定,不能有违背法律的情形。

(3) 主持制作和解协议书。承办人员经过听取意见和审查认为和解协议符合法律规定的,应当召集双方当事人并主持制作和解协议书。和解协议书的内容应当包括:① 被告人承认自己所犯罪行,对犯罪事实没有异议,并真诚悔罪;② 被告人通过向被害人赔礼道歉、赔偿损失等方式获得被害人谅解;涉及赔偿损失的,应当写明赔偿的数额、方式等;提起附带民事诉讼的,由附带民事诉讼原告人撤回附带民事诉讼;③ 被害人自愿和解,请求或者同意对被告人依法从宽处罚。和解协议书应当由双方当事人和审判人员签名,但不加盖人民法院印章。和解协议书一式三份,双方当事人各持一份,另一份留人民法院备查。

(4) 对当事人和解案件的处理。当事人和解的案件不等于案件终结,它还必须依照法定程序作出最后决定。

在侦查阶段达成和解协议的案件,公安机关可以向人民检察院提出从宽处理的建议。从宽处理的意见包括:建议检察机关作出不起诉处理,或者建议检察机关向人民法院提出从宽处罚的建议。但需要注意的是,即使是犯罪情节轻微,依法不需要判处刑罚或者可以免除处罚的案件,当事人达成和解协议的,公安机关也不能直接作出撤销案件的决定,只能向检察机关建议不起诉,由检察机关依法作出不起诉处理。这样可以加强公安、检察机关之间的互相配合与制约,确保案件的正确处理。

在审查起诉阶段,双方当事人达成和解协议的案件,有两种处理方式:一是对犯罪情节轻微、依法不需要判处刑罚或免除刑罚的,可根据《刑事诉讼法》第

173 条第 2 款的规定,作出不起诉决定;二是向人民法院提起公诉的同时,提出从宽处罚的建议。

在审判阶段,当事人达成和解协议的案件,或者检察机关提起公诉时要求从宽处罚的案件,人民法院依法作出从宽处罚的决定,从宽处罚包括从轻处罚、减轻处罚和免予刑事处罚。

调解达成协议并全部履行,当事人反悔的,人民法院不予支持;双方当事人在侦查、审查起诉期间已达成和解协议并全部履行,被害人或者其法定代理人等又提起附带民事诉讼的,人民法院不予支持。但有证据证明上述两项和解协议违反自愿、合法原则的除外。

第三节 犯罪嫌疑人、被告人逃匿、死亡案件违法所得的没收程序

一、犯罪嫌疑人、被告人逃匿、死亡案件违法所得的没收程序的概念、特点和意义

1. 犯罪嫌疑人、被告人逃匿、死亡案件违法所得的没收程序(以下简称违法所得的没收程序),是指对犯罪嫌疑人、被告人违法所得财产和其他涉案财产,在其逃匿或死亡情况下,实施没收处理的程序。所谓"违法所得财产"是指,通过被追诉的犯罪行为直接或间接获得的财产,我们平时所说的赃款、赃物及孳息。所谓"涉案财产"是指,犯罪过程中涉及的违禁物品、犯罪工具以及用于犯罪的其他财物。违法所得的没收程序是一种不以犯罪嫌疑人、被告人定罪为前提的,仅对物作出处理的特别程序。

2. 违法所得的没收程序是一种特别程序,说它特别是因为它与《刑事诉讼法》、《刑法》规定的关于赃款、赃物的没收程序有许多不同,其主要区别是:(1)违法所得的没收程序的适用,不以犯罪嫌疑人、被告人定罪量刑为前提。而《刑事诉讼法》、《刑法》规定的赃款、赃物的处理程序,必须以被告人定罪为前提,如果对被告人刑事责任未作出最后确认,则对其相关财产不能作出处理。(2)对违法所得的没收程序,公安机关、人民检察院依法都可以提出申请,由人民法院依法作出最后裁决,但人民法院不能主动启动该程序。而《刑事诉讼法》、《刑法》规定的赃款、赃物没收程序,只能由人民法院在对被告人作出有罪判决时,同时处理。公安机关、人民检察院则无权处理赃款、赃物。

由于违法所得没收程序与上述没收程序有许多区别,所以在使用时必须认真审查,区别不同情况,选择正确的没收方法,不能混同使用。

3. 违法所得的没收程序是一种仅对物的独立诉讼程序,在国外被广泛采

用,它对司法实践有重要意义:(1)它是打击犯罪的重要手段。犯罪嫌疑人、被告人长期逃匿或者死亡,不能或者短期不能追究其刑事责任时,先对其违法所得或者其他涉案财产依法没收作出处理,是在经济上给犯罪分子以打击,是严惩犯罪分子的一种手段。(2)有效保护被害人的合法利益。在犯罪嫌疑人、被告人一时不能到案的情况下,先对其涉案财产予以处理,依法没收,返还被害人,可以有效保护被害人的利益。(3)预防和减少犯罪。在犯罪嫌疑人不到案的情况下,及时对他们的违法所得或其他涉案财产依法予以没收,这就切断了他们继续犯罪的经济链条,从而可以预防和减少犯罪的发生。(4)保护国家财产不受或少受损失。一些贪污腐败犯罪分子常常把大批国家财产转到国外,然后自己逃出国门,致使大量国有资产流失。对这些犯罪分子,要把涉案财产追回,必须通过国际合作的方式进行。根据国际惯例,追缴这种涉案财物要求追索国法院的生效判决,没有生效判决则国际协作无法进行。过去我们的《刑事诉讼法》没有缺席审判的规定,也没有仅对违法财产没收处理的程序,所以在这种国际合作中常常因此而受阻,使国家财产不能及时追回。现在有了违法所得的没收程序,对保护这部分国家财产提供了法律保障。

二、违法所得没收程序适用的案件范围、条件及案件管辖

1. 根据《刑事诉讼法》第 280 条的规定,对于贪污贿赂犯罪、恐怖活动犯罪等重大犯罪案件,人民检察院可以向人民法院提出没收违法所得的申请。公安机关认为有前述情形的,应当写出没收违法所得意见书,移送人民检察院。这就是说人民检察院、公安机关依法可以提起违法所得没收程序的案件是两类:一是贪污贿赂犯罪重大犯罪案件,二是恐怖活动犯罪重大犯罪案件。所谓重大犯罪案件是指犯罪嫌疑人、被告人可能被判无期徒刑以上刑罚的,或者是在本省、本自治区或者全国范围内有重大影响的案件,或者其他重大犯罪案件。除此之外,其他案件不能启动违法所得没收程序。这是因为:(1)这一程序是在被告人无法到案或者较长时间内无法到案的情况下,解决其违法所得或其他涉案财产问题,在这种诉讼中,其被追诉的诉讼权利保障不如普通刑事程序充分,为了防止出现错误,应当严格限制该程序的适用范围。(2)这一特别的没收程序独立于定罪量刑程序之外,与我国传统的先定罪量刑后处理赃款、赃物的做法,在理念上和诉讼操作上均有重大区别。为了保证违法所得没收程序适用的公平、公正,一开始必须持谨慎态度,适用范围不宜太宽。

2. 违法所得没收程序适用案件的条件。根据《刑事诉讼法》第 280 条的规定,犯罪嫌疑人、被告人逃匿,在通缉一年后不能到案,或者犯罪嫌疑人、被告人死亡,依照《刑法》规定应当追缴其违法所得及其他涉案财产的,人民检察院可以向人民法院提出没收违法所得的申请。根据这一规定,适用特殊没收程序的案件必须具备两个条件:一是犯罪嫌疑人、被告人逃匿,通缉一年后不到案;二是犯罪嫌疑人、被告人死亡。具备这两个条件之一的即可适用这一特别没收程序。

3. 案件管辖。《刑事诉讼法》第 281 条的规定,没收违法所得的申请,由犯罪地或者犯罪嫌疑人、被告人居住地的中级人民法院管辖。违法所得没收程序由中级人民法院管辖,是考虑这是一种新确立的诉讼程序,缺乏经验,需要由级别较高、业务能力较强的上级法院审理,而且《刑事诉讼法》第 20 条规定,恐怖活动犯罪由中级人民法院作一审,与之相关的违法所得没收程序也应由中级人民法院审理。

三、适用违法所得没收程序案件的审判和救济

根据《刑事诉讼法》第 280 条的规定,人民检察院认为犯罪嫌疑人、被告人的违法所得需要追缴的,可以向人民法院提出申请。公安机关认为有上述情况的,应当写出没收违法所得意见书,移送人民检察院,人民法院对人民检察院的申请依法作出裁决。人民法院不能主动启动违法所得没收程序,如果在审判阶段被告人逃匿或者死亡,依法需要追缴违法所得的,可以要求人民检察院提出申请,然后由人民法院作出裁决。

人民法院受理违法所得的申请后,应当在 15 日内发出公告,公告期为 6 个月。公告内容应写明:(1) 案由;(2) 犯罪嫌疑人、被告人通缉在逃或者死亡等基本情况;(3) 申请没收财产的种类、数量、所在地;(4) 应当公告的其他情况。公告期满后人民法院应当对违法所得申请进行审理。审理时人民检察院应当提供与犯罪事实、违法所得相关的证据材料,并列明财产的种类、数量、所在地及查封、扣押、冻结的情况,以帮助法院正确确定该财产是否应当没收。在必要的时候,人民法院也可以查封、扣押、冻结申请没收的财产。

人民法院审理违法所得申请主要是解决财产权益的归属,因此法律规定,犯罪嫌疑人、被告人的近亲属和其他利害关系人有权申请参加诉讼,也可以委托诉讼代理人参加诉讼,以维护自己的合法权益。在审理过程中,在逃的犯罪嫌疑人、被告人自动投案或者被抓获的,人民法院应当终止审理。人民法院经过审理,认为申请没收的财产确属违法所得及其他涉案财产的,除依法返还被害人外,应当裁定没收,上交国库。对于不属于应当追缴财产的,应当裁定驳回申请,并解除查封、扣押、冻结措施。

人民法院对违法所得申请作出的裁定,犯罪嫌疑人、被告人的近亲属和其他利害关系人、人民检察院,依法可以提出上诉或者抗诉,要求上级人民法院改变原审法院作出的裁定。

根据《刑事诉讼法》第 283 条的规定,人民法院作出的没收违法所得裁定确有错误的,应当本着有错必纠的原则予以返还、赔偿。错误没收一般是指:

（1）犯罪嫌疑人、被告人归案后，经审理认为未构成犯罪，之前没收的财产不能认定为违法所得。（2）没收财产裁定作出并执行后，其利害关系人对被没收的财产主张权利并提供了相应证据，经审理后认为没收财产系利害关系人的合法财产。（3）没收的财产中包括了犯罪嫌疑人、被告人的合法财产。（4）没收的财产中包括了犯罪嫌疑人、被告人近亲属的合法财产。遇到这种情况应当向财产合法持有人返还原物，不能返还原物的应当折价赔偿。

第四节　依法不负刑事责任的精神病人的强制医疗程序

依法不负刑事责任的精神病人的强制医疗程序，也是 2012 年《刑事诉讼法》修改新增加的一项内容。它是为了更好地维护公共安全，有效地保护公民的合法权利而规定的。

一、依法不负刑事责任的精神病人的强制医疗程序的概念、特点和意义

依法不负刑事责任的精神病人的强制医疗程序（以下简称强制医疗程序）是指对实施了暴力行为、危害公共安全或者严重危害公民人身安全而依法又不负刑事责任的精神病人强制送往医疗机构监护和治疗的程序；"暴力行为"是指以人身、财产为侵害目标，采用暴力手段，对被害人的身心健康和生命财产安全造成重大损害，直接危及人的生命、健康与自由的一种行为；"公共安全"是指多人的生命、健康和公私财物的安全；"公民人身安全"是指公民个人的人身安全。对于具有上述情况依法又不负刑事责任的精神病人，就可以启动强制医疗程序，将其强制送往医疗机构监护和治疗。

强制医疗程序是专对特殊精神病人适用的一种诉讼程序，它与普通刑事诉讼程序有许多区别，主要有：（1）适用的对象不同。强制医疗程序只适用于有社会危险性但依法又不追究其刑事责任的精神病人。而普通程序则适用于除法律另有规定以外的所有实施了犯罪行为的人。（2）审查的内容不同。强制医疗程序主要审查被审查人是否有精神病、精神病的严重程度以及社会危险性的大小。而普通程序主要审查被告人是否有犯罪行为、犯罪情节轻重以及认定的相关证据。（3）适用的目的不同。强制医疗程序适用的目的是维护公共安全，保护精神病人的合法权益。而普通程序则是准确、及时地惩罚犯罪，保护国家和人民的利益。所以两种诉讼程序必须严格区别，不能混同适用。

强制医疗程序是刑事诉讼中的一项重要诉讼程序，它在司法实践中有着重要的作用。

（1）维护公共安全和社会和谐稳定。精神病人犯罪已成为我国社会治安中不可忽视的问题。强制医疗程序的制定和实施，为解决这一社会问题提供了法

律方面的保障,有利于维护公共安全和社会稳定。

(2)进一步保障了公民的合法权利不受侵犯。强制医疗程序是一种强制限制人身自由的方法,这种方法使用不当极易造成侵犯公民的人权。过去对精神病人强制送往精神病医院监护的做法早已存在,但没有法定程序保障,因此存在滥用这种方法的现象。如没有精神病的人因为某种原因"被精神病",强行送往精神病医院进行监管,限制其人身自由。又如虽然有精神病但不严重,更没有社会危险性,也被强行送往精神病医院监护。这些情况都是侵犯人权、违反宪法精神的。现在强制医疗程序的制定明确规定了强制医疗的对象、条件、程序及救济,这就对正确适用强制医疗措施提供了法律保障,也对公民的合法权利,包括部分精神病人的合法权利提供了进一步保障。

二、强制医疗程序适用案件的条件、提起和审判

1. 强制医疗程序适用案件的条件

根据《刑事诉讼法》第284条的规定,实施暴力行为,危害公共安全或者严重危害公民人身安全,经法定程序鉴定依法不负刑事责任的精神病人,有继续危害社会可能的,可以予以强制医疗。根据这一规定,强制医疗程序适用案件的条件有三个:

一是实施暴力行为,危害公共安全或者严重危害公民人身安全。这包括两层意思:(1)实施了暴力行为;(2)该暴力行为必须危害了公共安全或者严重危害公民人身安全。如果没有暴力行为,或者暴力行为没有危害公共安全、没有危害公民人身安全,则不得适用强制医疗程序。

二是经法定程序鉴定认定是依法不负刑事责任的精神病人。首先,被申请或决定适用强制医疗程序的人必须是不负刑事责任的精神病人。不是这样的人不能适用强制医疗程序。其次,必须经法定程序鉴定。

三是有继续危害社会可能的。社会危害性的有无及其大小,是决定对精神病人是否适用强制医疗程序的重要条件。

上述三个条件是统一的,不可分割的,只有同时具备三个条件,才能决定对其采用强制医疗措施。

2. 强制医疗程序的提起

根据《刑事诉讼法》第285条的规定,公安机关发现精神病人符合强制医疗条件的,应当写出强制医疗意见书,移送人民检察院。公安机关不能自己作出处理决定。人民检察院对于公安机关移送的,或者在审查起诉中发现的精神病人符合强制医疗条件的,应当向人民法院提出强制医疗的申请。对人民检察院提出的强制医疗申请,由人民法院审查并在七日内作出处理。人民法院在审理案件过程中发现被告人符合强制医疗条件的,可以直接作出强制医疗的决定。对

实施暴力行为的精神病人,在人民法院作出强制医疗决定之前,公安机关可以采用临时的保护性措施,比如送往精神病医院或其他专门机构看管或治疗,但这都是临时的,不能长期使用。强制医疗程序既然是诉讼程序,它的提起也必须按照刑事诉讼中三机关分工负责、互相配合、互相制约的原则进行,以保证强制医疗措施的正确适用。

3. 强制医疗案件的审判

根据《刑事诉讼法》第 286 条的规定,人民法院审理强制医疗案件,应当组成合议庭,以保证案件的审判质量。但是被申请人、被告人的法定代理人请求不开庭审理,并经人民法院审查同意的除外。人民法院审理强制医疗案件,还应当通知被申请人、被告人的法定代理人到场。"被申请人"是由检察机关向人民法院提出强制医疗申请案件中的称谓;"被告人"是指人民法院在审理案件中,发现被告人有符合强制医疗条件而直接作出强制医疗案件决定的称谓。在诉讼中,被申请人或者被告人没有委托诉讼代理人的,人民法院应当通知法律援助机构指派律师为其提供法律帮助。这里的法律帮助是强制性的,也就是说被申请人或者被告人没有委托诉讼代理人的,人民法院必须通知法律援助机构为其指派律师提供帮助。否则,审判就是不合法的。之所以这样,是因为被申请人或者被告人都可能被法院判定是有精神病而无责任能力的人,为保护精神病人的合法权利,保证诉讼的公正、顺利进行,被申请人或者被告人必须有诉讼代理人参加诉讼。人民法院审理强制医疗案件,应当在接到人民检察院强制医疗申请之日起一个月内根据不同情况作出不同决定:(1) 被告人符合强制医疗条件的,应当判决宣告被告人不负刑事责任,同时作出对被告人强制医疗的决定;(2) 被告人属于不负刑事责任的精神病人,但不符合强制医疗条件的,应当判决宣告被告人无罪或者不负刑事责任;被告人已经造成危害后果的,应当同时责令其家属或者监护人严加看管和医疗;(3) 被告人具有完全或者部分刑事责任能力,依法应当追究刑事责任的,应当依照普通程序继续审理。

三、强制医疗案件的救济

为了保护被申请人或者被告人的合法权利,保证强制医疗案件的正确处理,法律规定了对被申请人、被告人一系列的救济措施。

1. 在案件审理过程中,法律规定人民法院必须保证被申请人、被告人有律师为其提供法律帮助,以保护其合法权利。

2. 《刑事诉讼法》第 287 条规定,人民法院作出的强制医疗决定,如果被强制医疗的人、被害人及其法定代理人、近亲属不服的,可以向上一级人民法院申请复议,要求改变原审法院的决定。

3. 《刑事诉讼法》规定,强制医疗机构应当定期对被强制医疗的人进行诊断评估,认为已不具有人身危险性,不需要继续强制医疗的,应当及时提出解除意见,报决定强制医疗的人民法院批准。被强制医疗的人及其近亲属,如果认为被强制医疗的人已经治愈,不再具有社会危险性,不需要继续医疗的,有权申请解除强制医疗。由于强制医疗决定是人民法院依法作出的法律裁决,它具有严肃性和稳定性,所以不论是强制医疗机构提出的解除强制医疗意见,还是被强制医疗的人或其近亲属提出的解除强制医疗的申请,都必须经人民法院依法审查作出决定。

4.《刑事诉讼法》第289条规定,人民检察院对强制医疗的决定和执行实行监督。人民检察院对人民法院审理强制医疗案件依法实行监督,发现法院作出的强制医疗决定有错误时,有权要求其更正。人民检察院对强制医疗决定的执行也要进行监督,这种监督主要包括:强制医疗机构是否对被强制医疗的人进行强制医疗;是否对被强制医疗的人定期进行诊断评估;强制医疗机构应当提出解除意见的,是否及时提出;强制医疗机构的具体执行行为是否有不当,侵犯了被强制医疗的人的合法权利,等等。通过人民检察院的法律监督,确保被强制医疗的人的合法权益不受侵犯。

思考题

1. 在刑事诉讼中,对未成年人犯罪案件实行的方针和原则是什么？如何解读这一方针和原则？

2. 什么是附条件不起诉？附条件不起诉的适用条件是什么？

3. 人民法院审理未成年人犯罪案件有什么特点？

4. 什么是当事人和解的公诉案件诉讼程序？它适用的案件范围是什么？

5. 在刑事诉讼中,当事人和解与人民法院的调解有什么区别？

6. 犯罪嫌疑人、被告人逃匿、死亡案件违法所得的没收程序适用的案件范围和条件是什么？

7. 人民法院对提出没收违法所得申请的案件如何审判？

8. 对依法不负刑事责任的精神病人的强制医疗程序适用的条件是什么？

9. 强制医疗程序如何提起？如何审判？

21 世纪法学系列教材书目

　　"21 世纪法学系列教材"是北京大学出版社继"面向 21 世纪课程教材"(即"大红皮"系列)之后，出版的又一精品法学系列教科书。本系列丛书以白色为封面底色，并冠以"未名·法律"的图标，因此也被称为"大白皮"系列教材。"大白皮"系列是法学全系列教材，目前有 15 个子系列。本系列教材延续"大红皮"图书的精良品质，皆由国内各大法学院优秀学者撰写，既有理论深度又贴合教学实践，是国内法学专业开展全系列课程教学的最佳选择。

- **法学基础理论系列**

　　英美法概论：法律文化与法律传统　　　　　　彭　勃
　　法律方法论　　　　　　　　　　　　　　　　陈金钊
　　法社会学　　　　　　　　　　　　　　　　　何珊君

- **法律史系列**

　　中国法制史　　　　　　　　　　　　　　　　赵昆坡
　　中国法制史　　　　　　　　　　　　　　　　朱苏人
　　中国法律思想史(第二版)　　　　　　李贵连　李启成
　　外国法制史(第三版)　　　　　　　　　　　　由　嵘
　　西方法律思想史(第二版)　　　　　　徐爱国　李桂林
　　外国法制史　　　　　　　　　　　　　　　　李秀清

- **民商法系列**

　　民法总论(第三版)　　　　　　　　　　　　　刘凯湘
　　债法总论　　　　　　　　　　　　　　　　　刘凯湘
　　物权法论　　　　　　　　　　　　　　　　　郑云瑞
　　英美侵权行为法学　　　　　　　　　　　　　徐爱国
　　商法学——原理·图解·实例(第三版)　　　　朱羿锟
　　商法学　　　　　　　　　　　　　　　　　　郭　瑜
　　保险法(第三版)　　　　　　　　　　　　　　陈　欣
　　保险法　　　　　　　　　　　　　　　　　　樊启荣
　　海商法教程(第二版)　　　　　　　　　　　　郭　瑜
　　票据法教程(第二版)　　　　　　　　　　　　王小能
　　票据法学　　　　　　　　　　　　　　　　　吕来明
　　物权法原理与案例研究　　　　　　　　　　　王连合
　　破产法(待出)　　　　　　　　　　　　　　　许德风

外国刑事诉讼法	宋英辉	孙长永	朴宗根
律师法学			马宏俊
公证法学			马宏俊

● 特色课系列

世界遗产法		刘红婴
医事法学	古津贤	强美英
法律语言学(第二版)		刘红婴
民族法学		熊文钊

● 双语系列

普通法系合同法与侵权法导论	张新娟
Learning Anglo-American Law：A Thematic	
Introduction(英美法导论)(第二版)	李国利

● 专业通选课系列

法律英语(第二版)			郭义贵
法律文书学		卓朝君	邓晓静
法律文献检索(第二版)			于丽英
英美法入门——法学资料与研究方法			杨桢
模拟审判:原理、剧本与技巧(第二版)			
	廖永安	唐东楚	陈文曲

● 通选课系列

法学通识九讲			吕忠梅
法学概论(第三版)			张云秀
法律基础教程(第三版)(待出)			夏利民
经济法理论与实务(第三版)	於向平	邱艳	赵敏燕
人权法学			白桂梅

● 原理与案例系列

| 国家赔偿法:原理与案例 | 沈岿 |
| 专利法:案例、学说和原理 | 崔国斌 |

2013 年 7 月更新

教师反馈及教材、课件申请表

尊敬的老师：

　　您好！感谢您一直以来对北大出版社图书的关爱。北京大学出版社以"教材优先、学术为本"为宗旨,主要为广大高等院校师生服务。为了更有针对性地为广大教师服务,满足教师的教学需要、提升教学质量,在您确认将本书作为教学用书后,请您填好以下表格并经系主任签字盖章后寄回,我们将免费向您提供相关的教材、思考练习题答案及教学课件。在您教学过程中,若有任何建议也都可以和我们联系。

书号/书名	
所需要的教材及教学课件	
您的姓名	
系	
院校	
您所主授课程的名称	
每学期学生人数	学时
您目前采用的教材	书名＿＿＿＿＿＿＿＿＿ 作者＿＿＿＿＿＿ 出版社＿＿＿＿＿＿＿＿＿
您的联系地址	
联系电话	
E-mail	
您对北大出版社及本书的建议：	系主任签字 盖章

我们的联系方式：

北京大学出版社法律事业部

地　　址:北京市海淀区成府路 205 号　　　联系人:李铎

电　　话:010-62752027　　　　　　　　传　真:010-62556201

电子邮件:bjdxcbs1979@163.com

网　　址:http://www.pup.cn

北大出版社市场营销中心网站:www.pupbook.com